Penelope Smith

AF137982

Tiere als sprechende Gefährten

**Aus dem Amerikanischen von
Ilse Fath-Engelhardt**

IN ERINNERUNG AN PASHA

„Penelope erörtert die Kommunikation zwischen den Spezies eindeutig aus der Verbundenheit aller Wesen und spart nicht mit praktischen Beispielen. Mit erfrischender Klarheit legt sie dar, wie wir zuhören und mit unseren Tierfreunden und der Natur überhaupt kommunizieren können. Dieses revolutionäre Buch gibt den Lesern die Möglichkeit einer tieferen Würdigung der großen Geheimnisse unserer Welt."

Linda Tellington-Jones

Gründerin von TTEAM - *Tellington-Jones Equine Awareness Method* (Bewusstseinsarbeit mit Pferden) und *Tellington Touch* -, das Tierheilungen, Tiertraining und Kommunikation mit Tieren anbietet.

INHALTSVERZEICHNIS

VORWORT

Penelope Smith verfügt über eine bewundernswerte Einfühlung in den großen Reigen der Natur. Das ist sehr selten. Meistens sind wir daran gewöhnt, die Natur als etwas gänzlich von uns Getrenntes anzusehen.

Wir sind der Natur zwar oberflächlich verbunden, aber selten befassen wir uns eingehend mit ihr. Penelopes neues Buch *Tiere als sprechende Gefährten* bildet hier eine Ausnahme. Es gibt Einblick in die durch die Physis offenbarte geistig-seelische Seite der Natur. So wie wir den Menschen in einen Körper gekleidet sehen, ist auch die Natur in Form gekleideter Geist. Die Form können wir bewundern, aber Kraft schöpfen wir erst im unmittelbaren Austausch.

Unbeabsichtigt entfernen sich die Menschen heute immer mehr von dieser Unmittelbarkeit. Es ist so, als könnten wir die Natur nur noch durch Sicherheitsglas anschauen. Wir sehnen uns nach einem direkten Kontakt mit „dort draußen", finden aber nicht hinaus.

Dieses Buch führt in vieler Hinsicht zu der gesuchten Außentür. Wenn Sie das Gelesene im Alltag umsetzen – sei es im Umgang mit Haustieren oder mit Gartenpflanzen –, werden Sie ins Freie finden, zu unmittelbaren Naturerkenntnissen.

Michael J. Roads-Autor von *Mit der Natur reden, Im Reich des Pan, Durch die Sphären des Zeitlosen.*

EINLEITUNG

Um körperlich, seelisch und geistig gesund sein zu können, muss der Mensch sich als Teil der Natur begreifen. Die Alten wussten das. Die Ureinwohner wissen es heute noch und halten es rituell in Erinnerung. Sie kommunizieren mit allen Lebensformen wie mit Brüdern, Schwestern, Helfern und Heilern.

In unserer Kultur, in der die rationale Wissenschaft zu einem isolierten Daseinsverständnis geführt hat, bedürfen wir mehr denn je der Bewusstwerdung unserer wahren Naturverbundenheit. Von allen Gattungen scheint es den Menschen am schwersten zu fallen, sich wirklich zu erkennen und richtig zu leben. Tiere und andere nichtmenschliche Wesen können, sofern sie unentfremdet am ewigen Lebensnetz teilhaben, die Menschen an ihre wahre Natur erinnern, was meist der Fall ist. Menschen brauchen Tiere und andere Lebensformen in vieler Hinsicht, von der biologischen bis zur geistigen Ebene. Auf dieser Erde können uns alle Wesen – durch ihre Anwesenheit, ihre direkte Kommunikation, ihre Integrität und ihre Liebe - nach Hause führen, wenn wir ihre Hilfe annehmen.

Die telepathische Kommunikation zwischen unterschiedlichen Spezies geschieht durch den in allen Wesen anwesenden Geist. Sie beruht auf der Anerkennung, dass auf ihre Weise alle Wesen intelligent sind, Erfahrungen machen, Beziehungen herstellen und kommunizieren können. Sie geschieht durch direkte Übertragung individueller Vorstellungen, Gefühle und Eindrücke zwischen Vertretern unterschiedlicher Spezies. Sie bestätigt sich durch positive Verhaltensänderungen und größere Zusammenarbeit, durch zunehmende Sanftmut und wachsendes Vertrauen zwischen den sich austauschenden Wesen. Anstelle von Angst, Aggression und Vorherrschaft regieren dann Harmonie, Würde und gegenseitiger Respekt.

Wenn wir uns der Natur versagen, der geistigen Essenz, die alles Leben durchströmt, spielen wir uns im Umgang mit anders gearteten Lebewesen oft als deren Herren auf. Sobald wir ihnen hingegen als intelligenten Wesen begegnen, die sich mit anderen Intelligenzen unterschiedlicher Lebenswelten austauschen können, besteht kein Bedarf an trennenden Kategorien und Hierarchien.

Egal, aus welcher Spezies wir wem zuhören, es erfordert Aufmerksamkeit. Andererseits sehen wir uns durch den Stress im modernen Leben oft dazu gezwungen, unsere Aufmerksamkeit gegenüber Außenreizen einzudämmen. Wir lernen die subtilen Eindrücke der Kommunikation zwischen Kopf und Herz zu ignorieren, machen seelisch sozusagen die Schotten dicht. Wir hören auf, genau hinzusehen, genau hinzuhören und unser feines Gespür einzusetzen. Wir wissen kaum mehr, wo uns der Kopf steht, weil wir so vielen gesellschaftlichen Erwartungen gerecht werden wollen. Also kommen wir selten oder nie soweit zur Ruhe, dass wir für das, was uns umgibt, tiefer empfänglich sind.

Als Babys und im Kleinkindalter waren wir noch ganz weltoffen, neugierig auf alles, was es um uns herum zu sehen, zu hören und zu begreifen gab. Ja, wir sind, wie alle anderen Spezies auch, telepathisch veranlagt. Doch uns wurde meistens anerzogen, nur die gesprochene Sprache gelten zu lassen. Doch selbst im Gespräch sind wir auf eine gegenseitige Gedankenerfassung angewiesen. Wenn wir die beim Sprechakt gemeinten Gedanken und Gefühle — nicht erfassen, sagen uns die Worte im Grunde nichts. Die eigentliche Bedeutung der Worte reicht über ihre lexikalische Definition hinaus.

Sobald wir langsamer treten und ruhiger werden, wird uns die Vielfalt des Lebens bewusster: wir können uns mit den anderen Lebewesen in unserer Umgebung intensiver auseinandersetzen. Dadurch lernen wir mit der Zeit ihre Verhaltensweisen und Wesensmerkmale genauer kennen. Wir verstehen ihre Art sich auszudrücken und mitzuteilen, immer besser.

Atmen Sie einmal tief durch und lauschen Sie dem Konzert des Lebens. Wird Ihnen das zur Gewohnheit, werden all Ihre Fragen nach dem Wesen der Natur beantwortet werden. Sie werden erfahren, dass alle Lebewesen durch den universellen Geist verbunden sind und dessen tiefste Weisheit teilen. Wir können von der winzigen Mikrobe ebenso etwas lernen wie vom riesigen Wal. Auch wenn es im Ökosystem die unterschiedlichsten Lebensformen gibt, haben doch alle Wesen an der intelligenten Lebenskraft des göttlichen Geistes Anteil.

Immer mehr Menschen werden sich heute wieder ihrer tiefen Verbundenheit mit der ganzen Schöpfung bewusst. Dieses Erwachen äußert sich in ihrem dringenden Bedürfnis, von den Brüdern und Schwestern anderer Arten im direkten Austausch zu lernen und in Eintracht mit ihnen zu leben.

Dieses Buch ist allen gewidmet, die sich ihrer grundlegenden Verwandtschaft mit den anderen Wesen wieder bewusst werden wollen, die ihre Kontakte zu anderen Spezies vertiefen wollen; die mit allen Wesen in Frieden, Harmonie und Freude leben wollen; die den Geist in allen Dingen erkennen wollen; und die erfahren wollen, auf welch innige Weise wir alle miteinander verbunden sind. Es ist überaus spannend, sich durch die universale Sprache der Telepathie mit allen Spezies verständigen zu können.

Seit 1987 scheint sich die westliche Lehrmeinung, dass Tiere über keine Intelligenz verfügen, etwas gelockert zu haben. Das zeigt sich an den großen Nachrichtenmagazinen, naturkundlichen Veröffentlichungen, Fernsehprogrammen und Konferenzen zum Thema Tier, sowie an der allgemeinen Meinung über Tiere. Bis dahin stand als eine wissenschaftliche Tatsache fest, dass Tiere auf der evolutionären Skala tiefer stehen und wegen ihrer weniger komplexen Gehirne unfähig sind, zu denken und zu fühlen und intelligente Leistungen zu vollbringen, was nur der Mensch könne.

Jede Vermutung, Wahrnehmung oder Erkenntnis „höherer" Denkvorgänge oder eines Kommunikationsvermögens an „annähernd menschlichen" Lebewesen wurde in unserer Gesellschaft für unwissenschaftlich gehalten. Um etwaigen unzweideutigen Erkenntnissen von intelligenten Reaktionen vorzubeugen, die eine Untersuchung der tierischen Intelligenz jenseits des anerkannten Rahmens zur Folge gehabt hätten, waren bei „wissenschaftlichen" Experimenten mentale und emotionale Scheuklappen anzulegen.

Dass Tiere zweitklassig seien und für die geistige und planetare Evolution keine Rolle mehr spielen, wird leider noch in mancher Theologie und esoterischen Weisheitslehre vertreten. Doch gestehen mittlerweile viele ernstzunehmende Forscher den Tieren komplexe sprachliche, emotionale und mentale Potenziale zu. Die Annahme, dass die gesamte Natur für unsere Evolution bedeutsam ist, gewinnt an naturwissenschaftlichem Halt. Die Einheit allen Lebens rückt ins Blickfeld der westlichen Öffentlichkeit.

Die Anerkennung der Tiere als Wesensgeschwister lässt sich nicht mehr als bloßer „Anthropomorphismus" abtun, der eine „irrtümliche Zuschreibung menschlicher Eigenschaften auf Tiere" bedeutet. Die Leugnung, dass andere Spezies, ähnlich wie wir, denken und fühlen können, ist wissenschaftlich out! Tiere sind intelligente Wesen mit einem spezifischen Bewusstsein und Erfahrungshorizont, und wir Menschen können lernen, mit ihnen direkt zu kommunizieren.

Noch wird die Kommunikation zwischen unterschiedlichen Spezies meistens indirekt erforscht, indem den Tieren unsere Symbole beigebracht werden und von ihnen erwartet wird, dass sie auf unsere sprachlichen Vorgaben eingehen. Doch glücklicherweise verbreitet sich in unserer Kultur die Einsicht mehr und mehr, dass alle Lebewesen körperlich, seelisch und geistig in Verbindung miteinander stehen.

Unwissenheit und Missachtung haben die telepathische Verständigung bislang behindert. Doch wenn wir mit den anderen Spezies respektvoll umgehen und uns bewusst mit ihnen austauschen, werden wir den ökologischen Schaden schrittweise wiedergutmachen können, der durch ein weitverbreitetes einseitiges Naturverständnis angerichtet wurde.

Ich habe schon immer mit Tieren telepathisch kommuniziert. Seit 1971 bin ich als Beraterin und Tiertherapeutin tätig und biete Bücher, Kassetten und Kurse zu diesem Thema an. Es freut mich sehr, dass sich immer mehr Menschen ernsthaft für die telepathische Kommunikation mit anderen Spezies interessieren und ihren Draht zu allen Lebewesen wieder aktivieren wollen. Möge Ihnen die Lektüre dabei helfen, wachsende Freude an Ihrer Verbundenheit mit allen Lebewesen zu finden.

1

TIERE SIND TATSÄCHLICH WER

*Am Anfang der Welt lehrten die Tiere, denn Tirawa, der Alleinige,
sprach nicht direkt zu den Menschen. Er ließ den Menschen durch
bestimmte Tiere mitteilen, dass er sich durch Tiere offenbarte, und
deshalb der Mensch von ihnen und auch von der Sonne, dem Mond
und den Sternen lernen soll.*

Letakota-Lesa, Häuptling der Pawnee

DER ENTSCHEIDENDE DRAHT

Dass Tiere eigenständige Wesen sind, hat sich mir im Laufe der
Jahre vielfach in der Praxis bestätigt. Da ich ihre essentielle Geistnatur
anerkenne, können wir uns intelligent verständigen. Nichtmenschli-
ches Leben stellt keine niedrigere Lebensform dar, in der nur Reflexe
oder Reiz-Reaktions-Muster zum Tragen kommen.

Natürlich unterscheiden sich Tiere von Menschen. Körperbau,
Erbanlagen und Sinnesorgane variieren von Spezies zu Spezies, des-
halb erlebt jede Spezies die Welt auf eine andere einmalige Weise.
Jede Gattung besteht aus Individuen, die durch ihre spezifische kör-

perliche Beschaffenheit zu einem einmaligen Selbstausdruck finden und so ihren unersetzlichen Beitrag in der universellen Welt des Geistes leisten können.

Begreifen wir Tiere als bloße Objekte oder biologische Formen, werden wir keine realistische Beziehung zu ihnen aufbauen können. Ein tieferes Verständnis ist erst möglich, wenn wir uns von unseren kulturellen Vorurteilen lösen und ihre psychosomatische Geistnatur erkennen. Es ist zwar nützlich, sich mit der Biologie und der Verhaltensforschung auseinander zu setzen, um sich einen allgemeinen Überblick zu verschaffen, aber dieses systematische Wissen ersetzt nicht die individuelle Begegnung mit den Tieren, durch die sich deren Persönlichkeit, Gedanken, Hoffnungen, Träume und Ziele erschließen. Bei Lebewesen sind äußere Form und Geistnatur untrennbar miteinander verbunden. Wir müssen uns Tieren, egal welcher Spezies, als ganzer Wesen bewusst sein, wenn wir uns ihnen nähern.

Durch die Suche nach geistiger Verbindung verliert der körperliche Aspekt an Gewicht. Die Körper werden dann als der lebendige individuelle Ausdruck der göttlichen Schöpferkraft wahrgenommen. Bei dieser geistigen Kontaktaufnahme von Wesen zu Wesen kommt es zu einem Bewusstsein der Ähnlichkeit, ja selbst des Einsseins. Und diese aus Respekt hervorgegangene Wahrnehmung tiefer Verbundenheit ist etwas Wunderbares. Darin können Vertrauen und Verständnis gedeihen.

Eine solche vertrauliche Kommunikation hat nichts mit Sentimentalität zu tun, noch kommt sie zustande, wenn man Tiere wie Babys oder arme Untergebene behandelt. Sie verlangt Aufgeschlossenheit und ehrliches Wohlwollen. Wer sie schon einmal in der Begegnung mit Lebewesen (Menschen eingeschlossen) erfahren hat, würdigte in diesen Augenblicken die allumfassende geistige Gemeinschaft. Tiere spüren diese Haltung, auch wenn wir uns ihrer nicht verbal bewusst sind.

Das heißt bei weitem nicht, dass sich uns jedes Tier zu Füßen legt, in unserer Anwesenheit ruhig verhält oder auch nur Kontakt mit uns aufnehmen möchte. Tiere treffen ihre Wahl, haben artbedingte Ängste durch Generationen übergreifende Erfahrungen plus eigene persönliche Erfahrungen. Wahrscheinlich ist Flucht oder Angriff ihre erste Reaktion, je nachdem wie es um ihre Körperchemie entsprechend ihrer Funktion in der Natur bestellt ist.

Manchen Tieren fällt es leichter als anderen, mit Menschen geistigen Kontakt aufzunehmen. Andere haben weniger Verlangen danach, sich mit uns oder anderen Spezies auszutauschen. Ich habe jedoch festgestellt, dass sich die meisten Tiere für uns interessieren oder zumindest uns in ihrer Nähe dulden, wenn wir nicht aufdringlich sind, uns also ruhig und aufgeschlossen, aufmerksam und respektvoll verhalten.

Haustiere, sofern sie überwiegend positive Erfahrungen mit Menschen gemacht haben, halten diese nicht für räuberisch und können daher eher mit Menschen kommunizieren als wildlebende Tiere. Wahrscheinlich finden Sie also eher zu Haustieren einen Draht als zu wilden Tieren. In beiden Fällen kann der Kontakt aber etwas Besonderes sein, kann die direkte Kommunikation Freude machen. Wenn ein wildes Tier unsere Anwesenheit toleriert und in geistigen Austausch mit uns tritt, ist das eine große Ehre.

Ich betrachte die Tiere nicht als menschliche Wesen im Fellkostüm oder Federkleid. Sie sind sie selbst: Individuen mit anderen Sinneswahrnehmungen und Gedankengängen, mit anderen Ausdrucksmöglichkeiten und Erlebnishorizonten. Es macht Freude, im geistigen Kontakt andere Lebenswelten kennenzulernen. Hierarchische Einteilungen sind hier überflüssig. Sie können zur Herablassung oder Entfremdung führen. Man genießt einfach den geistigen Erfahrungsaustausch. Unsere Geistnatur lässt uns voneinander lernen und uns in Eintracht weiterentwickeln.

Bewusstsein und Intelligenz der Tiere

Es gibt einen riesigen Erfahrungs- und Wissensschatz auf der Welt, dessen sich nur wenige bewusst sind. Er wird von den Pflanzen und Tieren gehütet, und überflügelt bei Weitem das gegenwärtige naturwissenschaftliche Wissen. Diese Weisheit kann der Menschheit von großem Nutzen sein, wenn wir sie annehmen und anfangen, die Wissenschaften in ihrem Sinn zu pflegen.

The Christian Science Monitor, *2. Januar 1992, S. 6*

Woran denken Tiere – nur an Futter? Sind sie intelligent? Haben sie ein Erinnerungsvermögen? Können Sie nachdenken? Im neugierigen oder ungläubigen Unterton werden mir immer wieder Fragen dieser Art gestellt, wenn es um meine Arbeit mit Tieren geht. Ein Blick auf die Geschichte zeigt, dass sich die Menschen solche Fragen auch gegenüber anderen Kulturen, Rassen und Gruppen gestellt haben, die sie als fremd erlebten, für minderwertig hielten oder einfach nicht verstanden.

Wie beurteilen Menschen, die sich solche Fragen stellen, die Intelligenz der Tiere? Gewöhnlich halten sie es für einen Intelligenzbeweis, wenn sich ein Tier mit Hilfe unserer Sprache, Zeichen oder Begriffe mitteilen kann. Verhaltensforscher bedienen sich menschlicher Standards, wenn sie den IQ von Tieren messen. Aber Tiere reagieren, sehen und denken nicht so wie wir. Ihre Intelligenz muss unter Berücksichtigung der biologischen Fähigkeiten erschlossen und eigenständig beschrieben werden.

Andere Wahrnehmungsweisen

Im menschlichen Verstehen anderer Spezies herrscht ein Vakuum: es fehlt an unvoreingenommener Beobachtung, Kommunikation und Einfühlung in andere Spezies. Da ich mich mit Tausenden von Tieren als intelligenten Wesensgeschwistern ausgetauscht habe, staune ich manchmal über die geringe Bereitschaft vieler Menschen, Tiere als intelligent und bewusstseinsbegabt anzusehen.

Sicher sind Wahrnehmung und Bewusstsein anderer Lebewesen anders als beim Menschen, weil sie andere Funktionen zu erfüllen haben. Tiere, deren Umweltbedingungen verändert werden, können ihre angeborene Intelligenz nicht mehr optimal nutzen. Auf Wesen mit weniger analytischem Daseinsbezug kann die menschliche Art zu denken sehr chaotisch wirken und sie verwirren. Menschen verlangen Tieren oft wesensfremde Leistungen ab. Wie sollen sie das verstehen können! Auch kann es bei Tieren zu Panik führen, wenn ihre Sinne durch Maschinen und menschliche Eingriffe in die Natur überhaupt überreizt werden.

Das Zusammenleben mit Menschen kann für Haustiere traumatisch sein. Manche Leute halten Pferde für verrückt oder dumm, weil sie durchgehen oder scheu werden, wenn sie eine Plastikplane flattern sehen oder Regen aufs Wellblechdach tropfen hören, oder weil sie sich plötzlich vor bekannten Dingen aufbäumen. Pferde sind nicht für die Gefangenschaft in Koppeln und Ställen geschaffen. Ihr Erwartungshorizont ist ein anderer. Sie sind für ein Leben in der freien Natur geschaffen, wo die Wahrnehmung ungewohnter Bewegungen ein Signal zur Flucht sind. Ihr Verhalten erscheint logisch, sobald wir uns in sie hineinversetzen. Dass sie sich an Situationen, denen der Mensch sie aussetzt, gewöhnen, ist ihrer Gutmütigkeit und Hilfsbereitschaft zu verdanken.

Eine Besucherin, der ich einmal meine schönen Hühner vorstellte und ihre rege Wachsamkeit rühmte, meinte: „Die sind doch dumm, Hühner laufen vor jedes Auto." Das tun auch Kinder und Erwachsene, die nicht an Autos gewöhnt sind. Der Lärm, das Scheinwerferlicht, die Geschwindigkeit der Autos können den Sinnesapparat der Tiere überfordern. Wir sind den Anblick, die Geräusche und Gerüche unserer schnelllebigen industrialisierten Welt gewöhnt. Hühner, Hirsche, Kaninchen, Mäuse und andere Tiere können durch heranrasende Autos oder Maschinen so verwirrt und in Panik versetzt werden, dass sie erstarren oder auf ihrer Flucht unter die Räder kommen. Versuchen Sie einmal, es sich nachts neben einer Landstraße gemütlich zu machen und einzudösen, und erleben Sie, wie es ist, wenn man von einem vorbeibrausenden Auto aufgeschreckt wird.

Beweisen wir *unsere* Intelligenz, indem wir auf vorgefasste Meinungen verzichten! Anstatt von „dummen Kühen" oder „Spatzenhirnen" auszugehen, können wir einmal unvoreingenommen auf das schauen und hören, was uns gerade umgibt. Erst wenn wir das tun und nicht alles an unseren eigenen Standards messen, können wir Intelligenz und Ausdrucksweisen anderer Kulturen, Gruppen oder Spezies erfassen. Ein Beispiel dazu:

Mein großer Blumen-, Gemüse- und Kräutergarten mit einheimischen und fremdländischen klimakompatiblen Pflanzen ist meine große Freude. Zu seinen häufigsten Besuchern zählen Nackt- und Weinbergschnecken, die sich ungeladen an den Delikatessen weiden. Sie leben schon seit Urzeiten und sind für das ökologische Gleichgewicht zweifellos wichtig. Es stört mich daher nicht, wenn sie einen kleinen Teil meines Junggemüses fressen. Doch vermehren sie sich (für mein Empfinden) manchmal allzu sehr, wenn eine feuchte Witterung ihre Fortpflanzung begünstigt. Dann sammle ich sie in einen Eimer und schütte sie in einiger Entfernung im Wald aus mit der Bitte, nicht zurückzukommen.

Einmal im Sommer schaffte ich wieder wöchentlich Hunderte von Schnecken fort. Ich vertiefte ich mich ausgiebig in sie und stellte fest, dass es sanfte, sehr empfindsame Wesen mit scharfem Wahrnehmungsvermögen sind. Während ich mich in sie hineinversetzte, nahm ich eine Welt pulsierender Energiewellen wahr. Ihr Gesichtssinn unterscheidet sich offenbar stark von unserem. Sie erfassen Energiewellen und Auren. In ihrem Bewusstsein „bilden" sich die Körper anderer Geschöpfe mit den von ihnen ausgehenden Energien „ab". In der Wahrnehmung der Schnecken sind unsere Körper eher amorph als fest. Wir erscheinen ihnen als farbige Fließmuster mit Energiestrahlen, die je nach den Intentionen unserer Bewegungen einen stechenden oder sanften Charakter haben.

Schnecken „hören" oder spüren Schallschwingungen mit ihrem ganzen Körper. Jede Pore ihrer biegsamen Gestalt gibt ein erspürtes Bild der Welt wieder. Aufgrund ihrer äußerst sinnlichen Natur verkörpern sie beispielhaft Nahrungsaufnahme und sexuelle Aktivität. Sie sind die „Gourmants in der Tierwelt", nehmen vollständige Verbindung mit ihrer Nahrung auf, sei es nun junges Grün oder Hundekot.

Ich stieß einmal beim Umgraben in meinem Garten auf ein vereintes Schneckenpaar. Schnecken sind Zwitter, deshalb finden sie leicht einen Partner! Ganz im Gegensatz zur vorherrschenden Auffassung, dass Tiere Sexualität rein mechanisch erleben, war das, was ich wahrnahm, eine ekstatische Gemeinschaft. Respektvoll bedeckte ich das Paar wieder mit Laub. Ein paar Tage später schaute ich unter dem Mulch noch einmal nach ihnen. Sie paarten sich immer noch – eine offensichtlich sehr pässliche Sache, die keine Hast vertrug. Wieder spürte ich ihre Intimität, ihre Freude an der Vereinigung, ihr orgasmisches Einssein.

Vielen Menschen fällt es sichtlich schwer, Schnecken und anderen Lebewesen, die sich körperlich und mental stark von uns unterscheiden, Intelligenz und Bewusstsein zuzugestehen. Hier sind Klischees und Vorurteile zu überwinden, ist Kommunikationsbereitschaft aufzubringen, um die Schönheit ihrer Daseinsform zu erkennen. Wir lernen viel dazu, wenn wir uns in die Wahrnehmungs- und Bewusstseinssphären anderer Geschöpfe versetzen.

Bestimmte Tierarten, die von den Menschen als reine Plage empfunden werden, haben es trotz aller Ausrottungsversuche geschafft, in ihrer unmittelbaren Nachbarschaft weiter zu gedeihen. Ihr Überleben lässt darauf schließen, dass sie die Gedanken und Absichten der Menschen durchschauen. Beispiele sind Ratten, Waschbären, Kojoten und Kakerlaken. Als Allesfresser können sie sogar vom Müll der Menschen leben. Diese Überlebenskünstler sind erstaunlich intelligent, schnell und auffassungsfähig und genießen oft ihre Nähe zum Menschen. Leider gelingt es jedoch wildlebenden Tieren oft nicht, das Vordringen der Menschen in ihr Territorium zu überleben.

Oft wird beim Menschen etwas als rational und bewusst eingestuft, was beim Tier für eine Instinkthandlung gehalten wird. Rüden heben das Bein, urinieren und bellen, um ihr Revier abzugrenzen und andern Hunden ihre Präsenz anzuzeigen. Das wird gewöhnlich als ein Reiz-Reaktions-Mechanismus abgetan, über den die Hunde keine Kontrolle hätten. Doch wenn Menschen Grenzen markieren, Gebiete einzäunen oder um Territorialansprüche kämpfen, hält man das für löblich oder zumindest akzeptabel, da man sich ein Recht auf persönliches Eigentum zugesteht, beziehungsweise ein Recht auf den Ausdruck seiner sozialen oder individuellen Identität. Nach Ansicht vieler Menschen sind sich Hunde und andere Tiere in keinster Weise ihres Verhaltens bewusst. Nur Menschen hält man für fähig, sich über ihr eigenes Verhalten im Klaren zu sein.

Wir begrenzen die Kommunikation mit Tieren nur allzu gern auf unsere Verstandesebene. Die Tiere müssen lernen, sich auf einer uns geläufigen Ebene mitzuteilen, meist durch Körpersprache – wie Bellen, Stupsen, Kratzen, Zerren etc. – oder durch emotionale Botschaften. Ein geistiger Austausch ist selten. In Tierbüchern werden meist nicht alle Kommunikationsebenen der Tiere beschrieben, sondern nur ihre Fähigkeiten im Rahmen einer den Menschen gewohnten Kommunikation. Wenn sich Hunde zum Beispiel nicht mehr anders mitzuteilen wissen, als aufs Sofa zu pinkeln oder ständig zu bellen, wurden sie wahrscheinlich ignoriert, als sie ihre Bedürfnisse auf subtileren emotionalen oder geistigen Ebenen mitteilten. Tiere bedienen sich dann meist notgedrungen der Kommunikationsform, die wir verstehen wollen.

In unserer Kultur herrscht die Ansicht vor, dass Tiere aufgrund ihres mangelnden Bewusstseins kaum Entscheidungen treffen können. Man ist weit entfernt davon zu glauben, dass Tiere ein Bewusstsein von den tiefsten Wahrheiten und Urgesetzen unseres Universums besitzen. Doch Menschen, die sich ohne Worte oder andere kulturell festgelegte Zeichen als Zwischenträger auf andere Spezies einlassen, erfahren Tiere auf einer Ebene jenseits ihres Überlebenstriebs. Sobald wir mit Tieren aufrichtig und offen umgehen, eröffnet sich ein fruchtbares Feld des voneinander Lernens.

Die Sprachbarriere

Die verbale Kommunikation ist etwas Wunderbares, wenn es um die Betrachtung und Regelung komplizierter Sachverhalte geht. Andererseits ermöglicht sie auch Missverständnisse, die die direkte Kommunikation behindern können. Weil solche Missverständnisse auch sprachlich abgerufen und interpretiert werden können, lassen sie sich verkomplizieren und vielschichtig ausbauen. Wir verwickeln uns dann in alte Formulierungen, und *denken*, das sei die momentane Wirklichkeit oder das, was die anderen über uns und unsere Handlungen gerade denken. Worte können dazu verleiten, andere nicht aus direkter Erfahrung zu beurteilen, sondern sie aus der Interpretation des von ihnen Gesagten zu rekonstruieren.

Sprache kann also bei Therapien und Beratungen zum Hindernis werden. Bei Tieren geschieht die Beratung unmittelbar, können Fragen und Vorstellungen rasch auf telepathischem Weg ausgetauscht werden. Normalerweise werden bei der Klärung von Problemen direkt die betreffenden Gefühle oder der Sachverhalt erfasst. Tiere verschleiern ihre Erfahrungen und Erinnerungen nicht mit abstrakten Bedenken über deren mögliche Bedeutung für sich selbst und andere. Zwar kommen auch bei ihnen Missverständnisse vor, aber sie neigen anders als die Menschen gewöhnlich nicht dazu, immer wieder über eine Erfahrung und deren Bedeutung nachzugrübeln.

Tiefsitzende emotionale Schwierigkeiten oder auch neue schlechte Erfahrungen und Traumen lassen sich bei Tieren meistens leichter und schneller bereinigen als bei Menschen. Binnen Minuten kommt es zu deutlichen und langfristigen Änderungen der Stimmung und des Verhaltens – wofür bei Menschen oft stundenlange Therapiegespräche nötig sind. Tiere erfassen meist schnell die Ursache des Problems und können ihre sich negativ auswirkenden Verhaltensweisen schlagartig aufgeben.

Menschen brauchen dazu erfahrungsgemäß länger. Es kann viele Stunden oder auch Jahre der Therapie oder anderer Selbstfindungspraxis erfordern, bis sie wieder zur Quelle ihrer einfachen unmittelbaren Wahrnehmungen und damit zur Erkenntnis grundlegender Wahrheiten gelangen. Tiere verlieren ihren direkten Draht zum Leben sehr selten. Sie verstehen das Leben auch so, ohne dicke Bücher über seine Wahrheiten wälzen zu müssen. Deshalb können sie uns so vieles lehren.

Unsere verstandesmäßigen Verstrickungen können uns handlungsunfähig machen, Lebensfreude rauben und viel Leid verursachen. Andererseits haben Verstandesleistungen uns auch in den Genuss großer Errungenschaften gebracht. Sprache in ihrer Vollendung sollte

Gedanken immer in einer Weise ausdrücken, die uns auf die Fülle des Lebens *jenseits* aller Worte hinweist.

Tiere können unsere Sprache verstehen, weil sie das beim Sprechen jeweils *tatsächlich* Gemeinte erfassen. Ihre normale Kommunikationsform ist das direkte Übertragen und Erfassen von Intentionen und Gefühlen. Sie machen sich das Leben nicht so schwer, wie viele Menschen mit ihren Verklausulierungen und sprachlichen Irrwegen. Allerdings können sie durch einen engen Kontakt mit Menschen von deren indirekteren Kommunikationsweisen beeinflusst werden. Sie können sogar Neurosen und Verhaltensstörungen entwickeln, wenn ihre Anlagen und Bedürfnisse vom Menschen ständig boykottiert und pervertiert werden.

Oft heißt es, ein unbefangen und intuitiv geführtes Leben wäre naiv und langweilig. Das direkte Miteinander erscheint vielen zu einfach und beschränkt. Sie lieben ernste Gedankengänge, die zweifellos zum Menschsein dazu gehören. Doch wer sich allzu ausschließlich komplizierten Gedankenspielen ergibt, kann einmal plötzlich den Faden verlieren und in der Selbstentfremdung landen. Dann steht die Suche in Therapiegesprächen, in der Meditation, im Gebet oder auf anderen spirituellen Wegen an, um von Gedankenmustern loszukommen, die an der Erfahrung reiner Lebensfreude hindern.

Statt im Umgang mit Tieren an vorgefertigten Meinungen festzuhalten, sollten wir versuchen, uns ganz in sie hineinzuversetzen. Sobald wir nicht nur innerhalb unserer sprachlichen Grenzen auf sie zugehen, erkennen wir die Tiere in ihrer Schönheit, Einzigartigkeit und Intelligenz. Plötzlich sind sie wunderbarerweise nichts völlig anderes mehr, sondern Wesensgeschwister voller Begeisterung, Humor und Weisheit. Sooft wir uns in andere Wesen hineinversetzen, vertiefen wir unsere Seinserfahrung. Unser Bewusstsein erweitert sich. Und mit wachsender geistiger Reife kommen wir der wahren göttlichen Natur, die in jedem von uns wohnt, immer näher.

Folgendes Selbstgespräch stammt von 1992:

Vom Denken allein wird man nicht weise,
Aber durch Achtsamkeit
Umfassende Weisheit der Natur
In Felsen, Bienen, Elefanten
Denken kann Spaß machen
Erkenntnisse herbeiführen
Verwirrung stiften
Galaktischer Reigen
Um sich selbst.

Achtsamkeit,
Tiefe Aufrichtigkeit
Bringt Wahrheit ans Licht
Wissen ist Bewusstsein
Es entspringt keinem Rationalismus
Keinem folgerichtigen Gedanken
Obwohl vom Denken zum
Wissen gesprungen werden kann
Doch dieser Sprung gelingt nur durch Sein
Durch reines Selbstsein
Der ewigen Geistnatur.

Denken ist nicht das Ein und
Alles des Bewusstseins
Es bedarf vieler Transformationen
Um reine Schönheit
Weisheit
Wahrheit zu finden.

Denken trifft man in vielen Spezies an
Halte es nicht für den Schlusspunkt
Oder für etwas, das dich
Über alles erhaben macht
Das meinen nur die modernen Menschen
Die am Wesentlichen vorbeigehen

Dass nämlich im Geist Gleichmut und
Frieden zu finden sind
Nicht in Schlussfolgerungen
Oder logischen Argumenten
Der schöpferische Geist
Ist die Geistnatur in allen Dingen.

Wir finden zu höchstem Wissen
Zu unserem Ursprung
Wenn wir durch Achtsamkeit
Zu uns finden
Zu unserem Selbst, das
Schlicht in unserem Herzen wohnt.

Wer unter den Spezies hat das größte Bewusstsein?
Etwa die Gedankenverlorenen?
Nein, es sind diejenigen, die achtsam sind
Die fühlen, die sehen
Deren Wesen über die Grenzen
Von Haut, Gehirn und Form hinausreicht.

Ich bin Wissenden in jeder Gestalt begegnet
Von Bäumen über Schmetterlingen zu Menschen
Von ihnen können wir lernen,
Uns am Instrument unseres Verstandes zu erfreuen
Und Ideen zu entfalten

Das ist unser angeborenes Recht
Aber wir dürfen uns nicht von ihm
Beherrschen lassen,
Wir dürfen uns nicht dadurch
Von den anderen Lebewesen isolieren
Dass wir sie für niedriger halten.

Mögest du durch Anerkennung der Wissenden
Zu dir selbst finden.

DIE BEWERTUNG ANDERER SPEZIES

Was uns nicht alles voneinander trennt! Rasse, Geschlecht, Körpergröße, Glaubenssysteme, Spezies ... die Liste analytischer Unterscheidungen und Trennungen ist lang. Mit ihrem Missbrauch lässt sich Zwietracht säen. Wenn man, statt die Gemeinsamkeiten der inneren Geistnatur zu betonen, sich zu sehr auf die Unterschiede versteift, nehmen Unterdrückung, Ausgrenzung, Härte und auch Grausamkeit gegen die anderen zu.

Sicherlich kennt jeder von uns die Thesen, nach denen üblicherweise zwischen Mensch und Tier unterschieden wird, und viele haben diese isolierte Wertschätzung menschlichen Lebens übernommen. Bis vor kurzem war die Minderwertigkeit anderer Spezies auch wissenschaftlich verbürgt. Heute allerdings erkennen viele Wissenschaftler die Hinderlichkeit dieser Annahmen, und kommen durch ihre unbefangene Beobachtung zu völlig neuen Ergebnissen.

Sehr gängig ist das Vorurteil, dass Tiere keine intelligenten Wesen seien, denn dazu sei die Leistungsfähigkeit ihres Gehirns einfach zu begrenzt. Ihren Gehirnen mangle es einfach an Masse und Komplexität, als dass sie denken und individuelle Entscheidungen treffen könnten. Mittlerweile belegen Studien, dass viele Spezies – und darunter auch solche mit relativ kleinen Gehirnen – durchaus in der Lage sind, Probleme zu lösen und Entschlüsse zu fassen.

Ein weiteres Kriterium war „der Gebrauch von Werkzeug": Nur die Menschen hätten jene evolutionäre Stufe erreicht, die sie zum Überleben Werkzeuge erfinden und gebrauchen lässt. Nun ist diese Fähigkeit aber auch bei anderen, sehr unterschiedlichen Spezies entdeckt worden – wie bei Schimpansen, Vögeln und Ameisen. Eine andere These besagte, dass nur Menschen zum Altruismus fähig seien, also nur sie sich selbstlos für andere einsetzen könnten. Doch sind unzählige Vorfälle und Begebenheiten bekannt, bei denen Tiere ihr eigenes Leben aufs Spiel setzten, um Artgenossen und auch Menschen rettend zu Hilfe zu kommen. Auch dieses Kriterium ist also überholt.

Jahrhunderte lang war unbestritten, dass nur Menschen sich durch Sprachen und Symbole untereinander verständigen. In jüngster Zeit haben Forscher jedoch zu ihrem großen Erstaunen bei vielen Spezies den Gebrauch komplizierter Laut- und Zeichensprachen entdeckt, sei es unter Elefanten, Vögeln oder Bienen. Der vorherrschende Glaube, dass Tiere kein eigentliches Bewusstsein von ihrer Umgebung haben, so wie wir Menschen, und sich auch nicht sprachlich verständigen können, ist rückläufig. Es beginnen deutlich mehr Menschen sich auf eine respektvollere Weise mit Tieren zu befassen.

Noch glauben viele Menschen, Tiere hätten kein Selbstbewusstsein und kein Rechts- und Unrechtsempfinden. Ihnen widersprechen die Verhaltensforscher, die sehr wohl bei Tieren Selbstbewusstsein und ethische Vorstellungen entdecken. Zudem hat die direkte telepathische Kommunikation immer wieder gezeigt, dass Tiere sich und ihren Lebenszweck kennen. Sie haben eigene Vorstellungen von Recht und Unrecht und sorgen entsprechend ihrer Art für Gerechtigkeit. Ihre Bräuche mögen sich von den unsrigen unterscheiden. Aber wir sollten bedenken, dass es selbst schon unter uns Menschen Unterschiede im Brauchtum gibt.

Tiere zweifeln ihr Bewusstsein natürlich nicht in dem Ausmaß an wie der moderne Mensch. Trotzdem sind sich die Wesen aller Spezies ihrer Lebendigkeit bewusst, mag dieses Bewusstsein auch noch so unterschiedlich ausgeprägt sein.

Ich habe gelesen, Menschen würden sich von den Tieren auch darin unterscheiden, dass nur sie sich über die Gegenwart hinaus an andere Orte und in andere Zeiten versetzen und die Dinge von einer höheren Warte aus betrachten können. Ich habe da ganz andere Erfahrungen mit Tieren gemacht. Ich durfte erfahren, dass sie sich sehr wohl in Situationen versetzen und Erinnerungen und Zukunftsvorstellungen haben können. Sie haben mir Bewusstseinsmomente vergangener Leben auf der Erde und in anderen Dimensionen mitgeteilt sowie außerkörperliche Erfahrungen. Ich gewann durch sie nicht weniger tiefe Erkenntnisse als in der Begegnung mit Menschen. Tiere vermitteln solche Bewusstseinsmomente normalerweise auf einfachere Weise als verstandesbetonte Menschen, doch ist ihr Wissen deswegen nicht weniger tief.

Ich ziehe es vor, die Unterschiede der Spezies als einen das Leben bereichernden Ausdruck des Universums zu begreifen, anstatt sie als Trennungsmerkmale zu benutzen. Je direkter Sie kommunizieren und je achtsamer Sie ihr Verhältnis zu Vertretern anderer Arten gestalten, desto offenbarer wird Ihnen die Weisheit aller Lebensformen und die Einheit allen Lebens. Und dieses weise Miteinander lässt jeden über die eigenen Grenzen hinauswachsen. Unsere nichtmenschlichen Freunde können uns lehren, das *Hier und Jetzt* unseres Daseins zu akzeptieren und die schöpferische Einheit zu spüren – die Göttlichkeit, an der wir alle teilhaben.

Wie intelligent Tiere sind und ihren direkten Draht zu allem Leben haben erfuhr ich einmal in einer wunderbaren Begegnung mit einem Laubfrosch. Wir kamen gerade von einem naturkundlichen Diavortrag aus dem Gemeindezentrum zurück. Es war eine kalte Februarnacht und die Ausführungen gingen mir noch immer durch den Kopf. Der Referent hatte sich gefragt, ob die Dürre in unserer Gegend nicht deshalb so rapide zunähme, weil wir den Donnervogel nicht mehr um Regen bitten, wie dies die Eingeborenen immer getan hätten. Und dass wir wieder mehr auf das hören müssten, was uns die Tiere zu sagen haben. Ich fühlte mich zutiefst verstanden, denn auch ich bin dagegen, dass die Menschen die natürlichen Lebensbedingungen so vieler Geschöpfe zerstören.

Der Laubfrosch saß auf der Türschwelle, als warte er darauf eingelassen zu werden. Vorsichtig nahm ich den leuchtendgrünen Kerl auf die Hand, um ihn im Garten abzusetzen. Aber er schien etwas anderes vorzuhaben. Statt davon zu hüpfen, blieb er still sitzen, und kehrte mehrmals um, als ich ihn herunter zu schubsen versuchte. Also hob ich meine Hand hoch, um ihn mir genau anzusehen und herauszufinden, warum er bleiben wollte. Still vermittelte er mir seine Wertschätzung, was in mir das Gefühl einer Urverwandtschaft weckte. „Sag den Menschen, dass wir sauberes Wasser und saubere Luft brauchen", gab er mir zu verstehen. Ich merkte, dass er auch für die vielen anderen Amphibien sprach – Frösche, Salamander, Molche -, deren Zahl weltweit in so beängstigendem Maße zurückgeht. Er nutzte unsere kurze Begegnung, um mir diesen Auftrag ans Herz zu legen.

Dann drehte er sich auch schon um, und ich senkte die Hand und ließ ihn davon hüpfen. Später hörte ich ihn zusammen mit seinen Freunden quaken. Sie baten um den so heiß ersehnten Regen.

DIE EVOLUTIVE BEZIEHUNG ZWISCHEN DEN ARTEN

In unserer Kultur wird den Menschen eingeschärft, dass der *Homo sapiens* eine Sonderstellung im Reich der Lebewesen einnimmt. Obwohl der Mensch, was die Komplexität des Gehirns und den Werkzeuggebrauch betrifft, die meisten anderen Spezies übertrifft, ist er nichts ganz anderes. Wir haben, so wie die anderen Wesen auch, unseren Platz im lebendigen Ganzen.

Auch die Vorstellung einer doppelbödigen Evolution des Geistes, dass sich aufgrund des unterschiedlichen Körperbaus eine ganz andere Art von Geist entfaltet, schafft eine unüberbrückbare Kluft zwischen Menschen und Tieren. Ich habe erkannt, dass wir alle dieselbe Geistnatur haben und dass es uns freisteht, in jeder Form individuelle Gestalt anzunehmen.

Die Unterschiede im Körperbau der Arten spiegeln deren unterschiedliche Lebensbedingungen und Fähigkeiten des Überlebens wider. Als geistigen Wesen stehen uns viele Möglichkeiten offen, uns kreativ auf Erden auszuleben. Wir verkörpern uns entsprechend unserer Absichten in verschiedenen Spezies und bringen uns innerhalb der jeweiligen biologischen Grenzen zum Ausdruck. Spezies, Unterarten und Individuen haben ihren evolutiven Zweck im physikalischen Universum und die geistigen Wesen durchwandern in wechselnder Gestalt die Dimensionen. Alles hängt zusammen.

Das Verhältnis zwischen Menschen und Tieren beschäftigt mich schon seit langem. Wie kein anderes Lebewesen haben wir die Macht, unsere Umwelt zu gestalten oder zu zerstören. Keine andere Spezies außer dem Menschen sortiert andere Spielarten des Lebens derart aus, trennt und bewertet so kategorisch. Doch wir laufen Gefahr, uns dabei zu verlieren in einer immer oberflächlicheren Zerstreuung, statt vollkommen zu verstehen und zu wissen. Auch nichtmenschliche Lebewesen können abstrahieren, aber sie bleiben sich ihres gegenwärtigen

Lebenssinnes bewusst und rechtfertigen ihren Platz im Universum und ihren Lebenszweck nicht nach Belieben

Wir gehen kreativ mit Sprache um, wir forschen, schreiben und zeichnen Geschichten über uns und die Welt auf. Andere Lebewesen vermitteln ihre Erinnerungen und Beobachtungen intuitiv aus dem Zellgedächtnis und durch gruppentypische Eigenarten. Ich habe oft den Eindruck, dass Menschen Schüler des Lebens sind. Unsere Aufgabe ist, uns mit anderen über das Lernen im Leben auszutauschen. Menschen sind Lebenskünstler, die mit Hilfe ihrer Phantasie zu Sinngebern werden können. Wir bereichern einander, wenn wir uns durch Musik, Tanz, Dichtung und auf anderen musischen Gebieten offenbaren.

Eine amerikanische Anthropologin, die das Leben der australischen Ureinwohner erforschte, stellte einer Aborigine einmal die Frage, wodurch sich Menschen von Tieren unterschieden. Die Frau war über diese große Wissenslücke sehr erstaunt und erklärte: *wir sind diejenigen, die allen anderen Geschichten erzählen können.*

GEIST UND FORM

Als ich vor einem Vierteljahrhundert in Edinburgh in Schottland lebte, hatte ich einen Kater namens Ipsis. Ipsis hatte seinen Namen, der aus dem Lateinischen hergeleitet so viel wie „er selbst" bedeutet, selber gewählt. Er war eine Wucht von einem schwarzen Kater, der, wenn er Leuten tief in die Augen schaute, diese zu Bemerkungen hinreißen konnte, wie: „Das ist mehr als ein normaler Kater!"

Ipsis war mein spezieller Freund, da er mir bei meinen Beratungen beistand. Kam ein Kunde, trat er zur Begrüßung in Erscheinung und machte es sich dann irgendwo im Hintergrund bequem. Wenn wir dann der Lösung eines Problems nahe waren und sich beim Kunden durch freiwerdende Emotionen gerade eine Einsicht ankündigte, kam es oft vor, dass Ispsis plötzlich auf den Tisch sprang, den Kunden ermunternd anschaute, so als wartete er auf dessen Aha-Effekt. Meistens lachten dann die Kunden und meinten, der Erfolg der Sitzung sei ja jetzt so gut wie sicher, da ihnen Ipsis auf die Sprünge helfe.

Vor allem erinnere ich mich noch an eine Eigenart, durch die mir Ispis sehr beistand. Wir lebten in einer zugigen Dachwohnung, wo uns als einzige Wärmequelle ein kleiner Elektroofen zur Verfügung stand, der noch dazu im Münzbetrieb funktionierte. Das Aufstehen im Morgengrauen fiel mir oft schwer. Aber Ipsis machte es mir ein wenig leichter. Meistens schlief er zu meinen Füßen auf meinem Bett. Kurz bevor der Wecker klingelte, war er schon am Kopfkissen und weckte mich ganz zart mit seiner Tatze. Das brachte mich zum Lächeln, ich streichelte ihn und manchmal schlief ich dabei wieder ein. Wenn dann der Wecker schellte und ich immer noch nicht aufstand, wurde Ipsis hartnäckiger, leckte mit seiner rauen Zunge an meiner Wange oder biss mich leicht ins Kinn, so, als wolle er mir sagen: „Du musst jetzt aufstehen und an die Arbeit. Sie ist sehr wichtig." Er half mir, der Kälte des Zimmers zu trotzen, und gemeinsam gingen wir dann zur Arbeit ins Beratungszentrum.

Meinem Freund schilderte ich immer wieder meine wunderbaren Erlebnisse mit Ipsis, was ihm – obwohl er Ipsis auch sehr mochte – manchmal ganz schön auf die Nerven ging. „*Das ist doch nur ein Kater*, mehr nicht", meinte er dann, und ich erwiderte: „Und wenn ich dich so ansehe, wie du Ipsis, bist du nur eine *menschliche Gestalt*, mehr nicht."

Wir sehen nicht mehr, als wir wahrhaben wollen, und verstehen es meisterhaft, uns auf Normen der Wahrnehmung festzulegen. Wir gehen von der Sinnlichkeit unserer äußeren Hülle aus und von den Veränderungen innerhalb dieser Grenzen. Ohne das Bewusstsein der unendlichen allgegenwärtigen Geistnatur hätte für mich das Leben keinen Sinn. Ich würde den Gefühls- und Gedankenreichtum vermissen, der sich mir durch die Weisheit anderer Wesen offenbart.

Ich sah Ipsis also sowohl in seiner Tiefgründigkeit und Weisheit als auch in seiner Schönheit und Grazie, die er durch seine Katzengestalt offenbarte. Mir gefiel alles an ihm – die geistige Kommunikation und Weisheit, die Katzeninstinkte und individuellen Eigenarten – alles gehörte wunderbar zusammen, war gut.

Wenn man den physischen Aspekt vom geistigen getrennt sieht, ist das gefährlich. Denn das sogenannte Körperliche ist Geistnatur. Die

Quantenphysik zeigt, dass die kleinsten Energieteilchen, aus denen das Universum atomar zusammensetzt ist, unentwegt verschwinden und wieder erscheinen, als wäre Magie im Spiel. Sie sind weder hier noch dort, obwohl die Illusion besteht, dass diese Energieeinheiten solide Partikel und relativ beständige Objekte sind. Die Energiepartikel, die die Grundlage der Materie bilden, sind also von unserer Wahrnehmung geprägt. Wir nützen ihr ständiges Vorhandensein. Wir teilen sie uns offenbar, bestehen alle im Grunde aus ihnen. Wie faszinierend!

Als individuelle lebendige Gestalten sind wir vergänglich. Wir nehmen persönliche Merkmale und Seinsweisen an, die wir für unser wirkliches Selbst halten. Diese Identität wandelt sich aber, wenn wir in der physischen Realität einen Zustand verlassen, die geistigen Dimensionen durchwandern und wieder in einen physischen Zustand zurückkehren. Wir können unendlich viele Identitäten annehmen. Wir können im Individuellen aufgehen, Gruppenidentitäten annehmen oder mit Allem-und-Nichts beziehungsweise Gott einswerden. Wer kann uns da als etwas bezeichnen und behaupten, mehr seien wir nicht?

Im physischen Reich können wir (gleichgültig welcher Spezies wir angehören) uns innerhalb unserer körperlichen und gesellschaftlichen Grenzen praktisch zum Ausdruck bringen. Bisweilen können wir wunderbare, weise, ausgeglichene und bewusste Wesen sein, bisweilen aber voller Ängste stecken und stark von dem beeinflusst sein, was uns körperlich angetan worden ist. Und es gibt Zeiten, in denen wir situationsgebunden abwechselnd beides sind. So gelingt es uns manchmal, negative äußere Einflüsse zu überwinden und unsere Zukunft selbst in die Hand zu nehmen, und manchmal haben uns die äußeren Umstände im Griff, und wir erleben uns fremdbestimmt. Die Überwindung bestimmter Prägungen ist also möglich, wir können das Potenzial unserer Spezies als individuelle Erfüllung gänzlich ausleben.

Jeder von uns betrachtet und erlebt die universale Geistnatur aus seiner beziehungsweise ihrer einmaligen psychosomatischen Bewusstseinsperspektive. Unser Bild vom Universum ist von unseren Sinneswahrnehmungen geprägt. In unserem Alltag können wir uns miteinander identifizieren, weil wir aufgrund unseres ähnlichen Körperbaus und überhaupt als Mitglieder derselben Spezies vergleichbare Sinneseindrücke und ähnliche natürliche, emotionale und soziale Bedürfnisse haben. Doch wir können uns auch in andere Spezies hineinversetzen, da alle Lebewesen auf der Erde an elementaren biochemischen Prozessen teilnehmen und durch die Geistnatur verbunden sind.

Die Wesen suchen sich bei ihren Inkarnationen normalerweise die Körperformen und Situationen aus, die ihnen schicksalsmäßig entsprechen beziehungsweise den nächsten Schritt auf dem Abenteuerpfad durchs Leben ermöglichen. Sie können das entweder sehr bewusst tun oder unwissentlich, indem sie die einmal getroffenen Lebensentscheidungen verdrängen, um das Identitätsempfinden und das Moment des Unerwarteten und Abenteuerlichen zu steigern. Oder weil sie durch zu viel Verdrängung den Faden verloren und sich in der physischen Welt zu sehr verfranst haben. Das kosmische Spiel kann sehr vielfältig erlebt werden, bis ein Wesen sich schließlich seiner Geistnatur bewusst wird. Vergisst es seine Geistnatur über lange Zeit, kann es wirklich in einen elenden Zustand geraten.

Wir Menschen, die sozusagen mit unseren analytischen Verstandeskräften vorne dran sind, sind besonders auf die Hilfe der anderen Spezies angewiesen, um bei der Ausschöpfung unserer Möglichkeiten nicht vom Weg der Achtsamkeit abzukommen. Tiere können uns Daseinsfreude lehren, wie wir die Potenziale unseres Körpers und des Universums in jedem Augenblick sinnvoll genießen und den Draht zu uns selbst als ewige Geistnatur bewahren können, den die meisten Tiere niemals verlieren.

Doch auch Tiere sind nicht automatisch bessere Wesen, nur weil sie Tiere sind, wie manche Leute glauben. So wie wir auch, machen sie auf ihrem geistigen Pfad „Fehler", unter denen sie zu leiden haben und aus denen sie lernen.

Tiere, die von Menschen willkürlich und grausam behandelt werden, können menschentypische Neurosen entwickeln. In der Wildnis überleben geschwächte Tiere normalerweise nicht lange. Aber wenn Menschen eingreifen und kränkliche, verhaltensgestörte Tiere weiterzüchten, kommt es zu entsprechenden Erbschäden. In Tierzüchtungen spiegeln sich menschliche Vorstellungen wider. Und je mehr die Zuchttiere den Menschen gefallen, desto mehr bestätigen sie deren

Erwartungen. Natürlich können Tiere in ihrer Entwicklung auch vom Menschen profitieren. Deshalb gibt es ja verschiedene Spezies – dass sie miteinander besser überleben, sich weiterhelfen und die Freude am Leben teilen.

Wir sind Individuen auf der Reise durch die Unendlichkeit. Unsere unterschiedlichen Wege, die wir eingeschlagen haben, kreuzen sich immer wieder. Alle Wege und alle Körperformen haben ihren Wert. Je nach Reiseetappe erscheint den Einzelwesen eine Körperform attraktiver und zweckmäßiger als andere.

Und wenn auch die speziellen Fähigkeiten der verschiedenen Spezies wirklich bewundernswert sind, dürfen wir darüber nicht die Einmaligkeit jedes einzelnen Wesens vergessen. Ob Mensch, Delphin, Hund, Katze, Lama oder Vogel, nicht jedes Einzelwesen ist sich des tieferen Sinns seiner Spezies bewusst. Die Einzelwesen verkörpern die Spezies oft unvollkommen

Manche Tiere strahlen eine ihre Art, ja jede Art durchstrahlende Weisheit aus. Dann werden sie von manchen mit Menschen verglichen. Normalerweise will man damit sagen, dass man diese Tiere wegen ihrer Auffassungsgabe und Reaktionsweise für außerordentlich intelligent hält. Es gibt Wesen jeglicher Gestalt, die ihrer Spezies und sich selbst als ewigen Wesen vorbildlich gerecht werden. Gewöhnlich fallen sie wegen ihrer Lebensfreude, ihrem Selbstvertrauen und ihrem mitfühlenden Wesen auf. Diese Wesen inkarnieren sich bewusst, egal welche Gestalt sie annehmen. Ich nenne sie *Meisterwesen*.

Wir Menschen lieben das Kategorisieren, und die Beschreibung der Spezies nach Merkmalen oder Funktionen ist durchaus interessant. Am meisten lernen wir jedoch im Leben, wenn wir die Einzelwesen in ihrer Individualität würdigen auf ihrer Wanderschaft durch die Sphären. Was für ein Abenteuer es ist, sich gegenseitig in, durch und über seine momentane Gestalt hinaus zu verstehen!

HÖHERES SELBST/NIEDERES SELBST

Die Menschen neigen dazu, sich selbst und andere Spezies in unterschiedlich bewertete Teile zu zerlegen – sie sprechen vom höheren und niederen Selbst, von Körper, Seele und Geist, vom Empfindungs- und Astralleib und so weiter. Durch solche Systeme sollen die im Widerstreit stehenden Kräfte oder Funktionsgegensätze erklärt werden. Doch auch wenn man viel aus der analytischen Zerlegung lernen kann, wirklich verstehen lassen sich die Wesen nur als ganzes.

Mir haben Leute erzählt, dass sie mit dem höheren Selbst eines Tieres gesprochen hätten, so als wäre das Tier ansonsten minderwertig. Es impliziert ein niederes Selbst, das weniger angenehme Erfahrungen vermittelt und nicht weiß, wovon das höhere Selbst spricht. Ich rate demgegenüber im Umgang mit Lebewesen (uns selbst eingeschlossen) zu einem ganzheitlichen Ansatz: Was von Individuen an Erfahrungen und Wissen mitgeteilt wird, entspringt einem körperlich-seelisch-geistigen Wesensganzen. Durch diese respektvolle, achtsame Annäherung ergibt sich die Gelegenheit zu einem völligen Austausch, in dem beide Wesen entscheidend voneinander lernen können.

Tiere können sich über alle Lebensfragen mit uns austauschen, von höchsten Sinn- und Wertfragen bis hin zu Futterwünschen. Es ist Unsinn, bei ihnen von einem höheren und niederen Bewusstsein auszugehen, und mit ersterem in Verbindung treten zu wollen.

Vor einigen Jahren schrieb ich kurz vor einem Workshop folgende Einsichten zu der Frage auf, was alles in unserer Kommunikation mit Tieren eine Rolle spielt:

Die äußere Seite des Tieres spielt eine Rolle – seine Funktion, sein Wirken, seine Bestimmung auf der Erde als dieses spezielle Tier.
Ansichten, Vorurteile, gesellschaftliche Konventionen, persönliche Erfahrungen beeinflussen unsere Wahrnehmung eines Tiers.
Der das Tier beseelende individuelle Geist spielt eine Rolle, mit all seinen Zielen, seinem Tatendrang, seinen Sehnsüchten, Bedürfnissen, Lehren, Energien, Neigungen, Lebensentschlüssen.

Die Geist-Energie (Gott, Lebenskraft, göttliche Kraft, der Große Geist, Geistnatur) spielt eine Rolle, die uns alle vereint und dafür sorgt, dass ein harmonisches Leben auf Erden möglich ist und wir auf einzigartige Weise einander beistehen können. Auf der körperlichen Ebene ergänzen und vollenden wir uns. Auf geistiger Ebene erkennen wir uns als ebenbürtige Teile des Ganzen, als Aspekte des Göttlichen, als eins in unserer inneren Natur.

Die Körper in ihrer Schönheit zu erkennen, heißt, ihre Transzendenz zu erkennen, ihre Geborgenheit in der Geistnatur, und ist das höchste Ziel.

Wir können uns in jeder Hinsicht vereinen (eins werden über Worte und Analyse hinaus) und uns austauschen (energetisch verständigen). Schönheit und Wahrheit offenbaren sich von allein, wenn wir es zulassen.

Lass dich nicht in die Irre führen und konzentriere dich nicht nur auf einen Aspekt oder eine Ebene der Kommunikation. Jede Gestalt birgt die Weisheit der Geistnatur. Deine Aufgabe (Freude!) ist es zu schauen. Versenke dich. Erfasse das ganze Wesen, nicht nur die äußere Schale. Schaue, fühle, erkenne es in seiner lebendigen Gegenwart und sei bereit, auf jeder Ebene der Kommunikation Botschaften zu empfangen.

GRUPPENSEELE

In manchen Kreisen wird die Theorie vertreten, dass Tiere – insbesondere wenn sie in Herden oder großen Gruppen leben – kein individuelles Bewusstsein besitzen, sondern nur eine Gruppenseele oder ein Gruppenbewusstsein. Meiner Erfahrung nach haben alle Spezies, die in Gruppen auftreten, Führer, die die Aktivitäten der Gruppe telepathisch oder anderweitig koordinieren. Sie können körperlich präsent oder auch nicht inkarniert sein – und werden manchmal als Überseele bezeichnet. Grundsätzlich ist mit allen Tieren ein individueller Austausch möglich, ob es sich nun um Elefanten, Schlange oder Termiten handelt. Darüber hinaus kann auch die Überseele beziehungsweise der

Speziesführer direkt oder durch ein einzelnes Tier der Gruppe angesprochen werden.

Einmal hielt ich in Cambridge, Massachusetts, einen Workshop, den zwei ans Käfigleben gewöhnte Tiere mit ihrer Anwesenheit und ihren Botschaften zu einem besonderen Erlebnis machten. Suzanne Bullard, eine Vertreterin von *Animal as Intermediaries* [Tiere als Vermittler], hatte eine Eule und eine Schildkrötenschlange mitgebracht. Sie gehörten zu den Tieren, die ein Leben in der Wildnis nicht überlebt hätten, weil sie geschwächt beziehungsweise zu sehr an die menschliche Umgebung gewöhnt waren, die aber als Wesenslehrer in menschlichen Therapieprogrammen wertvolle Dienste leisteten.

Owl, deren rechter Flügel amputiert worden war, saß auf Suzannes Arm. Ich bat die Teilnehmer, sich zunächst nicht direkt mit der Eule zu befassen, aber ich selbst konnte mich nicht beherrschen und versetzte mich in sie. Sie war dabei, sich im Zimmer umzusehen, und als ihr Blick auf eine etwa fünf Meter von ihr entfernt stehende Stehlampe fiel, dachte sie: „Oh, ein Baum! Nein, doch nicht, aber dort könnte ich nötigenfalls hinfliegen. Fenster. Und das Geräusch? Ach, der Verkehr draußen." Dann verfolgte sie, wie das Licht von den Fenstern aus den ganzen Raum durchflutete und ich nahm durch ihre Augen Helligkeitsabstufungen wahr.

Owl ließ nun ihren Blick zu uns schweifen und fasste Vertrauen. Sie fand uns insgesamt sympathisch. Dann musterte sie die Teilnehmer einzeln, sah sie jeweils kurz mit ihren großen, schwarzen Augen an und lud diejenigen, die offen dafür waren, in ihr geheiligtes Reich tiefster Geheimnisse ein, in ein wogendes Meer nächtlichen Friedens. Sie übermittelte uns diese Botschaft:

Auch wenn ihr denkt, dass ich mit meinem gebrochenen Flügel nicht fliegen kann, kann ich es. Ich halte gerade nach einem Landeplatz Ausschau. Ich bin frei. Ihr könnt in euren Träumen mit mir kommen. Ich bringe euch in Reiche, wo auch ihr fliegen und euch geistig frei entfalten könnt. Ich bin gerne eure Lehrerin. Ich lehre euch das Wesen der Eulen – das Bewahren des Geheimnisses, woher die Geister kommen und wohin sie zurückkehren. Kommt fliegt mit mir. Seid frei. Fliegt mit mir in euren Träumen. Wir sind eins.

Während Owl uns diese Botschaft übermittelte, flüsterte Suzanne überrascht, dass Owl der Gruppe ihre verletzte, rechte Seite zuwandte, was ein sehr großes Vertrauen bewies. Bisher hätte sie sich in solchen Situationen grundsätzlich von der anderen Seite, mit Flügel, gezeigt. Auch hätte sie sonst immer schneller in den Käfig zurück verlangt. Owl ließ mich wissen, sie fühle sich von uns trotz ihres fehlenden Flügels als ganzes Wesen geachtet. Es war unglaublich spannend, ihr zu begegnen, und ein großer Segen!

Dann wurde die Schlange aus dem Käfig geholt. Mit ihrem schönen geschmeidigen und buntschimmernden Körper und ihrem heiteren, hellen Wesen bildete Snake einen echten Kontrast zu Owls geheimnisvoller Ausstrahlung nächtlicher Schönheit und Weisheit. Snake drehte sich zunächst nach Suzanne um, sah sie an und dachte: „Ah, meine Freundin, wie schön du bist." Dann wendete sie sich den sie gebannt ansehenden Teilnehmer/Innen zu, ging der auf sie gerichteten Energie nach, und ließ durch mich mitteilen, dass sie eine große Anspannung spüre. Daraufhin ließ in der Gruppe der Druck der Neugierde etwas nach. Durch Einfühlung in Snakes Wahrnehmung konnte ich die Teilnehmer/Innen von farbigen Energien umhüllt sehen.

Ihr leuchtet wunderschön, wie Regenbögen. Ihr seid alle sehr interessiert an mir und einfühlsam. Ich mag das. Ihr seid mir sympathisch. Schönheit und Frieden sind meine Welt. Ich teile sie gerne mit euch und ich freue mich über eure Aufmerksamkeit. Ich nehme eure Wärme und euer Leuchten wahr, eure Aufnahmebereitschaft. Ich bin glücklich mit meinem Leben. Mich zieht es nicht mehr in die Wildnis, dafür könnt ihr durch mich an der Freude und Weisheit aller Schlangen überhaupt teilhaben. Ich bin ein junger und freier Geist und genieße es, Menschen zu begeistern. Kommt, unterhaltet euch mit mir.

Beide, Owl und Snake tauschten sich später mit einzelnen Teilnehmer/Innen aus, die mit ihrer Hilfe versuchten, die telepathische Kommunikation zu erlernen.

Ich erfahre die Überseele einer Spezies oder Gruppe als deren einigende Energie, ihre repräsentative Stimme. Sie ist das allgemeine Bewusstsein oder umfassende Wissen der Gruppe oder Spezies. Sie ist in jedem Individuum der Spezies präsent, und doch mehr als diese im einzelnen. Ich habe gelesen, dass Bärenseelen zum Beispiel zu einer Gruppenseele zurückkehren und sich in gleicher Gestalt reinkarnieren. Das ist mir von Tieren oft bestätigt worden, die sich mit mir über ihren Lebensweg austauschten. Andererseits erfahre ich auch immer wieder, dass Lebewesen sich auf ihrem selbstbestimmten Weg in jeder Lebensform und in jeder Dimension reinkarnieren können.

Viele Wesen kehren vielleicht wiederholt in ähnlicher Form zurück und bleiben Teil dieser einen Überseele oder Gruppenenergie. Andere wechseln zwischen den Spezies, die menschliche eingeschlossen. Wir können von Leben zu Leben einem Stamm, einer Rasse, einer Spezies oder welcher Lebensform auch immer treu bleiben, wenn wir es wünschen. Zudem können wir uns in einer bestimmten Verkörperung in andere Lebensformen, Energien und Bestrebungen hineinversetzen, wenn wir unser Bewusstsein der Verbundenheit mit allem Leben zu erweitern verstehen.

Wenn die Einzelwesen in einer Spezies Gestalt annehmen, übernehmen sie damit das gesamte genetische Programm, die Körperfunktionen, die Lebenszwecke und Antriebe dieser Spezies. Sie können ganz in ihrer Gestalt und dem damit verbundenen Lebensmuster aufgehen oder dieses in Grenzen abwandeln, je nach der ihnen zur Verfügung stehenden, von ihren Bedürfnissen, Absichten und Talenten bestimmten Fassungskraft.

Mag sich auch eine allgemeine Speziesgeschichte verfassen lassen, es ist so wie bei der Geschichte der Menschheit. Man bekommt andere Eindrücke oder Einsichten, wenn man sich statt mit typischen Merkmalen mit den Einzelwesen auseinandersetzt. Dieser Planet ist ein Ort, wo sich Seelen in jeder Spezies inkarnieren können und die Gelegenheit haben, aus ihren Abenteuern zu lernen und das Beste aus sich zu holen, in körperlicher, mentaler, emotionaler und geistiger Hinsicht.

2
MIT TIEREN LEBEN

NAMENSGEBUNG

Die Menschen geben ihren Tiergefährten ganz unterschiedliche Namen. Einige bezeichnen sie nach typischem Aussehen, wie Flocke, Schoko oder Kleiner. Andere nennen sie nach einer Laune oder nach irgendeiner Tradition. Andere sehen mentale oder geistige Fähigkeiten verkörpert und rufen ihr Tier Valor [Mut], Libre, Magnificio, Falke oder Shamane. Einige Namen scheinen sich durch das Tier nahezulegen, man hat das Gefühl, es könne gar nicht anders heißen. Dann gibt es Namen, die ihre Wahrheit in sich tragen, je nach der von uns beim Aussprechen in sie gelegte Bedeutung oder Emotion. Die Tiere heißen dann Killer, Rambo, Wild Thing, Demon, Dodo, Stupid, Poof oder Bonzo. Solche Namen müssen manchmal ausgetauscht werden, je nachdem was beiderseits davon gehalten wird und wie Gefühlsleben und Verhaltensweisen beeinflusst werden.

Also, was steckt hinter einem Namen? Was halten Tiere von den Namen, die wir ihnen geben? Einigen ist es egal, wie sie genannt werden. Sie gewöhnen sich an den Namen und verknüpfen ihn mit uns und unserer Liebe zu ihnen. Sie widersetzen sich nicht, selbst wenn sie mit einem negativen Namen gerufen werden. Andere Tiere können ihre Namen überhaupt nicht ausstehen. Die Namen passen nicht zu ihrer Seins- oder Wesensart und sie werden aggressiv oder apathisch.

Tiere wollen sich ihre Namen meist lieber selbst geben. Sie haben, wie wir, ganz persönliche Eigenschaften und dürften dementsprechend auch Namen bevorzugen, die ihre Persönlichkeit würdigen. Sie finden solche Namen heraus, wenn Sie den Tieren zuhören. Woher sollen Tiere ihre Namen kennen? In der Regel hatten sie als geistige Wesen vor ihrer Reinkarnation eine Vorstellung vom Zweck ihres kommenden Lebens, und sie geben sich vielleicht Namen, die sie an diesen Zweck erinnern. Oder sie geben sich Namen aus früheren Leben, weil sie darin einen Charakterzug besonders gut getroffen finden. Der sich ergebende Name fühlt sich dann für beide Seiten richtig an, wenn Sie das Tier als ein selbständiges Wesen achten. Manchmal findet sich kein passendes Wort und man muss sich der Namensvorstellung lautlich annähern. Gewöhnlich geben die Tiere einem zu verstehen, ob sie mit der Namenswahl zufrieden sind.

Einige Tiere können es sehr verübeln, wenn ihnen der falsche Namen gegeben wird. Regina Heynneman beriet einmal eine Frau, die ihre Katze Francis rief und 17 Jahre deren Ablehnung erfahren hatte! Regina fand heraus, dass Francis ihren Namen hasste und lieber *Holly* heißen wollte. Als die Katze Holly gerufen wurde, wurde sie zutraulich und kam ins Haus, was sie vorher nie getan hatte.

Als ich meinen Afghanenhund Pasha aus dem Tierheim abholte, fragte ich ihn, wie er genannt werden wollte. Er erzählte mir, er sei in seinem vorigen Leben Russe gewesen und würde gern mit seinem damaligen Spitznamen Sasha gerufen. Da ich Penelope heiße, und damals mein anderer Afghane Popiya und mein Wohnmobil Pegasus hießen, fragte ich, ob er mit dem Namen Pasha einverstanden sei. Er fand das in Ordnung und so hieß er Pasha. Später fand ich heraus, dass Pascha auf Türkisch „Exzellenz" bedeutet, und das gefiel Pasha, der vom Sternzeichen Löwe war. So passte alles zusammen.

Rana, der Name meiner Afghanenhündin, bedeutet „Königin", wie sie mir vermittelte. Ich sah sie als Mitglied eines Königshauses im alten Indien, mit einem roten Edelstein auf ihrer Stirnmitte.

Als unsere flauschige gescheckte Angorakatze an einem Junitag zu uns kam und ich das junge Kätzchen nach seinem Namen fragte, nannte es sich Chico San, was „kluger Junge" bedeutete. Chico San war zwar in Wirklichkeit weiblich, bestand aber auf dem Namen. Und da er zu ihrer klugen, sanften Art passte, blieb es dabei.

Einen Monat später erschien vor unserer Haustür ein tauber, junger weißer Kater, der sich mir mit einem höchst komplizierten Namen vorstellte, den er auf einem anderen Planeten gehabt hatte. Ich sagte ihm, dass wir mit diesem Namen hier auf der Erde nicht klar kämen. Mir kam der Kinohit „Krieg der Sterne" in den Sinn und ich nannte ein paar Namen daraus. Bei Obi Wan-Kanobi schaute er mich verächtlich an. Als ich es dann mit Yoda versuchte, nickte und blinzelte er zustimmend.

Meinen ersten Kakadu-Freund schenkte mir eine Kundin mitsamt verschnörkeltem schmiedeeisernen Käfig. Sie hatte sein ständiges Geschimpfe um drei Uhr früh satt und stand zu sehr unter Stress, als dass sie viel Zeit in Beratungsgespräche hätte investieren können. Sie fragte mich daher, ob ich ihn übernehmen würde. Ich war einverstanden, und so kam er zu mir. *Pishta* hasste seinen Namen und bat mich, ihn anders zu nennen. Er ließ mich an ein sich drehendes Karussell denken, dessen bunte Holzpferde sich auf und ab bewegten. Ich fragte: „Karussell?" Nein, meinte er, beharrte aber auf seiner Vorstellung. Jetzt kam mir beim Anblick der Umdrehungen der Name *Pirouette* in den Sinn. Das war es! Einige Wochen später konnte Pirouette, der vorher nur gekrächzt hatte, seinen Namen und den Satz „Du bist klasse!" sprechen. Letzteres hatte ich wiederholt zu ihm gesagt, um ihn aus seiner Abwehrhaltung gegenüber Menschen herauszubringen. Er schimpfte nie wieder um drei Uhr morgens oder zu sonst irgendeiner Tageszeit vor sich hin.

Von meinem ersten Meerschweinchen erfuhr ich den Namen, noch bevor es geboren wurde. Ein Freund von mir hatte in einer Tierhandlung ein trächtiges schwarzweißes Meerschweinchen gekauft. Ich hatte plötzlich die Eingebung, dass es ein rotbraun-weiß geflecktes Meerschweinchen werfen wird, das Cinnamon [Zimt] heißen möchte. Und so kam es auch. Cinnamon zeugte später mit Lara, die ein schwarzes Fell hatte, zwei Nachkommen. Sie hatten beide ein braunes Fell mit schwarzen Tupfen. Da sie sich selbst keine Namen gaben, rief ich sie wegen ihres Aussehens und in Anlehnung an den Namen ihres Vaters Nutmeg [Muskat] und Gingerbread [Pfefferkuchen], was sie in Ordnung fanden.

Ein Jahr später hatte ich im März einen gelb, grün und grau gefiederten Sittich in einer Tierhandlung erstanden. Auf der Heimfahrt gingen mir wegen seiner Pastellfarben zuerst Namen wie Misty [dunstig, verschwommen] durch den Kopf. Da machte er mich darauf aufmerksam, dass er derselbe Sittich war, den ich als Kind gehabt und Winky genannt hatte, und dass er gerne wieder so heißen würde. Andere Mitglieder meiner Tierfamilie haben sich, wenn sie neu inkarniert zu unserer Familie zurückkehrten, neue Namen gegeben, aber Winky wollte seinen alten Namen behalten.

Unsere Schildpattkatze Yohinta kam durch unseren schwarzen Kater Heyoka in die Familie. Heyoka hatte mir im Januar einmal mitgeteilt, dass uns im Juni seine alte Freundin als Kätzchen zulaufen würde. Sie würde so wie er im April Geburtstag haben und seine Gefährtin werden. Als ich geistig Kontakt mit ihr aufnahm, sagte sie, sie wolle Punk oder Punky heißen. Nachdem wir sie dann nach ihrer Ankunft tatsächlich so riefen, erschien sie mir nach ein paar Tagen um drei Uhr früh im Traum und sagte, sie möchte bei ihrem richtigen Namen, Yohinta, gerufen werden. Ich weckte mich im Traum auf, und schrieb diesen Namen auf. Als ich sie Yohinta nannte, funkelten ihre Augen, und auch Heyoka fühlte sich wohler so. Der Name hielt in uns allen die alte indianische Herkunft in Erinnerung und passte hervorragend zu ihr.

Im gleichen Jahr, in dem Yohinta bei uns aufgetaucht war, nahm ich auch noch einen orangefarbenen getigerten kleinen Kater bei uns auf. Ich fragte ihn gleich auf der Heimfahrt, welcher Namen ihm gefallen würde. „Sherman", gab er mir deutlich zu verstehen. Da der Familienname meines Mannes Sherman ist, fragte ich sicherheitshalber noch einmal nach. Etwas ungeduldig wiederholte er: „Sherman, verstehst du, Sherman, wie General Sherman!" Ich hatte verstanden.

Als wir zu Hause ankamen, erzählte ich meinem Mann, welchen Namen der Kater vorgeschlagen hatte, und er war verständlicherweise wenig begeistert von der Aussicht, dass sein Familienname ständig gerufen würde. Also versuchte ich es mit Samson. Es war aussichtslos. Der kleine Kater ignorierte es, wenn ich ihn bei diesem Namen rief. Wegen seiner märchenhaften Art versuchte ich es auch ein paar Tage lang mit Peter Pumpernickel oder Periwinkle, aber vergeblich. Ich sagte Michel, dass der Kater keinen anderen Namen akzeptiere, und er bat mich, ihn nach dem Grund zu fragen.

Auf der Heimfahrt hatte mir Sherman schon anvertraut, dass er aus dem Engelreich komme. Jetzt erklärte er uns, er brauche, um seine Mission auf Erden erfüllen zu können, einen konkreten Namen, der ihn in seiner Katergestalt erden würde. Dieser Name war Sherman. Michel verstand das und willigte ein. Der Kater sah mich ganz dankbar an und kam seitdem immer, wenn ich ihn rief.

Im Juni 1991 nahmen mich Rosana und Kelly Hart mit zur Elk-Hill-Farm in Eagle Point, Oregon, wo die beiden ihre Lamas hielten. Ich sollte mir ein fünf Wochen altes Lamamännchen anschauen. Ich mochte Lamas schon immer gern und liebäugelte damit, ein paar in unsere Familie lehrreicher Freunde aufzunehmen. Michel fand, wir hätten schon genug Tiere, für die wir sorgen müssten (damals über achtzig, davon 50 Hühner). Er wolle nicht auch noch Lamas mitversorgen müssen, wenn ich zu meinen Workshops unterwegs sei. Außerdem müsse ein weitläufiges Gehege auf unserem Waldgrundstück eingerichtet werden und das koste.

Ich hatte sofort einen guten Draht zu dem jungen Lama, und Pasha, der bei mir war, ebenfalls. Ich spürte ganz stark, dass wir zusammengehörten, aber wegen Michels Einwänden hielt ich mich, soweit es ging, zurück. Immerhin würde es noch sechs Monate dauern, bis das Lama von seiner Mutter entwöhnt war. Ich hatte also noch genug Zeit, mich zu entscheiden und die nötigen Vorbereitungen zu treffen.

Rosana und Kelly hatten sich noch keinen Namen für das Lamajunge ausgedacht. Sie fragten, ob ich einen Namen genannt bekommen hätte. Ich musste sie enttäuschen, da ich mich emotional ja zurückgehalten hatte, um die Sache offen zu halten. Als ich dann auf der

Heimfahrt an dieses wunderschöne Lama denken musste, kam mir der Name „Regalo" in den Sinn. Ich führte den Namen auf das Eigenschaftswort „regal" [königlich, hoheitsvoll] zurück, was ja bestens gepasst hätte, erwähnte ihn aber niemandem gegenüber.

Nach ein paar Monaten schrieb mir Rosana dann, sie hätten das junge Lama Regalo getauft, was im Spanischen „Geschenk" bedeute. Als ich das las, liefen mir Schauer über den Rücken. Es bestätigte, dass der Name wirklich von ihm kam, waren sie doch unabhängig von mir darauf gekommen. Nachdem Michel sich näher mit Lamas befasst und sich über deren Haltung informiert hatte, fand er es schließlich gar nicht mehr so schlimm, einige Lamas in unsere Familie zu integrieren, und so legten wir das Gehege für Regalo und die beiden anderen Lamas an.

Als wir im Sommer wieder auf die Elk-Hill-Farm fuhren, zur Besichtigung zweier im April und Mai geborener Lamajungen, stand erneut eine Namensgebung aus. Rosana war es noch nicht gelungen, einen Namen für Regalos Bruder zu finden. Als ich mit ihm sprach, nannte er sich erst Joker, Herzbube und Karobube, bevor er schließlich seinen Namenswunsch äußerte: Heyoka. In der indianischen Tradition der Lakota ist Heyoka der heilige Clown oder Narr, der die Leute über sich selbst und ihre Torheit zum Lachen bringt.

Ein anderes junges Lama, das ebenfalls noch keinen Namen hatte, sagte mir, es gehöre derselben geistigen Bruderschaft an wie Heyoka, Regalo, ich selbst und andere Freunde. Er und Heyoka kannten sich noch als amerikanische Ureinwohner. Sie hätten vor Jahrhunderten viele mutige Taten als Krieger vollbracht und wären wieder gekommen, um den Menschen zu helfen, durch Achtsamkeit sich selbst und der Erde gegenüber weise zu werden. Er ließ mich sehen, wie sie beide mit zum Himmel ausgestreckten Armen zu den Wolken aufschauten, und sagte mir, wir könnten ihn White Cloud [Weiße Wolke] oder White Thunder [Weißer Donner] nennen. Er war ein weißes Lama mit schwarzen Flecken auf den Hinterbacken. Rosana fand, dass White Thunder sehr gut passte, da sein Vater Thundercloud hieß! Und so heißt es nun White Thunder.

Im September verließ dann unser Holländer-Zwergkaninchen Elfie ihren Körper; schon am nächsten Tag nahmen zwei Zwergkaninchen Kontakt mit mir auf, und zwar gleich unter ihren Namen Chester und Molly. Ich telefonierte mit mehreren Züchtern und erfuhr, dass in einer nahegelegenen Tierhandlung einige gemischtrassige Zwergkaninchenbabys zum Verkauf standen. Das mussten Chester und Molly sein. Als ich mit meinem Transportkäfig in der Hand den Laden betrat, begrüßten mich die beiden auch schon in ihrem Käfig.

Drei Käfigetagen darunter saß ein Wesen, das ich noch nie zuvor gesehen hatte – eine männliche Chinchilla, wie ich erfuhr. Er begrüßte mich, versteckte sich dann in seiner angeknabberten Box und machte guck guck, wobei er mir direkt in die Augen sah. Ich war sofort verliebt in ihn und spürte, dass er etwas Besonderes war. Über Chinchillas wusste ich nichts, und im Laden gab es kein entsprechendes Handbuch zu kaufen. Ich beobachtete ihn noch eine Weile, beschloss aber dann, ihn nicht gleich zu kaufen, sondern erst zu klären, welche Pflege Chinchillas brauchen.

In einer anderen Tierhandlung fand ich das gewünschte Buch, das ich zu Hause regelrecht verschlang. Obwohl die Chinchilla wegen ihres aggressiveren Wesens nicht mit Kaninchen und Meerschweinchen zusammengebracht werden durften, sah ich eine Möglichkeit, mit dem vorhandenen Platz auszukommen. Ich hatte die Kaninchen am Freitag abgeholt, das Buch am Samstag gekauft und nun war es Sonntag und die Tierhandlung geschlossen. Also sagte ich mir: „Sollte das Chinchillamännchen am Montag noch da sein, will es zu uns." Als ich am Sonntag ein Nickerchen machte, stellte sich mir im Traum ein Forscher aus dem sechzehnten Jahrhundert unter dem Namen „Peter Quince" vor. Er sagte mir, er kenne mich, es sei seine Bestimmung, in seiner jetzigen Chinchillagestalt mit mir zusammenzuarbeiten, und ich könne ihn Quince nennen.

Viele meiner Hühner haben sich selbst Namen gegeben, so zum Beispiel Chiminy, Iglet, Guido, Jeffrey, Celeste, Chacha, Pepper, Peter, Aureo, Orion, Antoinette, Dominique und Andromeda. Andere übermittelten mir keine bestimmten Namen, also suchte ich passende Namen für sie aus, wie Sugar Pops, Plum, Buttercup, Spinky, Plato oder Rosie. Ruft ein Name, den ich ihnen gebe oder den sie sich selbst geben, bei irgendjemand Unbehagen hervor, diskutieren und verändern wir ihn, bis allgemeine Zufriedenheit herrscht.

Aus Spaß und Zuneigung variieren wir auch die Namen der Tiere. Mein Afghanenhund Popiya ist oft mein Popiya Pizzeria, Pasha mein Pasha Pazoo, Pazoo oder Prinz Pasha Pazoo. Rana meine Rana J. Banana - wir finden den Reim so reizend. Sherman heißt auch Shermanoni Marconi Cat, Oni oder Shermes. Heyoka ist Heyoka Moka Toka oder The Kid. Yohinta ist Yoyo oder Yoyo Ma, Yoyo Buttons, Buttons oder Bébé Chat (französisch für „Babykatze"). Pirouette ist Pirouetta Katwetta Katwoo. Winky heißt oft Winky Doodle, Winky Doodle Boy oder Doodly Boy. Chico San hat die meisten Kosenamen: Chico Bunny San, Chico Pico, Chico Pico little Mico, Chico Cuddle San, Chico Fussy San, Chico Baby San, Chico Lovey San und andere. Die Lamas Regalo und Raindance sind als die Boobie Brothers oder die Doobers bekannt. Die Tiere mögen diese Variationen oder zumindest lassen sie sich die damit einhergehenden Streicheleinheiten gerne gefallen, die von der spielerischen Freude des lebendigen Geistes zeugen.

ANKUNFT

Manche Leute fragen, worüber meine Tiergefährten und ich uns unterhalten, wobei sie annehmen, wir würden viel miteinander reden. Das tun wir aber gar nicht, es sei denn, wir lernen uns gerade kennen oder es gibt ein Problem zu lösen oder ein Tier möchte eine wichtige Erfahrung mitteilen. Unsere Verständigung ist normalerweise ein fließendes Einverständnis, bei dem wir uns nicht ausfragen oder viel miteinander schwatzen müssen.

Wenn ich unsere Tiergefährten anspreche und ihnen vorsinge, ist das einfach ein alltäglicher Ausdruck meiner Lebensfreude. Und sie teilen mir ihre Bedürfnisse mit. Meistens gibt es keine Probleme, da wir aufeinander hören und einander respektieren. Wenn einer von uns unglücklich ist, versuchen wir, dem auf den Grund zu gehen und das Problem zu lösen. Die Ankunft neuer Tiere bedeutet immer eine Zeit freudigen sich Kennenlernens und intensiver Kommunikation für uns alle, da die Tiere ihre neue Umgebung erforschen.

Pasha trat relativ früh in mein Leben. Damals bestand meine Tierfamilie aus Popiya, einer Afghanenhündin, und einer lebhaften schwarzweißen Katze namens Peaches. Wir lebten in Los Angeles in einer Apartmentanlage mit einundzwanzig Wohneinheiten, die ich verwaltete und in der das Halten von Tieren verboten war!

Mir ist es bisher immer gelungen, meine Vermieter dazu zu bewegen, mir das Zusammenleben mit meinen Tiergefährten zu erlauben, selbst wenn sie grundsätzlich dagegen waren. Ich konnte sie überzeugen, dass ich mit Tieren verantwortungsbewusst umgehe und keine Ruhestörung zu befürchten sei, und dass sie das Haus oder das Appartement bei unserem Auszug im selben wenn nicht besseren Zustand vorfinden würden. Es gab noch kein Vorstellungsgespräch, bei dem wir nicht als Mieter willkommen geheißen worden wären.

Nachdem Popiya ein paar Jahre bei mir war, keimte in mir der Wunsch, einen zweiten Afghanen aufzunehmen. Ich stellte mir vor, dass ein Afghanenwelpe zu unserer Familie findet und vertraute diese Botschaft dem Universum an. Sie ging durch den Äther, und da nahm Pasha mit mir telepathisch Kontakt auf. Er übermittelte mir, dass er in einer verlassenen Gegend mit anderen Afghanenwelpen in einem Zwinger lebte. Da seine Halter glaubten, mit ihm keinen Preis gewinnen zu können, wollten sie ihn bald verkaufen, das jedoch zu einem Preis, den ich bei meinem damaligen Einkommen nie hätte bezahlen können. Also bat ich ihn, falls er wirklich zu mir wollte, irgendwie aus dem Zwinger in ein Tierheim zu entkommen, wo ich ihn abholen könne.

Zwei Tage später vermittelte er mir telepathisch, er sei nun in einem Tierheim und ich könne ihn abholen. Er hatte es geschafft, einen eins achtzig Meter hohen Zaun zu überwinden und war rund dreißig Kilometer weit gelaufen, bis er schließlich aufgelesen und zu einem rund fünfzig Kilometer von seinem früheren Zuhause entfernten Tierheim gebracht worden war. So rief ich der Reihe nach die sieben Tierheime im Stadtgebiet Los Angeles an; nur eines, und zwar das mit 50 km zu uns am nächsten gelegene hatte einen jungen Afghanenhund, der allerdings erst in fünf Tagen zur Adoption freigegeben würde.

Als ich am Samstagvormittag dort ankam, sah ich mir all die ängstlichen, aufgeregt bellenden Hunde an, konnte zunächst jedoch keinen Afghanen entdecken. Ich hatte ihn übersehen, weil er eben ein Nickerchen machte, in Rückenlage und einen Vorderlauf nach oben gestreckt (eine Stellung, die mir bald vertraut werden sollte, und die ich Schmetterlingsposition nannte). Im gleichen Käfig befand sich auch noch ein schwarzer Hund, der verängstigt winselte. Der Pfleger deutete zum Käfig, und sobald ich Pasha entdeckte, wachte er auf und sprang begeistert auf mich zu. Als der Pfleger ihn aus dem Käfig holte, hörte ich eine Frau, die sich eben einen irischen Setter anschaute, zu sich sagen: „O, jetzt ist der Afghane fort!" Obwohl für mich außer Zweifel stand, dass Pasha zu mir wollte, hatte ich das Gefühl, „gerade noch rechtzeitig" gekommen zu sein.

Auf dem Heimweg erzählte mir der sechs Monate alte Pasha, wie er mit einem Satz über den Zwingerzaun geklettert sei und sich an der einen Hinterpfote verletzt habe, weil er im Zaun hängen geblieben war (sein einer Zehennagel blieb davon verkrümmt). Schon der Pfleger hatte mir die Verletzung gezeigt. Pasha wollte auf jeden Fall in ein Tierheim gebracht werden, also rannte er lange, über dreißig Kilometer weit, bevor er „dafür sorgte", dass ihn jemand auflas und er ins Heim gebracht wurde. Es wunderte mich, dass seine früheren Halter nicht in allen Tierheimen der Umgebung angerufen hatten, um ihn zu finden. Wahrscheinlich waren sie davon ausgegangen, dass er überfahren oder von Kojoten getötet worden war. Offensichtlich waren wir füreinander bestimmt, egal welche Hindernisse zu überwinden waren.

Ich hatte einen wunderbaren, klugen Appaloosa-Hengst namens Nishumi mehrere Male aus der Entfernung beraten, bevor ich ihm im Juni 1983 erstmals direkt gegenüber stand - und heftig abgelehnt wurde. Er warf mir vor, ich hätte bei meiner Beratungsarbeit seine hilfreichen Energien verschmäht, trotz mehrfacher Versuche seinerseits. Das habe ihn geärgert. Ich entschuldigte mich und erklärte, dass ich es wirklich nicht gemerkt hätte und mir bei meinen Beratungen und

Workshops gewöhnlich sehr viele Tiere mit ihren hilfreichen Energien beistünden.

Er nahm meine Entschuldigung an und fügte hinzu, er würde mir etwas mitgeben, damit ich ihn niemals vergäße. Er sagte nicht, was es war, und ich dankte ihm im Voraus. Als ich dann mit seinen Leuten zur Scheune ging, sah ich eine große Raubvogelfeder auf dem Weg liegen. Ich hob sie auf und dachte: „O, das muss Nishumis Geschenk sein." Doch offenbar war da noch mehr. Als wir in die Scheune kamen, fiel mein Blick sogleich auf einen Wurf kleiner Kätzchen mit einer der schönsten schwarzen Mutterkatzen, die ich je gesehen hatte.

Ein kleiner Kater unterbrach seine Rangelei mit seinen Brüdern und kam direkt auf mich zu. Da wusste ich, dass er Nishumis Geschenk war. Ich fragte die Mutterkatze, ob ich dieses Geschenk annehmen dürfte, und sie stimmte zu. Ich besprach mich telepathisch mit unserer Katze zuhause, ob sie mit dem Familienzuwachs einverstanden wäre. Chico San, die damals ein Jahr alt war, checkte den kleinen schwarzen Kater und war einverstanden. Und auch unsere jüngere Katze Yoda war einverstanden. Nishumi hatte Recht; mit diesem Geschenk würde ich ihn nie vergessen.

Als ich den Namen des kleinen Katers wissen wollte, hörte Nishumis Halterin *Heyoka*. Ich kam also mit Heyoka nach Hause und was geschah? Chico San reagierte sauer. Ich erinnerte sie an ihr Einverständnis. „Das betraf seine geistige Anwesenheit und nicht seine körperliche", beschwerte sie sich. Aber nun war er einmal hier und damit basta. Also taten wir alles, damit auch Chico damit klar kam.

Da Chico San immer meine Schoß- und Schmusekatze war, räumte ich ihr den Vorrang ein, wenn Heyoka auf meinem Schoß wollte. Trotzdem spielte sie noch monatelang die Beleidigte und weigerte sich, auf meinen Schoß zu kommen. Sie tolerierte zwar bald Heyokas Anwesenheit, gab sich aber nie mit ihm ab. Yoda hingegen spielte gern mit Heyoka.

Wenn Sie neue Mitglieder in Ihre Tierfamilie aufnehmen wollen, sollten Sie bereits vorhandene Tiere grundsätzlich an der Auswahl beteiligen. Viele Leute bringen neue Katzen, Hunde, Vögel oder Pferde mit nach Hause, ohne sich um das Einverständnis der bei ihnen lebenden Tiere zu bemühen, manchmal sogar, ohne sie überhaupt zu informieren. Dahinter steckt meist die Ansicht, dass Tiere eben zu parieren hätten. Das kann zur Stress-Quelle werden und zu Krankheiten, ja sogar zu Todesfällen innerhalb Ihrer Tierfamilie führen. Tiere können sich durch einen unerwarteten Ankömmling abgelehnt fühlen, und aus der Fassung geraten. Sie sind dann verwirrt und verärgert. Oft verursacht oder verstärkt ungeschicktes menschliches Verhalten Eifersucht und Konkurrenz innerhalb der Tierfamilie. Dann haben Sie dafür zu sorgen, dass wieder Eintracht einkehrt.

Ein Paar beklagte sich bei mir über das Verhalten seiner Katze gegenüber einem neu hinzugekommenen Kätzchen. Sie hätte den Neuankömmling angefaucht und ihm eins mit der Tatze ausgewischt, woraufhin sie sie natürlich kräftig zusammengestaucht hätten. Das junge Kätzchen war nun ihr ein und alles, sie spielten mit ihm und nahmen es vor der älteren Katze in Schutz, die nicht auf die neue Situation vorbereitet und natürlich erst recht nicht gefragt worden war, ob sie eine Spielkameradin wolle. Für sie war die neue Katze ein Eindringling, und ihre menschlichen Gefährten bewiesen ihr, wie recht sie damit hatte. Denn seit ihrer Ankunft wurde sie von ihren Leuten geschnitten. Ich konnte sie gut verstehen und erklärte dem Paar die Situation.

Ich empfahl ihnen, der kleinen Katze keine so große Beachtung mehr zu schenken und der älteren zu erklären, dass sie die neue Katze zu ihrer aller Gesellschaft aufgenommen haben und sie auf jeden Fall die „Nummer Eins" bleibe. Sie könnten sie bitten, ob sie sich der jüngeren Gefährtin nicht annehmen und sie in die Familientraditionen einweisen möchte. Ganz wichtig sei zudem, sie als Seniorin zu würdigen und ihr für alles zu danken, was sie durch sie bisher über Katzen erfahren durften. Außerdem sollten sie, erst wenn sich die beiden Katzen näher kennen gelernt hätten, damit anfangen, auch die jüngere mit Streicheleinheiten zu verwöhnen. Sie waren zunächst skeptisch und meinten, die ältere Katze müsse doch für ihr Verhalten bestraft und die neue mit besonders viel Aufmerksamkeit willkommen geheißen werden. Aber ich hielt dagegen, dass dies ihre ältere Katze sehr unglücklich, wenn nicht gar krank machte und Stress in die Familie brächte.

Später berichteten sie, dass sich durch die Beherzigung meines Ratschlags die Situation sofort geändert hätte. Die ältere Katze war froh, statt Ärger wieder Zuneigung zu spüren zu bekommen. Ihr gefiel es nun, eine Gefährtin zu haben, der sie als der jüngeren etwas beibringen konnte; und seitdem kamen die beiden prächtig miteinander aus.

Nicht immer wird sich der Erfolg so schnell einstellen, und natürlich ist jedes Problem ein bisschen anders gelagert. Ausschlaggebend ist, ob man die bereits vorhandenen Tiere über den Familienzuwachs mitentscheiden lässt oder nicht. Wir sollten sie zumindest von unseren Plänen unterrichten und dafür sorgen, dass sie mit dem Neuankömmling so wenig Stress wie möglich haben. Eine Eingewöhnungszeit verhindert, dass sie sich verdrängt fühlen. So können sie friedlich auf den Neuling zugehen, und meistens tun sie das dann auch.

Manche Leute nehmen wiederholt streunende Hunde oder Katzen bei sich auf und wundern sich dann über die ablehnenden oder gar feindlichen Reaktionen der bereits eingewöhnten Tiere gegenüber den Neuankömmlingen. Sie fragen mich bestürzt: „Warum feinden sie das arme zugelaufene Tier an, wo sie mir doch selbst zugelaufen sind und aus ihrem jämmerlichen Zustand gerettet wurden?" Ich frage sie dann zurück, wie sie wohl reagieren würden, wenn ihr Ehemann oder ihre Ehefrau oder irgendein anderes Familienmitglied, ohne sie zu fragen, plötzlich jemand mit nach Hause brächte, der ab damit bei ihnen wohnt. Wie würden sie sich fühlen? Wie viele Obdachlose haben sie in letzter Zeit auf Dauer zu sich eingeladen?

Weshalb sollten Tiere Eindringlinge in ihr Revier einfach hinnehmen? Selbst wenn sie gern mit anderen Tieren zusammenleben würden, heißt das doch noch lange nicht, dass ihnen jedes passt. Geht es uns nicht genauso? Wir sollten also Eifersucht und Aggressionen einzudämmen suchen und unsere Tiergefährten neue Familienmitglieder mit auswählen lassen, sei dies nun direkt oder auf telepathischem Weg.

1984 zogen wir von Los Angeles aufs Land, an den Rand des Point Reyes National Seashore nordwestlich von San Francisco. Die Katzen gewöhnten sich schnell an ein Leben drinnen und außen und genossen ihre Freiheit in einer noch intakten Natur. Yoda spielte nicht mehr so oft mit Heyoka, da er sich mehr für eine Nachbarskatze interessierte. Doch auch Heyoka war vergnügt, schließlich gab es genug zu entdecken.

Dann verließ uns Yoda, der in den ersten Jahren immer wieder mit unserem Vermieter Zusammenstöße hatte. Und Heyoka vermisste ihn. Chico San wollte nach wie vor wenig mit Heyoka zu tun haben. Sie fand ihn zu wild und hatte ihre eigenen Spielregeln. Also spielte ich mit Heyoka oder schickte ihn zu den Naturgeistern hinaus, wenn er zu unruhig war. Obwohl er gern im Elfenreich herumstreunte, hätte er natürlich noch lieber eine Katzengefährtin gehabt. Ich besprach die Sache mit Chico. Seit langem schon widersetzte sie sich meinem Wunsch nach einer orangefarbenen Katze, was ich bislang respektiert hatte. Und auch jetzt wollte sie partout keine weitere Katze in der Familie. Ich erklärte ihr, es ginge nicht an, dass Heyoka keine Katzengefährtin haben solle, bloß weil sie dagegen war. Da konnte sie nicht mehr widersprechen.

Anfang 1988 erzählte mir Heyoka, er habe eine alte Freundin gerufen, sich ihm in Katzengestalt anzuschließen. Sie würde im April geboren werden und im Juni hier eintreffen. Ich sah sie in einer Vision mit orangefarbenem Fell und freute mich, dass mein Traum von einer orangefarbenen Katze nun doch in Erfüllung ginge. Heyoka und ich konnten ihre Ankunft kaum erwarten.

Anfang Juni musste ich nach Chicago fliegen, um meiner Schwester zu helfen, die sich gerade von einer Bandscheibenoperation erholte. Ich fürchtete ein wenig, das Kätzchen könne sich just in Chicago melden. Das wäre problematisch gewesen, denn Chicago ist weit entfernt von mir zu Hause und meine Schwester litt an einer Katzenhaarallergie.

Michel rief mich an, weil er glaubte, Heyokas Gefährtin gefunden zu haben. Er hatte sie auf der jährlich stattfindenden Western Weekend Fair entdeckt, auf der einige Katzenwürfe zur Adoption freistanden. Eines der Kätzchen hatte ihn mit ihrem Miauen zu verstehen gegeben, sie sei die gesuchte Katze und wolle mit ihm nach Hause. Damit er nicht die falsche heimbrachte, wollte er sich bei mir rückversichern. Ich fragte ihn, ob sie auch ein orangefarbenes Fell habe. Tatsächlich war ihr schwarzes Fell großflächig orange durchbrochen. Als ich mich näher auf sie einstimmte, wusste ich, dass sie Heyokas Freundin war. Michel sollte sie nach Hause bringen, im Badezimmer unterbringen und die Tür einen Spalt offen verkeilen, damit die anderen Katzen die neue Gefährtin selbst entdecken und sich an ihren Geruch gewöhnen könnten.

Er tat alles, wie besprochen. Allerdings wurde er bald schwach und holte das kläglich miauende Kätzchen zu sich ins Wohnzimmer. Als dann Heyoka durch die Katzenklappe hereinkam und Michel mit dem Kätzchen schmusen sah, erschrak er und verschwand gleich wieder. Zwei Tage später rief Michel bei mir an, denn Heyoka war seitdem nicht mehr aufgetaucht.

Ich trat mit Heyoka telepathisch in Kontakt. Er erklärte mir, ihn habe die neue Katze sehr irritiert. Vor allem aber habe er es mit der Angst zu tun bekommen, dass ich nicht mehr zurück komme, und sie ein Ersatz für mich sei - schließlich war ich ja schon so lange fort! Ich sagte ihm, Michel habe ihn bestimmt nicht erschrecken wollen, und er solle zurückkommen, um seine neue Gefährtin kennen zu lernen; in ein paar Tagen würde ich wieder zu Hause sein.

Das zeigt, wie widersprüchlich auch ein Tier reagieren kann, wenn der geistigen Kontaktaufnahme die physische Begegnung folgt. Obwohl Heyoka seine Freundin gerufen hatte, verhinderte seine Bestürzung über ihre Ankunft, dass er sie als seine geistige Freundin erkannte. Da er ihren Geruch noch nicht kannte und er sich über den Grund ihrer Anwesenheit täuschte, ergriff ihn die Panik.

Heyoka hörte auf mich und kam wieder nach Hause, hielt sich aber selbst noch Tage nach meiner Rückkehr von der kleinen Katze fern, die wir zunächst Punky nannten. Erst als ich ihren richtigen Namen empfing und wir sie Yohinta nannten, konnte er sie langsam als seine Gefährtin akzeptieren. Sechs Wochen später waren sie dicke Freunde. Seitdem sieht man sie fast alles zusammen machen.

Als ich bei meiner Rückkehr von Chicago zur Tür herein kam, hatte Michel gerade Yohinta auf dem Arm, die sofort stolz verkündete: „Das ist mein Freund Michel." Wie mussten wir da lachen.

Auch unsere beiden weiblichen Hausratten, Paisley und Sharmay, haben mich einiges gelehrt. Ich erinnere mich noch, wie sie mich mit ihren flinken Blicken musterten, als sie bei uns ankamen. Sind Denkweisen zweier Spezies sehr verschieden, ist natürlich auch die gedankliche Kommunikation schwierig. Bei Ratten ist hier von Vorteil, dass sie seit Jahrtausenden als Spezies eng mit den Menschen zusammenleben und eine große Wachsamkeit gegenüber menschlichen Gedanken und Absichten entwickelt haben. Es sind sehr kommunikationsfreudige Tiere, die den engen Kontakt in der Gruppe lieben.

Viele Tiere interessieren sich nicht für die Gedanken der Menschen. Sie sind ihnen zu chaotisch, zu kompliziert, zu unheimlich oder einfach zu fremd, je nachdem, was sie speziestypisch verkraften. Doch gibt es große individuelle Unterschiede. Es hängt viel von den Erfahrungen ab, die die Wesen bereits mit Menschen oder, in früheren Leben, auch *als* Menschen gemacht haben. Je mehr Kontakt es gab, desto besser können sie sich in menschliches Denken einfühlen, was bei Tiergefährten oft der Fall ist. Wesen, die nur als Wildtiere insbesondere als Beutetiere Erfahrungen haben, schrecken stärker vor menschlichen Kontakten zurück.

Paisley und Sharmay schienen mich nach ihrer Ankunft gleich auf Herz und Nieren zu prüfen. Als sie dann meine Gedanken und mein Verhalten ein paar Stunden lang begutachtet hatten, fanden sie, ich sei in Ordnung. Sie gaben ihre Zurückhaltung auf und wir wurden gute Freunde.

Eine unserer ersten Unterhaltungen drehte sich um Reinlichkeit – nicht ihre, sondern meine! Sie fanden, ich sei schmutzig! Sobald ich sich berührt hatte, wurden sie gerade zu putzsüchtig. Sie wollten wissen, ob ich denn meine Hände nicht sauberer bekäme. An menschlichen Maßstäben gemessen, waren sie jedoch ganz sauber, und mir wurde klar, dass sie sich an meiner Ausdünstung stießen. Ich erklärte ihnen, diese ließe sich nicht ändern, egal wie oft ich mir die Hände wüsche, und sie müssten sie als zu mir gehörend akzeptieren. Ratten sind sehr reinlich und putzen sich noch ausgiebiger als Katzen. Es dauerte ein paar Wochen, bis sie sich an meine Ausdünstung gewöhnt hatten und sich gern von mir anfassen und streicheln ließen.

Paisley und Sharmay starben im September 1988. Mir ging ihre Quirligkeit sehr ab. Einmal schaute ich auf dem Weg zu einem Spätnachmittags-Termin kurz in der Tierhandlung vorbei. Ein reizender, kleiner orangefarbener Kater sonnte sich in der Aufmerksamkeit einiger Kunden. Schon lange wünschte ich mir eine orangefarbene Katze. Gold und Orange sind einfach meine Farben. Ich war in Eile, bewunderte das Kerlchen kurz, und ging in der Überzeugung, dass er sicher von irgendjemand mitgenommen würde.

Beim Losfahren erhielt ich dann von Paisley und Sharmay Gedankenpost, dass der kleine Kater ihr Abschiedsgeschenk an mich sei. Da nach meinem Termin der Laden schon geschlossen hatte, rief ich dort am nächsten Tag an. Der Kater war von niemand mitgenommen und wieder zu seiner Besitzerin gebracht worden. Ich rief sie gleich in der Arbeit an. Sie bot mir an, ich könne das Kätzchen bei ihr in Bolinas abholen, das rund fünfundzwanzig Autominuten entfernt lag!

Als ich dort ankam, tollte der kleine acht Wochen alte Kater mit seinen Katzengeschwistern herum, ohne sich im geringsten für mich zu interessieren. Seine Mutter war sehr zugänglich und sah unserer Schildpattkatze Yohinta verblüffend ähnlich. Ich fragte meine Schutzengel, ob dieser kleine Kater wirklich bei mir leben sollte, da er dies nicht zu bestätigen schien. Und die Antwort war ja. Also nahm ich ihn mit.

Im Auto ließ mich der kleine Kater dann seinen Namen wissen, Sherman, blieb sonst aber distanziert. Zuhause interessierte er sich für alle möglichen Gegenstände und tollte mit Yohinta herum, die damals fünf Monate alt war, doch mich ließ er links liegen. Das wunderte mich, denn sonst interessierten sich meine Tiergefährten gleich von Anfang an für mich.

Ein paar Tage kümmerte es mich nicht weiter, weil ich dachte, das ginge vorüber. Aber dann wurde es mir unheimlich und mir ging schon durch den Sinn, ihn wegzugeben! Als ich Sherman schließlich fragte, weshalb er mich kaum beachte, ja mir geradezu aus dem Weg zu gehen schien, sah er mich verdutzt an. Das erwarteten die Menschen doch von ihm, jedenfalls sei er und die anderen Katzen bislang von ihnen so behandelt worden. Ich erklärte ihm, dass ich ihn in seinem ganzen Wesen achte und auch nicht anders behandelt werden möchte. Jetzt begriff er! Von da an war er zugänglich, verspielt und ein guter Freund.

Ich bin schon immer darum bemüht gewesen, Tiere aus ihren engen Käfigen zu befreien und sie unter möglichst großzügigen und für sie interessanten Bedingungen zu halten. So bauten wir, gleich nachdem wir in unser erstes ganz gemietetes Haus umgezogen waren, für unsere Kaninchen, das Meerschweinchen, den Finken, den Kakadu und unseren Sittich das „Beatrix Potter Bunny Cottage". Wie lange hatte ich nicht davon geträumt! Sie hat knapp fünf Quadratmeter Grundfläche, Fenster- und Vogeldrahtwände und Holzböden. Für die Vögel gibt es außerdem einen großen erkerartigen Anbau aus Maschendraht, wo sie im Freien baden und sich im Geäst sonnen können. Für die Kaninchen gibt es noch einen siebeneinhalb Quadratmeter großen eingezäunten Auslauf, den sie über eine Holzrampe erreichen.

Unser Meerschweinchen Gingerbread war sehr traurig, als seine Kaninchengefährtin Elfie hinüber gegangen und nicht mehr für ihn da war. Er zog sich in seinen Stall zurück und kam nur zögernd hervor, wenn es Gemüse und Obst für ihn gab, wo er sonst begeistert pfiff. Es war, als wolle er Elfie bald nachfolgen. In dieser Phase wurden mir zwei junge Kaninchen als neue Familienmitglieder telepathisch angekündigt und ich sagte zu Gingie, er solle durchhalten, bald seien neue Kaninchengefährten da.

Etwa vierzehn Tage später brachte ich die neuen Kaninchen nach Hause. Ich ließ sie zunächst noch nicht aus der Transportbox. Gingerbread freute sich. Nachdem sie sich ausgiebig gegenseitig beschnüffelt hatten, fand Gingerbread die neue Gesellschaft völlig in Ordnung. Auch Chester und Molly mochten ihn sofort und überschütteten ihn mit ihrer Fürsorglichkeit. Sie leckten ihm das Fell, kuschelten und teilten ihr Gemüse mit ihm. Es war eine Freude, ihr inniges Miteinander zu beobachten! Gingerbread dachte nicht mehr ans Sterben. Als frischgebackener Onkel Gingerbread amüsierte ihn nun das Treiben seiner neuen Freunde.

Chester und Molly, damals fünf und sieben Wochen alt, staunten nicht schlecht, wie viel Platz sie plötzlich hatten, den sie erkunden konnten. Molly schaute schon bald neugierig durch den Maschendraht in den Garten und wäre auch am liebsten dorthin gehoppelt. Ich musste ihr erklären, dass das unmöglich gehe, weil sie in Gegenwart von Eulen, Habichten, Wieseln, Füchsen und anderen Raubtieren nicht lange überlebt hätte. Außerdem würden unsere Hunde ein frei im Garten herumhüpfendes Kaninchen gewiss jagen.

Die erste Zeit ließen Molly und Chester die Karotten und Äpfel liegen und hielten sich nur an das bekannte Trockenfutter, aber bald wurden die frischen Sachen zum Renner. Die beiden vertrugen sich auch gut mit den Vögeln und hielten damit sozusagen die Familientradition aufrecht. Zum Beispiel hatte sich mein Kakadu Pirouette von Elfie gern am Schnabel beschnuppern lassen.

Es machte mir unglaublich Spaß zu beobachten, wie sich Gingerbread, Chester und Molly über das Grünzeug hermachten, das sie von mir büschelweise erhielten. Es war als sagte Molly zu Gingerbread: „Wir bekommen hier aber interessante Sachen zu fressen." Und als würde Gingerbread antworten: „Oh ja, wenn Penelope kommt, gibt es immer etwas Gutes." Sie schienen sich dann über ihre Lieblingspflanzen auszutauschen, die sie aus dem Haufen zogen und miteinander teilten. Und es war allerliebst, wenn Molly und Chester Gingie zart beschnupperten.

Ich ließ Chester recht bald kastrieren, um einer Kaninchenschwemme vorzubeugen, aber offensichtlich war ich zu langsam gewesen, denn eines schönen Januartages waren sechs Kaninchenbabys da. Gingerbread benahm sich wie ein stolzer „Großvater" und wärmte die Kleinen mit, was Molly nicht übel nahm, deren Schutzinstinkte als Kaninchenmutter ansonsten gut funktionierten. Ja, sie schien es sehr zu schätzen, denn oft, wenn Gingerbread nichts weiter zu tun hatte, putzte sie ihm die Augen, so wie es Kaninchenart war.

Wir gaben vier der Kaninchenjungen in gute Hände weiter. Velvet und Periwinkle, die beiden anderen Jungen, die wir behielten, versüßten Gingerbread die alten Tage. Ich hatte das Gefühl, als wäre Gingerbread nicht ganz unbeteiligt daran, dass es entgegen meiner Pläne doch zu dem Kaninchenwurf kam. Er fühlte sich unter den Kaninchen einfach unglaublich wohl.

Im September desselben Jahres wurde unsere Kaninchenfamilie dann auf einen Schlag hingerafft. Es war eine Tragödie. Gingerbread kam dennoch gut zurecht, da ihn seine Kaninchenfreunde offenbar geistig trösteten. Ich sollte keinen neuen Kaninchenfreund für ihn finden, sah mich zwar in Tierhandlungen um, aber keines der Kaninchenjungen dort zog mich an. Außerdem waren sie zu klein, um in dieser kalten Jahreszeit im Freien zu überleben. Als dann Regina Heynneman, die bei uns im Oktober einen Workshop hielt, erzählte, ein Freundin von ihr würde jemand aus unserer Nachbarschaft kennen, die für ihr acht Monate altes sterilisiertes weibliches Kaninchen mit Hängeohren eine neue Bleibe suche, kam mir die Idee, ein erwachsenes Kaninchen aufzunehmen. Ich mochte zwar Kaninchen mit aufgestellten Ohren lieber, aber ich beschloss, es mir wenigstens anzusehen. Wenn es zur Familie passte, würde ich mein Vorurteil wohl überwinden können.

Die Frau, der das Kaninchen gehörte, war aufgrund ihrer Scheidung gerade vom Land in ein kleines Stadthaus gezogen und wollte nicht, dass ihr Kaninchenliebling die meiste Zeit im Käfig verbringen musste. Sie ließ Etta zwar auf die Veranda, sobald sie nach Hause kam, aber jedes Mal war es ein Trara, wenn sie in den Käfig zurück musste. Ein paar Mal war Etta bereits ausgebüxst – leichte Beute für Raubtiere! Erstens war Etta also eigentlich ein Leben im Freien gewöhnt, zweitens war sie sterilisiert, beides ein großes Plus. Laut der Gesellschaft für Hauskaninchen (House Rabbit Society) sollen nämlich 80 % der nicht sterilisierten Kaninchenweibchen Tumore an ihren Fortpflanzungsorganen entwickeln.

Mein Termin, um mir Etta anzusehen, stand bereits, als ich doch noch einmal in die Tierhandlung ging, wo ich Molly und Chester gefunden hatte. Dort gab es zwei Kaninchenbabys, von denen mich eines unglaublich an Molly erinnerte. Ich bewunderte und streichelte sie, blieb aber hart, denn erst wollte ich Etta sehen. Beim Hinausgehen trat mir deutlich vor Augen, dass die beiden Kleinen aus einer Inzucht stammten und nicht lange leben würden. Sie waren nicht für mich bestimmt.

Etta war mindestens doppelt so groß wie unsere ehemaligen Zwergkaninchen – etwa zweieinhalb Kilo schwer. Sie hatte ein dichtes, glänzendes, grau-beiges Fell - optimal für ein Überwintern im Freien. Sie hatte wunderschöne braune Augen und eben jene langen Hängeohren. Etta zeigte Charakter und war mir in ihrer Zugänglichkeit sofort sympathisch. Sie erinnerte mich sehr an Elfie und Molly. Außerdem war sie noch am 25. Februar, Michels Geburtstag, geboren! Sollte sie sich auch noch mit Gingerbread vertragen, sprach alles für sie.

Mir drängte sich der Name Ellie oder Elea auf, also nannten wir sie in Verbindung mit ihrem früheren Namen Ellyetta. Sie liebte ihr neues Zuhause und vertrug sich mit Gingerbread. Gingie war von ihrer Größe überhaupt nicht eingeschüchtert, auch als Ellyetta ihn kräftig stupste, um mit ihm Fangen zu spielen. Ich sagte ihr, dass Gingie nicht mit ihr herumhoppeln könnte und sie sanfter mit ihm umgehen sollte, was sie offensichtlich verstand. Gingies Augen funkelten wieder – die neue Kaninchengesellschaft tat ihm wohl.

Also erkundete Ellyetta eben allein ihre neue Umgebung – sie hüpfte auf ihre große Holzbox und auf den Baumstumpf, um dann über die Rampe hinunter in den Auslauf zu hoppeln. Anfangs flüchtete sie vor mir, wenn ich ins Cottage kam, weil sie fürchtete, ich würde sie wieder zurückbringen. Aber ich erklärte ihr, dass sie nun hier zu Hause wäre und sie in keinen Käfig mehr käme. So ließ sie sich recht bald gerne von mir anfassen und hochheben, wobei sie meine Streicheleinheiten und sanften Nasenstüber sichtlich genoss. Unser Kakadu Perky Pete flatterte zunächst aufgeregt herum. Er wusste die herumhoppelnde Ellyetta nicht recht einzuordnen und schien sie für einen Hund zu halten. Er und die anderen Vögel brauchten gut einen Tag, um sich an ihre Gegenwart und ihre Bewegungen zu gewöhnen.

Ellyetta blühte in ihrer neuen Umgebung in kürzester Zeit seelisch und geistig auf. Ihre frühere Besitzerin hatte mich gewarnt, Ellyetta könne durchaus gereizt sein und beißen, aber bei uns änderte sich das schnell. Ellyetta war bald ein reizendes, völlig ausgeglichenes Kaninchen.

Knapp drei Wochen nach ihrer Ankunft hielt ich bei mir zu Hause einen Fortgeschrittenen-Workshop. Als die elf Teilnehmer/Innen um das Bunny Cottage standen, um dessen Bewohner kennen zu lernen, brachte Ellyetta uns alle mit ihrer Räkelei zum Lachen, womit sie fragte: „Seid ihr alle *meinetwegen* gekommen?" Sie war an diesem Wochenende eine glänzende Lehrerin und genoss ihre neue Rolle sichtlich. Sie hüpfte hierhin und dorthin, um allen zu zeigen, wie wohl sie sich fühlte. Wenn sie von den Leuten etwas gefragt wurde, war sie zunächst schüchtern und flüchtete sich zu Gingerbread, der schon erfahren in solchen Dingen war. Doch schon bald blieb sie mutig da und gab den Leuten Rat.

Ellyetta begeisterte es, dass sie so viel Verständnis wecken konnte. Nach dem Workshop fragte sie gleich zufrieden mümmelnd, wann denn die neuen Freunde wiederkämen, und ob es nicht noch mehr würden. Sie wurde Menschen gegenüber richtiggehend zutraulich, da sie auf so viel Verständnis stieß. Ellyetta passte also wunderbar in unsere Familie, der die Verständigung zwischen den Spezies ein großes Anliegen ist.

VON EINANDER LERNEN

Wenn Leute anfangen, mit Tieren einfühlsam umzugehen, meinen sie oft, die Tiere könnten sich wie Menschen unabhängig äußern, und wundern sich dann, wenn diese weiterhin ihre Hunde- oder Katzennatur etc. an den Tag legen. Tiergefährten werden niemals unsere Art übernehmen oder sich sonst wie erwachsene Menschen verhalten (Gott sei Dank nicht!) Und sie teilen auch nicht unsere Erleuchtungserwartungen. Ihr Denken und Tun wird immer von ihren speziellen Sinneswahrnehmungen und Erbanlagen beeinflusst sein, genauso wie unsere Erfahrungen durch den menschlichen Sinnesapparat und unsere Prägungen gefärbt sind.

Bei Haustieren hat sich das Zusammenleben mit den Menschen auf ihre Veranlagung niedergeschlagen. Sie sind relativ anpassungsfähig. Je mehr sie sich unseren Lebensgewohnheiten und Normen unterordnen, desto lieber sind sie uns gewöhnlich. Manchen Tieren fällt es aufgrund ihrer Konstitution sehr schwer, sich menschlichen Bedürfnissen anzupassen. Genauso wie bei uns Menschen ist auch die Anpassungsfähigkeit der Tiere begrenzt und abhängig von Körperbau und Körperfunktionen, wie Hormonzyklen und Temperament.

Unter den Tieren, die die Menschen mögen und ihnen gerne behilflich sind, gibt es solche, die sich relativ gut anpassen können, und solche, die das zwar gerne täten, aber aufgrund ihrer genetischen Anlagen immer wieder in unüberwindliche Verhaltensblockaden geraten. Damit wir wirklich voneinander lernen können, müssen individuelle Veranlagungen und Bedürfnisse wahrgenommen und respektiert werden.

Tiere werden manchmal für undankbar gehalten, wenn diese sich nicht den Erwartungen entsprechend verhalten. Oder man gibt dem Pferd, dem Hund oder der Kuh die Schuld an der eigenen Unzulänglichkeit oder Verstimmung. Für solche Tiere ist es dann nicht gerade einfach, ja geradezu mutig, Menschen etwas beizubringen. Aber auch Tiere sind mitunter launisch und können ihre manipulativen Spielchen treiben, was oft der Fall ist, wenn sie mit menschlichem Unverständnis konfrontiert sind.

Moderne Menschen halten sich anderen Lebewesen gegenüber oft für überlegen. Diese sind da allerdings ganz anderer Ansicht. Sie sehen in den Menschen einfach eine andere Lebensform – die als feindlich erlebt wird oder als nützlich und freundlich. Viele Tiere nehmen uns überhaupt nicht zur Kenntnis. Vereinzelt halten auch Vertreter anderer Spezies ihre Spezies für die beste und denken nicht im Traum daran, Menschen sein zu wollen.

Eine Katze namens Paisley sinnierte mir gegenüber einmal: „Ich bin viel lieber eine Katze als ein Mensch. Katzen verhalten sich doch viel klüger als Menschen. Sie sind oft so launisch und finden das noch gut. Ich dagegen bin geschickt, schnell und klug. Aber trotz meiner Überlegenheit bin ich gern mit Menschen zusammen."

Auch bei anderen Spezies haben Wesen ganz eigene Ansichten vom Leben, wobei sich bei ihnen die Daseinsfreude wie ein roter Faden durchzieht. Einmal abgesehen von den misshandelten Tieren und jenen, die im engen Kontakt mit unausgeglichenen Menschen oder durch Überzüchtung neurotische Züge angenommen haben, sowie missgebildeten Wildtieren, die meist nicht lange überleben, sind die meisten Tiere selbstsicher und lebensfroh. Tiere geben normalerweise ganz selbstverständlich zu, dass sie großartig sind. Ihr Selbstvertrauen ist ungebrochen.

Haustiere sind keine bloßen Anhängsel. Sie gehen ihre eigenen Wege, treffen ihre eigenen Entscheidungen. Meiner Erfahrung nach ist es falsch, wenn man immer auf einen menschlichen Fehler schließt, wenn es Probleme mit Tieren gibt. Es stimmt allerdings, dass wir uns häufig durch unsere Schwächen und Stärken ergänzen und uns dadurch anziehen. Denn so können wir uns im freien Austausch weiterbringen. Das von uns Abgelehnte, Verleugnete oder Verdrängte, kann uns zur Lehre oder zur Qual werden, je nachdem wie wir uns verhalten, wenn wir damit konfrontiert werden. Wir sind relativ geneigt, verdrängte Seiten an unseren Gefährten – ob Mensch oder Tier – wahrzunehmen. Wir Lebewesen auf Erden können verschiedene Seiten füreinander offenbaren und unsere Saiten gegenseitig zum Erklingen bringen.

Wenn wir Tiere als empfindsame und kommunikationsfähige Wesen behandeln, ist die Voraussetzung geschaffen, dass alle Betroffenen voneinander lernen können. Normalerweise nehmen wir gerne mit den Spezies engeren Kontakt auf, deren Empfindungen, Absichten und Verhaltensweisen uns sehr leicht nachvollziehbar erscheinen. Wir sollten jedoch einen Schritt weiter gehen. Sobald man sich in ganz unterschiedliche Tiere versetzt und ihre Weisheit und Daseinsform achtet, gleicht dies dem Eintauchen in andere Kulturen – man findet mehr und mehr zu einer Einstellung, die an keine soziale Herkunft oder lokale Tradition gebunden ist.

Unsere kleine dunkle Schildpattkatze Yohinta ist eine hervorragende Jägerin. Sie wartet geduldig vor Gofferlöchern, mit großem Erfolg. Eines Tages kam sie durch die Katzenklappe herein und beklagte sich: „Rana frisst meinen Goffer!" Ich bezweifelte, dass meine Afghanenhündin auf Nager Appetit haben könnte und sah nach. Tatsächlich fraß Rana einen Goffer. Ich beruhigte Yohinta, dass sie bei ihren Jagdtalenten und ihrer Geduld sicher bald einen neuen Goffer gefangen hätte. Etwas gnädig ging sie ihrer Wege.

Als wir uns an den Gehegebau für unsere Lamas machten, den Zaun zogen, einen Stall bauten und das dürre Unterholz wegschafften, begann ich auch, die anderen Tiere auf die Ankunft der neuen Familienmitglieder vorzubereiten und beschrieb ihnen die Lamas, so gut ich konnte. Als dann die Lamas ankamen, fiel es den Hunden, Hühnern, Kaninchen und Vögeln nicht schwer, ihre Anwesenheit zu akzeptieren. Doch die Katzen, denen ich die Lamas offenbar mental zu klein geschildert hatte, verhielten sich so, als sei King Kong eingetroffen.

Yohinta schienen die Lamas am meisten zu beschäftigen. Als diese sich ein paar Tage eingewöhnt hatten, legten wir ihnen Halfter an und führten sie an der Leine auf dem Grundstück herum, um sie mit unserem restlichen Anwesen vertraut zu machen. Yohinta kommentierte das hernach so: „Weißt du wie groß diese Tiere sind? Ich schon. Mich hat gewundert, dass du so nahe an sie heran gegangen bist. Hast du keine Angst gehabt? Ich fürchtete, sie könnten dir etwas antun. Haben sie dir weh getan? Wie sind sie? Ich werde sie im Auge behalten. Sie sind schrecklich, aber interessant.

Seit Pasha mit mir die Lamajungen besucht hatte, schienen er und Regalo sich gefunden zu haben. Als Regalo dann Ende Dezember 1991 bei uns ankam, war er geradezu begeistert, wiegte den Kopf und tänzelte, als er Pasha wiedersah. Gleich nach der Ankunft von Regalo (damals sieben Monate alt) und Raindance (vierzehn Monate alt) begleitete mich Pasha ins Gehege und die Lama-„Jungs" und er genossen gemeinsam den Auslauf unter den Bäumen. Pasha schnüffelte im Unterholz herum, während ihm die Lamas auf den Fersen blieben. Nach einer Weile hatte er genug und schlüpfte durch das extra für die Hund und Katzen eingerichtete Loch im Zaun hinaus.

Ein paar Tage darauf folgte mir Pasha erneut ins Gehege. Die Lamas sahen uns nicht gleich, weil sie hinter ihrem Stall standen. Pasha lief im Gehege umher. Sobald sie ihn entdeckt hatten, gingen die beiden auf ihn los. Regalo holte Pasha ein und schlug nach ihm aus. Pasha jaulte auf. Und während ich noch laut Einhalt gebietend zu den beiden hinrannte, trat Regalo Pasha ein zweites Mal. Ich scheuchte die Lamas davon. Pasha, mit seinen dreizehn Jahren damals bereits ein Senior, war ein zitterndes Häuflein Elend. Er war nicht verletzt, aber sehr verstört, und so massierte und tröstete ich ihn.

Ich sprach mit Regalo über das, was er Pasha angetan hatte. Es wunderte ihn, dass er Pasha erschreckt und verletzt hätte, denn eigentlich hatte er doch nur mit ihm spielen wollen. Ich erklärte ihm und Raindance, dass sie anderen Tieren gegenüber nicht so ausgelassen sein sollten, um sie nicht zu verletzen. Sie verstanden mich, konnten aber beim besten Willen nicht glauben, dass ihre spielerischen Tritte Pasha weh getan hatten.

Pasha mied nun die Lamas konsequent. Ich erinnerte ihn daran, dass auch er als junger Hund einmal in seiner Ausgelassenheit einen kleinen Jungen umgeworfen hatte und über dessen Gebrüll erstaunt gewesen war. Auch er hatte lernen müssen, seine spielerischen Impulse zu kontrollieren. Regalo war einfach nur ein „Welpe", der auf seine Lamaart spielen wollte. Das flößte Pasha allerdings keineswegs genug Vertrauen ein, um einen von uns wieder ins Gehege zu begleiteten.

Am nächsten Morgen folgte mir Sherman mit ins Gehege, und ich zeigte ihm gleich das Loch im Zaun, durch das er notfalls flüchten könnte. Die beiden näherten sich ihm dieses Mal langsam. Sherman lief dennoch weg. Immerhin gaben sich Regalo und Raindance Mühe.

Auf unseren Spaziergängen mit den jungen unerfahrenen Lamas, die wir in der näheren Umgebung machten, gab es einige Abenteuer zu bestehen. Einmal machten wir zum Beispiel den Fehler, sie kurz vor Sonnenuntergang auszuführen. Schon nach knapp einem halben Kilometer mussten wir umkehren, weil sie immer nervöser wurden. Sie wurden so schreckhaft, dass sie plötzlich stehen blieben, und sich nicht mehr vom Fleck rührten. Es war ein Fiasko. Regalo tat so, als hätte er noch nie die Straße gesehen, obwohl wir sie schon mehrmals entlang gegangen waren. In ihren Augen schien alles bedrohlich geworden zu sein, überall schien ein Abgrund zu lauern. Der kurze Heimweg zog sich ewig hin, in einem ständigen Hin und Her von Geduld und Ungeduld, von Befehlen und gutem Zureden. Wenn Autos mit eingeschalteten Scheinwerfern an uns vorbeifuhren, begann Regalo nervös zu tänzeln. Selbst noch in unserem Garten empfanden die Lamas alles durch die Dämmerung bedrohlich und bockten.

Als sie endlich wieder im Gehege waren, gab ich den Lamas zur Beruhigung eine Leckerei außer der Reihe. Wir waren allesamt fix und fertig. Wir hatten die Lamas hinter uns her gezerrt und geschoben, was ziemlich grob, aber in diesem Moment notwendig war. Regalo, der normalerweise sehr brav mitspazierte, war arg enttäuscht, da wir ihn zu einer für ihn unheimlichen Unternehmung gezwungen hatten. Am nächsten Tag ließ er mich nicht in seine Nähe. Raindance mied mich ebenfalls. Es dauerte den ganzen Tag, bis der Stress und die damit verbundene schmerzliche Distanzierung überwunden war. Dann war alles wieder bestens.

Mittlerweile sind unsere Lamas erfahrene Waldläufer geworden und lassen sich zu unterschiedlichen Tageszeiten spazieren führen, aber jenes Erlebnis zeigt, wie wichtig es ist, sich die Sinneswahrnehmung eines Tieres klar zu machen.

Raindance reagierte einmal, kurz nach seiner Ankunft, sehr interessant, als unsere Hühner, deren Gehege an das der Lamas grenzt, sich ihre neuen Nachbarn etwas näher ansahen und unser Bantamhahn Aureo laut zu deren Begrüßung krähte. Raindance fragte mich ganz erschrocken: „Warum ist er so laut? Tut ihm etwas weh?" Aureo krähte noch ein paar Mal und Raindance gab sich mit meiner Erklärung zufrieden, dass dieser das zu ihrer Begrüßung tat.

Einen Monat nach seiner Ankunft schaute Raindance aus seinem Stall heraus und wimmerte. Als ich ihn fragte, was los sei, meinte er, ihm würden seine früheren Gefährten fehlen. Er sehnte sich nach der Lamaherde zurück, in der er sich so wohl gefühlt hatte. Dort war ihm das Leben nie fraglich vorgekommen, was jetzt der Fall war.

Er bezweifelte, ob er andere Wesen, insbesondere Menschen, wirklich zu einem größeren Bewusstsein, zu mehr Frieden und Lebensfreude verhelfen könne. Er hatte Angst. Mit Regalo verstand er sich zwar von Tag zu Tag besser, aber dieser war vom Typ her ganz anders als er. Regalo ging in seiner neuen Rolle auf, er sah das Leben als Abenteuer an, war sehr an Menschen interessiert und ging spontan auf sie zu. Raindance hingegen war ihnen gegenüber distanzierter. Ihm war die Sache ernster, er hatte ein größeres Verantwortungsbewusstsein. Mich mochte er. Bei mir hatte er das Gefühl, dass wir noch viel voneinander lernen und uns noch lieber gewinnen könnten. Bei den anderen Menschen war er sich da nicht so sicher.

Ich spürte seine Sehnsucht, seine Einsamkeit, Tiefe und Schönheit. Die beiden waren ein gutes Team. Regalo konnte hervorragend mit Menschen umgehen und ihnen konkret auf Erden weiterhelfen. Raindance konnte eher ihren Sinn für das Geheimnis des Lebens und für die himmlische Schönheit wecken. Raindance war ein Denker, der nach dem Wie und Warum aller Dinge fragte, während Regalo alles so nahm, wie es war. Nachdem ich Raindance gesagt hatte, wie sehr ich seine Empfindsamkeit schätze und dass er schon einigen Menschen weitergeholfen habe, war er beruhigt und hörte mit seinem leisen Gejammere auf.

Bei ihrem ersten Spaziergang mit uns und unseren Lamas empfand unsere Freundin Jeri Ryan Regalo als abenteuerlustig, neugierig und verspielt, Raindance hingegen als heiter, sensibel, durchgeistigt und weise. Es begeisterte mich, dass meine Begleitung die besonderen Qualitäten der Lamas bemerkte und schätzte. Auch für Jeri war dieser Spaziergang eine erhebende spirituelle Erfahrung. Wir gingen wie auf Wolken.

Raindance bewacht die anderen Tiere. Schon bald nach seiner Ankunft hörten wir zum ersten Mal seinen durchdringenden Lama-Alarmruf, als er ein anderes Tier in Gefahr glaubte. Rana hatte sich am Käfig zu schaffen gemacht, in dem Molly (Kaninchen) vorübergehend im Garten stand. Ein anderes Mal alarmierte er uns, als er Sherman (Kater) unter den Hühnern glaubte.

Bei Michel bewirkten die Lamas übrigens ein kleines Wunder. In den ersten vier Wochen nach ihrer Ankunft hatte er einen derartigen Energieschub erfahren –dass er kaum wusste wohin mit seiner Kraft. Er arbeitete jeden Tag mit Volldampf, ohne sich auch nur die kleinste Pause zu gönnen. Bis sein Körper streikte und er eine Grippe bekam. Danach ging er vernünftiger mit der Energie um, die ihm die Lamas gaben.

Früher hatte Michel es als ziemlich lästig empfunden, die Tiere versorgen zu müssen, wenn ich unterwegs war. Nun freute er sich darauf. Als ich wieder einmal auf Reisen war, wurde sich Michel seiner Seelenverwandtschaft mit Regalo, Raindance und Quince bewusst. (Interessanterweise sind Lamas und Chinchillas beide in den

Anden beheimatet und strahlen die Energie dieses Hochgebirges aus.) Regalo und Raindance verfolgten sehr interessiert, wie Michel sich bei dem, was ich sonst erledigte, anstellte, und so lernten die drei sich näher kennen.

Eine Frau, die an einem Workshop für Fortgeschrittene teilgenommen hatte, besuchte einmal diese Gegend, und so lud ich sie zu einem Spaziergang mit unseren jungen Lamas ein. Sie brachte eine Freundin mit, die mit Tieren leider wenig anzufangen wusste. Das schwere Parfüm dieser Frau bewirkte bei mir einen Hustenreiz. Die Katzen flohen vor ihr. Auch die Lamas wollten nichts mit ihr zu tun haben – nicht nur wegen des auffälligen Parfüms, sondern auch, weil sie sich ihnen gegenüber schroff verhielt. Ihre Gegenwart machte sie bockig und nervös. Ich erklärte ihr das Problem mit ihrem Parfüm und bat sie, einen anderen Weg zu nehmen. Sie war einverstanden, und wir setzten unseren Spaziergang fort.

Durch das Hin und Her mit ihrer Freundin war auch die Workshopteilnehmerin ganz fahrig geworden, weshalb die Lamas auch von ihr nicht gerade begeistert waren. Raindance musterte sie streng, als wolle er fragen: „Wer bist du?"

Rainbow ging in seinen Begegnungen mit Menschen immer aufs Ganze. Mit weniger gab er sich nicht zufrieden. Er ruhte nicht eher, bis sein Gegenüber ganz bei sich selbst angekommen war. Regalo war selbstzufriedener und stabiler, er forderte den Menschen nicht so viel ab, ließ ihre Unruhe eher an sich ablaufen.

Da Raindance ganz mit sich und seiner Lebensaufgabe im Einklang stehen wollte, forderte er dasselbe von dem Menschen, der ihn an der Leine führte. War er nicht gehalftert, zog er sich einfach zurück, aber an der Leine erkundete er seine Leute gründlich, stellte sie solange mit seiner Unruhe in Frage, bis sie ihm aus tiefstem Herzen antworteten und ein geistiger Austausch stattfand. Jeder, der mit ihm spazieren ging, hatte das Gefühl, völlig durchschaut zu werden.

Bei unserer Rückkehr begannen Regalo und Raindance kurz vor dem Tor zum Lamagehege zu bocken. Wir führten sie zu einem anderen Eingang. Und wieder blieb Raindance einige Meter davor wie angewurzelt stehen, als sähe er einen Geist. Nachdem ich Regalo hineingebracht, ihm den Halfter abgenommen und soweit versorgt hatte, starrte Raindance noch immer auf das Gehege. Er schien etwas Bedrohliches in den Ästen wahrzunehmen. Ich sprach ihm gut zu, aber er rührte sich weiterhin nicht von der Stelle. Also massierte ich seinen Nacken, dann Kopf und Ohren und insbesondere die Stirn, wo sich mentaler Stress durch Berührung besonders leicht lösen lässt. Nach einer Weile überwand er seine Angst und kam mit mir.

Später dankte er mir für diese Verbundenheit und Zuwendung. Der Spaziergang mit einer Fremden hatte seine Aurenwahrnehmung geschwächt. Wie froh war er da über meine Hilfe gewesen! „Wir passen zusammen", gab er mir abschließend zu verstehen und ich fühlte mich sehr geehrt. Er ist ein so sensibles und wunderbares Wesen.

Ich halte beide Lamas für hervorragende Lehrer, wobei Regalo sich schon vor seiner Geburt seiner Mission bewusst gewesen ist, während Raincance sie täglich mehr und mehr entdeckt. Welche Freude, mit ihnen zusammen zu sein! Alle Mitglieder meiner Tierfamilie sind mir sehr ans Herz gewachsen und ich achte sie aufrichtig. Die Lamas haben eine neue Qualität in unser Leben gebracht. Ihre Anwesenheit gibt mir das Gefühl, noch mehr zu Hause zu sein.

FAMILIÄRE HERAUSFORDERUNGEN

Auch in unserem Familienleben ist nicht alles eitel Sonnenschein! Und natürlich habe ich auch in schweren Zeiten viel dazu gelernt.

Meinen ersten Afghanenhund lernte ich kennen, als ich noch mein Zimmer in einem Wohnheim hatte, wo sich alle Bewohner eine Küche teilten. Einer der jungen Mitbewohner hatte einen Afghanen aus einem Tierheim adoptiert. Als ich Mandy das erste Mal sah, war es um mich geschehen. Ich war immer schon eine große Katzen Liebhaberin gewesen und wie ich sie so im Flur daliegen sah, dachte ich: „Afghanen sind anmutig und unabhängig wie Katzen, und was noch besser ist – du kannst mit ihnen spazieren gehen und reisen." Als ihr Halter für ein paar Monate verreiste, war es klar, dass ich für Mandy sorgte, und es fiel mir sehr schwer, sie schließlich wieder zurückgeben zu müssen.

Durch eine Anzeige in der Zeitung lernte ich eine Frau kennen, die Afghanen aus dem städtischen Hundezwinger zu sich nahm und weiter vermittelte. So stieß ich auf Popiya, die hellbraun mit einem Stich ins Aprikosenfarbene war und Mandy sehr ähnlich sah. Popiya knurrte die anderen Hunde an, wenn sie ihr zu nahe kamen. Da die junge Frau sehr daran interessiert war, dass ich die Hündin adoptierte, erzählte sie mir, Popiya sei zwei Jahre alt. Erst viel später erfuhr ich, dass sie damals schon fast acht Jahre alt gewesen war. An meiner Entscheidung hätte das nichts geändert, fühlte ich mich doch von Anfang an stark zu ihr hingezogen.

Der Name *Popiya* kam mir zusammen mit der Vorstellung einer kleinen weißen vierblättrigen Blüte, als Sinnbild für den Sanftmut der Hündin. Entgegen ihrer Veranlagung biss sie mich zu Hause jedoch gleich als erstes, weil ich versuchte, ihre Läufe und Pfoten zu waschen. Und wenn sie lag, knurrte sie mich an, sobald ich ihr nahe kam. Doch wir würden unser Abenteuer bestehen, trotz aller Schwierigkeiten, da war ich mir ganz sicher.

Popiya war körperlich und seelisch angeschlagen. Durch meine Gespräche mit ihr fand ich heraus, dass sie einem Musiker gehört hatte, der die seltsame Angewohnheit hatte, wenn er unter Drogeneinfluss stand, erst sehr einfühlsam mit ihr umzugehen, um ihr dann auf die Pfoten zu schlagen. Außerdem hatte er ihr bewusstseinserweiternde Drogen gegeben. Sie bekam in relativ kurzen Abständen immer wieder Krampfanfälle, bei denen sie aufjaulte, während ihr in den Nacken geworfener Kopf zitterte und Brustkorb und Vorderläufe wie gelähmt waren.

So etwas hatte ich noch nie erlebt, und es war entnervend. Sicher waren es die mit Traumen und Unterernährung verbundenen Nachwirkungen der Drogen. Der Tierarzt hatte außer Beruhigungsmitteln nichts zu bieten, womit meiner Meinung nach sich das Problem nicht wirklich lösen ließ. Also versuchten wir die Anfälle durch gute Ernährung, Kalzium/Magnesium-Gaben, Vitamin B, Beratungsgespräche, Körperarbeit und liebevoller Pflege in den Griff zu bekommen. Sie wurden seltener und weniger heftig, bis sie nach mehreren Monaten schließlich ganz verschwanden.

Popiya war es nicht gewöhnt, sich direkt auszudrücken, sondern neigte aus Selbstschutz dazu, Leute zu manipulieren. Nach vielen Monaten ohne Anfälle fing sie an, diese vorzutäuschen, wenn ihr etwas nicht passte. Ihr Blick wurde dann glasig und sie nahm langsam die typische Stellung ein. Doch bevor die Verrenkung vollständig war, gab ich ihr entschieden zu verstehen, dass ich sie erwischt hatte und sagte: „Das reicht; damit bekommst du mich nicht rum; Wenn du Zuwendung möchtest oder dir irgendetwas nicht passt, kannst du mir das direkt mitteilen. Dazu brauchst du keinen Anfall. Du weißt, ich werde dich nicht bestrafen, also hör auf damit." Wenn ich sie so auf frischer Tat ertappte und zurechtwies, ließen die Symptome sofort nach, und sie verhielt sich wieder ganz normal.

Durch meine Auseinandersetzung mit ihr, lösten sich ihre Traumen nach und nach auf. Unsere Beziehung gedieh und bald versuchte sie nicht mehr, sich auf derart selbstzerstörerische Weise mitzuteilen. Ich passte ja auch wie ein Habicht auf, ob sie nicht schon wieder versuchte, sich auf ihre ungesunde Weise durchzusetzen. Ich wusste, dass Popiya im Grunde ein wunderbares Wesen war, das Hilfe brauchte, und je unbefangener sie wurde, desto deutlicher trat ihr feiner Charakter zu Tage. Sie setzte zwar weiterhin ihren Dickkopf durch, aber sie lernte, mir ihre Wünsche direkt mitzuteilen und wir liebten einander sehr.

Popiya stellte mich bei unseren regelmäßigen Spaziergängen in der Nachbarschaft gerne auf die Geduldsprobe. Es kam in der Gegend kaum ein Auto vorbei, so dass ich sie von der Leine lassen konnte. Sie genoss den Auslauf und schnüffelte hier und dort herum. Sobald ich sie einholte, machte sie sich schnell wieder aus dem Staub. Wenn ich zurück wollte und sie wieder an die Leine nehmen musste, blieb sie einfach lange Zeit außer Reichweite, bis sie schließlich stehen blieb, auf mich wartete und ruhig mit mir nach Hause ging.

Eines Morgens lief sie unerwartet weiter davon, als sie es je getan hatte, und zwar in eine Gegend hinein, in der es wesentlich mehr Verkehr gab. In typischer Popiya (und Afghanen-) Manier ignorierte sie meine Rufe, zurückzukommen. Da ich sie unmöglich zu Fuß einholen konnte, lief ich nach Hause zurück, schnappte mir die Autoschlüssel und fuhr sie suchen.

Einige Straßenzüge weiter sah ich sie verloren dastehen. Ich hielt an und öffnete die Autotür. Sobald sie mich erkannt hatte, sprang sie dankbar zu mir ins Auto. Ihr rebellischer Freiheitsdrang war der Angst gewichen, mich nicht mehr wiederzufinden. Sie rannte nie wieder weg, ohne zu wissen, wo ich blieb und wie sie zu mir zurückkommen konnte.

Popiya knurrte jeden an, mich eingeschlossen, der sie streicheln wollte, wenn sie still dasaß oder sich hingelegt hatte. Sie tat das zur Warnung, ohne wirklich beißen zu wollen. Um die Situation zu entspannen, pflegte ich zurück zu knurren und sie dann kurz zu streicheln. Wenn ich sie dann ein zweites Mal streicheln wollte, knurrte sie wieder und ich knurrte zurück und streichelte sie kurz. Das wiederholten wir oft und oft, wobei Popiyas Knurren schwächer und mein Lachen lauter wurde. Wenn es dann genug war und ich ihr den Rücken kehrte, knurrte mir Popiya stets ganz leise nach. Sobald sie merkte, dass ich es wirklich gehört hatte, legte sie den Kopf auf ihr Kissen und sagte damit in ihrer lustigen, störrischen Art: „Siehst du, ich habe das letzte Wort."

Manchmal blieb Popiya auf dem Heimweg mitten auf der Straße stehen und weigerte sich, weiterzugehen. Da half kein vernünftiges oder gutes Zureden, und auch kein Bitten. Los ging es erst wieder, wenn es ihr beliebte. Einmal verlor ich bei meinem Versuch, sie von der Straße wegzubekommen, die Geduld, zog an der Leine und gab ihr ein paar aufs Hinterteil. Ich war so damit beschäftigt, sie endlich in Bewegung zu bringen, dass ich den betrunkenen Mann überhaupt nicht herankommen sah. Ich erschrak fürchterlich, als er mir einen Schlag auf die Schulter versetzte. Er hätte mir noch eins versetzt, wenn Popiya sich nicht angesichts der Lage eines Besseren besonnen hätte, und wir davon rannten. Ich glaube, er murmelte irgendetwas über Hundsmisshandlung und der ganze Vorfall war mir äußerst peinlich. Ich beschloss, Popiya nie mehr zu schlagen, und sie entschuldigte sich, mich in Schwierigkeiten gebracht zu haben.

Als wir 1979 zwei Wochen in New York City verbrachten, war es Popiya unangenehm, wenn ich ihre Haufen beseitigte. Sie war es gewöhnt, gleich nach ihrem Geschäft davon zu laufen. Wir wohnten in einem der oberen Appartements eines Hochhauses, und eines Tages weigerte sie sich, Gassi zu gehen. Sie war über sechsunddreißig Stunden nicht von der Couch zu bewegen, und als sie endlich mitkam, entleerte sich direkt vor dem Aufzug ihre Blase in einem Riesenschwall.

Sie hasste das lärmende Gedränge auf den Straßen von Manhattan. Einmal, als wir wieder zum Central Park unterwegs waren, brachte sie plötzlich ihren Unmut zum Ausdruck, indem sie mitten auf der Straße anfing, ihr Geschäft zu machen. Die Ampel schaltete auf Rot und auf uns brach das heftige Gehupe und wütende Geschrei von Taxi- und anderen Autofahrern ein. Popiya setzte unbeirrt ihr Geschäft fort, und ich wartete nervös neben ihr. Sie war höchst erfreut, es diesmal so eingefädelt zu haben, dass mir zur Entfernung ihrer Trophäe keine Zeit blieb.

An Popiyas Geburtstag im April 1978 gab ich eine Party. Ich ließ ein Lederhalsband für sie anfertigen, mit eingebranntem Namenszug und Symbolen aus ihren früheren Leben. Es kamen über dreißig Leute, und als ich ihr zu Ehren einen Tanz aufführte, lag sie mir hoheitsvoll zu Füßen und genoss die Wertschätzung, die ihr von allen Seiten entgegengebracht wurde. Das Ereignis inspirierte einen Gast zu einem Gedicht, in dem die zauberhafte Stimmung dieses Tages anklingt:

Die grenzenlose Kraft eines Wesens, pulsierend;
strotzend durch Mark und Knochen und Sehnen;
Die Lebensquelle, die nie versiegt,
drängt ans Licht, bricht hervor, ist neu, neu, neu.

Was bedeutet eine Welt voll Lebewesen?
Weshalb ein Leben, das wachsend eine Welt begrünt?
Es ist die Liebe im unermüdlich webenden Leben,
durch das die Lebensträume werden und vergehen.

Die Wesen in unzähliger Gestalt,
die diese Erde bevölkern
bereichern das Leben in seiner Fülle
aus der ewigen Quelle immer neuer Schöpfung.

Wie viele Namen haben die endlos verwobenen Spiele
aus Myriaden von Lebensformen.

Nachdem unser Kaninchen, Chester, kastriert worden war und ich
ihn nach der vom Tierarzt empfohlenen eintägigen Erholungszeit aus
dem Käfig ließ, wurde er von seinem Weibchen Molly völlig abgelehnt. Sie scheuchte ihn herum und griff ihn an. Für Kaninchen und
viele andere Tiere spielt der Geruch eine viel größere Rolle als das
Gesehene, und Chester roch offensichtlich fremd. Ich setzte ihn wieder in den Käfig und parfümierte beide mit etwas Körperöl, aber am
nächsten Tag gab es dasselbe Theater. Es war nicht nur sein Geruch,
Molly legte ein ausgesprochenes Territorialverhalten an den Tag,
während Chester wieder im Käfig war. Ihr schien das gut zu gefallen!
Da Chester sich vor Molly fürchtete, seit er von ihr angegriffen worden war, stellte ich den Käfig in das Cottage und sperrte die beiden
abwechselnd hinein, wobei ich inständig hoffte, dass sich die beiden
irgendwann wieder vertragen werden. Chester versuchte, Molly durch
die Käfigstäbe zu küssen, aber sie blieb ihm gegenüber herrisch.

Ich musste den Käfig neun Tage lang einsetzen, denn sobald die
beiden zusammen waren, jagte Molly dem völlig verängstigten Chester hinterher. Ich ermutigte Chester, sich zu wehren, denn ich wollte
sie weder getrennt halten noch einen von beiden fortgeben müssen.
Und tatsächlich wehrte er sich standhaft, als ich Molly das nächste
Mal aus dem Käfig ließ. Es fiel ihm nicht leicht, denn bei Kaninchen
ordnen sich normalerweise die Männchen den Weibchen unter.

Ich zuckte zu Beginn des Kampfes zusammen, an dem kein Weg
vorbei ging, sollten die beiden wieder friedlich zusammenleben. Ihre
Schutzengel ließen mich wissen, dass der Kampf gut ausginge, wenn
ich mich nicht einmischte. Also hielt ich mich zurück und betete. Die
einzelnen Angriffe, in denen sie sich ineinander verbissen, kratzten
und quietschten dauerten bis zu zwanzig Sekunden. Die Fellhaare
flogen nur so herum. Nach etwa fünf Angriffen, gab Molly klein bei.
Chester hatte ein paar Kratzer um die Augen, aber sie verheilten rasch.
Die beiden fingen wieder an, einander zu putzen, und Chester hielt
Molly ab und zu auf Trab, um ihr zu zeigen, dass er sich nicht von ihr
tyrannisieren lassen würde. Sie jagte ihn nie mehr. Die Geburt von

sechs Kaninchenbabys am 17. Januar machte andererseits deutlich, dass Mollys Reaktion auf Chester zum Teil auf die mit der Schwangerschaft verbundene hormonelle Umstellung zurückzuführen war. Wir waren sehr erleichtert, als diese Episode überstanden war, und Molly und Chester sogar noch vertrauter miteinander wurden.

MEHR VERSTÄNDNIS HABEN

Beratungsgespräche mit Menschen und ihren Tieren sind für alle Beteiligten sehr bereichernd, da sie das gegenseitige Verständnis fördern.

Als Christines Umzug von Kalifornien nach Colorado bevorstand, bat sie mich, ihre siamesische Katze Tofu auf die neue Situation vorzubereiten. Tofus spontane einfache Schlussfolgerung brachte mich zum Lachen. Für sie kam ein Umzug überhaupt nicht in Frage. Sie würde zu Hause bleiben, und selbstverständlich würden ihre Leute ohne sie nie fortgehen, denn sie liebten sie ja. Tofu war sehr zufrieden mit ihrem „Superplan".

Christine war total von den Socken und hoffte, dass Tofu umzustimmen sei. Tofu und ich sprachen noch weiter über den Umzug, und ich vermittelte ihr ganz deutlich, warum ihre Leute bald in einem Camper unterwegs sein würden. Sie verstand dies und lenkte ein. Wir besprachen dann in allen Einzelheiten ihre Situation unterwegs und wo sie mit der Familie zukünftig leben würde. Tofu hatte also mit sich reden lassen.

Dies ist ein typisches Beispiel, wie Tiere umdenken können, wenn man zunächst Verständnis für sie aufbringt, bevor man ihnen den eigenen Standpunkt aus ihrer Perspektive plausibel macht und ihre Vorteile dabei hervorhebt. Meinungsverschiedenheiten und Missverständnisse lassen sich so leichter überwinden. Wichtig ist, dass Sie dem Tier zunächst zuhören, bevor Sie ihm schildern, wie Sie die Situation sehen. Und vor allem sollten Sie darum bemüht sein, eventuell auftauchende Schwierigkeiten gemeinsam zu lösen. Nicht alle Tiere werden so bereitwillig einlenken wie Tofu. Manchmal geht es tagelang nur in ganz kleinen Schritten voran, aber Kommunikation hilft grundsätzlich sehr viel weiter.

Kathleen Bradley berichtete mir nach einer Beratung, wie viel besser sie sich mit ihrem Kater Sharmin verstünde, und dass sie beide die entspanntere Situation sehr genießen. Sie schrieb:

Ich hatte mehrmals versucht, Sie telefonisch zu erreichen, kam aber nicht durch. Sharmy strich mir um die Beine, da er ahnte, dass mein Telefonat mit ihm zu tun hatte. Dann machte er sich an dem Schränkchen zu schaffen, in dem ich meine Straßenkarten aufbewahre. Das geschah zum ersten Mal, also beobachtete ich ihn. Er kramte mit seiner Tatze eine Karte hervor. Sie fiel herunter, er sah sie an, fischte noch eine Karte heraus, sah sie an, sah mich an und ich dachte: „Straßenkarten, Entfernung – okay, ich versuche es noch einmal." Und dann erreichte ich Sie. Nach unserem Telefonat schaute ich dann nach, welche Karten auf dem Boden lagen; die zweite, die Sharmy herausgefischt hatte war Marin County (wo Penelope lebt). Ich bin richtig erstaunt und würde gern wissen, ob das Zufall war oder nicht!

Chaca, eine Stute, konnte wegen einer Fesselverletzung nicht geritten werden. Sie wurde so depressiv, dass sie auf der Koppel nur noch dastand und nichts mehr fraß. Ihre Halterin Elaine rief mich an, und bat um eine Fernberatung.

Chaca war niedergeschlagen, weil ihre Bezugsperson nicht mehr mit ihr ausreiten konnte. Ohne diese Aufgabe fand sie das Leben ziemlich öde. Und ihre Fesselverletzung verschlimmerte sich durch den Bewegungsmangel. Ich riet Elaine, für Chaca einen Pferdegefährten zu suchen, der sie unterhalten und zu mehr Bewegung anspornen würde. Chaca strahlte bei diesem Vorschlag. Elaine konnte sich jedoch kein zweites Pferd leisten. Ich empfahl ihr, dann eben eine Ziege oder irgendeinen anderen vierbeinigen Gefährten zu besorgen, um Chaca aufzuheitern.

Monate später hörte ich wieder von Elaine. Sie hatte meinen Rat beherzigt und sich von einem Nachbarn einen Gefährten für Chaca ausgeliehen: einen sieben Jahre alten Eselhengst namens Charley. Er war allein auf einer Weide gehalten worden und hatte praktisch keinen Umgang mit Menschen gehabt. Da er weder an ein Halfter noch an eine Führungsleine gewöhnt war, drohte der Umzug zur Koppel schwierig zu werden. Elaine sagte ihm, dass sie ihn als Gefährten für ihre Stute brauche und dass er ihr, wenn ihm diese Idee gefalle, nach Hause folgen solle. Sie hielt ihm eine Möhre hin, und auf ging's zu Chaca. Schon nach kurzer Zeit waren Chaca und Charley gute Freunde, die sich gemeinsam beschäftigten. Die neue Gesellschaft und die Bewegung gaben Chaca Auftrieb, und ihre verwundete Fessel heilte zusehends.

Nun, das hätte das Happy-End sein können, wäre da nicht noch Charleys Wildheit gewesen, weshalb Elaine mich schließlich wieder anrief. Charley beschädigte ihre Obstbäume, Zäune, Scheunenwände – alles, was er anfressen beziehungsweise wohin er ausschlagen konnte. Das Maß war voll, als er am Wagen eines Bekannten den Kotflügel eindellte. Dies versprach ein schwieriger Fall zu werden, denn Charley war ein kräftiger ungezähmter Hengst.

Als ich mit Charley aus der Ferne Kontakt aufnahm, verhielt er sich wie ein aufmüpfiger Teenager. Er schwärmte von seinem Verhalten und sagte, dass er es auf keinen Fall ändern würde. Er fühlte sich wohl in seiner Haut und liebte es, wenn Elaine krakeelend zu ihm gelaufen kam, sobald er etwas kaputt gemacht hatte. Soviel Aufmerksamkeit hatte ihm sonst niemand geschenkt.

In dem von mir geführten und vermittelten Gespräch mit Charley erklärte Elaine schließlich, dass sie ihn, wenn er seine Possen nicht sein ließe, zu seiner einsamen Weide zurückbringen werde. Charley erklärte ihr daraufhin trotzig, ihm sei völlig egal, was sie tun werde. Obwohl ich Charley zuhörte und ihm Verständnis entgegenbrachte, blieb er störrisch. Die Lage sah schlecht aus.

Dann aber sagte Elaine, dass sie Charley wirklich liebe und es ihr leid täte, wenn sie ihn zurückbringen müsse. Sofort spürte ich, wie sein Widerstand nachließ. Da er nun bereit war, sich ihre Seite anzuhören, schilderte ich noch ausführlicher, wie sehr ihn Elaine liebe und ihn wirklich glücklich sehen wolle, und dass er mit ihr kooperieren müsse, wenn er hier, wo es ihm doch so gut gefalle, bleiben wolle. Ich bat Elaine, nach unserem Telefongespräch nach Charley zu sehen, ihm noch einmal zu sagen, wie sehr sie ihn liebe und was sie im Einzelnen von ihm erwarte. Ihm würde ein Halfter angelegt werden und dann müsse er sich – obwohl er das nicht kenne – herumführen lassen. Auch müsse er in einem Pferch lernen, sich ruhig zu verhalten, bevor er seine Freiheit wiederbekommen und mit Chaca herumtollen könne.

Am nächsten Tag teilte sie mir am Telefon ihr Erfolgserlebnis mit. Nach unserem Beratungsgespräch blieb Charley ruhig stehen, als sie zu ihm sprach. Er ließ sich später einen Halfter anlegen und zum Pferch führen, wo er nicht wie üblich versuchte, das Gatter aufzustoßen oder sonst irgendeinen Unsinn zu treiben (Sie sagte, er könne jedes Gatter aufbekommen).

Doch die Krönung des Ganzen folgte am nächsten Morgen, als sie einige Holzkisten vom Haus in die Garage brachte und dort aufstapelte. Sonst wäre Charley bei einer Aktivität wie dieser gleich da gewesen; er hätte dem Drang, aus seinem Gehege zu entkommen und die Kisten klein zu kriegen, nicht widerstehen können. Aber als er dieses Mal von seinem Pferch aus sah, was sie gerade tat, drehte er sich um – damit er nicht in Versuchung geriet! Sie war völlig verblüfft!

Der zahm gewordene Charley verlebte noch viele glückliche Monate bei Elaine, bis im Oktober 1989 ein Erdbeben auf ihrem Grundstück einigen Schaden anrichtete und er von sich aus wieder zu seiner alten Weide zurückging.

Mary Lou Williams hatte mir auch ein Erfolgserlebnis zu berichten:

Dank ihrer Information wurde mir klar, dass die kleine Whippet (kleiner englischer Rennhund, Anm. d. Ü.) kein Zuhause hatte. Es gab aber die Whippet Rescue People, durch die sich gewiss ein neues Zuhause für sie finden ließe. Als die Leute vom Verein sie abholen kamen, war sie fürchterlich darüber erschrocken, schon wieder „im Stich gelass" zu werden, und versteckte sich.
Ich gab ihr mittels innerer Bilder zu verstehen, dass diese Menschen sie sehr mochten und ein dauerhaftes Zuhause für sie fänden. Als ich dann beim Verabschieden mit den Vereinsleuten noch ein paar Minuten in der Einfahrt plauderte, wurde sie

sichtlich zutraulicher. Und plötzlich ging sie ganz von allein zum Auto, wartete bis ihr die Tür aufgemacht wurde, kletterte hinein und legte sich auf dem Rücksitz hin! Sie wusste ganz genau, dass der Pickup mein Auto war, und ging trotzdem daran vorbei zu dem Auto der Vereinsleute! Ich war unglaublich erleichtert, da mir vorher ihre Annahme, auch ich würde sie im Stich lassen, sehr weh getan hatte.

Sue Goodrich schildert ein von ihr geführtes Beratungsgespräch:

Sherry rief mich in übergroßer Aufregung an. Sie war nach Hause gekommen und hatte die drei einwöchigen Welpen ihrer kürzlich adoptierten Hündin im Swimmingpool herumpaddelnd gefunden und gerade noch vor dem Ertrinken gerettet. Sie waren stark unterkühlt und japsten nach Luft. Sherry hatte zunächst den Mann im Verdacht, vor dem sie die Hündin gerettet hatte. Ich sagte ihr, sie solle als erstes die Welpen kopfüber halten, damit das restliche Wasser herauslaufe, dann die Kleinen in einem warmen Bad im Waschbecken aufwärmen, abtrocken und in einer Decke auf eine Heizdecke legen. Danach solle sie mich wieder anrufen.
Als ich mit der Mutterhündin Kontakt aufnahm, gestand sie mir, dass sie selbst während Sherrys Abwesenheit die Welpen in den Pool hatte plumpsen lassen. Aus Verzweiflung. Da Sherry kurz zuvor mit ihrer Zimmergenossin darüber gesprochen hatte, wie sie die Promenadenmischungen loswerden könnten, fürchtete sie nämlich, dass Sherry sie zusammen mit den Welpen weggeben würde. Die beiden hatten sie vor einem Monat bei sich aufgenommen, ohne zu wissen, dass sie trächtig war.
Die Mutterhündin hatte sich den drei Welpen nicht mehr genähert, die auf der Heizdecke mehr tot als lebendig zu sein schienen. Ich bat Sherry, ihnen der Reihe nach die linke Hand aufzulegen, damit ich sie leichter aus der Ferne kontaktieren konnte. Dann sollte sie sie aus dem Schock herausholen, ihnen dazu die Ohren massieren, dann um ihre Schnauzen herumstreichen und sie schließlich mit dem Finger zum Säugen stimulieren. Sie sollte ihnen sagen, dass sie geliebt würden und ein wunderbares

Zuhause bekämen. Die Welpen wurden wieder rege. Nachdem Sherry sie wieder in die Decke gepackt hatte, kam die Mutter hündin herüber und leckte überschwänglich Sherrys Hände und die ihrer Zimmergenossin. Die beiden sagten ihr, wie wunderbar sie sei und dass sie geliebt werde und hier ihr Zuhause habe. Die Welpen winselten nun nach Nahrung, und ihre Mutter legte sich zu ihnen.

Später machte die Geschichte unter ihren Freundinnen und Kolleginnen die Runde, und so waren die Welpen, noch bevor sie sechs Wochen alt waren, alle in gute Hände versprochen.

Von Bobra Goldsmith:

Nach dem Gespräch mit Ihnen ging ich gleich zur Scheune, um mit Pequeño (Lama) zu sprechen und ihm, so gut ich konnte, durch innere Bilder zu vermitteln, dass es ihm bei uns gut gehen werde und er den entwöhnten Jungtieren Gesellschaft leisten könne. Obwohl ich in diesen Dingen sehr ungeübt bin, gelang es mir, während meines Kommunikationsversuchs mein „festes Bild von ihm" loszulassen.

Interessanterweise änderte sich dadurch sein Verhalten auffällig. Es dauerte nicht lange, und er stand auf. Ich öffnete die Tür zu seiner Box und er kam in den Gang heraus, wo die Futterkrippen für die weiblichen Tiere standen, und begann zu fressen. Schließlich legte er sich neben einem Ballen Heu hin. Als die Jungtiere in die Scheune kamen, ließ ich sie noch eine Weile frei herumlaufen, bevor ich sie in den Pferch brachte. Pequeño schloss sich an und folgte ihnen mit in den Pferch. Sein Verhalten war wirklich ganz anders geworden. Er war wie ausgewechselt und reagierte sofort, wenn ich ihn beim Namen rief. Ich sprach ganz normal mit ihm, wenn ich ihn versorgte. Er schien sich über mein Kommen zu freuen und mir „zuzuhören". Oft legte ich eine Decke über ihn, wenn er dalag und fror. Außerdem versuchte ich es mehrmals am Tag mit der telepathischen Kommunikation und sprach im Gedanken mit ihm.

Letztlich war es so, dass ich zu seiner Sterbebegleitung wurde. Natürlich hätte es mich sehr gefreut, wenn er nach seiner Rückkehr statt vier Wochen noch viele Jahre unsere neue Beziehung hätte genießen können, die soviel freier war, als die, die wir in den zehn Jahren davor hatten. Ich war froh, dass ich ihn in seinen letzten Tagen mit so viel Liebe und Fürsorge überschütten durfte. Ich glaube, dass er diese Liebe bewusst wahrgenommen hat.

Eines meiner bewegendsten und interessantesten Beratungsgespräche führte ich in Alaska mit Joanie Doss und ihren Papageien, den Amazing Amazons, die mit ihren Aufführungen Leute unterhalten, erziehen und aufklären, vor allem Kindergruppen. Pepper war der Senior der Gruppe. Er hatte fast schon vierzehn Jahre auf dem Buckel und erzählte mir, wie grausam er und die anderen Papageien behandelt worden seien. Als man ihn in der Wildnis einfing, seien seine Eltern erschlagen worden.

Anders als viele Tiere, die ihre schlimmen Erlebnisse vergessen und den Menschen vergeben, habe er lange Zeit Rachegefühle gehabt und die Papageienfänger am liebsten umgebracht. Er war froh, schließlich in Joanies Obhut gekommen zu sein, wo er sich bestens eingelebt habe. Die Menschen liebten ihn nun und er sie. Vorher habe er hingegen vor Wut weder aus noch ein gewusst, da ihm bei jeder Stimmungsäußerung Schläge drohten. Das sei erfreulicherweise vorbei.

Joanie bestätigte, wie ausfällig er die ersten achtzehn Monate gewesen war. Pepper habe sie unzählige Male in die Arme und Finger gezwickt, und ihr auf den Kopf gepickt. Sie habe gespürt, dass dies einer Bösartigkeit entsprang und keiner Angst. Pepper bei der Bewältigung seines Hasses zu helfen, hatte ihre Entschlossenheit, ihr Mitgefühl und ihre Nachsicht hart auf die Probe gestellt.

Joanie fragte einmal Pepper, warum er zu sprechen aufgehört habe, und er erklärte, die Menschen müssten lernen, auf Gedanken und nicht nur auf Worte zu hören. Und tatsächlich hatte sie das Gefühl, ihn still fast genauso gut zu verstehen. Pepper lobte ihre Hellhörigkeit. Nachdem Joanie an einem meiner Grundkurse teilgenommen hatte, war ihr klar, dass sie sich mit Pepper und ihren anderen Tieren schon weitgehend telepathisch verständigt hatte. Pepper erklärte weiter: „Ihr glaubt,

Papageien hätten nichts besseres zu tun, als Worte und Sätze von euch zu lernen? Wie langweilig! Ich bin voll im Bilde. Passt einfach gut auf, und ihr werdet mich auch so verstehen."

Während des Interviews, bei dem Journalisten anwesend waren und Fotos machten, brachte Pepper mich und sich zum Lachen, als er wiederholt fragte, wo denn das Fernsehteam bliebe, er wolle, dass dies ins Fernsehen komme. Die anderen Papageien betonten, sie würden Pepper sehr bewundern und von seiner Altersweisheit sehr viel lernen. Was für ein herrlicher Charakter! Wie bereichernd es sein musste, mit diesem schönen und weisen Wesen zusammenzuleben.

Eine sechzehn Jahre alte Katze namens Lucretia unterhielt sich mit mir über ihre Beziehung zu ihrer Halterin:

Ich war in jungen Jahren eine wunderschöne Katze, aber unbeachtet. Weder meine menschliche Gefährtin noch ich kannten mein wahres Selbst. Ich war den größten Teil meines Lebens in Angst befangen. Das machte mich einsam und feindselig.

Als du mich heute ansahst, fand ich zu mir selbst. Du sagtest, ich sei wunderschön und meintest dabei nicht nur mein Aussehen, sondern mein ganzes Wesen. Ich merke, wie ich aufblühe. Ich fühle mich klug und jung, möchte noch lange leben, bin mir meiner selbst bewusst.

Die Erde vibriert unter mir. Ich spüre, wie unter mir die Goffer in ihren Gängen flitzen. Ich locke sie herauf und spiele mit ihnen. Mir gefallen die Kleinen. Sie passen gut auf, ob ich da bin. Wie die Erde vor Leben strotzt.

Ich schaue oft in den Himmel – er ist so schön. Wolken ziehen vorbei. Vögel fliegen vorüber. Ich habe noch nie so viele wunderschöne Vögel gesehen wie hier. Es gibt so viel zu beobachten. Oft gehe ich zur Schlucht, wo unten das Wasser plätschert und die Tiere so klein aussehen, die dort trinken – das gefällt mir. Ich bin gern hier. Und ich werde geliebt.

Ich habe mich verändert. Ich bin wie neugeboren, eine Prinzessin. Ich hatte meine wahren Gefühle verdrängt. Nun kann ich ich selbst sein, dieses und jenes beobachten und die Erde genießen.

Ich mag die Farben um dich herum, die wie bei einem Regenbogen ineinander übergehen – rot, lila und grün. Ich wünschte, du könntest bleiben. Du würdigst mich als geistiges Wesen und das finde ich schön. Komm wieder. Es hat mir gefallen, von mir zu erzählen.

1990 empfing Dawn Hayman von ihrer Lieblingsstute folgende Botschaft für mich:

Ich heiße Deeteza. Ich bin eine dreiundzwanzig Jahre alte Araberstute von edlem Geblüt. Wir haben uns im Juli 1987 kennen gelernt, als dich meine Freundinnen Bonnie Reynolds und Dawn Hayman meinetwegen anriefen. Ich sträubte mich damals vor dem Anhänger und du hast uns geholfen. Du sagtest den beiden, wie wichtig es sei, mir zuzuhören und mit mir zu sprechen. Und tatsächlich gab es einen Grund, denn ich war unterwegs im Anhänger zu Tod erschrocken, als ich plötzlich rückwärts geschubst wurde. Auf deinen Rat hin erklärten sie mir, wie ein Anhänger funktioniert, dass er von einem Auto gezogen wird. Das fand ich gut. Das wusste ich vorher nicht. Ich bin daraufhin gerne mit ihnen nach Hause zurück gefahren. Das Beste an dem Ganzen war, dass ich mich seither mit ihnen unterhalten konnte.
Bonnie und Dawn haben hier auf der Spring Farm ein Kommunikationsforum geschaffen. Es ist wichtig, dass die Menschen wieder lernen, mit den Tieren zu sprechen und auch den Tieren nützt es, wenn sie lernen, sich mit den Menschen auszutauschen. Hier auf der Spring Farm werden alle Lebewesen in das Gespräch einbezogen, - Menschen, Pferde, Hunde, Katzen, Vögel, Frösche, Rotwild, Bäume, Flechten – alle versuchen voneinander zu lernen. Ich bin stolz darauf, hier leben zu dürfen.
Nur eines ist schade, dass Dawn sich manchmal so schwer tut, von mir etwas anzunehmen. Aber sie bessert sich. In den letzten Wochen konnte ich ihr einige tiefe philosophische Gedanken übermitteln, die sie sogar aufschrieb. Sie entwickelt sich ständig weiter, und tun wir das ehrlich gesagt nicht alle?

3

UNSERE HEILER, LEHRER UND FÜHRER

Wenn der Regen kalt peitscht
und der Wind ums Haus pfeift
drängt es mich, von meinen Lieben
zu schreiben und meiner Liebe.
Ginko, kluges Chamäleon, ruhst auf deinem Farn
Pirourette, heiterer Sänger-Kakadu schmetterst dein Lied.
Heyoka, bist heilsame Gefährtin in meinen Träumen
Chico San, Schmusekater, der mich durchschaut.

Yoda, geheimnisvolle Katze, voll ruhiger Beobachtung
Winky, fröhlicher Sittich, sprühende Lebensfreude.
Pasha, kühner wunderbarer Freund, offenbarte tief empfundene Freude
Rana, zärtliche Göttin, große Liebe und tiefes Vertrauen.

Finken, Heiterkeit des Sonnenaufgangs - was für ein Tirilieren
Chiminy, prächtiger Hahn, krähst für alle Welt.
Hennen, meisterlich aufgeweckt, tänzelnde Anmut
Vier Häschen, unbeschwertes Leben,
Ich schmelze bei eurem Anblick dahin.

Auch die Fische, Salamander, glücklich in ihrem Teich
Alles Freunde, so teuer, so frei, so hinreißend schön.
Dankbar und innig verbunden
In ihrer Liebe zum Leben führen sie zur Freude,
Folgen ihr, nähren und teilen sie
In welcher Gestalt auch immer - wir sind Freunde
Ungebunden und doch ewig verwebt.

Diesen Lobgesang auf meine Tierfamilie schrieb ich im Februar 1987. Meine Freunde anderer Spezies sind eine unerschöpfliche Quelle der Inspiration und Ermutigung. Sie tragen zu meinem Paradies auf Erden bei. Ich bewundere ihre Schönheit und Wahrhaftigkeit, und bin für unser Zusammensein sehr dankbar.

Pasha

Solange ich Pasha kannte, war er eines der ausgeglichendsten Wesen, die mir je auf Erden begegnet sind. In seiner Lebensfreude spiegelten sich Körper, Seele und Geist gleichermaßen wider. Er stand in wunderbarem Einklang mit sich selbst. Die Leute waren von seiner tiefgründigen, herzlichen Art hingerissen. Es gelang ihm, mit seinem Charme die meisten Hündinnen für sich zu interessieren, und viele Rüden verehrten ihn als ihren Mentor. Er fand, zum Leben gehöre Leidenschaft dazu, und war immer zu einem Spaß oder Unfug aufgelegt. Durch sein großes Verständnis gelang es ihm, andere jener Ganzheitlichkeit näher zu bringen, die er selbst beispielhaft verkörperte.

Nach unserer Heirat im Dezember 1980 hatten sich Michels Eltern, Jeannine und Claude, zu einem ersten Besuch angekündigt. Sie waren damals keine sonderlichen Tierfreunde und ich sah voraus, dass sie Pashas überschwänglicher Art ablehnend gegenüber stehen würden, besonders seiner typischen Begrüßung, bei der er seine Pfoten auf die Schultern der Leute legte oder sie schelmisch an der Nase stupste. Ich erklärte also Pasha, dass er sich in Gegenwart von Michels Familie sehr ruhig und wohlerzogen verhalten, brav dasitzen und auf ihre Begrüßung warten müsse. Wie bei Hof übten wir die richtige Sitzposition und ein angemessenes Pfote Geben ein.

Kurz vor Jeannines und Claudes Ankunft erinnerte ich Pasha ein letztes Mal daran, sich zu benehmen, und hoffte dann, dass er sich nicht von seinem ungeheuren Enthusiasmus mitreißen ließe. Als sie schließlich zur Tür hereinkamen, blieb Pasha geduldig sitzen, schaute sie an und strahlte seinen fürstlichen Charme aus. Trotz aller Aufregung sprang er weder auf noch ließ er sich sonst irgendwie aus der

Ruhe bringen. Michels Eltern beeindruckte das sehr. Sie begrüßten ihn bald begeistert und waren von seiner Anwesenheit sehr angetan.

Später waren Michel, seine Eltern und ich mit Pasha zu einem Restaurant unterwegs. Claude saß vorne neben Michel im Auto und maßregelte ihn ziemlich aufgebracht wegen irgendeiner Sache. Als er sich dann zu Pasha umdrehte und freundlich tat, drehte der den Kopf weg. Claude war beleidigt und fragte, warum ihm Pasha keine Antwort gäbe. Die Diplomatie gebot mir, lieber zu verschweigen, dass Pasha Claude wegen seiner Unbeherrschtheit gegenüber Michel, der schließlich sein Freund war, schnitt. Pasha beeindruckte Claude immens und schien ihm zu helfen, seine Ungeduld zu zügeln. Sowohl Jeannine als auch Claude waren von Pashas Freundlichkeit äußerst angetan, und fragten nach ihrer Abreise noch oft nach ihm.

Schon früh in unserer Beziehung hatte ich mit Pasha daran gearbeitet, die Gefühle anderer Menschen zu berücksichtigen – mochten sie seinen Enthusiasmus, brauchte er ihn nicht zu zügeln, waren sie ängstlich, sollte er ruhig und respektvoll sein, waren sie abweisend, sollte er sie ignorieren beziehungsweise ihnen aus dem Weg gehen. In Los Angeles teilten wir uns einmal mit einigen Familien ein Haus, zu dem ein Hofgebäude gehörte, das uns als Schlafzimmer und Büro diente. Einmal sollte dort ein Handwerker eine kaputte Telefonleitung reparieren. Er hatte Angst vor Hunden und bat mich, als er unsere Hunde im Hof sah, ich solle diese anbinden, solange er hier zu tun habe.

Ich nahm unsere Hunde an die Leine, außer Pasha, der damals etwa drei Jahre alt war. Als der Mann auf ihn zeigte, versicherte ich ihm, Pasha werde ihm nichts tun, und er betrat ängstlich den Hof. Pasha witterte die Stimmung und rührte sich nicht von der Stelle. Der Mann traute sich immer näher an ihn heran und streichelte ihn schließlich, wobei Pasha ihn vertrauensvoll ansah. Pasha folgte ihm dann in die Hütte und blieb während der Reparatur die ganze Zeit mit drinnen. Als der Mann wieder über den Hof ging, tat er das guter Dinge, obwohl dort nun unsere Hunde herumtollten. Er sagte mir, vor Pasha habe er sich seltsamerweise nicht gefürchtet. Pasha war mit seinem Charme wieder einmal unwiderstehlich gewesen.

Pasha und ich waren einmal auf einer Party bei einer Freundin, wo mir ein junger Mann wegen seiner Nervosität auffiel. Ich wollte ihn ansprechen, doch da er mir auszuweichen und immer noch nervöser zu werden schien, ließ ich es sein. Nach einer Weile fragte ich Pasha, der vergnügt umher spazierte, ob er sich nicht zu dem nervösen jungen Mann gesellen und ihm helfen wolle. Pasha ging hinüber, setzte sich neben ihn und schaute ihn vertrauensvoll an. Der junge Mann erwiderte seinen Blick, streichelte ihn und war plötzlich ganz entspannt. Nachdem er gut zehn Minuten mit Pasha zusammen dagesessen hatte, sah ich, dass er sich mit andern Leuten unterhielt, wozu er vorher nicht in der Lage gewesen war. Später erfuhr ich, dass er wegen einer Persönlichkeitsstörung in Behandlung war.

Pasha war unglaublich verfressen. Er war stets zur Stelle, wenn der Napf gefüllt wurde oder wenn Dinge herumlagen, die nach etwas Fressbarem aussahen. Einmal, als ich am Strand von Point Reyes mit Rana und Pasha spazieren ging, sah ich in einiger Entfernung zwei Leute beim Picknick. Ich nahm Pasha sofort an die Leine, damit er sie nicht um Fressbares anbettelte. Wir passierten schließlich die beiden Frauen. Sie lächelten uns an und bewunderten die Hunde. Bei unserer Rückkehr hatten sie zu Ende gegessen, also ließ ich Pasha von der Leine und er brachte uns ins Gespräch miteinander.

Eine der beiden Frauen lebte in Berkeley, die andere, ihre Cousine, war aus Kentucky zu Besuch gekommen. Die Cousine erklärte, dass ihr das Treiben hier in der Bay Area ein wenig zu viel sei, vor allem könne sie, bei ihrer Herkunft, mit all den New Age Gedanken nur wenig anfangen. Pasha, der sich neben sie hingesetzt hatte, beobachtete sie genau und hörte zu. Schließlich hob er seine Pfote und legte sie auf ihre Schulter. Jetzt sah sie ihn direkt an und nach einer Weile brach sie vor Rührung in Tränen aus und sagte, sie habe zum ersten Mal in ihrem Leben das Gefühl, dass ein Tier sie verstehe. Unterdessen streichelte sie Pasha, der immer noch seine Pfote auf ihrer Schulter ließ. Schließlich lachte sie und sagte, dieses Erlebnis würde sie nie vergessen.

Die Beratungssitzung war vorbei, Pasha nahm seine Pfote von ihrer Schulter und wendete sich der offenen Tasche zu, die neben ihr stand und offenbar sein „Honorar" enthielt: Käse und Kräcker. Lachend gab die Frau ihm davon.

Einer meiner Kunden erwähnte einmal nach einer Reihe von Beratungsgesprächen mit mir, die Begegnung mit Pasha hätte ihm sehr geholfen, Vorurteile loszulassen und achtsamer zu werden. Er fand Pashas Weisheit einfach unfasslich.

Wir wohnen relativ versteckt im Wald in einem der weitläufig verstreuten Häuser am Inverness Ridge. Die Hügelkette grenzt an den Point Reyes National Seashore, ein Naturschutzgebiet mit einem Wegesystem von über 160 km Länge und mit herrlicher Aussicht auf den Pazifik. Als wir in dieses Gebiet zogen und die Leute aus der Nachbarschaft noch nicht kannten, spielte Pasha unseren Vermittler. So ging er bei unseren täglichen Spaziergängen mit den Hunden meist seiner Wege, um wesentlich später als wir wieder zu Hause aufzutauchen. Er war eben sehr abenteuerlustig und da es eine sichere Umgebung war, konnten wir seine Extratouren unbesorgt zulassen.

Eines Abends war er schon über eine Stunde ausgeblieben, als unsere Nachbarn, die etwa einen Kilometer weiter wohnten, bei uns anriefen, Pasha sei bei ihnen und sie hätten sich gedacht, vielleicht wollten wir ihn abholen. Sie sagten noch, er habe mit der Pfote an der Tür gekratzt und sei gerne zu ihnen hereingekommen. Bei meiner Ankunft fläzte er in ihrem Wohnzimmer. Er kam dann zu uns in der Küche, um in aller Ruhe herumzuschnüffeln. Ich erzählte den Leuten, dass Pasha sich nicht verlaufen habe, sondern gerne Leute kennenlerne. Beim Abschied bemerkten sie dann scherzhaft, wie nett sie es fänden, dass Pasha uns als Nachbarn vorgestellt habe.

Manche Nachbarn sind sogar mit ihm zurückspaziert, statt anzurufen. Carole McFall, die sich über Pashas Touren zu amüsieren pflegte, schickte ihn öfters widerwillig heim, nachdem er stundenlang mit ihr zusammen auf der Couch Fernsehen geschaut und Snacks vertilgt hatte.

Pasha langweilte sich bei den Anfänger-Workshops gewöhnlich. Er hatte für Leute, die sich ihrer selbst noch völlig unsicher waren und die telepathische Kommunikation grundsätzlich anzweifelten, kaum Verständnis übrig und zog es vor, mit Leuten zusammenzuarbeiten, die zu tieferen Einsichten bereit waren. Viele Teilnehmer/Innen von Fortgeschrittenen-Workshops haben berichtet, sie hätten im geistigen Austausch mit Pasha sehr viel dazugelernt. Keiner, der ihm in die Augen sah, blieb ungerührt.

Chico San

Chico San unsere flauschige Angorakatze, hat schon oft Heilkräfte bewiesen. Ihre übliche Technik ist es, sich auf die verspannte Körpergegend zu legen, die eine Verbesserung des Energieflusses benötigt. Man spürt eine entspannende Wärme durch sich fluten, die die Schmerzen lindert und überhaupt das Wohlbefinden steigert. Chico San mag menschliche Nähe und sucht sich die Leute, denen sie helfen will, sehr genau aus. In den Workshops für Fortgeschrittene berichten die Teilnehmer/Innen oft, dass Chico ihnen hilft, lockerer und aufmerksamer zu sein.

Einmal hatte ich sehr starkes Kopfweh und bat Chico San um Hilfe. Sie sagte, ich solle mich auf den Bauch legen und rollte sich dann auf meinem Kreuz zusammen. Diese Platzwahl wunderte mich, ich vertraute jedoch ihrem Urteil und kooperierte. Schon nach wenigen Minuten begannen die Kopfschmerzen nachzulassen und verschwanden. Jetzt verstand ich, dass ich mich überlastet hatte und die Kopfschmerzen eine Folge davon waren. Wie recht Chico mit ihrer Platzwahl also hatte.

Ein anderes Mal lag ich nach einer Fußoperation mit starken Schmerzen auf der Couch. Unsere drei Katzen hatten sich zu mir bzw. auf mich gelegt und ich war ihnen für ihren Trost dankbar. Chico San mag eigentlich keine lauten Geräusche, und wenn ich Pirouette, unserem Kakadu, etwas vorpfeife oder -singe, während sie auf meinem Schoß liegt, miaut sie und bittet mich, aufzuhören. Als die Schmerzen immer schlimmer wurden, hielt ich es nicht mehr aus und stöhnte laut auf. Die beiden anderen Katzen sprangen sofort von mir herunter, aber Chico San streckte die Pfote aus und tätschelte meine tränennasse Wange. Sie hat diese Geste bei anderen Gelegenheiten, wenn ich weinte, wiederholt.

Während der Genesungszeit kam Pasha oft herbei, um mir zu einem Spaziergang an der frischen Luft zu raten. Darauf würde es mir sicher besser gehen, meinte er. Ich würdigte dann seine gute Absicht, konnte seinen Hunderat aber leider nicht befolgen.

Als Sue Goodrich einmal während eines Fortgeschrittenen-Workshops ein paar Tage bei uns wohnte, verbrachte Chico San sehr viel Zeit mit ihr. Eines Abends zog sich Sue mit Bauchweh auf ihr Zimmer zurück und Chico San folgte ihr. Chico gab Sue zu verstehen, sie solle sich auf den Rücken legen, sprang dann auf ihren Bauch und schien keinen Platz zum Liegen zu finden. So war sie bei Sue noch nie auf der Stelle getreten. Durch die Behandlung rumorte es kräftig in Sues Eingeweiden, und plötzlich musste sie zur Toilette und hatte einen heftigen Durchfall. Danach ging es ihr sehr viel besser und sie konnte in jener Nacht gut schlafen.

Tiere stellen sich oft auf die Kommunikationsebenen ein, die wir akzeptieren können. Wenn wir bereit sind, sie als Weisheitslehrer zu achten, können wir gemeinsam weiterkommen und geistig reifen. Es hängt mit von unserer Offenheit ab, was sie uns geben.

Heyoka

Heyoka, unser schwarzer pantherähnlicher Kater, hat große Wandlungskräfte. Er liebt es, mit mir ein Mittagsschläfchen zu halten, und wenn er nicht im Haus ist, brauche ich nur kurz an ihn zu denken, und er taucht meist bei mir auf. Seiner schamanischen Fähigkeit verdanke ich einige tiefe Erkenntnisse, die mich in meiner Arbeit sehr viel weitergebracht haben. Wenn er bei mir schläft, passiert es manchmal, dass ich lebhafte Visionen habe, so als würde er mit mir in andere Dimensionen reisen.

Heyoka ist vor allem meinetwegen hierhergekommen. Anderen Leuten schenkt er relativ wenig Beachtung. Trotzdem steht er hin und wieder im Mittelpunkt von Fortgeschrittenen-Workshops und sorgt bei den Teilnehmer/Innen für enorme Fortschritte in der Selbsterkenntnis. Er ist lieb und zurückhaltend und seine Anwesenheit ist wirklich sehr inspirierend. Bei einem dieser Workshops veranstaltete er sogar einmal einen kleinen Rundgang zu unseren anderen Tieren, was sehr spannend war. Und als ich ein andermal beim Thema holistische Gesundheit über die gesunde Ernährung von Katzen sprach, kam er in unsere Runde spaziert, hörte erst ein wenig zu und wälzte sich dann zu unser aller Vergnügen auf dem Rücken, so als wolle er zeigen, wie ein prächtiger gesunder Kater aussähe.

Quince

Quince und ich lernten uns in dem Laden kennen, in dem ich Chester und Molly abholte. Dieses wunderschöne silberschwarze Chinchillamännchen hatte eine unglaubliche Ausstrahlung, als es immer wieder in seinem Häuschen verschwand und wieder heraus kam und mich an guckte. Während ich mich über die Pflege von Chinchillas informierte, um seinen Bedürfnissen auch ja gerecht zu werden, erfuhr ich in einem Traum seinen Namen und wusste seitdem, dass es seine Bestimmung war, bei uns zu sein. Als ich ihn abholen kam, ließ er sich von mir anfassen. Allerdings entwischte er dem Tierhändler, der ihn in den Transportkäfig setzen wollte, und veranstaltete eine fröhliche Jagd durch Gänge und Regale. Entgegen seiner anfänglichen Freundlichkeit wollte Quince sich zu Hause nicht von mir anfassen lassen und biss mich gleich einmal als erstes. Er war noch keinen Umgang mit Menschen gewohnt, und wollte in Ruhe gelassen werden. Wir brachten ihn zu seinem Zuhause, einer knapp 5 Quadratmeter großen mehrstöckigen Hütte, wo es ausreichend Platz zum Spielen und viele Sachen zum Anknabbern und sich Verstecken gab.

Obwohl er nicht angefasst werden wollte und davon sprang, wenn ich ihm Futter brachte oder sein Streu wechselte, fühlte ich mich auf geistiger Ebene stark von ihm angesprochen. Seine Ausstrahlung war unglaublich. Er hat mich beim Schreiben meiner Bücher unterstützt, mir Ideen für einzelne Kapitel gegeben und mit mir meditiert. Unter den Teilnehmer/Innen meiner Fortgeschrittenen-Workshops waren einige, die sich stark zu ihm hingezogen fühlten und durch die Kommunikation mit ihm tiefe Einsichten in ihr Leben gewannen. Anderen war er zu fordernd oder rätselhaft. Sie fühlten sich nicht in der Lage, sich intensiver mit ihm auseinander zu setzen. Ich spürte seine Kraft, seine Weisheit und seine Daseinsbestimmung. Er war hierher gekommen, um interessierten Menschen weiter zu helfen. Seine Mischung aus physischer Wildheit und mystischer Kraft rief viel Neugierde hervor, aber auch eine große Sehnsucht nach Selbsterkenntnis.

Sherman und die anderen Orange getigerten Katzen

Ich hatte mir immer schon einen orange getigerte Katze gewünscht, und Sherman unterstützt mich außerordentlich. Als ich mich 1989 auf den ersten, bei uns zu Hause stattfindenden Fortgeschrittenen-Workshop vorbereitete, setzte sich Sherman zu mir und schlug Fragen vor, die die Teilnehmer/Innen den Tierlehrern stellen könnten. Meistens taucht er bei den Fortgeschrittenen-Workshops zur Begrüßung auf, und verschwindet dann für den Rest des Tages, um beim Abschied wieder um den Weg zu sein. Aber aus der Ferne bleibt er in Kontakt mit uns und tankt die Arbeitsatmosphäre mit seiner erhellenden Kraft auf. Außerdem ist es seine Stärke, genau in dem Augenblick bei uns vorbeizuschauen, wenn er auf seine eingängige Art diverse Blockaden lösen kann. Seit er einmal eine Teilnehmerin, die stark bezweifelte, dass sie jemals telepathisch mit Tieren kommunizieren könne, auf wundersame Weise umgestimmt hatte, hat er seinen Spitznamen „Sherman, der Laserstrahl" weg.

Wesensgruppen, etwa Spezies, stehen oft auf überzeitliche und überräumliche Art miteinander in Verbindung (*vgl. Rupert Sheldrakes morphische Felder, Anm.d.Ü.*). Sie kennen sich, sind sich ihrer Ähnlichkeit und der sie alle verbindenden Energie bewusst und kommunizieren über weite Entfernungen miteinander. Tier-, Pflanzen- und Mineraliengruppen haben mich oft auf diese Fernwahrnehmungsfelder hingewiesen.

So besteht ein interessanter Gruppenzusammenhalt zwischen orange getigerten Katzen, der mir auf meinen Reisen aufgefallen ist und den ich *Orange Cat Contingent* nenne. Ich habe zahlreiche orange getigerte Katzen getroffen, die Tausende von Kilometern voneinander entfernt lebten und mir sagten, sie würden miteinander kommunizieren, obwohl sie sich physisch noch nie begegnet sind.

Diese orange getigerten Katzen teilen bestimmte Eigenschaften, so ihre Freundlichkeit gegenüber Menschen und vielen Tieren. Sie sind fasziniert von Wasser, leidenschaftlich gerne draußen, sportlich, mögen physischen Kontakt, sind schalkhaft verspielt und verbinden tiefe Weisheit und Bodenständigkeit in sich. Es scheint eine Wesensgruppe zu sein, die Leuten helfen, sich daran zu erinnern, wer sie wirklich sind und sich selbst zu lieben.

Nicht alle orange getigerten Katzen fühlen sich dem *Orange Cat Contingent* zugehörig. Diejenigen, die das tun, haben etwas Besonderes an sich. Ihre Schalkhaftigkeit bringt einen unwillkürlich zum Lachen oder Lächeln. Obgleich sie nicht die einzigen Tiere sind, die uns helfen wollen, unsere wahre Geistnatur zu erkennen, sind sie doch auf eine ganz besondere Art engagiert. Sie stellen sich derart in den Mittelpunkt, dass man am Wesentlichen nicht vorbei kommt.

Als Spezies stehen alle Katzen miteinander in Verbindung, so wie alle Hunde, Pferde, Schweine, Ziegen etc. jeweils in enger Beziehung zueinander stehen. Katzen mit ähnlichen Erbanlagen weisen ähnliche Eigenschaften auf, aber die Gruppe der besonderen orange getigerten Katzen zeichnet sich durch eine darüber hinausgehende geistige Mission aus. Solche Gruppierungen haben auch andere mit Tieren Kommunizierende erkannt, zum Beispiel unter den grauen Katzen.

Wesensgruppen neigen zu Reinkarnationen entsprechend gemeinsamer Ziele und schließen sich oft wieder zusammen, um sich beizustehen und ähnlicher Gesellschaft zu erfreuen. Ich mag die Gruppe der besonderen orange getigerten Katzen, zu der Sherman natürlich gehört, nicht zuletzt deswegen so sehr, weil ich mich schon immer zu goldenen (orangenen) Tieren hingezogen gefühlt habe.

Sultan

Sultan, unser rotbrauner Fink, lebte viele Jahre mit seinem Weibchen und dem Kanarienvogel Frodo zusammen. Als sein Weibchen starb, wurden Frodo und er gute Freunde, aber Sultan war sehr schüchtern und begnügte sich damit, Frodos stiller Freund zu sein. Er sang nur, wenn Frodo eifrig am Fressen war, und wagte niemals, in dessen Gesang dazwischen zu zwitschern. Die Leute bewunderten ihn oft wegen seines herrlich rot-schwarz gemusterten Gefieders, hatten aber nie das Verlangen, sich näher mit ihm zu beschäftigen.

Eines Frühsommers ging mit Sultan eine Wandlung vor. Er begann den Vögeln im Freien und Tommy Tunes, einem verwegenen grünen Finken, der im Bunny-Cottage-Vogelhaus unter ihm wohnte, zuzurufen. Dass der schüchterne Sultan derart aufblühte und mit seinem Gesang sogar dem äußerst dominanten Tommy Tunes Konkurrenz machte, erstaunte mich sehr. Die Monate vergingen, in denen auch Frodo ihm mit neuem Respekt begegnete.

Im September 1992 half Sultan dann zum ersten Mal einer Teilnehmerin eines Fortgeschrittenen-Workshops. Eva Kaye war von der Unterhaltung mit ihm begeistert. Ich war ganz erstaunt, dass er ihr gerade das riet, was er selbst seit einigen Monaten umsetzte. Fast schien es, als hätte er sich nur deswegen geändert, um ihr mit einem guten Rat dienen zu können.

Eva war ähnlich schüchtern wie Sultan früher, und jetzt wollte auch sie endlich ihre Ängstlichkeit überwinden und anderen helfen. Er riet ihr:

Lass einfach einmal locker. Ich bin für dich da. Ich helfe dir zu fliegen. Lass die Angst los und mach einfach auf. Die größte Freude steht vor deiner Tür. Du fürchtest dich, du selbst zu werden. Das Andersmachen zählt, nicht das Wenn und Aber. Erkenne einfach an, dass du Angst hast, und geh deinen Weg. Ich bin bestimmt, dich zu unterweisen und dein Katalysator zu sein. Deine Bestimmung ist der geistige Austausch mit Tieren. Du wirst für andere Menschen ein Katalysator sein und Veränderungen in ihnen bewirken. Du kannst alle Tiere erreichen. Du wirst den Tieren bei ihrer Unterweisung der Menschen helfen. Du kannst all das verwirklichen, was ich sehe. Geh einfach vorwärts. Deine Transformation steht unmittelbar bevor.

Sultan hatte noch nicht zu Ende gesprochen, als Eva das Gefühl hatte, in „das Licht" einzutreten. Sie fragte ihn nach seinem Alter, und Sultan antwortete, er sei ein Jahr alt. Eva, die ihn als wesentlich älter und reifer empfand, wunderte sich über seine Antwort. In Wirklichkeit war Sultan fast zehn Jahre alt. Später erklärte er mir, er fühle sich wie neu geboren, erst in diesem Jahr habe er wirklich zu sich selbst gefunden.

Dieses Beispiel zeigt, dass Tiere sich individuell weiterentwickeln können, so wie Menschen, wenn die Zeit dazu gekommen ist, manchmal sogar plötzlich und drastisch. Wir erweisen uns und ihnen einen schlechten Dienst, wenn wir sie alle über einen Kamm scheren und ihnen eine persönliche Entwicklung, ja jede Entwicklungsfähigkeit überhaupt absprechen. Seit dem Workshop führte Eva einige telepathische Ferngespräche mit Sultan, die für sie von großer Bedeutung waren.

Regalo und Raindance

Ich schwärme schon seit vielen Jahren für Lamas. Ihr sensibles durchgeistigtes Wesen und ihre musikalische Ader – sie lieben Musik und Tanz-, begeistern mich. Mein „Lamafieber" erwachte als ich durch meine Arbeit einigen Lamas persönlich begegnete.

Seit ich dem damals fünf Wochen alten Regalo zum ersten Mal begegnet war, überlegte ich, wie sich Lamas in unsere Tierfamilie integrieren ließen. Einige Monate darauf besuchten Michel und ich unsere potenziellen Lama-Gefährten. Michels große Bedenken lösten sich sofort in Luft auf, als Regalo herbeikam, Michels ausgestreckte Hand beschnupperte und er in sagen hörte: „Aus deinen Fingern kommt Musik". Michel spielt klassische Gitarre und Laute.

Damals begegneten wir auch zum allerersten Mal Raindance, der etwas schüchtern und unsicher erschien. Nachdem wir die jungen Lamas ein wenig mit Halfter und Führungsleine spazieren geführt hatten, saßen wir in ihrer Nähe auf dem Boden. Regalo graste, als Raindance sich zu ihm wandte und fragte: „Du willst zu diesen Leuten?" Regalo sah ihn an und antwortete selbstsicher: „Natürlich, es ist mir bestimmt, bei ihnen zu sein."

Raindance erwärmte sich dann für die Vorstellung, bei uns zu leben. Da wir sein Potenzial als Lehrer und Freund erkannten, beschlossen wir, auch ihn in unsere Familie aufzunehmen. Die Leute, die ihn aufgezogen hatten, stellten daraufhin eine Veränderung an ihm fest. Statt sich wie gewöhnlich unauffällig in der Lamaherde zu bewegen, trat er nun selbstbewusster hervor und führte die Gruppe an. Er hatte zu sich gefunden.

Während ich das Gehege für die Lamas vorbereitete und den bewaldeten Teil von heruntergefallenen Ästen und Dickicht säuberte, ging mir plötzlich durch den Sinn: „Die Delphine kommen, die Delphine kommen", und ich sah vor meinem inneren Auge Delphine sich im Wald tummeln! Ich erkannte, dass sowohl Delphine als auch Lamas eine außerordentliche Rolle als geistige Weggefährten und Aufklärer spielen. Unsere Lamas kamen am 6. Dezember 1991 bei uns an. Das folgende Gedicht schrieb ich nach unserem entscheidenden Besuch am 7. Oktober.

Lamaliebe bricht in mir durch
Lamaliebe erfüllt all meine Träume.
Ich bin ihr ergeben, ja von ihr besessen
Ja, ich bin selig.

Lamaliebe – auf das Zusammenleben kommt es an
Lamaliebe – die planetaren Sphären kennen.
Wir sind eins
Wir sind geborgen
Nie mehr im Stich gelassen
Wunder wirken
Frommes Schaudern
Alte Gedanken von alten Wesen.

Danke Lamas, für euer Kommen
Danke, dass ihr Gelegenheit gebt
Für geistige Wiedergeburt.
Wir wollen als Liebende leben
Väter, Mütter, Brüder, Schwestern
Wiedervereinigung der Stämme
Und alte wunderschöne Melodien singen.

Lamaliebe bedeutet Würde
Lamaliebe bedeutet Gnade
Segen spenden in alle Richtungen
In Wolken schweben
Dem Himmel sei Dank für die Lamas.

Regalo und Raindance reagierten bei ihrem ersten Fortgeschrittenen-Workshop zunächst abweisend auf die TeilnehmerInnen. Sie konnten mit deren Energiewust – Zweifeln, Problemen, Unsicherheiten über sich selbst und die telepathische Kommunikation – nichts anfangen. Als die TeilnehmerInnen am zweiten Tag ruhiger und gefasster geworden waren, gingen auch die Lamas bereitwilliger auf sie zu. Regalo und Raindance verstanden sehr rasch, was die Leute brauchten, und waren bei den folgenden Workshops von Anfang an zugänglicher.

Ich war angenehm überrascht, dass vor allem Raindance Interesse zeigte, Leuten zu helfen und sie zu unterweisen. So nahm er etwa bei einem Workshop ein Jahr später mit einem Teilnehmer namens Dick engeren Kontakt auf. Beide, vom Sternezeichen her Waage, fanden rasch einen Draht zueinander, und Raindance half Dick bei der Entdeckung seiner telepathischen Fähigkeiten. Raindance erwähnte, dass sein Problem mangelnde Erdverbundenheit sei und er das Gefühle habe, dies sei auch Dicks Problem. Der Austausch machte beide selbstsicherer. Raindance war so begeistert, dass er, von Dick nach seinem Alter gefragt, antwortete, er sei vier. Obwohl er damals gerade einmal zwei Jahre alt war. Aber Raindance erklärte mir, er habe in seiner Lehrerrolle so viel dazugelernt, dass er sich einfach reifer und älter fühle.

Im gleichen Workshop half er auch einer Teilnehmerin ein großes Stück in ihrem Heilungsprozess weiter. Es wunderte ihn, wie sich jemand vor ihm fürchten konnte, da er doch selbst so schüchtern war, und so bemühte er sich um so mehr, ihr zu helfen.

Das Lamaschweigen steckt an
ist vollkommene Ruhe
tiefgründige Verbindung der Seelen.

Gedanken, Geistige Schwingung
Ozeanisch weit
Durch sanfte Augen eintauchen
In galaktische Tiefen
In die inneren Sphären der Seele
Warm, offen und kühl zugleich
Das zeichnet die Meinigen aus

Sprache, die sich selbst bedeutet
Universelles Verstehen
Der nackten Wahrheit
Die sich in dunklen Augen findet.

Die Geistnatur der Tiere
Erstaunt, erfreut und nährt mich
Lamas sind spirituelle Hüter
Allerhöchsten Ranges
Gesandt, uns nach Hause zu bringen
Heim zu uns selbst
In die Tiefgründigkeit dessen, was wir sind.

Lang verlorene Brüder vom selben Stern
Sirius – woher
Delphine, Wölfe, Afghanen, Araber-Pferde kommen
Mit Würde, Anmut und Scharfsicht.

Die komplexe menschliche Gestalt
Ist Eingangstor für viele Schwingungen
Verständigungsarten und Denkweisen
Wir brauchen die anderen
Um nicht den Weg zu verlieren.

Jenny

Marian Silverman pflegte über Jenny, eine schwarz-weiße Rättin, zu sagen, sie habe ihr zum Durchbruch verholfen. Sie schrieb:

Für Jenny – meine Freundin und Lehrerin

Süßer kleiner Engel,
Du rührst an mein Innerstes,
Deine Anwesenheit erinnert mich
Immer wieder sanft an das Beste in mir,
So wie du mit dir und deinem Handeln
Ganz im Einklang stehst,
Will auch ich mit mir ganz in Einklang stehen
Und Handeln.
Du lehrst mich, wie einfach das ist.

Die Begegnung, die mir zu meinem Durchbruch verholfen hat, wie ich es nenne, fand im Sommer 1990 statt. Ich nahm zum ersten Mal an einem Fortgeschrittenen-Workshop teil, und lernte Jenny kennen. Seitdem bin ich jeden Sommer hierher zurückgekehrt, und die Workshops sind für mich zu einer Art lehrreichen Sommer-Retreat geworden.

Zu Beginn des Workshops wendete ich mich nur den Tieren zu, die mir bereits vertraut waren: Katzen, Hunden, Vögel und Kaninchen. Von den damals in meinen Augen weniger intelligenten „uninteressanten" Tieren wie Ratten, Fischen und Hühnern, hielt ich mich fern. Als ich dann am Sonntagmorgen lange vor dem offiziellen Beginn ankam, erfuhr ich, dass es in einem Zimmer eine „Ratten-Spielstunde" gab. Wer wollte, konnte dort den beiden Ratten Jenny Boppers und Kiri Blossom begegnen.

Mich schauderte! Frei herum laufende Ratten? Aber mich packte wie immer die Neugier und ich schlüpfte schließlich unauffällig ins Zimmer. Die Leute saßen im weiten Kreis auf dem Boden und ich suchte mir ein Plätzchen aus, das nahe an der Tür und in möglichster Entfernung von den Ratten war. Ich setzte mich, zog die Knie unters Kinn und versuchte, möglichst wenig Aufhebens zu machen. Doch angesichts der Begeisterung der anderen überkam es mich. Ratten? Nagetiere? Ich konnte die Verlegenheit über meine Aversion nicht mehr zurückhalten und entschuldigte mich: „Eigentlich kann ich mit Ratten relativ wenig anfangen. ... Bisher habe ich nur negative Erfahrungen mit Ratten und Mäusen gemacht." Ich hatte kaum ausgesprochen, als plötzlich die größere der beiden Ratten durchs Zimmer herüber getrippelt kam und ohne zu zögern über mein Bein und meine Hüfte auf meine Schulter hinaufrannte, mich auf die Wange küsste (es war unverkennbar ein Kuß), um meinen Nacken herum auf die andere Schulter sprang, auf der anderen Seite wieder meinen Oberkörper und mein Bein hinunterrannte und dorthin zurücktrippelte, wo sie hergekommen war.

Alle erstarrten in Ehrfurcht. Ich war überhaupt nicht abgestoßen. Meinen ganzen Körper durchlief ein freudiger Schauer. Ich fühlte mich „gesegnet". Es war eindeutig eine Botschaft, und keiner der in diesem Moment im Zimmer Anwesenden hatte sie

verpasst. „Liebe" war die Botschaft – Liebe ohne Angst, Missverständnisse, Vorurteile und Ignoranz.
Jenny hatte mich geküsst , und in diesem Moment universaler Wahrheit hatten sich alle Barrieren in mir in Nichts aufgelöst. Ich war von ihr ausgewählt worden, weil ich eindeutig in diesem Augenblick Belehrung brauchte. Sie belehrte mich freiwillig und ohne irgendeine Form von Vorwurf.
Welch eine Lektion für uns alle. Nie mehr würde ich dazu in der Lage sein, andere zu beleidigen. Nie mehr würde ich sagen können „Ich habe es nicht so mit Ratten, Schlangen oder anderen Tieren." Ihr Kuss gab mir eindeutig Bescheid: wir sind tatsächlich alle miteinander verbunden. Die Verbindung heißt Liebe. Danke Jenny Boppers, Freundin und Lehrerin.
Als ich im August darauf zum Workshop kam, erzählte mir Penelope, dass Jenny krank sei und im Sterben liege. Aber offensichtlich wollte sie noch bis zum Workshop bleiben, insbesondere um mich zu sehen. Sie hatte um meinen Besuch gebeten. Penelope legte sie mir liebevoll in die Hände. Jenny schien mich anzuschnurren. Ich hielt sie mit Tränen in den Augen in der Hand. Während sie mir die Handfläche küsste und ich sie zart streichelte, dankte ich ihr im Stillen und versicherte ihr meine übergroße Liebe. Sie liebte mich ebenfalls. Ich glaube, sie liebte uns alle. Voller Trauer, Dankbarkeit und Freude verabschiedete ich mich von ihr.

Nach dieser besonderen Begegnung mit Marian sackte Jenny sichtbar in sich zusammen. Es war offensichtlich, dass sie nur noch zu diesem Zweck vital geblieben war. Als diese Aufgabe erfüllt war, überließ sie sich ganz dem Sterbeprozess. Nachdem der Workshop am Sonntagabend zu Ende war, spielte Michel noch ein letztes Mal für sie auf der klassischen Gitarre, und am Montag früh verließ sie uns friedlich.

Nach dem Aufstehen fand ich ihren toten Körper, und als ich weinte, erfüllte ihr Geist das Zimmer, die Atmosphäre und das ganze All und rief mir zu: „Ich werde wiederkommen, bald werde ich wiederkommen. Ich muss beim nächsten Fortgeschrittenen-Workshop dabei

sein!" In meine Tränen mischten sich Lacher. Meine Jenny Boppers –
was für eine Freundin! Wir freuten uns auf das Wiedersehen mit ihr in
charmanter Rattengestalt.

Yohinta

Yohinta hat sich darauf spezialisiert, den Teilnehmer/Innen von
Fortgeschrittenen-Workshops das Loslassen zu erleichtern. Sie sucht
sich die Leute aus, die sich besonders schwer tun, ihren Emotionen
freien Lauf zu lassen. Gewöhnlich steht sie ihnen solange bei, bis sie
endlich loslassen können. Eine Teilnehmerin war zutiefst gerührt, als
Yohinta liebevoll um sie strich und sie über den Verlust ihrer früheren
Katzen-Gefährtin hinwegkommen ließ.

In unserem Garten gibt es einen besonderen Platz, den wir Fairy
Ring nennen. Es ist ein bewaldeter Hügel, wo wir die Naturgeister
bitten, denjenigen, die dort ruhig verweilen, zu intensiveren Sinneswahrnehmungen und inneren Bildern zu verhelfen. Yohinta hat diesen
Ort zu ihrem Workshop-Beratungszentrum erkoren. Bei den Gruppen-
treffen im Wohnzimmer hält sie sich meist fern. Die Atmosphäre ist
ihr offenbar zu drückend. So trifft sie die Leute lieber einzeln im geheimnisvollen Fairy Ring. Wenn wir uns zur Eröffnung eines Workshops alle im Fairy Ring versammeln, um die Geister anzurufen,
streicht sie gewöhnlich um die einzelnen Teilnehmer/Innen und gibt
ihnen zu verstehen, dass sie jederzeit hierher kommen können, sollten
sie ihre Hilfe benötigen. Die Leute freuen sich dann immer sehr, wenn
sie dort auch tatsächlich auftaucht.

Normalerweise überträgt sie auf die Leute ihre Ruhe, indem sie um
sie herumstreicht und schnurrt. Aber sie hat auch schon energischere
Methoden angewendet, um bei der Überwindung von Blockaden zu
helfen. So hielt sie beispielsweise einmal einer Teilnehmerin namens
Stacy, die sich im übertragenen Sinn einen Dorn eingetreten hatte, den
Spiegel vor. Yohinta tat so, als ziehe sie beim Putzen etwas aus ihrer
Vorderpfote. Dann biss sie spielerisch in Stacys Hand, wie um zu
sagen: „Schau - pack es an!" Leuten, die ein wenig abgedriftet oder
verwirrt sind, teilt sie schon einmal eins mit der Pfote aus, stupst sie

am Rücken oder beißt sie leicht, um sie wie ein strenger Zen-Meister zur Konzentration zurückzurufen.

Igor

Von den amerikanischen Ureinwohnern werden sie seit eh und je als ehrwürdige weise Wesen verehrt. Eidechsen und Schlangen lassen sich auf uns Menschen ein, wenn wir ihnen ruhig und zurückhaltend begegnen. Ich habe mich schon stundenlang mit Eidechsen unterhalten, die mir geduldig und interessiert lauschten, während ich an der Felsenküste oder zwischen Beifußsträuchern auf meinen Spaziergängen pausierte.

Ein Chamäleon – Igor – beehrt uns Zuhause mit seiner Gegenwart. Bei einem Fortgeschrittenen-Workshop gab uns Igor einmal einen Begriff davon, was Sorglosigkeit und reine Gegenwärtigkeit bedeutet. Unruhe entsteht durch Unentschlossenheit beziehungsweise Zögern. Für ihn brachte Unruhe nichts. Bei unmittelbarer Gefahr schnell verstecken, oder das augenblickliche Sosein friedlich genießen, lautet seine Devise. Er ist ein Meister des klaren, einfachen Lebens - Weisheit pulst durch jede seiner Poren, ob er sich nun bewegt oder still verweilt.

Sophie

Valerie Stansfield beschrieb folgende Entdeckung:

> Ich habe sehr viel von Sophie, meiner langhaarigen Katzen-Zimmergenossin gelernt. Einmal sah ich von einem Dachfenster aus, wie sie zwischen den Dächern hin und her sprang. Es war eine Offenbarung für mich. Offensichtlich kalkulierte sie ihre Sprünge genau. Ich beobachtete, wie sie sich jeweils kurz konzentrierte, wobei sich ihre Augen und Muskeln bewegten, bevor sie in einem perfekten Sprung von einem schmalen Rand zum anderen hinübersetzte. Das hatte ich noch bei keinem Menschen gesehen – doch jetzt war mir klar, dass sich Bewegungen genau voraus berechnen lassen. Ich habe seitdem noch oft beobachtet, wie Sophie ihre Intelligenz einsetzt, und ihr Genie bewundert!

Dabei habe ich sehr viel über körperliche Bewegung gelernt und meine eigene Koordination verbessert. Sophie ist stolz, mich das gelehrt zu haben!

Sie hat mich auch sehr dazu ermutigt, das Befinden anderer Menschen direkter wahrzunehmen. Bei meiner therapeutischen Arbeit als Heilerin bitte ich die Klienten oft, sich auf eine Liege zu legen. Wenn ich mir dann nicht ganz sicher bin, woher das Problem hauptsächlich rührt, springt Sophie auf die Liege hoch und legt sich direkt auf die betreffende Stelle! Mir ist es durch genaue Beobachtung gelungen, ihr Verfahren zu übernehmen. Meist bestätigt sie wie eine gute Beraterin nur meine Erkenntnis!

Toby

Nancy Sondel hatte einen ganz besonderen Freund - den Sittich Toby. Er konnte Hunderte von Wörtern zu originellen, intelligenten Aussagen kombinieren. Und er pflegte Nancy zuzunicken, um sie in der telepathischen Kommunikation zu ermutigen. Sie erzählte einige Erlebnisse:

Für mich ist Toby ein großer Lehrer: er weckt reine Liebe in mir, spornt mich zu Geduld und Klugheit an; und er bringt mich zum Lachen. Oft nickt er mit dem Kopf, wenn ich das denke, und vermittelt mir: „Dazu bin ich da!"

Toby mag Musik, Kunst und Literatur; sein Verhalten überhaupt und seine Sätze beweisen das. Einmal als ich ein Gedicht vorlas, hörte er zu fressen auf und flog zu mir auf die Schulter. Ein Vers handelte von Feen, die auf einer Wiese tanzten. Ich sah Toby aus den Augenwinkeln lebhaft nicken.

„Dann ist es wahr!" dachte ich. „Wir sind von wunderbaren Schutzengeln und anderen liebenden Geistern umgeben ... Mein kleiner Vogel sieht sie; warum nicht auch ich?"

Da wurde mir etwas Wichtiges klar. Das, was wir mit unseren Augen sehen, sind Schleier, durch die unsere Seelen hindurchschauen können.

Norman

Ich hatte die Ehre, auf Einladung der Ohlone Humane Society in einem öffentlichen Beratungsgespräch mit Norman, einem Barbados-Blackbelly-Schaf, zu kommunizieren. Norman sagte, er liebe Menschen und möchte sie erheitern und ihnen das Leben erleichtern. Sein Halter fragte, warum Norman so gerne Plastikgegenstände rammte. Norman antwortete, er habe sich dies angewöhnt, um die Leute zu unterhalten. Es sei leicht, an Plastikgegenstände zu kommen, und wenn er mit ihnen spiele, mache das die Leute auf ihn aufmerksam.

Sein Halter erzählte, wie Norman als Lamm von seiner Mutter abgelehnt worden sei, weshalb er ihn mit der Flasche großziehen musste – was unter anderem zur Folge hatte, dass er als Steuerberater ihn mit ins Büro nahm – noch dazu als Hochbetrieb herrschte! Ich sah, dass das Mutterschaf Norman gegenüber ein sehr seltsames Gefühl gehabt und ihn deshalb verstoßen hatte. Norman hatte es so eingerichtet, dass er von klein auf unter Menschen war. Während seiner Ausführungen schaute er mir mehrmals mit einem freudigen Funkeln in die Augen. Zum Schluss erklärte er, dass die Leute ihn für ein Schaf hielten, er aber nur wie ein Schaf aussehe. In Wirklichkeit sei er ein besonderes Wesen – ein Meister.

Jarvi und das Kommunikationsnetz der Tiere

Marcia Ramsland erlebte folgendes aufschlussreiches Abenteuer mit ihrem Schlittenhund-Gefährten, den sie als einen Lehrer ansieht.

Jarvis mitfühlende Natur ging mir bereits auf, bevor er zu meiner Familie gehörte. Bekannte von mir hatten Penelope um ein Fernberatungsgespräch mit ihren Schlittenhunden gebeten. Als Penelope sich auf das Schlittenhunde-Team einstimmte, sagte sofort einer von ihnen: „Wenn du irgendetwas über uns wissen willst, frag einfach mich." Das war Jarvi. Penelope sagte, Jarvi sei ein äußerst sanftmütiges, mitfühlendes Wesen, und es habe sie erstaunt, zu erfahren, dass er männlich war.
Jarvi war aufgefallen, weil er manchmal das Schlittenhunde-Team zum Anhalten brachte oder das Weiterlaufen nach einer Pause verhinderte. Wir nahmen daher an, dass er der Älteste

sein musste, der mit den jüngeren Hunden nicht mithalten konnte. Doch als er Monate später bei mir lebte und ich ihn nach diesem Verhalten fragte, sagte er:

„Es kam vor, dass ein Teammitglied nicht mehr konnte oder noch nicht zum Weiterlaufen bereit war, und ich war stark genug, mich gegen den Willen des Antreibers durchzusetzen."
Das überraschte mich, und zunächst konnte ich es nicht ganz glauben, dass Jarvi das gesagt hatte. Aber es passte zu dem, was Penelope über seine fürsorgliches Wesen bemerkt hatte. Es war die erste von mehreren Äußerungen, die ich zunächst stark bezweifelte, aber Jarvi schließlich doch glaubte.
Ich dachte gerade über Hunde nach, die umkommen, weil sie sich nicht ins Team fügen. Da hörte ich folgenden Gedanken laut und deutlich: „Wenn Hunde wiedergeboren werden wollen, ist das als Schlittenhundwelpe besonders einfach. Da so viele gezüchtet werden, ist die Auswahl groß. Aber Hunde wissen, was das für sie bedeutet. Wer als Schlittenhund geboren wird, muss das Laufen mögen. Andernfalls sind die Konsequenzen bekannt. Einige Hunde, die eigentlich keine Schlittenhunde sein wollen, hoffen, dass sie weggeben werden, und riskieren es."
Da ich mit Jarvi zusammensaß, als dieser Gedanke in mir auftauchte, hielt ich es für seine Bemerkung.
Einmal hatte ich drei Tage lang auf das Haus von Jarvis ehemaligen Haltern aufgepasst und die Hunde versorgt. Und während meines Aufenthalts hatte mich einer der Hunde ganz unvermutet telepathisch gebeten, ich solle doch mit jedem der Hunde sprechen und ihre Antworten aufschreiben. Es war nur gut, dass ich alles aufschrieb, denn das Ganze wuchs sich zu einer Art Quiz aus. Wieder daheim, beschwerten sich alle meine Hunde über meine lange Abwesenheit außer Jarvi. Er sagte: „Erzähl mir von den Hunden." Ich war ganz platt, aber dann fiel mir ein, dass es ja „seine" Hunde waren. Natürlich wollte er wissen, was seine ehemaligen Schützlinge gesagt hatten und wie es ihnen ging. Ich begann mit einer Anspielung auf die unerwartete Aufforderung und sagte: „Noah ist sehr telepathisch veranlagt, weißt du." Kaum hatte ich das gesagt, sah er mich grinsend an

und antwortete lachend: „Ich weiß." Rückblickend war es ein wenig lächerlich, ihn auf die telepathische Fähigkeit eines Hundes hinzuweisen, aber damals war es für mich noch aufregend und neu, völlig ungebeten Mitteilungen zu empfangen. Sein Blick und seine Stimme sind mir unvergesslich. Jedes Mal, wenn ich daran denke, muss ich lächeln.

1991 dachte ich ernsthaft über die Anschaffung weiterer Schlittenhunde nach. Ich hatte schon einige Zeit hin und her überlegt, bis ich schließlich Jarvi fragte, was er von dieser Idee halte. Er antwortete, dass dadurch zwar mein Schlittenhunde-Team wesentlich schneller und stärker würde, aber dass dann mein jetziger Führungshund Trapper nicht mehr an der Spitze bleiben könnte, was ihm zweifellos das Herz brechen würde.

Daran hatte ich trotz wochenlangen Nachdenkens über die Anschaffung neuer Schlittenhunde nicht gedacht. Aber mir war sofort klar, dass Jarvi Recht hatte. Trapper wurde älter, und außerdem war er durch eine alte Verletzung behindert. Ich entschied mich also gegen die Anschaffung zusätzlicher Hunde. Interessant ist dabei noch, dass Jarvi sich für Trapper eingesetzt hatte, obwohl dieser ihn eigentlich auf subtile Weise zu schikanieren pflegte.

Jarvis Fürsorglichkeit zeigte sich wieder einmal deutlich, als ich letztes Frühjahr mit den Hunden beim Tierarzt war. Die Praxis wäre mit allen Hunden überfüllt gewesen, also brachte ich sie einzeln zur Untersuchung, während die anderen im Auto warteten. Jarvi kam zuerst dran. Doch er ließ sich nicht zurückbringen. Das wunderte mich, aber schon bald wurde der Grund seiner Sturheit klar. Er blieb, um den anderen Hunden beizustehen, wachte darüber, dass der Tierarzt auch alles richtig machte, wenn er Blut abzapfte und Spritzen gab. Er ließ sich erst ins Auto zurückbringen, als nur noch Trapper an die Reihe kam. Denn er konnte auf sich selbst aufpassen.

Kürzlich kam mir in den Sinn, dass ich hinsichtlich der telepathischen Möglichkeiten noch ganz am Anfang stand. Das erwähnte ich Jarvi gegenüber auf einem Spaziergang. Mir wäre zwar noch nicht klar, wie die Entwicklung weiterginge, sagte ich ihm, aber ich sei offen für den nächsten Schritt. Einen oder zwei Tage später knöpfte ich mir dann meine Hunde und meinen Kater vor und fragte sie jeweils, ob sie mir etwas mitteilen wollten. Diese Unterhaltung hielt ich in meinem Telepathie-Tagebuch fest:

18. Mai 1992

Jarvi: Du hast gesagt, dass du dich für weitere Ebenen der telepathischen Kommunikation interessierst. Liegt dir diesbezüglich nicht irgendeine Frage am Herzen?
Marcia: Ja schon. Aber gibt es noch etwas anderes, über das du mit mir sprechen willst?
J: JA! Die Welt von heute.
M: Die heutige Welt? (ich war etwas ungläubig)
J: Ja, es steht schlecht um sie. Ich mache mir über die Zukunft der Menschen und Tiere Sorgen.
M: Woher willst du das wissen?
J: Wir haben ein Kommunikationsnetz im Tierreich. (Dabei vermittelte er mir ein inneres Bild, wie er allein im Garten sitzt).

Ich brach die Unterhaltung sofort ab. Jarvi konnte unmöglich wissen, wie es um die heutige Welt stand. Selbst wenn es ein Kommunikationsnetz unter den Tieren gegeben hätte, welchen Tieren konnte er schon begegnet sein? Vielleicht war er während größerer Rennen von anderen Schlittenhunden informiert worden, aber darauf hatte er mich nicht hingewiesen. Er hatte mir gezeigt, wie er ganz allein im Hof saß – wo war da ein Netzwerk? Ich musste es mir wohl eingebildet haben.
Anderntags, gerade von der Arbeit heimgekehrt, sagte ich zu meinem Kater Archer, während ich ihn zur Begrüßung hochhob, ganz beiläufig (wobei ich wirklich keine Antwort erwartete): „Jarvi sagt, die Tiere hätten ein Kommunikationsnetz." Prompt kam die Antwort: „Ja, die Zugvögel teilen uns Neuigkeiten mit, vor allem die Krähen und Raben."

Ich blieb wie vom Donner gerührt stehen. Die Promptheit der Antwort und deren unerwarteter Inhalt machten mich fassungslos. Und das Ganze machte auch noch Sinn. Ich füttere bei mir im Garten das ganze Jahr über die Vögel, und im Frühjahr und Herbst kommen sie scharenweise vorbei. Im Garten gibt es auch eine Krähenfamilie und es leben mehrere Raben in dieser Gegend. Es ließ auch das Bild von Jarvi im Garten glaubwürdig erscheinen. Er hörte dort den Vögeln zu. Ich hatte keine Vögel gesehen, wahrscheinlich weil er selbst sie auch nicht sieht. Er hört einfach zu.

Ich kämpfte mit mir selbst, konnte einfach nicht glauben, dass es unter Tieren ein globales Kommunikationsnetz gab. Aufgeschlossenheit und Leichtgläubigkeit liegen nahe beisammen, und ich glaubte, die Grenze überschritten zu haben.

Nachdem ich mir so ein, zwei Tage erfolglos den Kopf darüber zerbrochen hatte, rief ich eine Freundin an und erzählte ihr, was passiert war. Sie las mir die Leviten: „Ich verstehe nicht, weshalb du das so schwer akzeptieren kannst, Marcia. Jarvi ist doch unser Mr. Compassion. Es entspricht eindeutig seinem Wesen. Wenn es Telepathie gibt, und es gibt sie, dann können Tiere natürlich miteinander kommunizieren. Wo liegt da das Problem?"

Etwas überrascht, wie leicht sie folgen konnte, wo ich stolperte, nahm ich mir ihre Bemerkungen zu Herzen. Sie hatte natürlich Recht, aber irgendwie war ich immer noch skeptisch. Also schlug ich als Entscheidungshilfe einfach mein Lieblingsbuch *Die große Gemeinschaft der Schöpfung: Gespräche zwischen Mensch und Tier* von J. Allen Boone auf. Wie das Schicksal es wollte (offenbar machte es in der Sorge um meine Erleuchtung Überstunden), handelte die Seite, die ich aufgeschlagen hatte, prompt von Mojave Dan, der wegen seiner telepathischen Kommunikation mit Tieren bekannt war und mit seinen Hunden und Eseln zusammen mit sporadisch zu Besuch kommenden wilden Tieren in der Wüste lebte. Dort hieß es:

„Dan liest weder Bücher, noch Zeitschriften oder Zeitungen, hört nie Radio, schaut kein Fernsehen, und unterhält sich selten mit Menschen; trotzdem ist er erstaunlich gut über alles infor miert, was auf der Welt gerade passiert und für ihn von Interesse ist. Er erfährt diese Dinge von seinen Hunden und Eseln, von wilden Tieren wie Schlangen, Insekten, Vögeln, ja mehr noch von nahezu überall her."

DA STAND ES. Schwarz auf weiß. Die Bestätigung von außen, dass Tiere über entfernte Ereignisse informiert sind. Das gab für mich den entscheidenden Ausschlag. Mein Widerstand gegen einen Bewusstseinswandel schien sich in Luft aufzulösen.

Einige Zeit später telefonierte ich mit Penelope. Gegen Ende des Gesprächs kam ich auf meine kürzlichen Zweifel Jarvis Mitteilungen gegenüber zu sprechen, um möglichst auch von ihr bestätigt zu werden. Sie lachte ganz freundlich und sagte: „Jarvi erweitert wohl gerade dein Bewusstsein, Marcia? Frag ihn doch bitte, was er noch über das Netzwerk weiß, und schreibe alles unzensiert auf. Es wäre auch gut, wenn du alle Tiere bei dir nach dem Netzwerk fragen würdest. Wir werden es das Jarvi-Tagebuch nennen."

Jarvi war von diesen Aussichten begeistert. Nach zwei Tagen war es endlich soweit. Ich machte es mir neben Jarvi auf der Couch gemütlich, um Penelopes Bitte nachzukommen, hatte aber noch kein Wort mit ihm gesprochen, als Archer (Kater) ankam und sich zwischen uns zwängte. Jarvi fand das nicht sonderlich gut, doch er tolerierte es.

12. Juni 1992

Marcia: Also Jarvi, erzähl mir von diesem Netzwerk.
Jarvi: Nun, es wird von den Vögeln unterhalten, wie der Kater schon sagte. Die Zugvögel bringen die Nachrichten, die dann die Krähen und Raben weiterverbreiten.
M: Das ist ja sehr interessant.
J: Ja, deshalb fühlst du dich auch so zu Krähen und Raben hingezogen. Es sind sehr kluge Wesen. Es ist kein Zufall, dass einer deiner Führer ein gefiederter Freund ist.
M: Aber du hast kurz nach deiner Ankunft bei uns eine Krähe getötet.

J: Ja, damals ließ ich mich noch von meinen Jagdinstinkten leiten, benahm mich mehr wie ein Schlittenhund. Als ich dann merkte, wie sehr ich damit dein Missfallen erregte, und dass du von mir Respekt vor anderen Lebewesen erwartest, hielt ich mich zurück. Ich war fähig, in eine höhere Seinsstufe einzutreten.

Die Stinktier-Geschichte gehört mit zu meinen schlimmsten Erlebnissen – du warst so lange sauer auf mich. [Jarvi tötete ein Stinktier und legte es vor die Haustür. Ich war drei Tage lang sauer auf ihn, bevor ich ihm schließlich die Möglichkeit gab, mir diese Geschichte aus seiner Sicht zu erzählen.] Das gab mir wirklich zu denken. Allerdings haben sich durch den Vorfall deine telepathischen Fähigkeiten entscheidend verbessert. Es war also für uns beide ein Wendepunkt.

M: Ich bin sehr beeindruckt, Jarvi.

J: Danke. Ich wünschte, wir täten dies öfter. Dass dich deine Lehrerin gebeten hat, dies aufzuschreiben, finde ich klasse. Ich habe so viel zu sagen.

Jarvi schlug vor, ich solle ihn zu meinen Beratungsterminen mitnehmen. Er könne mir in schwierigen Fällen beistehen, weil er einen ganz anderen Zugang zu den Tieren habe als ich. Und er könne dabei ruhig im Auto bleiben.

15. Juni 1992

M: Also, Jarvi, erzähl mir mehr von dem Netzwerk.

J: Es ist nicht ganz so leicht zu beschreiben, weil unsere Kommunikation sich von eurer unterscheidet und du der ganzen Sache noch skeptisch gegenüber stehst.

Die Vögel, besonders die Raben, stellen ein zunehmendes Durcheinander fest, die Dinge geraten aus dem Lot. Der Verlust von Lebensraum (Jarvi führte mir dabei vor Augen, wie ein Vogel zu seinem Brutplatz zurückkehrt und ihn wegen der dort stattgefundenen Veränderungen nicht mehr gebrauchen kann) ruft bei einigen Spezies Verwirrung hervor, und ihre Verwirrung und Angst überträgt sich auf andere Spezies. Das Unbehagen nimmt zu – uns scheint Schlimmes zu drohen.

Es gibt zu viele Menschen. Die Welt gerät aus den Fugen. Neben dem Verlust des Lebensraums sind auch viele Regionen durch die Umweltverschmutzung unbewohnbar geworden.

Wir Tiere wissen um die innere Ordnung der Dinge. Selbst die Jäger-Beute-Beziehung wird von beiden Seiten verstanden. Wir müssen uns ernähren. Selbst die Beutetiere verstehen, dass alles sozusagen ein Spiel ist. Wir wissen, dass alle Kreaturen sterben müssen und ihr Wesen doch nicht stirbt.

Viele Menschen ignorieren diesen Zusammenhang und gefährden durch ihr mangelndes Verständnis den Kreislauf der Natur.

Noch eine Sache heute Abend: Es ist äußerst wichtig, dass die Menschen wieder mit den Pflanzen und Tieren Verbindung aufnehmen. Wir können ihnen beibringen, was sie vergessen haben. [Dann sprang Jarvi von meinem Bett herunter und ging in seinen Korb.]

21. Juni 1992

M: Okay, Jarvi, worüber möchtest du heute sprechen?

J: Ich möchte noch weiter über das Netzwerk sprechen. Du solltest aufschreiben, was dir die Krähe heute Morgen gesagt hat. [Ich hätte glatt vergessen, dass ich mich mit einer Krähe über das Netzwerk unterhalten hatte.]

Krähe: Wir sind eigentlich weniger Zugvögel, sondern haben beinahe überall unsere Reviere. Sie überlappen sich, und so können wir einander Informationen übermitteln. Wir können uns auch leichter als andere Vögel an die menschlichen Lebensbedingungen anpassen, und dadurch überleben. Durch dieses enge Zusammenleben bekommen wir mit, was mit dem Menschengeschlecht los ist.

J: Denk daran, dass Penelope dich gebeten hat, mit allen Hunden über das Netzwerk zu sprechen.

M: Ja. Was wisst ihr sonst noch, außer dem beängstigenden Verlust eures Lebensraums?

J: Tiere bekommen Konflikte und Katastrophen mit. Sie schnappen auf, wo das Leben der Menschen aus der Bahn geworfen ist. Unser telepathischer Draht läuft nicht nur wegen der Angst und Verwirrung unter den Tieren, sondern auch wegen der Kriege und Naturkatastrophen heiß, die sich ja stark auf die Luft, die Nahrungsvorräte und das Wasser auswirken.

Das gesamte Tierreich ist beunruhigt. Diejenigen von uns, die Tiergefährten sind, sorgen sich um die Sicherheit ihrer Bezugspersonen. Andere Tiere wären froh, wenn weniger Menschen da wären. Sie wünschen den Menschen nichts Schlechtes, aber die Ignoranz der Menschen sowie die Überbevölkerung sind die Ursache des Problems.

Begegnung mit Goldfischen

Yvette Dubé nannte dieses Erlebnis ihre „Hochkarätige Goldfischbegegnung":

Im Fortgeschrittenen-Workshop fand eine Meditation statt, bei der die Tiere auswählen, mit wem sie sich intensiver auseinandersetzen möchten. Mir erschienen in dieser Meditation die Goldfische. Sofort kamen in mir Vorurteile hoch und ich dachte: „Oh nein, Goldfische – was sollen die schon sagen können?" Ich hatte keine Ahnung.

Etwas enttäuscht, dass ich nicht von den Hühnern oder Lamas ausgesucht worden war, ging ich mit meiner Fragenliste zum Teich. Er ist wunderschön angelegt und großzügig umzäunt. Ich beschloss, das Beste daraus zu machen und setzte mich auf die von Gartenkamille bestandene Wiese.

Sobald ich mich etwas entspannt hatte, sah ich, in welcher wunderbaren Fülle es um mich lebte und webte. Und die Goldfische! Zu meiner Freude merkte ich, dass die Kontaktaufnahme leichter war, als ich gedacht hatte. Mir schien, als schickten sie Schwingungen zu mir. Deutlich spürte ich einen lebendigen Energiefluss, so als schwämmen sie durch alle von mir aufgebauten Barrieren hindurch. Also stellte ich meine Fragen.

Wie glücklich ich dabei war! Goldfische sind so heiter, klug und aufmerksam. Meine Fragen waren so schnell beantwortet und ich musste mehrere vorgefasste Meinungen korrigieren. Zum Beispiel fragte ich sie nach ihrem Befinden und was ihnen besonders gefalle. Als sie antworteten, wie gerne sie sich sonnten, ging ich von einem Missverständnis aus, weil ich der Meinung war, sie würden in der Sonne gekocht. Penelope bestätigte jedoch später, dass die Goldfische sich oft an sonnigen Stellen aufhalten, statt sich unter Seerosenblättern vor der Strahlung zu schützen, wie ich dachte.

Sie lieben ihre Umgebung. Sie haben viele Freunde, die sie besuchen; und durch die vielen Versteckmöglichkeiten fühlen sie sich sehr sicher. Es ist so viel los dort. Das Wasser wirkt wie ein Vergrößerungsglas.

Mir erschien das Wasser dunkel, und ich sagte zu ihnen, dass sie sich in einem klareren Wasser sicher wohler fühlen würden. Sie antworteten, das Wasser wäre angenehm und sei sauber und klar. Auch das hielt ich für ein Missverständnis. Als ich Penelope davon erzählte, erklärte sie, der Teich sei im ökologischen Gleichgewicht und habe Trinkwasserqualität. Seine schwarze Auskleidung und der Schatten der Pflanzen ließen das Wasser dunkel aussehen.

Die Goldfische gaben mir sogar einen guten Rat, als ich sie fragte, was sie von mir hielten. Sie machten mich auf meine Verworrenheit aufmerksam, meinten, dass ich alles verkompliziere und schlugen mir vor, ich solle mich von Dingen trennen, statt noch weitere anzuschaffen. Die Menschen besäßen so viele unnötige Dinge.

Die Antworten der Goldfische sind nicht leicht in Worte zu fassen. Goldfische drücken sich vielsagender aus als nur in Worten und Vorstellungen. Es ist so, als schwängen ganze Erfahrungskomplexe mit, die sich im Grunde nicht übersetzen lassen. Als ich sie nach ihrer Vergangenheit fragte, war für mich ihre Antwort mehr eine spirituelle Erfahrung als eine bloße Information. Am ehesten lässt sie sich so beschreiben, dass Licht sich zu Körperformen verdichtete, was nicht nur die Goldfische betraf.

Es schloss das ganze Umfeld des Teichs ein, alles, was die Magie dieses Ort ausmache!

Wie neu Geboren durch ein Lama

Sherry Charlton beschreibt, wie die Lamas auf der Ranch von Bobra Goldsmith in Colorado ihr klarer machten, wer Tiere wirklich sind:

Als ich am Freitag in Denver ankam, war mir der Großstadtstress zuviel. Ich beschloss, gleich auf die Ranch zu fahren, (wo der Workshop stattfinden sollte). Als ich dort aus dem Wagen stieg, brummte mir der Kopf und ich war so aufgeladen und nervös, dass ich förmlich zitterte. Nachdem ich Gaucho, den Hund, begrüßt hatte, schlenderte ich den Feldweg hinunter, sagte dabei den Lamas hallo, und wunderte mich, wie schnell die Kombination von Landluft und Lamaenergie mich erdete und Stress und Nervosität von mir abfielen. Schon nach kürzester Zeit war ich wieder ganz bei mir.

Am Samstag erkannte ich sehr rasch, dass von dem Wenigen, das ich über Lamas wusste, nur eins wirklich stimmte: es ist eine erstaunlich intelligente Spezies. Ihre ungeheuren Heilkräfte hatte ich völlig unterschätzt.

Noch nie hatte ich ein so intensives Meditationserlebnis wie an jenem Samstag, als sich jeder von uns mit einem Tier identifizierte. Ich versuchte zunächst, mich in ein Hängebauchschwein zu versetzen, was mir nicht so recht gelingen wollte, als sich plötzlich mein Hohlkreuz aufrichtete und ich - schwupp! - ein Lama war. Mein Hals wurde lang, ich hatte große Ohren und meine Nase begann zu schnuppern. Mir fällt ein, dass ich nach meiner Ankunft am Freitag zu den Lamas gesagt habe, ich wisse wenig über sie und würde liebend gerne mehr von ihnen erfahren. Nun: „Bittet, und ihr werdet empfangen".
Nachdem wir am Sonntagmorgen geübt hatten, mit den Vögeln eins zu werden, statt ihren Gesang auszublenden, war ich leicht

erregbar und ich begann zu weinen. Ich wusste, dass ich eine Art Wiedergeburt oder Heilung erlebte, denn ich hörte eine Stimme in mir, die mich wiederholt aufforderte, nun aus mir herauszugehen; es sei alles in Ordnung und ich brauche jetzt keine Angst mehr zu haben; es sei an der Zeit.

An diesem Morgen war ich so überwältigt, dass ich, abgesehen von meiner Unterhaltung mit Bobras Hund Gaucho, vom Workshop kaum etwas mit bekam. Als ich mich am Nachmittag dann von Bobra verabschiedete, wurde mir bewusst, wie viel ich von den Lamas gelernt hatte. Es war etwas in Gang gekommen. Besonders als ich Bobra erzählte, wie Gaucho mir am Vormittag als Lama erschien und so am Workshop teilnahm. Gaucho fing dabei an, mich mit seiner Pfote zu kratzen. Ich sagte ihm, dass ich keineswegs Geheimnisse ausplaudern wolle, und bewunderte seine offenbare Klugheit.

Der Workshop ging mir fast eine ganze Woche lang nach. Es war einfach sagenhaft, wie viel an diesem Wochenende geschehen war.

Ich weiß jetzt, dass Lamas große Heilkräfte haben und sie einem Anstöße zur Selbstfindung geben. Ich hatte wirklich mit diesem Leben wenig am Hut, - nachdem man mich mit einer Zange herausgezogen hatte – und Zeit und Energie damit verschwendet, mich in mein Schneckenhaus zurückzuziehen.

An diesem unglaublich heilsamen Workshop-Wochenende half mir die Begegnung mit den Lamas wirklich aus meinem Schneckenhaus heraus. Ich hatte nicht gewusst, dass es aus soviel Angst, Kränkung, Enttäuschung und Misstrauen bestand.

Lamas sind offensichtlich sehr an der seelischen Ausgeglichenheit ihres Gegenübers interessiert. Sie tauschen sich mit uns aus, aber auf eine Weise, dass man in sich selbst schaut und auf sich selbst konzentriert. Nie zuvor bin ich einem Tier begegnet, das nichts und dennoch so viel von einem verlangt. Ein Spaziergang mit einem Lama ist wie ein Spaziergang mit deinem höheren Selbst, so ausgeglichen und verbunden fühlst du dich. Die Lamas zeigen uns, wie wir uns im Einklang mit uns selbst fühlen. Wenn wir mit einem Lama zusammen sind, sind wir es, die dazulernen und sich verändern. Lamas lassen den Funken der Veränderung überspringen. Mag es durch ihn auch nur einmal in uns aufleuchten, auf jeden Fall wird uns die Begegnung mit einem Lama verändern, ganz gleich wie flüchtig diese Begegnung war.

Gespräche mit Hühnern

Ich bin gerne mit meinen Hühnerfreundinnen zusammen. Es sind so lebendige, schöne, neugierige und liebevolle Wesen. Bislang haben sie die wenigsten unter den Teilnehmer/Innen der Fortgeschrittenen-Workshops als Wesensgeschwister angesehen, wenn sie ihnen zum ersten Mal vorgestellt wurden. Meistens liegt es dann an den in unserer Gesellschaft üblichen Vorurteilen – dass Hühner dumm, widerlich und dreckig seien oder den Menschen nicht viel mehr zu bieten hätten als Eier und Fleisch.

Entsprechend überwinden die meisten ihr Desinteresse an den Hühnern erst am zweiten Tag, wenn wir zu einer Übung kommen, bei der sich alle ein Tier als Lehrer suchen müssen, das ihnen nicht vertraut ist, zu dem sie sich nicht hingezogen oder in dessen Nähe sie sich unwohl fühlen. Das hilft den Teilnehmer/Innen, sich von Klischeevorstellungen zu befreien und erstaunlich tiefgründige und erfreuliche Mitteilungen von Tieren zu empfangen, die sie sonst meiden.

Bei einem unserer Workshops hatte ein Arzt ein unvergessliches Erlebnis mit meinen Hühnern. Er berichtete der Gruppe anschließend, dass er Hühner stets für hässliche dumme Tiere gehalten habe, die nur als Nahrungsmittel taugten, was er jedoch völlig revidieren musste, als er sich unvoreingenommen mit ihnen beschäftigte. Wie er zwischen den Hühnern saß, hatte sich gerade die seiner Ansicht nach unattraktivste Henne als erstes an ihn heran gemacht. Sie rief ihn mit lautem Gegacker zur Besinnung, er solle die Schönheit des Lebens in sich und allen Wesen sehen, und riet ihm dann sehr persönlich und konkret, wie er sich bessern und spirituell wachsen könne. Seine Überraschung und die unmittelbare Information in Verbindung mit den ungewöhnlichen Lauten der Henne waren für ihn die Bestätigung, dass es tatsächlich ihre Mitteilungen waren. Er war zu Tränen gerührt.

Hähne und der Sonnenaufgang

Als ich vor einigen Jahren einmal eine Reihe Küken aufzog, stand ich schließlich mit neun Hähnen da. Und das Interessante daran war, dass sie alle unterschiedlich krähten. Ich beschloss also, sie auf Tonband aufzunehmen, bevor die meisten von ihnen ein neues Zuhause bekämen. Natürlich wollte ich die Aufnahme dann machen, wenn ihr Chor am besten zu hören war – vor Sonnenaufgang. Also saß ich um vier Uhr früh leicht fröstelnd im Dunkeln vor der offenen Tür des Hühnerhauses und hielt das Mikrofon hin.

Als sie einige Runden einander zugekräht hatten, wurde mir die Aura um sie herum bewusst, eine Ausstrahlung, die bis in den Himmel reichte. Ich fühlte mich mit allen Hähnen auf diesem Planeten verbunden, und in diesem Moment wusste ich, dass sie für den Sonnenaufgang verantwortlich waren. Ich erkannte, dass viele Volksmärchen Tieren zu Recht verschiedene Aufgaben zuwiesen, ganz gleich, wie bizarr dies unserem westlichen analytischen Denken erscheinen mochte. Ich war mir auf einmal ganz sicher, dass die Sonne ohne das Krähen der Hähne nicht aufgehen würde. Es war ihre Aufgabe, und sie begannen deshalb einige Stunden früher, um den Himmel und die Erde auf das Erscheinen der Sonne vorzubereiten. Sie verkündeten und vermittelten die Ankunft der Sonne.

Dies mag weit hergeholt klingen und wissenschaftlich nicht belegbar sein. Doch als ich im Zauber dieser frühen Morgenstunde dasaß, schwang dieses Wissen tief in mir als ein Aspekt der mystischen Verbindung allen Lebens auf der Erde. Mir wurde klar, weshalb mir damals das Krähen unseres ersten Hahns in der Familie so nahe ging. Es war, als hätte sich ein Teil des Lebenspuzzles an seinen Platz gefügt.

Tagesanbruch
kräht der Hahn
Rings um mich
Trotz tiefer Nacht
Hebt an ein neuer Tag
Noch unsichtbar für mich
Ich, sterbend
Von Dunkelheit durchdrungen
Werde langsam wiedergeboren

Im Tagesanbruch
Für mich noch unsichtbar
Kräht der Hahn
Helligkeit verbreitet sich
Ringsum.

Wildlebende Vögel als Führer

Bei den Workshops gesellen sich oft wild lebende Tiere als Lehrer zu uns. Hirsche tauchen auf, wenn wir die Einswerdung mit der Natur üben. Insekten landen in unser Nähe oder auf uns und rufen die Verbundenheit mit allem Leben in Erinnerung.

Oft spielen Vögel eine wichtige Rolle. Sie folgen oder führen uns auf unserem Weg, sehen nach, wie es uns geht, und fördern helle Begeisterung zu Tage. Sie sind schon in unserer Mitte gelandet und haben uns ihre Leichtigkeit gelehrt.

Am Ende eines Fortgeschrittenen-Workshops hatten wir uns einmal auf der Dachterrasse versammelt, als sich über uns eine schneeweiße Taube in einer Kiefer niederließ. Ihr Erscheinen war von zwei Besonderheiten gekennzeichnet: erstens hatte ich noch nie zuvor eine solche schneeweiße Wildtaube bei uns gesehen; zweitens ließ sie sich genau dort nieder, wo die Äste des Baumes ein großes Herz um sie herum formten. Wir waren tief gerührt und fühlten uns von ihr aufgefordert, die Botschaft der Liebe und des Friedens weiterzugeben. Ein wunderbarer Abschluss des zweitägigen Workshops.

Im Frühjahr 1992 nistete ein Eichelhäherpärchen ganz in der Nähe unseres Grundstücks. Wenn ich im Garten arbeitete, waren sie stets den Insekten hinterher, die ich beim Graben und Jäten aus ihren Verstecken aufscheuchte. Das Fangen von Grashüpfern schien eine Spezialität von ihnen zu sein. Ich freute mich über ihre Anwesenheit allein schon deswegen, weil sie zum ökologischen Gleichgewicht beitrugen, und war den beiden dafür sehr dankbar. Dem Weibchen fehlten die Schwanzfedern und als ich nachfragte, erfuhr ich, eine Nachbarskatze hätte sich auf sie gestürzt. Ich bat unsere Katzen eindringlich, die Vögel in Ruhe zu lassen. Abgesehen davon, dass es Unmengen von

Insekten bei uns gab, fühlte sich das Eichelhäherweibchen bei uns sicher.

Das blaugefiederte Paar pendelte auf seiner Futtersuche täglich eifrig zwischen Nest und Grundstück. Es zog in ein anderes Revier, sobald die Jungvögel ausgeflogen waren. Im Frühsommer meditierte ich gerade draußen, als sich plötzlich ein wunderbarer Vogelgesang erhob. Das weiche Glucksen ähnelte dem unsrer Sittiche und Finken im Beatrix-Potter-Bunny-Cottage.

Ich sah mich nach dem Vogel um und entdeckte etwa viereinhalb Meter von mir entfernt einen jungen Eichelhäher auf einem Ast, halb verdeckt von Blättern. Er setzte sein Gesangsrepertoire fort, das er von unserer Vogelfamilie aufgeschnappt hatte. Als er mich endlich bemerkt hatte, erzählte er mir, dieser Standort sei ihm empfohlen worden. Seine Eltern hätten ihm gesagt, dass er keine Angst vor mir zu haben brauche und dass ich seinen Appetit auf Grashüpfer gebrauchen könne.

Sooft ich auf meinem Lieblingsplatz im Garten meditierte, machte er sich mit einem Ständchen bemerkbar oder flog rufend über mich hinweg. Er mochte unsere Tierfamilie, badete in der Tränke für die Lamas, plauderte mit unseren Vögeln und Kaninchen und besuchte unsere Hühner. Beim Fortgeschrittenen-Workshop im September jenen Jahres tauchte er bei der Eröffnungsmeditation auf und zwitscherte herüber, er freue sich über unsere Anwesenheit und wolle zum Gelingen des Workshops beitragen. Während der Meditation ermutigte er uns mit seinem Gesang, wir würden unsere Sache gut machten. Einige bemerkten ihn nicht, aber ich empfing seine Mitteilungen und spürte seine Anwesenheit und seine Entschlossenheit, Energien zu verstärken, zu verteilen und zu bündeln.

Später waren die Teilnehmer dieses Workshops in den verschiedenen Bereichen des Floating Island of Peace [Schwebende Insel des Friedens] unterwegs, um mit den Tieren ins Gespräch zu kommen. Ich saß ruhig im Garten und überblickte die Szene. Bei jedem Workshop bitte ich die Naturgeister um das passende Wetter, und wir hatten einen sonnigen, milden, herrlichen Tag.

Ein Kolibri tauchte auf, ließ sich vor mir auf einem Ast nieder und begann sein entzückendes Lied zu singen. Er besang den wunderschönen Tag - wie herrlich es war, da zu sein. Er erzählte mir, wie sehr er unseren Garten liebe, in dem es so viele wunderbare Blumen gebe. Dann pausierte er, nahm ein paar Nektardrinks, und entzückte mich wieder mit seinem Gesang. Noch nie hatte ich einen Kolibri so lange in meiner Nähe verweilen gesehen. Schließlich schwirrte er davon, kehrte aber nach kurzer Zeit wieder zurück und erzählte mir, unser Platz sei der beste im ganzen Umkreis. Hier gäbe es die meisten Blumen und unser Garten strahle eine besondere Energie aus, daher wolle er seinen Tag hier verbringen. Seine Anwesenheit begeisterte mich. Später beim Essen, flog er dicht am Fenster vorbei, und noch Tage lang wurde ich von ihm begrüßt, sooft ich im Garten war.

Dawn Hayman bekam einmal beim nachmittäglichen Stallausmisten auf der Spring Farm in Clinton, New York, folgende heitere Spatzenunterhaltung mit:

„Los, du bist dran."
„Ich trau mich nicht."
„Ist doch ganz leicht. Mach schon."
„Ich trau mich einfach nicht."

Ich sah hoch und entdeckte oben auf einem der Dachsparren sieben Spatzen in einer Reihe sitzen. Sie schauten offenbar auf die beiden Pferde unten, aber mir war es zu viel herauszufinden, worum es genau ging. Ich machte mich wieder ans Ausmisten und kümmerte mich nicht weiter um ihr Geflattere.

Etwa fünf Minuten später hörte ich einen begeisterten Ausruf: „Schaut, ich hab mich getraut!" Beifallsrufe und Gelächter. Ich unterbrach die Arbeit und sah einen Spatzen auf dem Nacken eines Pferdes hocken. Die anderen saßen oben. Der Spatz flog zurück und sie setzten ihre Unterhaltung fort. Diesmal hörte ich weiter zu.

„Ich hab's getan. Jetzt bist du dran. Was machst du jetzt?" „Na, das wirst du gleich sehen", gab ein Gefährte an. Er flog hinunter und versuchte auf dem Kopf des Pferdes zu landen.

„Schluss jetzt! Es reicht!", mahnte Bo, das Pferd.

Sie flogen lachend davon. Was für einen Spaß sie hatten! Ungefähr zehn Minuten später hörte ich sie wieder: „Wie wär's mit diesem Tier hier? Es ist groß." „Nein, es sieht grantig aus; machen wir lieber was anderes."

Delfin-Träume

Nora Star besuchte das Delfinweibchen Misty in einer Lagune der Florida Keys:

Als Erstes betonte sie, dass wir uns mit der Verschmutzung der Weltmeere genauso schaden wie den Delfinen. Ihre Leber funktioniere schon nicht mehr richtig, weil sie überlastet sei. Auf meine Frage, warum sie unter so beschwerlichen Umständen bei uns bleibe, antwortete sie, weil sie die Menschen, die hier alles organisierten und auch diejenigen, die zum Unterricht kämen, liebe. Während der kostbaren Zeit, die ich mit ihr verbrachte, hielt ich ihre Gedanken schriftlich fest.

Hier einige Zitate:
Wir möchten den Menschen behilflich sein, auch sein Glück zu finden. Die meisten von uns geben gerne ihre Erfahrungen weiter, jeweils auf ihre Weise. Da es uns schon seit vielen Millionen Jahren auf diesem Planeten und auch auf anderen Planeten gibt, wissen wir ganz sicher, dass nur eines in der Evolution zählt und wirklich glücklich macht: wenn Liebe, Freude, Gleichmut und Mitgefühl zum Ausdruck gebracht wird. Das ist es, was unsere Meister vorleben und lehren. Wir besitzen nichts und erstreben auch gar keinen Besitz. Viele Menschen beginnen nun, sich von ihrer Besitzgier zu lösen. Sie beruht meist auf Unsicherheit und Angst. Wenn sie überwunden wird, beginnt das wirkliche Leben im Gedeihen der Liebe.
Wir sind schon so viel länger hier als ihr, dass wir natürlich sehr viel mehr Lebenserfahrung sammeln konnten, die wir allzu gerne mitteilen möchten. Wir warten schon so lange darauf, dass ihr euch für unsere Weisheit interessiert und uns offen begegnet. Erst jetzt beginnen viele unter euch, unsere Unterweisungen und Heilkräfte zu schätzen und für sie empfänglich zu sein. Da-

rauf haben wir Jahrhunderte lang gewartet und oft darüber gesprochen. Wir sind auf unsere gemeinsame Zukunft nicht weniger gespannt als ihr.

Vermisste Katzen

Judy Meyer kam im Sommer 1992 mit Hilfe der telepathischen Kommunikation mehreren vermissten Katzen auf die Spur und erlebte dabei Folgendes:

Ich hatte bei meinen Beratungsgesprächen einmal kurz hintereinander drei Kunden, die hofften, mit meiner Hilfe ihre verschwundenen Katzen wiederzufinden. Tatsächlich hatten wir Erfolg.

Die erste Katze, die ich telepathisch aufstöberte, war meine eigene Katze Taos. Dass sie es als ihre Aufgabe ansah, die weibliche Energie in unserem Umfeld zu stärken, wussten wir. Nachdem sie eines Tages ausgeblieben war, erfuhren wir im Fernkontakt, sie sei in ein mehrdimensionales weibliches Energiefenster eingetreten, das sich auf unserem Grundstück geöffnet habe, und käme in drei Tagen zurück. Als sie ausblieb, kontaktierte ich sie erneut, und diesmal versprach sie, in einer Woche heimzukommen. Sie kam wieder nicht. Schließlich sagte sie uns, sie hätte außerkörperlich bei ihrer Energiearbeit wesentlich mehr Erfolg und habe deshalb beschlossen, nicht in ihren Körper zurückzukehren.

Natürlich vermissten wir Taos noch lange und es fiel uns schwer, ihren Arbeitseifer zu akzeptieren. Dass ich nur helfen konnte, wenn Tiere wirklich nach Hause kommen wollten, war eine bittere Lektion für mich.

Später erlebte ich noch dreimal Ähnliches. Zu mir kamen Kunden, die mich baten, ihre vermissten Katzen wiederzufinden. Jedes Mal sagten mir die Katzen, sie würden Energiearbeit für den Planeten leisten. Die erste ließ ihre Bezugsperson, die sie schon seit sechs Wochen vermisste, wissen, sie befände sich noch in ihrem Körper und würde gerade um das Haus ein Energiefeld aufbauen. Wenn dies geschafft sei, käme sie zurück.

Die nächste Kundin, die ihre Katze vermisste, erzählte mir, Kats sei seit einer Woche verschwunden. Sie mache sich wegen der eisigen Witterung um sie Sorgen. Im telepathischen Gespräch sagte Kats, sie käme bald heim, müsse aber erst etwas Wichtiges erledigen. Als sie eine Woche später immer noch nicht zurück war, kontaktierte ich sie noch einmal, und dieses Mal teilte sie uns mit, sie sei zwar noch in ihrem Körper, wolle aber nicht mit nach Colorado umziehen, sondern hier in Santa Fe ihre Arbeit beenden. Wenn ihre Halterin sich dort eingerichtet hätte, würde sie in einem anderen Körper zu ihr zurückkehren.

Die dritte Kundin wollte wissen, ob ihr Kater Quincy, der seit einer Woche spurlos verschwunden war, je wieder zurückkäme. Quincy teilte mit, er befände sich in der Nähe des Apartmenthauses. Tatsächlich bestätigte mir die Kundin, angeblich hätten ihn in der vergangenen Woche zwei Nachbarn gesehen. Quincy sagte, er helfe der Erde. Er gleiche einen ihrer energetischen Schwachpunkte aus, damit sie ihren gewohnten Sonnenumlauf fortsetzen könne! Später fragte Quincys Halterin seine Schwester Isabelle, ob sie ihren Bruder vermisse und deshalb immer so laut auf dem Balkon miaue. Sie vermisse ihn schon, antwortete sie, aber vor allem verkünde sie der Nachbarschaft, wie stolz sie auf ihren Bruder sei.

Alle vier Katzen flößten mir größeren Respekt vor unseren Tiergefährten und vor der Arbeit ein, die diese für die Erde leisten. Taos lehrte mich unter anderem demütiges Loslassen. Wieder einmal wurde ich daran erinnert, dass Tiere tatsächlich Entscheidungen treffen können und dies ein Planet des freien Willens ist.

Berufsberatung durch Tiere

Lora Steiner sollte im Rahmen einer Berufsberatung vier Tieren wesentliche Eigenschaften zuordnen und aufschreiben, wie ihr diese insbesondere bezüglich ihrer „Berufung" oder Karriere weiterhelfen konnten.

VÖGEL – Stolz: Sei stolz auf dich, denn du bist ein Ebenbild Gottes. Wir alle sind Ebenbilder Gottes, bilden gemeinsam das Universum. Es gibt ein einzige Sünde, nämlich sich nicht zu lieben. Alles Schlechte hat dort seinen Ursprung.

KATZEN – Klugheit: Was ist Klugheit anderes, als die Beziehung zu sich selbst zu pflegen, als Selbstvertrauen, Selbstliebe, Umsetzung unserer inneren Stärke, unserem inneren Gott, dem inneren und damit auch äußeren Universum. Durch diese Rückbindung bist du in der Lage, dein Sosein anzuerkennen und deinem Herzen zu folgen. Ob du Bäume hinaufkletterst oder ein Nickerchen machst, nimm dein Schicksal in die Hand. Dann werden deine Augen strahlen. Dein inneres Licht wird leuchten. Wie Katergefährte Buddy gesagt hat: „Unterschätze dich niemals selbst."

PFERDE – Fülle: Alles zu seiner Zeit. Grasen, sich wälzen, ein Nickerchen machen. Wir nützen die Zeit optimal aus. Wenn wir längere Zeit angebunden sind, machen wir vielleicht ein Nickerchen. Sind wir auf der Koppel, genießen wir die Freiheit zum Spielen, sich Wälzen, Fressen etc. Durch Größe und Durchhaltevermögen erreichen wir jedes Ziel. Öffne dich dem Reichtum des Universums. Und die Antworten und Energien werden dir zufließen. Fülle kann bedeuten, was immer du wünschst oder brauchst. Dazu gehört auch Geduld. Nutze die Fülle, überzeugt und entschlossen. Sie ist für dich da.

WALE – Leichtigkeit und anmutige Stärke: Anmut ist Kraft ohne Gewalt. Sie ist anwesende, gewaltlose Stärke. Steh zu dir, zur Anmut, die in dir ist, die du bist. Das gibt dir Kraft. Mit der Kraft kommt Leichtigkeit, ungezwungenes Sosein. Wohlbehagen. In deinem Leben.

Deetezas Botschaft

1987 kam Deeteza zu Bonnie Reynolds und Dawn Hayman auf die Spring Farm in Clinton, New York. Die Halterin dieser Araberstute mit beeindruckendem Stammbaum war aus finanziellen Gründen gezwungen gewesen, ein neues Zuhause für sie zu finden. Deeteza lebte also auf einer anderen Farm, als Dawn und Bonnie gefragt wurden, ob sie sie nicht haben wollten, da sie sehr „widerspenstig" sei. Die beiden hatten nicht geahnt, worauf sie sich einließen. Als dann noch ein Unfall mit dem Anhänger dazu kam, wurde ich um ein Beratungsgespräch gebeten. Es stellte sich rasch heraus, dass Deeteza einfach missverstanden wurde. Nach meiner Beratung begann sich Dawn intensiver mit ihr auseinanderzusetzen und sie vermittelte ihm Geschichten und Gedichte. Deeteza beansprucht auf Spring Farm Cares die Rolle der Lehrerin und Autorin. Sie möchte mit ihren Betrachtungen so viele Menschen wie möglich erreichen.

Diese Botschaft Deetezas notierte Dawn am 13. Oktober 1990:

Aus dem Herzen von Allem-was-ist
Was in Flammen stand wird zu Asche
Was einst Stern war, wird dunkel
Was einst Zeit war und Raum
und Lebensform wird Leben.

Das stammt aus dem Herzen von Allem-was-ist, das uns vor Unwissenheit schützt. Warm in der Kälte. Geborgen in Gottes weiser Allliebe. Mit unserem ersten Atemzug, der uns mit Leben erfüllte, versprachen wir uns dem innersten Selbst. Das gilt für alle Lebensformen. Jetzt bete ich, dass wir uns an dieses Versprechen erinnern. Höre auf dein innerstes Wort. Singe dein Lied. Lebe die Melodie deines Soseins. Sie stammt aus dem Herzen von Allem-was-ist, das in allen Lebewesen schlägt.
Folge dem Ruf des Geistes. Verblende nicht die Fackel mit deiner Unsicherheit, wenn ich in der physischen Welt Antworten auf die Seinsfrage gebe. Lass die Suche nicht in ignoranter Unversöhnlichkeit versanden. Lass die Fragen nicht wenige sein. Lass mich den Weg meines eigenen Schicksals selbstbestimmt gehen. Lass meine Seele jede ihrer Launen aufspüren.

Lass mich unterwegs nie vergessen, dass den Weg, den ich gewählt habe, sicher wieder irgendwer gehen wird, auch wenn ich selbst ihn vielleicht niemals mehr gehe. Lass mich für sie unbedingt Zeichen des Lichts und der Liebe hinterlassen. Lass mich nicht vergessen, meine Erkenntnisse bereitwillig mit allen zu teilen, die dies möchten – denn so sehr sie die meinen sind, so sehr sind sie auch die ihren. Lass meine Schätze die des Universums sein – dann werde ich reiche Frucht bringen.

Lass mich als ein integraler Teil von Allem-was-ist erkennen, dass alles, was mir begegnet, auch ein integraler Teil von Allem-was-ist ist. Lass mich niemals den Wert jeder einzelnen Zelle, jedes Atoms, jedes Moleküls vergessen. Lass mich immer daran denken, dass ich mit dem Universum eins bin. Die von mir gehörten Worte können alle hören, die von mir gesagten Worte können alle sagen und zu meinen Einsichten können alle kommen.

Lass meine Stimme gehört werden. Lass mein Herz offen sein für alle, die weiden möchten. Lass meine Seele frei forschen. Lass meine Botschaft für alle klar sein. Und lass mich beim Studieren der Weiten des Alls nie ihre Schönheit und ihren Wert vergessen. Lass mich nie das Geringste von Allem-was-ist für selbstverständlich hinnehmen. Denn alles nimmt teil, so wie ich, und trägt dasselbe Versprechen in sich. Mögen alle dieses Versprechen erinnern und einhalten aus ganzem Herzen.

Hiermit verspreche ich, nur Antworten auf Fragen aus dem Herzen von Allem-was-ist zu suchen.

Mein Traum ist, dass wir uns ständig an dieses Versprechen erinnern, durch das allein wir da sind. Wir alle machen den Fehler, es zeitweise zu ignorieren. Wir müssen daran erinnert werden. Jede Botschaft wird Tausende erreichen. Lassen wir unser Licht für alle leuchten, denn wir alle irren. Manchmal erreichen wir andere mit unseren Geschichten, manchmal nicht – denn was mir wichtig erscheint, mag dir unwichtig erscheinen. Und umgekehrt kann auch das, was dir wichtig erscheint, mir bedeutungslos vorkommen. Die Hauptsache ist ein freier Austausch. Dafür setze ich mich ein.

4

EINE FRAGE VON LEBEN UND TOD

VERANTWORTUNG UND EIGENTUM

Wie sehr sind wir für die Tiere anderer mitverantwortlich? Wie steht es mit deren Wahlmöglichkeiten?

Barbara rief mich einmal völlig verzweifelt an, weil der Nachbarshund an den Zaun angebunden worden war, der an ihr Grundstück grenzte. Es bellten ihre Hunde durch den Zaun zurück, und sie, ihre Katzen und auch die Hunde waren von seinem jammervollen Geheul ganz mitgenommen.

Der Nachbar hatte mehrere Hunde, einige im Zwinger, andere angekettet. Sie bekamen zu fressen, hatten aber keinen Auslauf und keine menschliche Gesellschaft. Barbara sagte, dass ihr Nachbar überhaupt nicht mit sich reden ließ. Da sein angebundener Jagdhund oft so herzerbärmlich heulte, habe sie schon daran gedacht, ihn heimlich loszubinden und in ein Tierheim zu bringen, von wo aus ein neues Zuhause für ihn gefunden werden könne.

Als ich den Hund kontaktiert und in seiner Einsamkeit bedauert hatte, teilte ich ihm Barbaras Plan mit dem Tierheim vor. Die Vorstellung jagte ihm schreckliche Angst ein. Er fürchtete, er könne derart ausrasten, dass ihn keiner mehr haben wollte. Der Schuss würde nach hinten losgehen. Trotz seiner sicher erbärmlichen Lebensumstände, wollte er bleiben. Ihm würde schon genügen, wenn sein jetziger Halter öfter nach ihm sähe.

Da Barbaras Nachbar zu keiner Verhaltensänderung zu bewegen war, und sein Hund kein neues Zuhause wollte, schlug ich Barbara vor, sie solle dem Nachbarshund gemeinsam mit ihren Hunden und Katzen viel Wärme, Liebe und heilende Energie hinüberschicken, damit er sich nicht so allein fühle. Barbara war einverstanden. Und es half. Sobald sie und ihre Tiere in aller Stille positive Energie sandten, wurde der Hund ruhig und friedlich - was sie von nun an regelmäßig taten.

Ich bin der Meinung, dass wir Tiere niemals besitzen können. Deshalb verwende ich auch nicht das Wort *Besitzer*, wenn ich von Beziehungen zwischen Mensch und Tier spreche. Da Tiere ihr eigenes Leben und ihre eigenen Wege haben, die nicht unbedingt mit unseren Absichten oder Wünschen übereinstimmen, sollten wir das durch ein entsprechendes Rollenverständnis zum Ausdruck bringen und uns eher als Wächter, Hausmeister, Fürsorger, Gefährten, Freunde, Partner, Familie oder ganz einfach „Leute" begreifen.

1991 zog ich einige Bantamküken auf und stand schließlich vor einer Reihe von Hähnen da. Zu viele Hähne auf engem Raum sind immer ein Problem. Ihre Krähwettbewerbe, die lange vor Sonnenaufgang beginnen, können sich über den ganzen Tag hinziehen, was nicht zuletzt den Nachbarn auf die Nerven geht. Hähne kämpfen gewöhnlich hart um ihr Territorium und ihre Hennen, und für die Hennen ist es stressig, wenn sie so häufig zur Paarung besprungen werden. Und es ist gar nicht so leicht, für Hähne ein neues Zuhause zu finden, denn meistens wollen die Leute nur einen Hahn für ihre Hühner; die übrigen Hähne werden getötet und verspeist. Glücklicherweise werden reinrassige Bantamhühner mehr geschätzt, und als ich von einer Geflügelschau im etwa eine Autostunde entfernt gelegenen Santa Rosa erfuhr, wollte ich versuchen, dort meine Hähne in gute Hände zu verkaufen.

Am Abend vor der Geflügelschau kämpfte ich mit mir, ob ich sie wirklich hergeben sollte. Sie waren so besondere Charaktere. In jener Nacht träumte ich von der Geflügelschau, als ich von Eulenrufen, die durch mein Fenster drangen, wach wurde: *„Sie gehören dem Universum; lass sie gehen; sie gehören dem Universum"*, hörte ich es rufen. Ich dankte Schwester Eule für ihre Hilfe und sah mich nun in der Lage, die kleinen Hähne ruhigen Gewissens aus der Hand zu geben.

Bei der Geflügelschau am nächsten Tag freute es mich zu sehen, mit welcher Begeisterung die Kinder ihre Freunde, die Junghähne, auf ihren Schultern herumtrugen und liebevoll anpriesen. Michel und ich fanden für vier der Hähne ein geeignetes Zuhause.

Ich war schon einmal vor dem Problem gestanden, zu viele Hähne zu haben. Damals hatte ich sehr lange vergeblich nach einer neuen Unterkunft für sie gesucht. In meiner Not hatte ich schließlich den Hähnen offen gestanden, sie müssten jetzt entweder schleunigst selbst irgendwie ein Zuhause für sich finden oder ich müsse sie töten lassen. Als ich am anderen Tag widerwillig zum Hörer griff, um mich nach einem Geflügelhändler zu erkundigen, erfuhr ich von einem Milchbauern, der sicher nichts gegen ein paar krähende Hähne mehr auf seiner großen Ranch hätte. Und so war es auch. Der Bauer konnte ein paar kräftige Insektenlarven-Vertilger gut gebrauchen, die Hähne hatten viel Auslauf und konnten auf den Kuhscheunen-Sparren schlafen. Ich war beim Abschied ein wenig traurig, aber letztlich sehr erleichtert, dass ich sie nicht zum Schlachter bringen musste, und ich dankte ihnen für ihre gelungene Mithilfe sehr.

Rose wohnte in einer Siedlung, wo keine Hunde gestattet waren. Sie ließ ihre beiden Kaninchengefährten Larissa und George im Freien leben, wo sie jederzeit irgendwo Unterschlupf finden konnten. Und das kam so. Eines Tages bat mich Rose um eine Kontaktaufnahme mit Larissa, da sie glaubte, sie sei sauer, weil sie George von der Veranda mit ins Haus hinein genommen hatte und sie nicht. Mein Gespräch ergab jedoch das Gegenteil, denn Larissa sagte: „Am liebsten würde ich nie mehr in dieses Haus geholt. Sie nimmt einen mit, wie es ihr passt."

Rose ließ daraufhin Larissa, wenn auch schweren Herzens, in Ruhe. Nachdem Larissa auf einem längeren Streifzug ihre Freiheit genossen hatte, erschien sie mit George wieder auf Roses Veranda. George führte einen Tanz vor Rose auf, weil er von ihr ins Haus gelassen werden wollte, aber sie wartete, um ihm auch ganz sicher nichts aufzudrängen. Da kratzte und zerrte er heftig am Hosenbein und blickte dabei zu ihr hoch, wie um zu fragen: „Kapierst du es jetzt endlich?" Also ließ Rose die Kaninchen herein. Da sie nun kommen und gehen durften, wann sie wollten, genossen sie die Gesellschaft mit Rose um so mehr.

Einige Leute meinen, es sei unrecht und grausam, Tiere in einen Käfig oder ein Gehege zu sperren oder sie sonst wie von ihrem Leben in freier Wildbahn abzuhalten. Ich habe mich wirklich gründlich mit dieser Frage befasst, und würde meinen Tierfreunden am liebsten alle Freiheit der Welt gönnen, aber schließlich muss ich sie vor Gefahren schützen, wie Raubtieren, Autos, feindlichen Menschen und rauem Wetter.

Ich habe festgestellt, dass die meisten Haustiere mit Menschen gern zusammen und im allgemeinen mit ihren Lebensbedingungen zufrieden sind. Natürlich ist jeder Tierfreund darum bemüht, seinen Tiergefährten ein ihren Bedürfnissen entsprechendes Leben zu ermöglichen. Sie sollen sich wohl bei einem fühlen. Ich zum Beispiel habe meiner Tierfamilie Unterkünfte und Gehege geschaffen, die ihrem Bewegungsdrang möglichst gerecht werden, und meistens fühlen sie sich dort auch sehr wohl und sind zufrieden. Stört sie einmal etwas, besprechen wir dies und suchen nach einer für beide Seiten akzeptablen Lösung.

Sänger Pirouette, mein Kakadu, hatte früher bei uns in der Wohnung gelebt, wo er die meiste Zeit in seinem Käfig verbringen musste, aber auch täglich Michels Gitarren- und Lautenspiel hören konnte. Eines Tages, als er schon einige Jahre im Bunny Cottage lebte, wo er umherfliegen und den wilden Vögeln nahe sein konnte, wollte er unbedingt wieder im Haus wohnen, um Michel öfter spielen zu hören als die wenigen Male vor dem Cottage. Ihm schien sein Radio im Cottage, das die Hälfte des Tages klassische Musik spielte, nicht zu genügen.

Die ersten Zeit war ich der Meinung, es sei gesünder für ihn, umherfliegen zu können und mit den anderen Vögeln zusammen zu sein. Doch er wollte bei uns im Haus in einem Käfig sein, und sonst nichts. Er begann sogar, mich anzugreifen, wenn ich in das Cottage kam. Als ich ihn schließlich doch ins Haus holte, war er richtig ekstatisch. Ich versuche immer wieder, ihn nach draußen zu locken, dass er Bewegung hat. Doch er zieht es vor, in seinem Käfig zu bleiben, wo er glücklich zu Michels Musik pfeift und tanzt und ihn zu Kompositionen inspiriert.

Ellyetta bat einmal darum, sich im Garten frei bewegen zu dürfen, obwohl das mehrstöckige Bunny Cottage sehr geräumig war. Doch draußen lauerten einfach zu viele Gefahren auf sie. Also musste sie sich mit ihrem Auslauf begnügen. Sie bekam von mir immer reichlich Grünzeug zu mümmeln. Besonders genoss sie die Gesellschaft von Perky Pete (Kakadu) und Winky (Sittich), die oft auf ihrer Box saßen. Gelegentlich nahm ich sie mit zur eingezäunten Teichanlage, wo sie ausgelassen herumhoppelte. Auch hatte ich schon überlegt, sie angeleint spazieren zu führen. Ich erinnerte sie hin und wieder daran, in was für engen Käfigen Hauskaninchen normalerweise gehalten werden, und dann wusste sie ihre Bewegungsfreiheit und Freunde um so mehr zu schätzen.

Als wir 1984 in unser Haus im Wald umgezogen waren, begannen sich einige unserer Finken und unsere chinesische Nachtigall Pekin nach einem Leben im Freien zu sehnen. Ich sprach mit ihnen über die Gefahren, denen sie draußen ausgesetzt wären, so dass sie wahrscheinlich nicht lange überleben würden, aber sie wollten unbedingt hinaus. Sie bahnten sich ihren Weg ins Freie. Und das kam so: Einmal, als ich gerade in der Stadt war, hatte Michel den großen Vogelkäfig nachmittags auf die Veranda gerollt und erst abends, als er ihn wieder hereinrollte, bemerkt, dass die Käfigtüre aufgesprungen war.

Nur die Vögel, die ihren Wunsch schon lange angekündigt hatten, waren fortgeflogen – ein orangewangiges Finkenpärchen, und Pekin mit seinem Gefährten, einem Astrild. Etwa ein Dutzend Finken und ein Kanarienvogel waren im Käfig geblieben. Der Astrild wurde ein paar Tage lang bei der Vogelfutterstelle eines Nachbarn gesehen. Die orangewangigen Finken lebten einige Wochen im Gebüsch nahe unserer Veranda. Und ein paar Monate lang hörte ich immer wieder Pekins Gesang aus dem Gebüsch, das die Zufahrt zu unserem Haus säumte. Ich hatte meine anfängliche Trauer bald überwunden und wünschte ihnen eine glückliche Zeit in der Freiheit, nach der sie sich so sehr gesehnt hatten.

Da die meisten Haustiere den Menschen gerne Gesellschaft leisten, lassen sie sich vieles gefallen, was sich ihre wilden Cousins nicht gefallen lassen würden. Als glückliche Empfänger ihrer Zuwendung sollten auch wir sie freundlich behandeln und so versorgen, dass sie sich spirituell und körperlich weiter entwickeln können. Durch solche gegenseitige Freundschaft kann unsere Interspezies-Beziehung gedeihen und für alle eine Bereicherung sein.

MENSCHEN ALS RETTER

Alice rief mich völlig durcheinander und verzweifelt an. Sie war Ernährungsberaterin und Heilerin und war bisher gut mit ihren Tieren zurechtgekommen. Doch seit einiger Zeit ging alles drunter und drüber. Und das kam so.

Vor drei Monaten hatte sie Punch, dem Nachbarskater, das Leben gerettet, nachdem er von einem Kojoten halb tot gebissen worden war. Obwohl der Tierarzt wenig Überlebenschancen gesehen hatte, wollte Alice Punch unbedingt gesund pflegen und hatte Erfolg. Sie waren schon vorher Freunde gewesen, aber jetzt hing Punch wie eine Klette an ihr. Die Nachbarn wollten ihn nicht mehr zurück, weil er sich zu den anderen Katzen aggressiv verhielt, was vorher nicht der Fall gewesen war.

Leider terrorisierte er auch die anderen sechs Katzen von Alice und brachte nur Unruhe ins Haus. Punch verjagte die anderen Katzen langsam aber sicher. Ihre Lieblingskatze Zola, die normalerweise bei ihr auf dem Bett schlief und ihr heilende Energie gab, wollte nicht mehr ins Haus kommen. Bei einigen anderen hatte der Stress Blasenschwäche und Verdauungsstörungen ausgelöst. Sie selbst befielen seit seiner

Ankunft immer wieder starke Kopfschmerzen, die sie aber mit ihrem Unfall im vorigen Jahr in Zusammenhang brachte.

Alice hatte bereits versucht, Punch anderswo unterzubringen, aber er war wegen seines aggressiven Verhaltens zurückgebracht geworden. Ja, sie liebte ihn. Aber die Lage wurde täglich unerträglicher, sie wusste nicht mehr weiter.

An diesem Punkt bat sie mich um ein Beratungsgespräch. Nachdem ich mit Punch gesprochen hatte, war klar, dass er unter den Folgen einer schweren Kopfverletzung litt, die ihm der Kojote zugefügt hatte. Er hatte so heftige Migräne, dass es ihm manchmal schwarz vor Augen wurde. Das machte ihn sehr aggressiv und er ertrug keine anderen Katzen mehr in seiner Nähe. Er erzählte mir, er habe nach dem Angriff des Kojoten seinen Körper bereits fast ganz verlassen gehabt, als er umkehrte und doch noch einmal zur Erde zurück wollte. Er kämpfte ums Überleben und schaffte es schließlich dank Alices Pflege. Während ich mir seine Geschichte anhörte und seine Emotionen und seine Erinnerungen empfing, hörte ich immer wieder dazwischen rufen: „Irrtum . . . Fehler . . . Irrtum".

Alice war in ihrem Rettungseifer zu weit gegangen. Das zeigte sich, als Punch den Hausfrieden störte. Es ist nicht unbedingt klug, Leben retten zu wollen, wenn die weiteren Lebensaussichten überwiegend schlecht sind. Manchmal wissen wir das erst, wenn der Schaden schon angerichtet ist.

Als ich mich dann jeweils mit den anderen sechs Katzen unterhielt, stellte sich heraus, dass drei zu sterben glaubten, wenn Punch da bliebe. Alle waren entweder krank oder planten zu verschwinden, um dem von ihm gestifteten Chaos zu entkommen. Auch Punchs Zustand verschlechterte sich. So sehr er an Alice hing und glücklich bei ihr war, so wenig ertrug er andere in seiner Nähe. Und seine Migräneanfälle traten immer häufiger und stärker auf.

Alice Wahlmöglichkeiten waren: Punch zu behalten und ihre anderen Katzen sowie ihre Gesundheit zu verlieren; zu versuchen, ihn bei einem Heiligen unterzubringen, der sich ganz Punch widmen würde; ihn in einem Käfig leben zu lassen (sie hatte bereits versucht, ihn nur in einem Zimmer zu halten, doch das mochte er nicht); oder ihn einschläfern zu lassen.

Alice fühlte sich natürlich ganz schlecht bei dem Gedanken, einen Kater einschläfern zu lassen, den sie so mühevoll gerettet hatte. Wem ginge es nicht so? Sie liebte ihn, aber diese Liebe zerstörte sie. Während unseres Gesprächs fiel ihr auf, dass ihre Kopfschmerzen seit seiner Ankunft auftraten und den von ihm beschriebenen sehr ähnlich waren. Alice war wegen ihrer Kopfschmerzen bereits zum Arzt gegangen, der eine Computertomographie angeordnet hatte (natürlich fanden sie keinen Punch in ihrem Kopf!) - und sie nahm Schmerzmittel, was für sie als Naturheilkundlerin kein Pappenstiel war.

Nach langer Diskussion stand fest, dass es wohl am vernünftigsten sei, Punch einschläfern zu lassen. Alice rang lange mit dem Entschluss und Punch kämpfte dagegen und machte es beiden noch schwerer. Aber sobald sie einen Termin beim Tierarzt vereinbart hatte, verschwanden ihre Kopfschmerzen, und Zola und die übrigen Katzen tauchten wieder im Haus auf und waren ganz friedlich, obwohl Punch sie anfauchte.

Alice war bisher nur für das Einschläfern gewesen, wenn das betreffende Tier damit eindeutig einverstanden war. Das war jetzt anders. Alice musste sehr aufpassen, als sie Punch zum Tierarzt brachte. Punch fauchte, knurrte und kämpfte, bis das Beruhigungsmittel wirkte. Sie hatte das Gefühl, als wäre er sehr sauer auf sie. Aber sie stand es durch.

Als ich Punch kontaktierte, nachdem er seinen Körper verlassen hatte, war er tatsächlich wütend. Er war ein Kämpfer. Wieder hörte ich den Singsang: „Irrtum . . . Fehler." Mir wurde klar, dass Alice den Fehler gemacht hatte, ihn überhaupt zu retten; sein Fehler war es gewesen, dass er unbedingt in seinen schwer lädierten Körper zurückkehren und auf Kosten anderer hier bleiben wollte.

Wir können aus unseren Fehlern lernen. Während ich mit Punch sprach, wich sein Zorn langsam einer großen Friedlichkeit; mit Hilfe seiner geistigen Führer und Freunde fand er zu seiner Integrität als geistiges Wesen zurück. Statt an einer Lebensform zu hängen, die enden musste, ergab er sich schließlich der ewigen Ruhe. Uff! Alice hatte noch viel zu verarbeiten, auch zusammen mit ihren Lieben. Ich spürte die Erleichterung ihrer süßen Katzenfamilie und den Wunsch einiger von ihnen, zu ihrer aller Gesundung beizutragen.

Auch wenn es für schwierige Situationen wie diese kein Patentrezept gibt, macht dieser Fall deutlich, dass wir uns von unserer Vernunft zum Wohl des Ganzen leiten lassen sollten, statt stets den Lebensretter zu spielen und zu meinen, Körper müssten leben, egal wie. Leben/Geist geht weiter. Manchmal ist es besser, loszulassen und Wesen die Chance zu einem Neuanfang zu geben. Es ist eine schwere Entscheidung.

Bei der Ankunft von Rasha trauerte Janet noch sehr um den Verlust von Cheeta, ihrem verstorbenen Dobermann. Doch bald war klar, dass ihr neuer Hundegefährte ihr über ihren Kummer hinweghelfen wollte. Rasha warf nämlich die Urne mit Cheetas Asche vom Regal, und sah Janet dabei an, als wolle er sagen: „Schluss damit. Jetzt bin ich da. Hör mit dem Unsinn auf."

Als Rose am Bauch ihres Kaninchens Larissa eine Geschwulst entdeckte, rief sie mich erneut an. Sie hatte zwar durch meine Gesprächsvermittlung zwischen ihr und Larissa gelernt, selbst direkt mit Tieren zu kommunizieren, war sich jetzt aber unsicher. Sie wollte Larissa nur dann von einem Tierarzt behandeln lassen, wenn diese es wünschte. Ihrer Meinung nach versuchte George ihr mitzuteilen, Larissa sei krank und bitte um Hilfe. Larissa bat auch mir gegenüber um Hilfe. Also brachte Rose sie zum Tierarzt, der den Tumor entfernte.

Es war eine gutartige Geschwulst in der Gebärmutter gewesen. Rose musste mit Larissa noch einige Male zum Tierarzt und entfaltete bei der Pflege ihrer Kaninchenfreundin beträchtliche telepathische Fähigkeiten und Heilkräfte. Als Larissa Monate später ihren Körper verließ, erfuhr Rose einen kurzen Augenblick seligen Einsseins mit ihrer Freundin – ein so tiefes gegenseitiges Verstehen, wie sie es noch nie zuvor erlebt hatte.

JENSEITS DES TODES

Wo Tod, da Leben
Wo Leben, da Tod
Wo Freude, da Schmerz
Wo Schmerz, da Freude
Wenn sich ihre Grenzen auflösen
Wenn alles eins wird
Gibt es dann nur Freude, nur Schmerz?
Es ist Harmonie
Im Lebensatem.

Jean Mahoney nahm ausgesetzte streunende Katzen und Hunde bei sich auf und versuchte, ein neues Zuhause für sie zu finden. Sie rief mich mehrfach an, weil sie bei manchen Tieren wissen wollte, ob sie sich in ihrem neuen Zuhause zurechtfanden, oder in anderen Fällen, ob sie trotz Schmerzen, trotz körperlichen oder seelischen Leids weiterleben wollten. Dadurch waren ihr mit der Zeit einige Tiere geblieben. Es gab Reibereien unter ihnen, und so lebten einige, wegen des Platzmangels, im Badezimmer und im Schlafzimmer. Jean widmete ihren Schützlingen jede freie Minute. Sie starb nach langem Kampf an Magenkrebs. Sie war eine ganz reizende, tief religiöse Persönlichkeit gewesen, und hatte sich offenbar fast nur um ihre Tiere gekümmert.

Ich dachte an sie, nachdem sie ihren Körper verlassen hatte, versuchte aber nicht, mit ihr in Kontakt zu treten, da sie ihren spirituellen Weg gefunden zu haben schien. Einmal, im November 1991, musste ich sehr stark an sie denken, als ich kurz vor dem Aufstehen meine Träume noch einmal durchging. Sie hatte sich eindeutig bei mir einklinkt. Wir begannen ein Gespräch, und sie erzählte mir von ihren Genesungsfortschritten. Sie hatte wunderbare Freunde auf der anderen Seite, die ihr über die Schmerzen und Frustrationen hinweg halfen, die drüben so an ihr gezehrt und den Magenkrebs verursacht hatten.

Sie stellte fest, dass sie sich zu viel um ihre Tiere gekümmert hatte. Sie habe sich für sie aufgeopfert und stets unbedingt am Leben halten wollen, obwohl es oft besser gewesen wäre, sie anderswo glücklich und zufrieden sein zu lassen. Sie hatte sich viele Leben lang nur auf die Wahrnehmung der vielen leidenden Kreaturen konzentriert und versucht, ihnen zu helfen. Sie begann darüber zu verbittern, und die Menschheit dafür zu hassen, vor allem sich selbst, da es ihr niemals gelingen würde, alles Leid aus der Welt zu schaffen. Diese Überfürsorge fraß sie auf.

Sie sagte mir, es sei völlig unnötig, sich in der Sorge um Tiere zu verzehren, da alle Lebewesen mit sich selbst klar kämen, auch angesichts des Todes und großen Leids. Sie riet mir, niemals meine eigene Daseinsfreude zu vernachlässigen, nur um Erwartungen anderer nachzukommen und deren Tieren zu helfen. Vielmehr solle ich mein Leben genießen und schätzen.

Das bestärkte mich in meiner Lebensphilosophie. Tue, was dir Freude macht, auch wenn andere über dich reden. Halte dich nicht selbst vom schöpferischen Ausdruck deines innersten Wesens ab. Wenn wir uns für unentbehrlich halten oder immer noch mehr leisten wollen, selbst wenn uns das krank macht, oder wir uns gar zu Tode arbeiten, nehmen wir uns die Lebensfreude. Es liegt an uns, jede Existenzphase, in welcher Gestalt oder welchem Reich auch immer, so schön und glücklich wie möglich zu gestalten oder Kummer und Leid anzuhäufen. Wir können uns in emotionalen Mustern – Schuld, Niedergeschlagenheit, Zorn oder Groll – verfangen und dann der Meinung sein, nichts wäre zu ändern. Aber selbst aus den elendsten Umständen können wir herausfinden, wenn wir uns auf unsere Herzensgüte besinnen und uns standhaft der uns innewohnenden Freude für würdig halten.

Jean ließ mich wissen, dass es mit ihrer Heilung nur schrittweise vorangehe, was aber gar nicht schlimm sei, weil im Reich des Geistes keine Zeitknappheit herrsche. Sie würde erst in aller Ruhe ihr destruktives Muster abbauen, bevor sie sich wieder inkarnierte. Ich spürte, wie aus ihrer freundlichen Hilfsbereitschaft Dankbarkeit, Gleichmut und Güte sich selbst und anderen gegenüber sprachen.

Wir sind alle miteinander vernetzt und von unseren Entscheidungen betroffen. Ob Umweltverschmutzung, Habgier, Krieg, Humor, Ästhetik oder Freundschaft - wir alle löffeln an der „Suppe" sämtlichen Wollens unserer Sphäre. Das Universum ist formbar; alles fließt und ändert sich ständig. Wir tragen durch unseren Lebenswandel, unsere Energie, unsere Vorstellungen, unser Tun und Lassen zum Allgemeinwohl und zum eigenen Wohlergehen bei oder nicht.

Mehr als die Umstände bestimmt unsere Einstellung, ob wir das Leben lieben können. Natürlich streben wir auch nach Schönheit und Harmonie und versuchen, aus bedrückenden Umständen herauszukommen. In manchen Lebensphasen, wie in der Kindheit oder während einer Krankheit, scheinen wir wenig Wahlmöglichkeiten zu haben. Aber selbst dann kann entschiedenes Wollen unseren Intuitionen Bahn brechen. Hier auf Erden, wo die „Realität" unsere Ideale nicht unmittelbar oder nur unvollständig widerspiegelt, müssen wir unbeirrt unsere Energie auf unser Inneres richten, um sie realisieren zu können.

Für abhängige Geschöpfe, wie normalerweise Haus- oder Nutztiere, ist es natürlich besonders schwierig, ohne die Hilfe ihrer menschlichen Beschützer, Halter oder Wärter ihre Situation zu ändern und ihre körperlichen, emotionalen und geistigen Bedürfnisse auszudrücken. Natürlich sind wir für unser Verhalten anderen gegenüber verantwortlich, und es entspricht unserem gesunden Menschenverstand, Leid, Ungerechtigkeit und Disharmonie ein Ende bereiten zu wollen. Gefährlich wird es aber dann, wenn ein Wesen sich zu sehr im physischen Spiel verfängt und die dahinterliegende geistige Realität nicht mehr sieht. Individuen entscheiden sich zu bestimmten Lebensumständen beziehungsweise deren Gestaltung. Selbst wenn sie jetzt relativ hilflos sind, haben sie aus unzähligen Gründen diese Lebensform gewählt und können dieser Lage entkommen, wenn sie dies wünschen, und andere Lebewesen beispielsweise um Hilfe bitten. Sie können sich sogar für den Tod entscheiden, wenn sie keine andere Möglichkeit sehen, das gewünschte Leben zu führen. Der Tod ist nicht das Ende. Er ist ein Übergang von einem Reich zu einem anderen, von einer Lebensform zur nächsten. Das habe ich von vielen Wesen mitgeteilt bekommen.

Sieben Monate nachdem sie Hector von der Humane Society adoptiert hatte, wurde ich um ein Beratungsgespräch gebeten. Die Halterin wollte wissen, woher Hector stamme, und die Antwort des Katers brachte mich zum Lachen. Hector war so direkt, so heiter, so untraumatisiert. Er sagte, er habe nach seiner Geburt eine Weile unter Geschwistern gelebt, sei dann an einen Ort gebracht worden, wo man für ihn ein neues Zuhause gesucht habe, und schließlich sei seine jetzige Halterin gekommen, habe ihn mitgenommen und seitdem ginge es ihm richtig gut. Hector fürchtete weder ein Trauma noch den Tod. Er wusste einfach, dass er in gute menschliche Hände kommen würde. Seine Einstellung ebnete ihm den Weg.

Ich habe viele Tiere kennengelernt, die, wie Hector, mit ihrem Leben vollauf zufrieden sind – sogar in Fällen, wo die Situation so wirkte, als müssten sie einfach unglücklich sein und gerettet werden wollen! Ich habe auch Tiere kennengelernt, die weder sich selbst noch die Menschen leiden konnten und Angst davor hatten, viel leiden zu müssen oder getötet zu werden. Manche Tiere wollen nicht gerettet werden. Sie wollen mit ihrer Lebensform abschließen. Gut meinende, bisweilen hart am Kontrollzwang überfürsorgliche Menschen, die solche Tiere unbedingt retten wollen, verursachen für alle Betroffenen damit meist nur große Scherereien. Darum ist es so wichtig, von den Tieren direkt in Erfahrung zu bringen, was sie wollen.

Jean fand es aus ihrer jenseitigen Perspektive sogar besser, unerwünschte, überzählige Haustiere einzuschläfern. Ohne ein gutes Zuhause hätten sie nichts von ihrem Leben. Ich finde, wir sollten uns um die Haustiere bemühen, die wirklich unter Menschen leben und sie unterstützen wollen. Weshalb sollten wir uns unbedingt für diejenigen einsetzen, die das Zusammenleben mit Menschen grässlich finden?

Ich wurde zur Hundedressurschule in Hollywood gerufen, um einen sehr unglücklichen Rottweiler zu beraten. Er wurde an der Leine vorgeführt, und als ich mich nähern wollte, warnte mich der Rottweiler, ich solle auf keinen Fall die Hand nach ihm ausstrecken, sonst beiße er mich. Er sei von seinen Haltern von klein auf gut behandelt worden, aber immer schon sehr unglücklich und sehr bissig gewesen. Er habe nach fast allen, die ihm bisher nahe gekommen seien, geschnappt. Er wolle mit keinen Menschen zusammenarbeiten und bereue überhaupt seine Wiedergeburt in diesem Körper. Deshalb werde er extrem bissig bleiben, bis er eingeschläfert werde. Er habe keine Angst davor, im Gegenteil, nichts sei ihm lieber, als so schnell wie möglich aus den Händen der Menschen zu sein.

Ein verstorbener prominenter Erfinder und Denker kontaktierte mich einmal und führte mir sein gegenwärtiges jenseitiges Leben vor Augen. Er genoss auf einer tropischen Insel das Strandleben. Er könne nun mühelos alles haben, was er wolle, ließ er mich wissen, mit den Spezies auskommen, herumspazieren, ohne von Insekten gebissen zu werden, tropische Drinks schlürfen. Er könne mit den ewigen Meistern kommunizieren und habe schon viele ekstatische Momente im Austausch mit ihnen erlebt. Keine zeitliche Gebundenheit, keine Hierarchien oder andere Hindernisse würden nun den Wissensaustausch erschweren. Und es sei sein größter Fehler auf Erden gewesen, sich selbst für unentbehrlich und seine Ideen und Entdeckungen für so bedeutend zu halten, dass keiner an sie heranreichte. Deshalb sei sein Leben so frustrierend verlaufen und habe er sich so nach Änderung gesehnt. Jetzt sah er das Leben als ein geistiges Fließen an, als einen Strom, in dem wir alle wichtig sind beziehungsweise durch unseren schöpferischen Selbstausdruck zum makrokosmischen Meisterplan beitragen.

DER GEIST WÄHLT

Das Leben ist
Ein aufleuchtendes
Glühwürmchen
In der Nacht.
Ein dampfender
Büffelatem
Im Winter.
Ein kleiner Schlagschatten
Auf dem Gras
Der nach dem Sonnenuntergang fort ist.

Crowfoot

Tiere verstehen sich während ihres irdischen Daseins gewöhnlich sowohl als geistige als auch als körperliche Wesen. So ist der Tod für sie etwas Normales, und meist ziehen sie sich an einen Ort zurück, wo sie still sterben können, das heißt, sofern es ihnen erlaubt wird. Denn für Haustiere wird der Tod dann schwierig, wenn sie und ihre menschlichen Gefährten allzu sehr aneinander hängen. Zum Beispiel kann sich der Übergang schmerzlich in die Länge ziehen, wenn ein Haustier seinem menschlichen Gefährten zuliebe versucht, auf Biegen und Brechen in seinem ausgelaugten oder nicht mehr richtig funktionierenden Körper zu bleiben.

Harriet rief mich wegen ihres altersschwachen Pudels Jacko an. Sie war mit ihm wegen seiner verschiedenen Leiden in letzter Zeit öfters beim Tierarzt gewesen und nun hatte er seit einer Woche das Fressen verweigert. Harriet war klar, dass ihr Hund am Sterben war und sie für sein körperliches Wohl nichts mehr weiter tun konnte. Am meisten bedrückte sie jedoch, dass ihr ehemals zutraulicher Hundegefährte sie seit einigen Monaten mied und auf sie böse zu sein schien.

Jacko erzählte mir von seiner frustrierenden Kommunikation mit seiner Halterin. Für ihn wäre es an der Zeit zu sterben. Er wolle keine tierärztlichen Behandlungen mehr. Auch störte ihn, dass Harriet so besorgt um ihn herumschlich. Ihre verzweifelten Behandlungsversuche und ihr flehentliches Bitten, wieder gesund zu werden, machten ihn ganz nervös. Er habe sich nicht anders zu helfen gewusst, als sich von Harriet zu distanzieren.

Als ich Jacko Feedback gegeben und Harriet über seine Gefühle unterrichtet hatte, passierte ein kleines Wunder. Während wir noch telefonierten, kam ihr Pudelgefährte zu ihr herüber, legte zum ersten Mal seit Monaten seinen Kopf in ihren Schoß und beschnupperte sie liebevoll. Er war so dankbar, dass sie ihn endlich verstand.

Elaine, die fünf Katzen hatte, rief mich wegen ihres schwerkranken Katers Ralph an. Ralph sagte mir, er werde bald sterben. Er konnte mir nichts Näheres über sein Befinden sagen, außer dass ihm Elaines Zuwendung gut tat. Nach der telefonischen Beratung sandte ich ihm zusätzlich heilende Energie aus der Ferne. Ich riet Elaine, sie solle Ralph gegenüber so fürsorglich wie möglich sein, aber auch jederzeit bereit sein loszulassen. Sie solle ihm das Gefühl geben, ihn gern wieder gesund zu sehen, ohne sich dabei an ihn zu klammern. Ich könne verstehen, dass sie der Gedanke an den nahen Tod ihres Katers belastete.

Dann kam alles anders. Ralph war plötzlich über dem Berg, ließ sich die sanfte Körperarbeit einer anderen Tiertherapeutin an sich gefallen und sprach gut auf die tierärztliche Behandlung an. Doch nun war Mandy, ebenfalls eine von Elaines Katzen, krank. Es stellte sich heraus, dass nun Mandy sich für die Kompensation des seelischen Stresses in der Familie zuständig fühlte, um Ralph zu helfen, seine Krankheit zu überwinden. Obwohl sie noch kränker zu sein schien, als Ralph es gewesen war, versicherte mir Mandy, dass sie wieder gesund werden würde. Und tatsächlich ließen sie ihre Willenskraft, eine gute tiermedizinische Versorgung und die heilende Energie der vielen Helfer ein Fieber von 42 Grad überleben. Elaine war froh, diese Prüfung des Loslassens und seelisch „reinen Tisch" Machens bestanden zu haben und den Tod nun als Teil des Lebens akzeptieren zu können.

Michael rief mich wegen seiner fünfzehn Jahre alten arthritischen Hündin Panda an, die er einschläfern lassen wollte, um ihr unnötige Schmerzen zu ersparen. Panda sagte mir, dass ihre Schmerzen noch recht erträglich waren, und ihr nur das Aufstehen sehr schwer falle. Sie wolle noch so lange wie möglich Michael treu zur Seite stehen und würde ihm Bescheid geben, wenn sie wirklich gehen wolle. Es vergingen noch einige Monate, bis Panda, die sich kaum mehr rühren konnte, Michael zu verstehen gab, es sei so weit. So hatten beide sich in aller Ruhe voneinander verabschieden können.

In jedem Fall sollten die individuellen Wünsche der Tiere berücksichtigt werden. Wenn ihr Überlebenswille groß ist und sie eine therapeutische Behandlung möchten, ist dieser Weg einzuschlagen. Einige Tiere wollen auch dann noch weiterleben, wenn für sie ohne menschliche Hilfe überhaupt nichts mehr geht, weil sie immer noch das Gefühl haben, nützlich zu sein. Liebe ist einfach unermesslich. Es lässt sich nicht festlegen, wann Tiere und ihre Bezugspersonen nichts mehr aus ihrer Beziehung schöpfen.

Andere Tiere, mit denen es körperlich schwer bergab geht, werden sagen: „Bitte lass mich jetzt gehen, bevor ich meine Würde verliere." Senator, ein großer deutscher Schäferhund, hatte keine Kontrolle mehr über seinen Stuhlgang und sein Gang begann zu versagen. Seine Bezugsperson Martha war sich unsicher, wann sie ihn einschläfern lassen sollte. Als wir mit Senator die Alternativen besprachen, entschied er sich gegen die Aussicht, immer wieder in seinen Exkrementen liegend aufwachen zu müssen. Er wusste, dass sich sein Zustand nicht mehr bessern würde. Und vor der Spritze, die ihn aus dem Körper befreien würde, hatte er keine Angst. Ich riet Martha, mit Senator doch noch einmal einen wunderschönen Ausflug zu machen, bevor sie ihn zum Tierarzt bringe, um ihr Zusammensein und auch seinen nahen Abschied in das geistige Reich zu feiern. Senator war ihr dafür sehr dankbar und schlief glücklich und zufrieden ein.

Carolyn Blakey, eine holistische Tierärztin aus Indiana, die sich mit mir schon öfter beraten hatte, lud mich im Juni 1989 dazu ein, in ihrer Tierklinik einen Kurs zu halten. Während meines Aufenthalts dort bat sie mich um ein Gespräch mit einem Habicht, der kürzlich mit einem lahmen Flügel zu ihr gebracht worden war. Sie spürte, dass der Habicht sehr unglücklich war, und wollte mehr von ihm wissen.

Der Habicht war über seine Gefangenschaft wütend. Obwohl ihm klar war, dass er nicht mehr fliegen konnte, wollte er lieber in der Wildnis sterben, als in Gefangenschaft von Menschen versorgt werden. Also bestand er darauf, freigelassen zu werden. So würde er zumindest würdig sterben. Carolyn, die außerhalb der Stadt wohnte, ließ ihn dann auf der Heimfahrt frei, und erzählte mir, er sei spürbar erleichtert und dankbar gewesen. Später hat sie ihn noch einmal morgens, auf dem Weg zur Arbeit in Straßennähe beim Mäusefangen gesehen.

Wenn das Leben Ihrer Tiergefährten offensichtlich zu Ende geht, sollten Sie mit ihnen in aller Ruhe darüber sprechen, wie gern sie bisher mit ihnen zusammen waren und dass Sie sie loslassen werden, wenn die Zeit dazu gekommen ist. Vor allem sollten Sie auch auf das, was die Tiere zu sagen haben, hören. Die meisten Tiere entschlafen dann sanft. Wenn uns der Verlust ihrer körperlichen Anwesenheit auch schmerzt, wir sollten uns doch mit ihnen darüber freuen, dass sie nach dem Verlassen ihres Körpers als geistige Wesen weiter existieren. Sie können lernen, mit ihren verstorbenen Freunden geistig in Kontakt zu bleiben, was ebenfalls über den Verlust hinweghilft.

Dass man sich um den Erhalt der Gesundheit seiner Tiergefährten einsetzt, ist ganz natürlich. Wenn man dann auch noch den Tod als etwas Selbstverständliches hinzunehmen lernt, und ihn als einen wesentlichen, ja sogar schönen Teil des Lebens begreift, werden die Tiere entweder leichter genesen oder eben friedlich entschlafen. Man sollte für die eigenen Gefühle und die seiner Tiergefährten Verständnis haben, aber sich vor dem Anklammern hüten. Das belastet beide Seiten nur unnötig. Hören Sie auf ihre Freunde aus dem Tierreich, und bleiben Sie mit deren Geistnatur in Kontakt. Versetzen Sie sich in ihre Lage, und beziehen Sie den Tod, wie das Leben, in den Wachstumsprozess ein.

Soe Hut, ein sechzehn Jahre alter burmesischer Kater, starb, während seine Bezugsperson Joyce auf Reisen war. Sie suchte nach ihrer Rückkehr meinen Rat, weil ihre zweite ebenfalls sechzehn Jahre alte Katze Khin Su allzu sehr um ihren Freund zu trauern schien.

Als ich mit Soe Hut Kontakt aufnahm, war er über seine zurückgebliebenen Lieben außer sich, weil ihn ihr Jammer über seinen Tod in einem Zwischenzustand hielt. Khin Su solle ihre Wut über sein Fortgehen loslassen, und Joyce solle ihm nicht mehr nachtragen, dass er in ihrer Abwesenheit gestorben war, und ihn endlich als geistiges Wesen respektieren. Ich teilte das den beiden mit und ermutigte sie zum Loslassen. Der aus seiner „Pflicht" entlassene Soe Hut konnte schließlich in das geistige Reich eingehen, wo er sowohl mit seinen Lieben Kontakt halten, aber auch seinen Interessen nachgehen konnte.

Manchmal gibt es seelische Zusammenhänge, die wir nicht für möglich gehalten hätten. So erlebte Jack zum Beispiel folgendes. Er sah gerade fern und hatte die getigerte Katze seiner Freundin auf dem Schoß, als diese sich plötzlich ganz seltsam gebärdete. „Martha", rief er, „schau bitte einmal her, mit Luella scheint etwas nicht zu stimmen."

Luella lag mit ausgestreckten Beinen da, atmete kaum noch; der Körper kühlte merklich ab. Kurz zuvor war sie noch quietschfidel gewesen. Martha rief ganz erschrocken Luella immer wieder beim Namen. Schließlich kam Luella wieder langsam zu sich! Ihre Verkrampfung löste sich und sie fühlte sich wieder warm an.

Eine Stunde später rief Jacks Schwester an, um ihm mitzuteilen, dass ihre Mutter an einem Herzinfarkt gestorben sei. Es stellte sich später heraus, dass der Tod seiner Mutter zeitlich mit Luellas „Tod" zusammengefallen war.

Als ich im Haus eines Paares wohnte, das für mich einen Workshop organisierte, wurde ich von ihnen auch um eine private Beratung gebeten. Sie waren um ihren vor ein paar Jahren adoptierten Collie, Sam, besorgt, der immer etwas traurig und reserviert zu sein schien. Während ich mich mit ihrem anderen Hund und ihrer Katze unterhielt, lag Sam hinter dem Klavier. Obwohl ich ihn nicht sehen konnte, fühlte ich seine große Bedrückung. Er war äußerst verschlossen. Als er dann an die Reihe kam, sagte ich ihm, er könne mir, wenn es ihm lieber sei, auch von seinem momentanen Platz aus sein Herz ausschütten.

Sam erzählte mir, er trauere um seine Bezugsperson, eine ältere Frau, die vor ein paar Jahren gestorben sei. Ohne sie könne er nie mehr glücklich sein. Das Ehepaar bestätigte mir, sie hätten Sam adoptiert, nachdem seine frühere Halterin an Krebs gestorben war. Als Sam und ich miteinander sprachen, nahm die verstorbene Frau mit uns Kontakt auf. Sie hatte Sam sehr geliebt, und beide wussten, sie würden einer ohne den anderen kein Glück auf Erden genießen wollen. Sie hatten sich das in einem früheren Leben als Menschen versprochen. Nach einer Analyse dieses Versprechens konnte ich Sam und seine verstorbene menschliche Freundin zu einer unmittelbaren Kontaktaufnahme bewegen. Sam wurde sofort leichter ums Herz, er kam hinter dem Klavier vor und sagte, er wolle später noch einmal mit mir sprechen. Es bedrückten ihn noch mehr Dinge, die er loswerden wollte.

Am nächsten Tag kam Sam zu mir ins Gästezimmer, setzte sich und ließ einer Assoziationsflut freien Lauf, die seine Trauer betraf und sein Leben überhaupt. Es dauerte nicht lange, und er trottete sichtlich zufrieden davon. Seither war er allgemein kontaktfreudiger und verspielter – ein erstaunlicher Wandel!

Tiere haben ihre eigene einzigartige Geschichte und gehen mit Leben und Tod unterschiedlich um. Ich habe bei Tieren, die mit dem Tod ihrer Bezugsperson konfrontiert waren, die ganze Bandbreite an Emotionen und Reaktionen erlebt. Ich erinnere mich an einige, die ihren menschlichen Gefährten auf die andere Seite gefolgt sind. Andere blieben ihrer Bezugsperson im Geiste verbunden und richteten ihr Leben neu ein. Und dann gibt es diejenigen, die sich nur schwer mit dem Verlust abfinden und lange verwirrt, verängstigt oder traurig sind.

Wenn Sie Tiere versorgen oder aufgenommen haben, deren erste Bezugspersonen gestorben sind, sollten Sie, wenn Sie noch offensichtlich darunter leiden, mit ihnen darüber sprechen. Erklären Sie, was mit der Bezugsperson geschehen ist, und dass Sie mit ihr geistig in Kontakt treten können. Haben Sie Verständnis für ihre Trauer und ermutigen Sie sie schrittweise, wieder am Leben teilzunehmen. Wir alle können uns gegenseitig helfen, Tod und Wiedergeburt auf Erden zu verstehen und aus dem Kreislauf des Lebens zu lernen.

Im Oktober 1986 stieß ich in einer Tierhandlung auf ein Terrarium mit Anolis-Eidechsen und betrachtete sie genauer. Regungslos harrten sie auf ihren Plätzen mit Ausnahme eines kleinen Kerlchens, das die Glasscheibe hoch und runter sauste und mir zurief: „Nimm mich mit nach Hause. Ich bin für dich bestimmt." Ich fühlte mich sehr zu diesem Wesen hingezogen und sah mich gleich nach einem Buch über die Pflege von Anolis um. Glücklicherweise gab es eines und ich begann darin zu lesen, mit dem Rücken zum Terrarium. Ich konnte die unglaubliche Entschlossenheit der Eidechse hinter mir förmlich spüren. Was für ein starkes Wesen! Als der Verkäufer den kleinen Kerl für mich einfangen wollte, kletterte dieser geradezu freiwillig in den Transportkarton. Mir fiel für ihn der Name Ginko ein. Es machte mir riesig Spaß, für Ginko, dessen Gegenwart ich in vollen Zügen genoss, ein mit Farn und Steinen gefülltes Terrarium herzurichten. Folgendes Gedicht entstand sechs Tage nach seiner Ankunft:

Weiser, stiller göttergleicher Ginko
Altehrwürdiger Lehrer
Ich habe dir eine kleine Waldung geschaffen
Aus Farn, Steinen und Rinden
Ein kleiner Glastempel voller
Spinnen, Würmer, Fliegen, Motten und Grillen
Du wirst in deiner wechselvollen Schönheit
Von Menschen und Katzen bewundert

Nimmst Farbe nach Stimmung und Ort an
Meister der Transformation
Ich beobachte deine Ruhe, gewinne Spaß an der Geduld
Lerne sogar, mich mit den Wesen auszutauschen,
Die du fressen wirst, um selbst wendig zu bleiben
Ich habe gehört, wie du dich freundschaftlich mit
Spinnen und Fliegen unterhältst
Den Liebespakt zwischen Beute- und Raubtier verstanden
Vollkommenes Teilen
Habe deine Schönheit und Aufrichtigkeit gespürt
Deine Freude, deinen Frieden
Und einmal tauchte aus den Tiefen deines Blicks
Kurz mein vor Jahren verstorbener Vater auf
Und verschmolz mit mir und der Erde
In einem zeitlosen Augenblick
Friedlich offenbarter Allverbundenheit des Lebens
Danke, dass du mich gerufen hast und uns nun
Mit deiner atemberaubenden Schönheit beglückst.

Ich habe viele Fliegen und andere Insekten für Ginko gefangen. Anfangs bat ich jedes Insekt um Erlaubnis, es für Ginko fangen zu dürfen, aber dann gab ich den Insekten bekannt, wer in unser Haus käme, müsse damit rechnen, an Ginko verfüttert zu werden. Danach schienen sich selbst Fliegen leichter fangen zu lassen. Es wirkte immer äußerst elegant, wenn Ginko seine Klebezunge herausschnellte und sie blitzschnell verschluckte.

Ginko büxte öfter aus dem Terrarium aus, wenn ich zum Füttern den Deckel wegnahm. Er war nicht leicht hinter den Möbeln vor zu bringen, also gewöhnte ich es mir an, beim Füttern den Deckel sofort wieder zufallen zu lassen. Am 14. März 1988 sprang Ginko genau in dem Augenblick, als der Deckel niedersauste, auf den Terrariumrand und wurde zerquetscht. Es tat mir sehr weh zu sehen, wie sich sein kleiner verkrümmter Körper beim Verebben seiner Lebenskraft von grün zu braun und schließlich schwarz färbte.

Nach seinem Tod erschien Ginko mir im Geiste in Gestalt eines stattlichen Amazonasindianers. Er stellte sich mir als mein neuer Führer vor, sagte, auch wenn sein Leben als Eidechse vorbei sei, wolle er mich weiterhin spirituell unterstützen.

Während der folgenden Jahre war er stets unter meinen vielen spirituellen Führern und Helfern anwesend. Im September 1992 saß ich auf der Hawaii-Insel Maui gerade auf der Restaurantterrasse, als ich eine kleine grüne Anolis-Eidechse behende auf eine Pflanze bis in Augenhöhe hoch klettern sah. Ganz sicher war es Ginko, der durch diese Eidechse zu mir sprach. Er ermutigte mich zu meinem Vortrag auf der American Holistic Veterinary Conference, dem ich voller Aufregung entgegensah. Ich dankte Ginko für die Zuversicht, die er mir mit diesem grazilen Auftritt geschenkt hatte.

Nach diesem Erlebnis hätte ich gerne wieder eine Anolis-Eidechse in unsere Familie aufgenommen. Aber ich verdrängte diesen Gedanken, da ich mich erinnerte, wie viel Zeit ich mit dem Fangen von Insekten verbracht hatte. Da wir schon viele unterschiedlich geartete Familienmitglieder hatten, musste die Aufnahme neuer Familienmitglieder wohl überlegt sein. Wenn aber Helfer sehr entschieden bei uns aufgenommen werden wollen, überwiegt normalerweise meine Begeisterung. So kam es, dass uns seit dem 9. Oktober 1992 wieder eine neue Anolis-Eidechse namens Igor mit seiner Weisheit und Anmut bereicherte.

Sherman, unsere orangefarbene Katze, kam eines Tages arg mitgenommen nach Hause. Als ich wissen wollte, was los sei, wollte er nur seine Ruhe haben. Er wollte auch nichts fressen und beim Streicheln waren viele Schürfwunden zu spüren. Er zog sich in eine Ecke zurück. Später sagte er mir, er habe mit einer Nachbarskatze gekämpft, müsse sich über einiges klar werden und wolle dabei nicht gestört werden.

Obwohl er ein paar Tage lang nichts fraß und fast nur schlief, zügelte ich meine Mutterinstinkte. Ich kam seiner Bitte nach und versuchte nicht, ihn mit Kräutern zu behandeln oder zum Tierarzt zu bringen. Stattdessen bot ich ihm von Zeit zu Zeit heilende Energie an und bat die Engel, seine Genesung zu unterstützen.

Ich respektierte einfach seine Selbstheilungskräfte und er wusste diese Rücksichtnahme zu schätzen. Als es Sherman wieder besser ging, teilte er mir seine Einsichten mit. Er hätte sich zu sehr in Katzenverhaltensmustern und –konflikten verstrickt und darüber sein eigentliches Ziel aus den Augen verloren – allen Wesen, denen er auf Erden begegnete, im Streben nach Harmonie und Erleuchtung beizustehen. Er müsse noch weiter darüber nachdenken und sich schonen.

Nachdem er einen Tag lang aufgeblüht war, fiel er wieder in sich zusammen. Sherman hatte vielleicht als himmlischer Gesandter seine Mission in dieser Inkarnation erfüllt. Mir fiel ein, dass ich, als er 1988 zu uns kam, deutlich gespürt hatte, er würde nur kurz bleiben. Nun war er drei Jahre und fünf Monate alt. Offenbar war es Zeit für ihn, ins Engelreich zurückzukehren, denn seine Körperkraft verließ ihn ohne organischen Grund. Wenn er etwas fraß, erbrach er es wieder. Michel und ich und unsere ganze Tierfamilie schickten ihm heilende Energie. Demütig baten wir die Höheren Mächte, ihn bei uns zu lassen, da er hier auf Erden eine so große Hilfe sei und wir ihn in seiner Katzengestalt so sehr liebten.

Als ich noch am selben Tag an Sherman eine Heilbehandlung durchführte, sah ich, wie eine mich umhüllende große Engelsgestalt ihm Energie sandte. Zudem umgab uns eine Vielzahl kleinerer Engel. Ihm war erlaubt worden, weiter zu leben.

An diesem Abend fraß Sherman mit Appetit und er wirkte wie neu geboren. Während seine innere Uhr für weitere gesunde Lebensjahre aufgezogen wurde, hatte ich Energiewirbel wahrgenommen und es in seinem Körper surren und knistern gehört.

Als ich etwas später Sherman herzlich umarmte, hatte das eine selten mystische Qualität. Unsere Körper erschlossen sich zu einem harmonischen Ganzen. Wir erkannten einander in geistiger Gestalt.

Von da an arbeitete Sherman noch intensiver mit mir zusammen. Hatte er mir schon vor diesem Erlebnis sehr nahe gestanden, waren wir nun in unserer Mission, Harmonie zwischen den Arten und im Universum zu stiften, unzertrennlich.

Kater Heyoka, unser kleiner schwarzer Panther, strotzte meist vor Gesundheit und duftete, selbst in der Wohnung in Los Angeles, nach Kräutern, Kiefern und frischen Blumen. Allerdings litt er einmal an einer hartnäckigen Blasenentzündung, die weder mit Vitaminen, noch mit homöopathischen Mitteln oder Heilenergie-Behandlungen ganz aus der Welt zu schaffen war. Bei Blasenbeschwerden spielt oft Unruhe oder Stress eine entscheidende Rolle, aber Heyoka wollte diesen Aspekt jedoch einfach nicht wahrhaben. Obwohl er kastriert war, kam es zwischen ihm und einem wilden Kater aus unserer Gegend immer wieder zu harten Kämpfen. Das war keine Sache, die sich sofort in einem Beratungsgespräch lösen ließ. Er musste seine eigenen Erfahrungen machen und lernen, in seinem kastrierten Katerkörper zu einem ausgeglichenen Energiehaushalt zu finden.

Solange er sich nicht mit seiner Kastration abgefunden hatte, musste er eben zur Linderung seiner körperlichen Beschwerden mit einem Blasenkatheter und einer speziellen Diät zurecht kommen. Den Körper zu achten und aktuell zu genießen, ohne sich in Sentimentalität, Zwängen, hormonellen Zyklen, Gewohnheiten oder Konventionen zu verstricken, ist für Individuen aller Spezies ein ziemlicher Balanceakt. Die normalen Körperfunktionen können durch die Art der Sozialisation einerseits und die individuellen Entscheidungen andererseits arg erschwert werden. Doch ist vor allem maßgeblich, wie wir in unseren Körpern „sein" wollen, ob wir uns zu einer Körper-Geist-Seele-Einheit entwickeln wollen.

Ich vertraute darauf, dass Heyoka seine inneren Konflikte lösen würde, und das tat er auch. Ich unterstützte ihn, indem ich mit dem wilden Kater sprach und ihn dazu bewegte, unsere Gegend zu verlassen.

Elfie, unser weißes Zwergkaninchen mit dunkelgrauen Ohren und dunkelgrauem Schwanz, hat vielen Workshop-Teilnehmer/Innen bei der Erweiterung ihrer telepathischen Fähigkeiten geholfen. Sie verschied am 10. September 1991 still und geheimnisvoll. Einen Tag später schrieb ich diese Zeilen im Gedenken an sie:

Kaninchen Elfie ist heute gestorben. Verließ ihren Körper und flog davon.

Wir wussten, dass der Tag nahe war
Seit Georgie, ihr lieber Gefährte,
Sie allein zurückgelassen hatte. Sie liebte ihn sehr,
Waren sie doch beide aus dem Elfenreich hierher

Gekommen, um in niedlicher Kaninchengestalt
Bei der Verbreitung der Botschaft zu helfen,
Dass sich alle Wesen im Kern gleichen.
Reiche, Formen, Körper sind Spiele
Sprühend vor göttlicher Gnade
Ausdruck desselben Seins - Unendlichkeit genannt.

Elfie wusste, dass Weisheit in jeder Gestalt auftreten kann
Dass die Evolution vielschichtig ist und
Der Geist zahlreiche Leben umfasst.
Sie teilte ihre Kraft und Schönheit, ihre Anmu mit,
Lehrte, jene, die zu ihr kamen,
Sich selbst zu erkennen und
Wesen, gleich welcher Gestalt, zu achten.

Elfie sehnte sich zu George ins Jenseits und wurde krank.
Dann wollte sie doch hier bleiben und genas:
Etwas Unerhörtes für Kaninchen!
Nun hielt sie ihre Zeit für gekommen
Sieben Lebensjahre – ein ganzer Zyklus
Sie würde für immer gehen.

Sie starb ruhig.
Einen Tag tickte ihre innere Uhr immer langsamer
Und blieb stehen - sie war in Freiheit
Ein schöner Tod, ein friedlicher Übergang
Ihr Atem wurde langsamer
Ihr Kopf sank zu Boden
Und doch wie wunderbar –
Als ihre Lebenskraft versiegte
Begann sie heller zu leuchten.

Ich deckte sie vorsichtig zu, damit sie weniger fror
Und sie ließ sich dankbar am Kopf streicheln
Dann ließ ich sie in Frieden
Und als ich wiederkam, war sie gestorben
Aber ihr Körper wirkte sonderbar anders.

Ich habe viele sterben gesehen und wenn sie gehen
Bleibt eine kalte und steife Hülle zurück
Untrügbares Zeichen für den abgeschnittenen Lebensfaden
Elfies Kaninchenkörper war in Licht getaucht
Ihre offenen Augen leuchteten wie rosa Kristall
Ihr Körper war kalt und doch weich
Ihr Fell seidiger denn je
Auf ihr lag der Glanz einer anderen Welt
Sie sah aus wie eine Elfe.

Georgie starb anders
Sein Körper war eingefallen und steif
Elfie schien verwandelt
Sie war von einer zarten rosa und orangen
Aura umgeben
Ich spürte, wie sie sich mit Georgie durch einen
Lichterstrudel an den ersehnten Ort begab.

Ich begrub ihren Körper in einem neu angelegten Beet
Ihr weiches, seidiges Fell leuchtete in der schwarzen
Grube, mit Salatblättern und Ringelblumen -
Ihrem Lieblingsfressen.
Ich hatte das Gefühl: hielte ich ihren Körper länger,
Wäre er zu Licht geschmolzen.
Die Feengeschwister hätten ihn mitgenommen.

Ich spüre, wie ihr sich auflösender Körper strahlende
Feenarbeit tut und die Pflanzen wachsen lässt:
Brokkoli, Kohl, Blumenkohl, Spinat -
Was sie einst fraß, nährt sich nun von ihr
Im Lebensreigen.

Am nächsten Tag sah ich sie glücklich
Mit Georgie auf einer Traumwiese
Hüpfend im glitzernden Tau.

Die Feenlichter helfen,
Verwandeln und bezaubern uns
Elfie – durchscheinendes Kaninchen – strahlender Geist
Danke, dass du uns mit deiner Anwesenheit beglückt hast.
Georgie und du, ihr seid Teil unseres Lebens
Leuchtet allen – für immer.

Als Carol Landsberg nach Elfies Tod an einem unserer Workshops teilnahm, sprach sie mit unserem Meerschweinchen Gingerbread. Sie fragte ihn, ob es irgend etwas gäbe, was sie seiner Meinung nach wissen sollte. Seine einfühlsame und emotional ansprechende Antwort änderte ihre Einstellung zum Tod, vor dem sie sich bisher gegraust hatte.

Ich möchte dir vom Tod erzählen. Er ist wunderbar, etwas ganz eigenes und liebenswertes an uns. Er bedeutet Übergang und Wandlung, verkörpert eine Möglichkeit und keine Bedrohung. Da er sowieso unausweichlich ist, ist es besser, ihn nicht zu verdrängen. Sicherheit finden wir in uns und nicht außerhalb von uns. Um glücklich zu werden und das Beste aus deinem Leben zu machen, musst du locker lassen und auf deine Entwicklung vertrauen. Du bist ganz nah daran, das zu erkennen und in die Praxis umzusetzen. Im Moment des Todes zählt allein, wie du dein Leben geführt hast.

Der Tod ist der Wunsch nach Frieden; das Wissen um vollbrachte Tat. Jeder Kampf, um sich das Gegenteil zu beweisen, ist überflüssig. Lass vom Egorummel ab, verzichte auf Persönlichkeits- beziehungsweise Charakterkriege und tritt ins größere Ganze ein. Es ist eine Erleichterung. Es bedeutet den Ausstieg aus der Tretmühle. Wohlige Wärme. Rückkehr zum Ursprung. Ein Gehaltenwerden durch Liebe. Es bedeutet einen herrlichen Sonnenuntergang. Vollkommenes Vertrauen. Krafttanken. Es ist ein Willkommen, die Rückkehr nach Hause; das perfekte Zusammenspiel aller Sinne, Daseinsharmonie. Kein „Gedankengeschnatter" mehr. Wie ein herrliches Schaumbad, wie himmlischer Schokopudding. Es ist ein sinnliches Ineinanderfließen; bedeutet, alles auf einmal zu sein. Es bedeutet unaussprechliche Herzenswärme. Wahrheit, die sich dir zuspricht. Das in Einklang-Bringen aller Dinge. Es bedeutet, die Verbindung aller Dinge zu sehen und die Verbindung aller Dinge zu sein. Er birgt großartiges Wissen. Er gleicht dem Gefühl, das ich dir eben vermittle. Rufe es dir in Erinnerung, sooft dich dieses Thema beschäftigt, und alles wird in Ordnung sein.

Ich freue mich auf meinen Tod. Ich bin noch nicht drüben, weil Penelope noch auf mich angewiesen ist. Bald werde ich Gesellschaft bekommen, der ich meine hiesige Aufgabe übertragen kann. Es ist ein besonderer Kraftort hier, und ich liebe diese Arbeit. Die Leute finden einen Draht zu mir, weil Meerschweinchen fast jeder aus seiner Schulzeit kennt. Darum vor allem habe ich diesen Körper gewählt. Ich wecke bei den Leuten meist positive Jugenderinnerungen und kann ihnen so leichter beibringen, sich mit anderen Spezies in Verbindung zu setzen. Ich liebe diese Arbeit wirklich sehr. Sie erfüllt mich. Ich liebe meine Zuhause hier, das Cottage. Es freut mich unglaublich, wie sehr du dich im Vergleich zum Vorjahr weiterentwickelt hast. Du wirst weiter große Fortschritte machen, wenn du, so wie ich, alles mit Muße angehst. Du merkst, wie gut das tut.

Als mein Mann Michel und ich im September 1992 in Maui an der American Holistic Veterinary Conference teilnahmen, war unsere Küstenregion von einer unerwarteten Hitzewelle betroffen und wir hatten nicht daran gedacht, unseren Haushalter um eine Sonderpflege der Kaninchen zu bitten, sollten die Temperaturen über dreißig Grad steigen. Obwohl das Beatrix Potter Bunny Cottage im Schatten steht und gut belüftet ist, stelle ich bei großer Hitze normalerweise einen Ventilator auf und besprühe die Kaninchen in regelmäßigen Abständen mit Wasser. In der Woche vor unserer Abreise war es nie heißer als 25 Grad geworden, und die letzte Hitzewelle lag weit zurück, so dass wir völlig diese Möglichkeit vergaßen.

Bei unserer Rückkehr fand ich unsere Kaninchenmutter Molly in einem desolaten Zustand vor. Sie war verwirrt und hatte starke Kopfschmerzen. Periwinkle kam angehoppelt und erzählte mir, er wäre froh, dass ich wieder da sei und mich nun um sie kümmern könne. Ganz besorgt leckte er die Augen seiner Mutter. Auch Periwinkle sah krank aus. Ich gab allen Kaninchen Bachblüten und andere Naturheilmittel, aber es nützte nichts mehr. Molly starb in der Nacht zum 26. September. Es war für alle ein Schock. Am selben Tag spätnachmittags starb auch noch Periwinkle.

Mollys Männchen Chester und seine Tochter Velvet wirkten nun ganz verloren. Chester zog sich in den nächsten Tagen immer mehr zurück, nachdem er und Velvet zunächst unzertrennlich zu sein schienen. Als ich am 1. Oktober zu Vorlesungen und einem Workshop nach British Columbia reiste, machte ich mir große Sorgen um Chester, der am nächsten Morgen tatsächlich Molly und Periwinkle nachfolgte. Und als ich fünf Tage später abends wieder nach Hause kam, konnte ich Velvet gerade noch verabschieden. Sie starb über Nacht.

Der Fortgang von Molly und Periwinkle war ziemlich schlimm für mich gewesen, vor allem weil Chester und Velvet sich so im Stich gelassen fühlten. Die vier waren eine so eng zusammengewachsene Familie gewesen. Als Chester und Velvet dann den beiden folgten, war ich eigentlich erleichtert. Diese schönen Geister waren nun wieder zusammen in ihrer Welt. Alle hatten sich von Gingerbread, ihrem „Onkel" und Meerschweinchengefährten, verabschiedet gehabt. Mollys Tod traf Gingerbread am schwersten, denn sie hatte ihm täglich ihre Zuneigung bewiesen und seine Augen und Ohren geputzt.

Molly konnte zuerst nicht fassen, dass sie an einem Hitzschlag gestorben war. Doch als ihre Familie im Jenseits wieder vereint war, wurde uns allen klar, dass ihnen von vornherein nur eine kurze Zeit auf Erden beschieden gewesen war. Es war eine wunderbare Zeit, und ich werde stets von den Erinnerungen an diese wunderbare Familie im Beatrix Potter Bunny Cottage zehren. Chester und Molly lebten ein Jahr bei uns, Periwinkle und Velvet knapp neun Monate. Wir hatten sie alle kastrieren lassen, damit es keine sexuelle Rivalitäten gab und natürlich auch, um eine Kaninchenschwemme zu vermeiden. Es war eine Freude, ihr friedliches Beisammensein zu beobachten, vor allem, wenn sie sich gegenseitig putzten oder zusammen im Cottage herumhoppelten.

Was die Konstitution betraf, so schienen Molly und Periwinkle besonders hitzeempfindlich zu sein. Nach Mollys Tod fiel die Gruppe auseinander, bis schließlich drüben wieder alle zusammen waren.

Eine Woche nach Velvets Tod traf Michel den Mann, der eines der Kaninchenjungen aufgenommen hatte, und sie stellten einen erstaunlichen Zufall fest: Benny, der Bruder von Periwinkle und Velvet, war fast zur gleichen Zeit wie Velvet auf mysteriöse Weise gestorben. Kurz zuvor hatte er noch quietsch-fidel mit seinem Menschengefährten gekuschelt.

Diese Familie war eine Gruppe verwandter Seelen, die einfach zusammen sein mussten. Ich erinnere mich, wie Chester böse mit mir war, wenn Leute kamen, um die Kaninchenjungen anzuschauen und in ein neues Zuhause mitzunehmen. Molly sah die Sache weniger eng und schubste die Kleinen fast zum Cottage hinaus. Sie war eindeutig die Chefin. In ihr verbanden sich etwa drei Viertel der Gruppenenergie. Die anderen waren eindeutig auf sie angewiesen.

Tief, tief in meinem Innern
Das Gefühl von Abwesenheit und Anwesenheit
Einer Familie
Die hinüber ging
In strahlender Schönheit
So geheimnisvoll, so hell.

Eine Familie
Verwandter Seelen
Bereicherte unser Leben
Brachte Schönheit auf die Erde
Für so kurze Zeit
An der wir stets in unserer
Erinnerung zehren werden.

Eine Familie
Verwandter Seelen
Deren Kommen und Gehen
Weder in meiner noch irgendeines
Anderen Macht steht
Vielleicht nicht einmal in ihrer eigenen.

Tiefer Frieden
Stiller warmer Trost
Erfüllt die Luft
Jedes Molekül
Von ihrer Liebe erfasst.

Solch eine innige Liebe
Spiel und Harmonie verwandter Seelen
Ist ein unvergänglicher Schatz
In unser aller Herzen.

Wir schwelgen in ewiger Kaninchenliebe.

Da vielen meiner Tiergefährten nur ein kurzes Leben beschieden war, hatte ich oft Gelegenheit, mich mit Sterben, Tod und Wiedergeburt auseinander zu setzen und daran zu wachsen. 1992 war in dieser Hinsicht ein schwieriges Jahr, denn es starb eine ganze Reihe von Tieren. Und es starb auch meine Mutter.

Gingerbread, unser Meerschweinchenfreund, hatte in seiner „Ausführung" über den Tod Carol Landsberg gegenüber erwähnt, dass er sich auf seinen Tod freue, mir allerdings noch solange beistehen wolle, bis er einem anderen Wesen seine Aufgabe übertragen könne, was bald geschehen werde. Wie viel ich und alle, die an meinen Workshops teilgenommen haben, von diesem goldigen Wesen gelernt haben!

Am 1. Dezember verschied Gingerbread bei herrlichem Sonnenschein so friedlich, wie er auch gelebt hatte. Seine Aura erweiterte sich, als er im Sterben lag. Es war unglaublich mitzuerleben, wie seine Körperkraft verebbte und gleichzeitig sein geistiges Kraftfeld in einem Lichtsog aufstieg, der über das Cottage hinausreichte.

Kaninchen Ellyetta hoppelte wie wild um Gingerbread herum und sagte: „Gingerbread geht in eine höhere Sphäre." Sie war ganz außer sich vor Aufregung und hüpfte sogar über den im Heu auf der Seite liegenden Gingerbread, den das nicht störte. Er sagte, sie spüre seine große Freude über seinen Übergang.

Nachdem Gingie uns am frühen Nachmittag verlassen hatte, nahm er gleich mit mir Kontakt auf. Er besuchte Elfie und Georgie in ihrem Zauberreich und Chester, Molly, Velvet, Periwinkle, Benny und deren Freunde. Er führte mir vor Augen, wie die geistigen Reiche überall existieren und auch unsere Raum-Zeit-Dimension durchdringen, dass sie eine langsamere und schnellere Schwingung darstellen, die durch ein entsprechend erweitertes Wahrnehmungsvermögen erfasst werden können. Er zeigte mir, das die kürzlich verstorbene Kaninchenfamilie, so wie sie im Jenseits weilte, gleichzeitig im Cottage anwesend war und ihr Licht und ihre Liebe verströmte. Ich hatte kurz den Eindruck, dass er mich mit seinen funkelnden Augen ansah, die goldige Schnauze erwartungsvoll emporgereckt, und mich einlud, seine überbordende Freude an der Allverbundenheit zu teilen. Er konnte überall hingehen, zusammensein, mit wem er wollte, und so viel Freude strahlen, wie er nur wünschte. Er war ganz bei sich selbst – ein glücklicher, freier Geist.

Aufgrund meiner vielen Kontakte mit Wesen, die die irdische Ebene verlassen haben, weiß ich, dass es im geistigen Reich unendlich viele „Orte" oder Dimensionen gibt. Manche Dimensionen scheinen eng mit der irdischen Ebene verbunden zu sein. Sie trennt nur ein zarter Schleier oder winziger Schwingungsunterschied voneinander. Zu ihrer Wahrnehmung ist nur eine leichte Umorientierung nötig, so als würde man in seinem Bewusstsein einen anderen Fernseh- oder

Radiosender einstellen. Andere Wesen scheinen in „weit entfernten" Dimensionen zu weilen und sind schwer zu kontaktieren. Diese Distanz wird von den Bewohnern dieser Reiche bewusst geschaffen, und spiegelt sich in den „Wahrnehmungsregeln" wider, die dort herrschen.

Im geistigen Reich können sich alle Wesen miteinander austauschen, aber offenbar wird diese Möglichkeit in verschiedenen Graden ausgeschöpft. Die Wesen weilen in verschiedenen Reichen, „Abteilungen" oder Dimensionen, entsprechend ihren Anlagen und Absichten. Im geistigen Reich herrscht völlige Entfaltungsfreiheit. Alle können unendlichen Frieden und unendliche Liebe erfahren, sofern sie selbst sich das zugestehen.

Nachdem Gingerbread mir seine Jenseitserfahrung vermittelt hatte, verstand ich besser, weshalb Chester und Molly und ihre Kaninchenjungen im geistigen Reich zusammen blieben. Die Familie hatte sich als Gruppe hinüber geschwungen. Ihr gemeinsames Schwingungsmuster an „überirdischer" Schönheit und Harmonie hatte sich so weit verstärkt, dass es ihre körperlichen Gestalten auflöste.

Viele Leute streben nach der Ekstase so, als könnten sie diese nur als jenseitige, in einem göttlichen Zustand lebende Geister erfahren. Sie haben noch nicht ganz begriffen, dass sie auch innerhalb ihres irdischen Leibs ekstasefähige Wesen sind. Wahrscheinlich glauben sie, es handele sich um ein unversöhnliches Entweder-Oder: entweder ich lebe in einem Körper, bin unglücklich, leide und habe Schmerzen oder ich verlasse meinen Körper und das physische Reich und bin ein freier, glücklicher und unendlicher Geist. Oft scheint es ein verzweifelter Ausbruchsversuch aus einer Kultur zu sein, die sich fast vollständig von der lebendigen Einheit allen irdischen Lebens entfremdet hat. Andere Spezies können uns das harmonische Zusammenwirken von Geist und Materie wieder lehren.

Extreme Ekstasezustände, wie drogenbedingte oder außerkörperliche Erfahrungen, lenken normalerweise von einer optimalen Körper-Geist-Seele Integration beziehungsweise von einer geistvollen irdischen Funktionstüchtigkeit ab. Die irdische Ebene verlangt, dass wir unseren Körper wahrnehmen und aus den Regeln der Erfahrung heraus das Daseinsspiel gestalten und aus ihm lernen. Wenn man stark von seinem Körper absieht, ist die Gefahr des Abdriftens groß.

Ich habe das am eigenen Leib erlebt, als ich mich mehrmals so sehr auf die feinstofflicheren, schneller schwingenden Wirklichkeitsebenen einließ, dass beinahe das physische Band zerriss und ich buchstäblich von der Erde verschwunden wäre. Glücklicherweise wurde ich stets gerade noch rechtzeitig ermahnt, dass ich auf Erden weiterhin gebraucht werde und meine irdische Pflicht noch nicht erledigt sei. Ich wurde gewarnt, mich nicht zu lange auf die Wahrnehmung anderer Realitäten zu konzentrieren, da ich sonst den Boden unter den Füßen verlieren würde.

Eine Balance wird erreicht, wenn man sich als geistiges Wesen voll anerkennt und aus dieser Verantwortung für sich selbst heraus ein Ziel setzt, das zu einer glücklichen irdischen Identität führt. Wenn wir an das geistige Wesen aller Dinge glauben und unser Dasein in gegenseitiger Rücksichtnahme kreativ gestalten, kann das Leben ein schönes Abenteuer sein. Wie viel wir letztlich erleben, hängt von unserer Offenheit ab!

Am gleichen Tag, an dem uns Gingerbread verließ, bat mich Patricia, die 1992 an einem Fortgeschrittenen-Workshop teilgenommen hatte, auf meinem Anrufbeantworter um Hilfe wegen ihres schwerkranken Kater Sweetie. Während ich mich also auf Sweetie konzentrierte und ihm heilende Energie sandte, sah ich, dass er bereits von Engeln umstanden war und diese Welt bald verlassen würde. Auch Gingerbread klinkte sich ein und sagte, es sei ein guter Tag zum Sterben.

Patricia rief mich am nächsten Tag an, um mit mir über Sweeties Tod zu reden. Sie war einerseits dankbar, dass Sweetie sanft entschlafen war, machte sich andererseits aber Vorwürfe, ihn im Stich gelassen zu haben, weil sie ihn im entscheidenden Moment nicht in den Armen gehalten hatte. Sie verstand nicht, wie ihr das passieren konnte, hatte sie sich doch die letzten vier Tage rund um die Uhr um Sweetie gekümmert. Nur einmal musste sie ihre Wunde verarzten, denn sie hatte sich versehentlich an der Ampulle geschnitten, als sie Sweetie eine Spritze gab.

Sweetie nutzte diesen Freiraum, um loszulassen und in Würde zu sterben. Ein Gestreicheltwerden hätte ihn dabei gestört. Ich erzählte Patricia von dem Energiefeld, das sich bei Gingerbreads Tod ausgebreitet hatte, und dass ich ihn beim Sterben in Ruhe gelassen hätte. Es ist nicht immer leicht, sich von seinem Körper zu lösen; es gibt viele Energieknoten, die uns an unseren Körper binden und uns zu allererst befähigen, im physischen Reich zu funktionieren. So kann uns umgekehrt der Körper sogar zurückhalten. Durch ihre individuelle Lebenskraft gewähren die Zellen im Teamwork das Überleben des Ganzen.

Körper sind auf Überleben programmiert, und wenn vitale Funktionen, wie Kreislauf und Atmung, in Gang gehalten werden, kann das der abschiedsbereiten Seele das Fortgehen erschweren. Wenn wir unsere Tiergefährten halten und ihnen Energie geben, oder ihre Körperfunktionen mit allen Mitteln aufrechterhalten, kann es für sie wesentlich schmerzlicher oder sogar unmöglich werden, von uns zu gehen. Auch unsere Gedanken und Gefühle können sie ablenken. Es ist von Fall zu Fall verschieden. Manchmal möchten Tiere beim Hinübergehen von ihrer Bezugsperson gehalten und getröstet werden. Sehr oft kommt es bei Tieren – und Menschen – aber auch vor, dass sie, just wenn alle gegangen sind, sterben. Sie brauchen ihre Ruhe, um sich auf den Übergang zu konzentrieren.

Wir sollten eine aufmerksame Haltung einnehmen, in der wir sowohl die eigenen Gefühle anerkennen als auch auf die anderen hören, das heißt ihre Gefühle und Bedürfnisse respektieren. Als ich Gingerbread an jenem Morgen auf der Seite liegend vorfand und sah, dass er im Sterben lag, prüfte ich, ob ich für irgendeine Erleichterung sorgen könne. Dann zog ich mich zurück, weinte und sagte Michel Bescheid, der kurz nach Ginger sehen ging. Ich sah noch ein paar Mal nach Gingerbread, fasste ihn, als sein Körper zuckte und sich das Energiefeld ausbreitete, jedoch nicht mehr an. Als ich dann seinen Körper begraben wollte, zeigte ich ihn Elyetta noch einmal, damit sie begriff. Aber sie sagte mir, das sei überflüssig; sie hätte sich von Gingerbread bereits verabschiedet.

Patricia erwähnte, dass sich Sweetie kurz vor seinem Tod in ein ungewöhnliches Versteck gezwängt hatte, wo sie nicht hinkam. Da fiel mir wieder die Geschichte ein, die mir vom Tod meines Vaters erzählt worden war. Er hatte Lungenkrebs. Kurz vor seinem Tod habe er sein Bett verlassen und sich nackt auf den Boden gelegt. Als mein Schwager ihn zudecken wollte, stieß mein Vater ihn in einer Weise, die völlig ungewohnt war und bereits von einer anderen Bewusstseinsebene zeugte, weg und sagte, er wolle in Ruhe gelassen werden. Kurz darauf starb er.

Patricia fand auch merkwürdig, dass sie sich just in dem Moment geschnitten hatte und für die Verarztung der stark blutenden Wunde ziemlich lange gebraucht hatte. Ich sah, wie Sweetie und seine Schutzengel diese Pause in Patricias Wache arrangiert hatten. Sweetie tat seinen letzten Atemzug allein, und vermittelte Patricia telepathisch seine große Dankbarkeit. So war alles für beide Seiten bestens.

Gingerbread starb mit sechs Jahren und acht Monaten – ein hohes Alter für ein Meerschweinchen. Er hatte ein gutes Leben gehabt und in den letzten drei Lebensjahren in den Workshops wertvolle Dienste geleistet, wobei er selbst viel dazu lernte. Am Tag nach seinem Tod fühlte ich mich von seiner unglaublichen, strahlenden Gegenwart umgeben.

Jeder Übergang eines Freundes bedeutet auch für mich eine Wandlung, ein tiefer Verstehen-Dürfen. Diese irdische Ebene ist ein wunderbarer Ort der Transformation und Wiedergeburt – es gibt keinen Stillstand. Immer wieder warten Überraschungen auf uns, die wir bei entsprechender Einstellung als köstliche Früchte genießen beziehungsweise mit der ganzen Bandbreite an Emotionen willkommen heißen können. Ich danke dem lebendig strahlenden Geist in allen Formen und Kräften. Mein Dank gilt auch allen Führern aus dem Tierreich, die kommen und gehen und immer im Geiste bei uns sind. Ich könnte ohne sie nicht leben.

Unsere Kommunikation mit Haustieren verläuft normalerweise erfreulich – ihre Lebenslust, Geduld und erfrischenden Verhaltensweisen bereichern uns. Aber wie das Leben so spielt, sind eben auch leidvolle Zeiten durchzustehen.

Nachdem ich auf mehreren Farmen in Ontario, Kanada, mit Pferden und deren Haltern gesprochen hatte, hatte ich den Eindruck, dass man in dieser Provinz Pferde relativ oft vernachlässigte oder gar misshandelte. Viele der Pferde waren aus grauenvollen Umständen befreit worden und schwer traumatisiert.

Kurz vor der Mittagspause, ich hatte eben mit ihrem Pferd gesprochen, bat mich Francine, ob ich nicht auch noch mit jenem Pony in Kontakt treten könne, das ihr in der Kindheit gehört hatte. Sie beschrieb mir Tara, die mit ihrem Sohn einige Jahre glücklich auf der Koppel zugebracht hatte. Francine hatte ein schlechtes Gewissen, weil sie als Kind das Pony als eine reine Vergnügungssache betrachtet hatte. Ihre Eltern hielten Pferde sowieso nur für Gebrauchsgegenstände. Als sie und ihre Schwester die Ponys wegen der vielen Hausaufgaben nicht mehr reiten konnten, verkaufte ihr Vater Taras Sohn und überließ Tara sich selbst. Das brach Tara das Herz. Sie stand von da an verloren auf der Koppel herum, fraß immer weniger und starb ein paar Monate später völlig verwahrlost.

Als Tara mir ihre Lebensgeschichte erzählte, kamen mir all die anderen Geschichten von Tierquälerei hoch, und ich brach in Tränen aus. Ich war eindeutig überfordert– müde und hungrig wie ich war. Dass man derart geduldige und liebenswerte Wesen so sehr missachtete war einfach ungerecht!

Francine entschuldigte sich bei Tara, die ihren irdischen Missetätern schon lange vergeben hatte, wie ich bei meinem Jenseitsgespräch mit ihr erfuhr. Sie war wieder mit ihrem Sohn zusammen und stand zu ihrem ehemaligen Leben.

Wenn doch unsere Lieben immer glücklich wären; aber so ist nicht der Lauf der Welt. Wir sind hier auf Erden, um zu lernen. Ohne die gegensätzlichen Emotionen würden wir uns wahrscheinlich sehr langweilen. Sie fordern unsere Intelligenz heraus und erst dadurch lernen wir die angenehmen und schönen Dinge des Lebens schätzen. Wir entscheiden über die Richtung unserer Abenteuer.

Hier einige Geschichten von anderen, in denen es um Leben und Tod geht. Jeri Ryan erzählte mir:

Die Seele entscheidet. Eines meiner schönsten Erlebnisse mit Tieren hatte ich an einem regnerischen Abend, als ich auf dem Weg zum Restaurant Schnecken vom Bürgersteig aufklaubte, um sie vor dem Zertretenwerden zu bewahren. Ich wurde dadurch, zumindest was meine Geschwindigkeit betraf, selbst zu einer Schnecke. Beim Aufklauben klopfte ich vorsichtig an die Häuser meiner Gefährtinnen, damit sie sich zurückzögen, und ich legte sie haufenweise ins Gras. Es waren wirklich viele Schnecken auf dem Bürgersteig unterwegs und es dauerte ziemlich lange, sie zu „retten". Später auf dem Heimweg musste ich über ihre Hartnäckigkeit staunen, denn wieder krochen sie über das Trottoir und liefen Gefahr, von eiligen oder unachtsamen Passanten zertreten zu werden. Die Schnecken gingen ihren Weg. Seitdem schwärme ich für sie.

Leona Troese:

Als Diamond Girl starb (eigentlich finde ich es mittlerweile viel treffender zu sagen „ihren Körper verließ"), hat mir Ihre *Animal Death*-Kassette wirklich sehr geholfen. Vor allem denke ich immer wieder an das einleitende Gedicht. Kurz nachdem Diamond ihren Körper verlassen hatte, hatte ich eine ganz innige Verbundenheit mit ihr empfunden, versank aber dann völlig in meiner Trauer und Niedergeschlagenheit. Jetzt habe ich das Gefühl, wieder mit ihr in Kontakt zu kommen. Ich wünsche sehr, dass auch andere Menschen von ihrer Kassette profitieren, und die durch einen „Verlust" hervorgerufene Kluft leichter überwinden. Ich bin eine sehr große Tierfreundin, bemühe mich jetzt aber, in meinen Beziehungen mit meinen Lieben meine Zuneigung mehr mit allgemeinen Einsichten in das Leben zu verbinden.

Sue Goodrich:

Etwa eine Woche, nachdem Hawk (Sibirischer Hund) seinen Körper verlassen hatte, nahm ich vor meinem inneren Auge plötzlich dieses strahlende weiße Licht wahr. Ich dachte zuerst, ein neues Wesen würde sich ankündigen. Doch dann stellte sich heraus, dass es eine Gruppe von Wesen war, in der sich Hawk befand. Sie waren gekommen, um mich auf meinem Weg zu unterstützen, und das war einfach wunderbar. Mittlerweile ist Hawk schon oft da gewesen und hat mir bei meinen Fernheilungen geholfen. Und das stets mit Sinn für Humor. Es ist unglaublich!

Kathleen Huston:

Traurig, aber erleichtert, möchte ich Sie hiermit benachrichtigen, dass Julie – die weltberühmte Dachshündin – am 31. Januar 1992 mittags (natürlich!) aus diesem Leben geschieden und zu ihrem nächsten Abenteuer aufgebrochen ist.

Es ist kaum vorstellbar, wie eine kleine Hündin in fünfundzwanzig Lebensjahren so viele Herzen erobern konnte. Dass wir sie in unserer Nähe spüren, wird Ihnen nicht ungewöhnlich vorkommen, und sicher ist sie augenblicklich dankbar, bei diesem stürmischen Wetter nicht Gassi gehen zu müssen!

Ich hatte mir vorgestellt, dass ich nach einer Woche diesen Brief leichter schreiben könne, aber Julie fehlt mir einfach immer noch sehr. Trotzdem möchte ich Sie und alle wissen lassen, dass sie bis zuletzt die alte geblieben ist. Sie buddelte Löcher, stieß regelmäßig in der Küche die Büfetttüren zu, mit Ausnahme der letzten zwei Wochen, zerrte am Hosenbein des Postboten und war obenauf, wenn Gäste kamen, die sie gnadenlos anbetteln konnte.

In den letzten beiden Wochen ihres Lebens fuhren wir oft zur Tierärztin, die einfach großartig war. Wahrscheinlich quälten Julie innere Blutungen, die von einem Tumor an der Milz herrührten. Sie baute zusehends ab und konnte schließlich nichts mehr fressen – Julie und nichts mehr fressen, nun, wir wussten alle, was das bedeutete!! Sie, Penelope, bestätigten uns dann, dass Julie wirklich bereit sei einzuschlafen. Sie war in ihrem alten Körper bis zuletzt friedlich, ja geradezu heiter. Dann war es vorbei. Ihre Leiche wurde verbrannt und unser Freund Kirby schlug vor, die Asche in der Nähe eines großen kalten Büffets zu verstreuen!

Wir waren echte Glückspilze, dass sie uns gewählt hatte. Nehmen Sie sich nur in acht ... sollten Sie sich plötzlich in ein kleines herrenloses Tier mit strahlenden Augen und Stupsnase verlieben, könnte das Julie auf ihrer nächsten Runde sein. Ich habe ihr gesagt, sie solle wieder die Küchenschranktüren zuschlagen, damit wir uns ganz sicher seien!

Nancy Sondel:

Wenn ich je Zweifel am Bewusstsein von Tieren hatte, hat Scooter sie ausgeräumt.

Er war ein grüner Sittich mit gelbem Gesicht, wie sie in Australien beheimatet sind und gehörte mit zu den ersten Vögeln, die in meiner Voliere geboren wurden, was nun fünf Jahre her ist.

Ich hatte zeitweise fünfzig Vögel, und konnte natürlich nicht alle zähmen, aber zu Scooter hatte ich immer schon ein besonderes Verhältnis.

Er war ein Sonnyboy gewesen, bis ihn eine hartnäckige Krankheit befiel. Mehrere Monate schien es einmal besser und einmal schlechter zu gehen. Dann stand fest, dass es keine Hoffnung mehr gab. Vielleicht hätte er noch ein paar Tage lang durchgehalten, aber es wäre grausam gewesen, das zuzulassen. Doch wie ihm den Gnadenstoß geben? Ihn beim Tierarzt einschläfern zu lassen und dabei zuzuschauen, schien mir zu unpersönlich. Ihn in eine Papiertüte mit toxischen Dämpfen zu stecken, wäre frevelhaft gewesen. Mir fielen zunächst nur noch weniger akzeptable Lösungen ein. Blieb nur noch übrig, dass ich es auf ganz behutsame Art selbst tun musste.

Ich war nicht das erste Mal in dieser Sache auf mich selbst zurückgeworfen – die Ironie dabei machte mich ganz wütend. Warum musste gerade ich, die Leben schützte, wo es ging, auch diejenige sein, die es beenden sollte? Warum immer wieder ich? Warum geriet ich bloß in diese Zwickmühle? Warum?

Dieses Mal wollte ich keinen schnellen Prozess machen, sondern bedächtig vorgehen. Ich holte Scooter aus dem Käfig und ging mit ihm in ein Zimmer, wo wir alleine waren. Dort erklärte ich ihm, dass ich ihn nun aus seinem Körper befreien werde und ob er vorher noch ein letztes Mal fliegen wolle. Ich spürte den freudigen Schauer unserer Einigkeit, als er die Flügel ausbreitete und losflog.

Er flog ein paar Meter und stürzte ab. Ein zweiter Versuch wurde gestartet. Danach hielt ich ihn in der hohlen Hand und rief uns schöne gemeinsame Erlebnisse in Erinnerung. Dann erklärte ich genau, was ich vorhatte. Er sah skeptisch, fast schon ängstlich drein. Ich sagte: „Du wirst dich nur ein paar Sekunden in die Enge getrieben fühlen und dann grenzenlos frei sein." Ich streichelte seinen Kopf und fragte schließlich: „Okay, bist du bereit?"

Scooter schloss die Augen und lag still da. Er verstand mich genau.

Ich konzentrierte mich, atmete tief ein, schloss die Augen und drückte ihm die Luft ab. „Ich liebe dich", weinte ich, bis er sich nicht mehr regte.

Ein paar Augenblicke herrschte absolute Stille, dann fühlte ich seine lebendige Seele aufsteigen und im Zimmer schweben.

„Lebewohl, kleiner Engel!" dachte ich. Seine Gegenwart erfüllte den Raum – und jenseitige Dimensionen. Ich bemerkte, dass ich lächelte.

Scooter hatte keine Angst vor dem Tod; sah ihn als natürlichen Übergang an. Er hatte mir sein Einverständnis vermittelt und mir vertraut.

Bei einer weniger direkten Sterbehilfe hätte ich diese innigen und aufrichtigen Momente des Einsseins nicht kennengelernt. Ich war unendlich dankbar und fühlte mich so unbeschwert wie schon lange nicht mehr.

Nun verstand ich das „Warum ich?".

DER RAUBTIER-BEUTETIER-TANZ

Kate lebte in einer Gegend, in der Hirsche gejagt wurden. Sie mochte die Hirsche und war stets sauer, sobald wieder die Jagdsaison begann. Bei einem Fortgeschrittenen-Workshop unterhielt sie sich einmal in der Pause mit einem Workshopteilnehmer über die Hirschjagd. Die Diskussion der beiden wurde immer lauter, und als sie sich schließlich lautstark darüber ereiferten, welche Fallen man Jägern stellen könnte und wie sich die Jagd sonst noch stören ließe, unterbrach ich sie.

Was war mit den Hirschen und ihren Lebensplänen? Sie vergaßen, dass Hirsche denken und Entscheidungen treffen konnten. Was mit ihrem Leben geschah, bestimmten nicht nur die Menschen. Ich empfahl den beiden, mit den Hirschen telepathischen Kontakt aufzunehmen und ihnen zu sagen, wo sie vor den Jägern sicher seien, statt die Jäger mit ihrer Gewaltanwendung zu verärgern und weitere Ablehnung und Gewalt zu provozieren. Kate könne außerdem ein schützendes weißes Licht um die Hirsche herum visualisieren und deren Schutzengel und die ansässigen Schutzgeister bitten, sie zu beschützen.

Zwischen Raub- und Beutetieren herrscht ein natürliches Gleichgewicht, eine Überlebensregel der Liebe. Wir Menschen greifen seit langem in den Raubtier-Beutetier-Kreislauf ein. Seit dem Aufkommen der Hightech-Waffen scheint es aber keine Chancengleichheit mehr zu geben. Wir sollten hier gewaltlosen Widerstand üben und positiv Einfluss nehmen. Etwa indem wir direkt mit den Tieren kommunizieren und den Jägern friedliche Gedanken senden und harmonische Jagdszenen vor Augen führen, die sie zur Wahrung des natürlichen Gleichgewichts und zur Achtung der Überlebensregel der Liebe anhalten; ja, wir können auch zu den geistigen Führern der Tiere für das Wohl aller Beteiligten beten.

Anne machte ähnliche Erfahrungen mit den Enten auf ihrem Teich. Sie versuchte sie auf alle möglichen Arten vor den Jägern zu schützen, mit unterschiedlichem Erfolg. Am erfolgreichsten war sie bisher, wenn sie mit den Enten selbst telepathisch kommunizierte oder die ansässigen Devas bat, die Enten zu beschützen und zu führen. Dann gingen die Enten nicht an Land, wenn Jäger in der Nähe waren. Oder die Jäger schossen daneben, wenn trotzdem die eine oder andere Ente an Land kam oder sich in die Lüfte erhob.

Dawn Hayman berichtet von ihren Erfahrungen in der Hirschjagdsaison:

In diesem Teil des Staates New York ist es jedes Jahr im Herbst für sechs Wochen mit der Ruhe vorbei. Der Grund: Hirschjagdsaison. Meinen Partner Bonnie Reynolds und mich kommt das jedes Mal hart an. Unsere Spring Farm ist für Tiere aller Art ein sicherer Hafen, wo sie prächtig gedeihen können.

Obwohl wir überall gut sichtbar Schilder aufgestellt haben, die das Jagen auf unserem Grund verbieten, kommt es immer wieder vor, dass Jäger auf unserer Pferdekoppel schießen. Unsere Pferde trauen sich während der Jagdsaison kaum hinaus. Uns haben Polizisten schon von den unglaublichsten Dingen erzählt, die sie bei ihren Kontrollen erlebten. Zum Beispiel hatten sie einmal einen erschossenen, ausgeweideten Esel auf dem Gepäckständer eines Autos entdeckt, den die Leute für einen Hirsch gehalten hatten! Die Gegend wird zu einem einzigen Schießplatz, und wir sitzen mitten darin auf unserem Land fest. Jedes Jahr kurz vor Beginn der Jagdsaison raten Bonnie und ich unserem geliebten Damwild, sich in der nächsten Zeit auf unserem Land in Sicherheit zu bringen. Es gibt ein paar Damhirschkühe, die sich gern auf unserer Pferdekoppel aufhalten.

Eines Tages fuhr ich gerade die Straße hinauf, als ich eine Reihe von Schüssen hörte. Sie fielen beängstigend nahe. Ich schaute zu unseren Weiden hinüber und sah, wie sich ein Damhirsch durch das hochstehende Gras kämpfte. Sofort bog ich mit meinem Pick-up ab und fuhr mit Vollgas zur Wiese. Ich stellte mein Fahrzeug zwischen den Bock und die Richtung, aus der die Schüsse kamen. Sofort wurde der Bock langsamer. Er hatte gemerkt, dass ich ihm Deckung gab und humpelte nun auf mich zu.

Ich fragte ihn, ob er angeschossen worden sei. „Nein, ich bin nur vom Laufen erschöpft", antwortete er. Ich bat ihn, mir zu folgen, und fuhr langsam zum angrenzenden Wald, wo er sicher war. Doch als ich ihm sagte, er solle über den Zaun springen und dort bleiben, kam er plötzlich bis auf acht Meter an den

Pick-up heran. Er war eine wahre Pracht. Er dankte mir, und ich mahnte ihn, sich niemals mehr so nahe an Menschen heranzuwagen, denn so wäre er ganz leicht zu erschießen.

„Das würdest du nie tun, weil du mich angesprochen hast", sagte er. „Jäger reden nie. Sie töten nur. Würdest du mich töten, wäre es mit deiner Tierverständigung vorbei und das würdest du nie wollen. Bei dir fühle ich mich sicher." Dann drehte er sich um und sprang elegant über den Zaun. Ich werde ihn und seine Worte *nie* vergessen.

Der letzte Tag der Jagdsaison endet mit dem Sonnenuntergang. An diesem Tag hatten wir am späten Nachmittag auf dem vor dem Waldstück gelegenen Feld zu tun, das parallel zu Landstraße liegt. Plötzlich hörte ich: „Wir sind gekommen, um uns zu bedanken." Aus dem Waldstück trat ein majestätischer Bock. Mir fiel die Kinnlade herunter. Wie bei einer Revue traten weitere Böcke und Hirschkühe aus dem Wald und stellten sich auf dem offenen Feld in einer Reihe auf. Bei einunddreißig kamen wir mit dem Zählen durcheinander, und es standen noch viele in zweiter Reihe. Ich hörte, dass auf der Landstraße Autos anhielten. Jäger witterten ihre letzte Chance. Aber da standen ich und Bonnie direkt dazwischen - als die Sonne unterging. Die Hirsche waren wieder für ein ganzes Jahr in Sicherheit.

Eine Frau rief mich an, weil sie sich um die Tauben in ihrem verkehrsreichen Stadtviertel Sorgen machte. Sie hatte versucht, ihnen klarzumachen, welche Gefahr die Autos für sie darstellten, aber das schien sie wenig zu kümmern. Sie ließen sich immer wieder auf der Straße nieder.

Als ich die Tauben kontaktierte, spürte ich, wie wenig sie die Gefährlichkeit des Verkehrs scherte. Sie hatten ihre Welt und waren es gewöhnt, unabhängig von menschlicher Führung zu überleben. Warum sollten sie auf diese Frau hören? Diese Schar bestand aus eine gut funktionierenden Wesensgruppe, deren Mitglieder ständig in der Schar überlebten, selbst wenn ihre Körper auf der Straße getötet wurden. Die Vorstellung „gerettet" zu werden, war ihnen völlig fremd.

Um angemessen mit ihnen kommunizieren zu können, hätte Margie bei ihrer Einfühlung den Standpunkt der Tauben einnehmen müssen.

Die Natur hat den Raubtier-Beute-Kreislauf weise eingerichtet. Tiere (als Seele) verlassen ihren Körper normalerweise, sobald ihnen das Raubtier den ersten Schlag versetzt. Selbst wenn der Körper noch funktioniert und dem Raubtier mitunter tatsächlich entkommt, übernimmt die Seele erst dann wieder die Kontrolle, wenn das Raubtier schon seit einer Weile verschwunden ist. Wenn ich die Jagdeskapaden meiner Katzen störe und Backenhörnchen, Kaninchen, Mäuse oder Vögel vor ihnen rette, brauchen die kleinen Tiere, auch wenn sie nicht verletzt sind, eine gute Weile, bis sie wieder zu sich kommen. Die Natur sorgt außerdem dafür, dass die Beutetiere, sobald sie angegriffen werden, durch die Ausschüttung von Endorphinen keine Schmerzen mehr spüren.

Yohinta, unsere Schildpattkatze, ist eine geschickte Jägerin. In unserem Haushalt gilt die Regel, dass die Katzen ihre Tiere außerhalb des Hauses töten und fressen müssen. Von meinem Bürofenster aus überblicke ich den Gartenteil, wohin Yohinta regelmäßig ihre Beute bringt. Und so werde ich in manchen Kampf um Leben und Tod mit verwickelt.

Es kam oft vor, wenn ich Backenhörnchen vor Yohinta zu retten versuchte, dass sie trotz meiner guten Absichten vor mir flüchteten – gerade vor die Tatzen der Jägerin. So, als wollten sie lieber von ihr getötet werden als in fremde Hände geraten. Offensichtlich scheinen sie ein kleines bekanntes Katzenraubtier einem riesigen, unbekannten menschlichen Raubtier vorzuziehen! Das Raubtier-Beutetier-Ritual ist den beteiligten Arten angeboren und menschliche Retter scheinen den natürlichen Ablauf nur zu stören.

Wenn Yohinta mit einem Backenhörnchen in ihrem Maul an meinem Fenster vorbeimarschiert, kann ich telepathisch meist mehr bewirken, als durch körperliches Dazwischentreten.

Katzen lassen ihr Beutetier gewöhnlich mehrmals los und fangen es wieder. Die Backenhörnchen sind meist nach dem ersten Geschnapptwerden so benommen, dass sie sich nicht mehr von der Stelle bewegen. Ich bringe sie deshalb telepathisch auf die Idee, den nächsten Baum hochzuklettern, sobald sie die Katze fallen lässt. Es hat schon öfters geklappt. Und manchmal erzählten die Backenhörnchen ihren Artgenossen oben von ihrer Flucht, während Yohinta sich trollte.

Durch meine nichtmenschlichen Gefährten habe ich die Beziehung zwischen Raub- und Beutetier ganz anders sehen gelernt als von meinem der menschlichen Kultur angepassten Standpunkt aus. Auch Sherman ist ein eifriger Jäger. Einmal spannte ich von einem stressigen Arbeitstag im Garten aus, als Sherman mit einem Vogel im Maul ankam. Er legte mir den Vogel vor die Füße, sah zu mir hoch und sagte: „Hier, für dich." Er wich ein wenig zurück, setzte sich und sah in aller Ruhe zu, wie ich den Vogel aufhob. Ich bedankte mich bei ihm ganz herzlich für sein Geschenk und seine Rücksicht. Der kleine, verängstigte, aber unverletzte Vogel zitterte in meiner hohlen Hand. Als ich sie schließlich öffnete und er davonflog, schaute mich Sherman fast verschmitzt an. Sein Geschenk hatte wirklich meine Laune gehoben.

Ein anderes Mal schreckte mich ein lautes Kaninchen-Gequietsche vom Schreibtisch auf. Sherman spielte mit einem Kaninchenjungen, schleuderte es in die Luft und stürzte sich wieder darauf. Obwohl ich wusste, dass dessen Seele vom Körper getrennt war, hielt ich diesen Raubtier-Beutetier-Tanz nicht aus. Ich lief hinaus, um Sherman das Kaninchen wegzunehmen. Aber er war immer schneller als ich. Ich bat ihn, es loszulassen, er brauche das Kaninchen doch nicht. Dann wollte ich es ihm aus dem Maul nehmen, aber er knurrte mich an, es sei *sein* Kaninchen. Ich bat ihn daraufhin, ohne mich von der Stelle zu rühren, definitiv um das Kaninchen. Er sah mich an, das Kaninchen im Maul, und sagte, ich verstünde das nicht. Er liebe dieses Kaninchen. Es war sein Freund, der ihn ebenfalls liebe. Er ließ das Kaninchen fallen und demonstrierte eindeutig seine Zuneigung zu ihm.

In diesem Augenblick begriff ich in meinem Innersten die Liebe zwischen Raubtier und Beutetier, das Einvernehmen, das so alt ist wie das Leben auf der Erde. Erfüllt ging ich wieder ins Haus und hörte noch, wie Sherman sein Ritual beendete und das Kaninchen fraß.

In der Fernsehserie „Wild America" ging es einmal um einen Berglöwen, der einen Hirsch riss. Nach der Jagd legte sich die Großkatze direkt neben dem Kopf des Hirsches, betatzte ihn und schnurrte. Der Reporter Marty Stouffer kommentierte die Szene mit derselben Einsicht, die Sherman mich gelehrt hatte – wie sehr der Berglöwe den Hirsch liebe.

Die meisten Raubtiere spüren eine unausgesprochene Dankbarkeit gegenüber den Tieren, die sie mit ihrem Leben ernähren. Dieselbe Dankbarkeit wird von den Ureinwohnern zum Ausdruck gebracht, wenn sie die Pflanzen und Tiere, die sie töten, rituell ehren und mit ihnen sprechen. Der moderne, verstädtete Mensch, der sich um Leben und Tod der Tiere und Pflanzen, die er isst, kaum kümmert, wird ebenso wie der Jäger, der nicht mit den Tieren kommuniziert und für den das Töten ein „Sport" ist, durch die Verdrängung seiner Verbundenheit mit allem Leben geistig verlieren.

Einige Tiere in meiner Familie stünden normalerweise in einer Raubtier-Beutetier-Beziehung zueinander, zum Beispiel Katzen mit Vögel und Ratten, oder Hunde mit Hühnern und Kaninchen. Den „Beute"-Tieren ist versprochen, dass sie in ihrem Lebensraum sicher sind und sie sich so unter den „Raubtieren" aufhalten können. Die Raubtiere werden dazu angehalten, auf die anderen Familienmitglieder aufzupassen und sie als Mitlebewesen statt als Beute zu betrachten.

Als ich Igor heimgebracht hatte, fand Chico San die neue Anolis-Eidechse so interessant, dass sie ständig ums Terrarium schlich und Igor sich ängstlich in einer Ecke versteckte. Obwohl ich Chico verscheuchte, sooft ich sie am Terrarium sah, ließ sie nicht locker. Ich sagte Igor, er sei in Sicherheit, Chico könne ihn nicht erwischen, und beobachtete, wie sich das Verhältnis zwischen den beiden entwickelte. Durch Chico wurde Igors Umwelt natürlicher, denn normalerweise wäre er ja auch mit Raubtieren konfrontiert gewesen. Allerdings war das Leben im Terrarium für ihn stressiger, obwohl er dort in völliger Sicherheit war. Denn er konnte sich zwar hinter den eingetopften Efeupflanzen und Steinen verstecken, aber nicht unbegrenzt weiterlaufen und sich in sichere Verstecke zurückziehen, wie dies in seiner natürlichen Umwelt möglich gewesen wäre.

Auf dem ersten Fortgeschrittenen-Workshop mit Igor brachten er und Chico San mehrfach ihre gegenseitige Zuneigung zum Ausdruck. Als die betreffenden Teilnehmer/Innen davon erzählten, wälzte sich Chico San rücklings auf dem Boden, miaute, stupste die Person neben sich an und fragte: „Darf die Eidechse jetzt heraus?" Später stellte ich das Terrarium an eine Stelle, wo Chico San nicht hinaufspringen konnte, damit Igor nicht länger von seiner Wärmelampe vertrieben wurde und ungestört zum Fressen kam. Diese Verlagerung in einen katzensicheren Bereich brachte wieder den Hausfrieden zurück.

Igor war den Fliegen, Grillen und anderen Insekten, die ich für ihn sammelte, sehr zugetan. Beide Parteien beobachteten und verständigten sich, soweit es ihre Rolle als Raub- und Beutetier zuließ. Es läuft eine erstaunliche Kommunikation auf dieser Ebene ab. Natürlich versucht jedes Geschöpf zu überleben, aber es gibt auch die Einsicht in den notwendigen gegenseitigen Austausch, selbst wenn dieser den Tod bedeutet.

Jim Dietz schrieb das folgende Gedicht in einem Fortgeschrittenen-Workshop, als wir im Alder Cathedral mit wildlebenden Tieren und Pflanzen kommunizierten (so nenne ich die Waldsenke bei uns).

In der Alder Cathedral
Kündet kein Priester
Das Evangelium
Sondern ein großer schwarzer Vogel.

Lausche und verstehe
Was dir ein Truthahn-Geier
Über die Kultur und das Leben
Zu sagen hat.

Er lehrt dich etwas Einfaches
Und zugleich Vollkommenes:
Was dahingeht
Liegt nicht lange.

Er fliegt durch würzige Luft
Gelassen von Wipfel zu Wipfel
Jeder Tod birgt neues Leben
Im ewigen Kreislauf.

VEGETARIER ODER KARNIVORE?

Eines Tages erhielt ich einen Anruf von einer Journalistin, die einen Artikel über die Kommunikation mit Tieren schreiben wollte. Sie fragte zunächst, ob ich Vegetarierin sei. Ich stieß mich an ihrem rechthaberischen, fordernden Ton und fragte zurück, warum sie das wissen wolle. Sie antwortete, eine mit Tieren kommunizierende Person, die Fleisch aß, wolle sie auf keinen Fall interviewen.

Mir fiel sofort ein, wie viele Menschen Tiere liebten, obwohl sie Fleisch aßen. Ich wusste das nicht zuletzt durch meine Vorlesungen und Workshops, und dachte auch an die Leser/Innen meiner Bücher. Obwohl ich damals Vegetarierin war und dies zur Antwort hätte geben können, fand ich, dass dieser Frau ein paar ernährungswissenschaftliche Informationen nicht schaden würden. Ich hätte ihr auch gerne etwas näher mitgeteilt, was die Tiere selbst dazu sagten.

Leider ließ sie sich auf kein Gespräch ein, denn sobald sie erfuhr, dass ich keine strikte Vegetarierin war, legte sie den Hörer auf. Ein paar Minuten später rief sie wieder an, um sich zu entschuldigen, sagte aber auch, dass jede weitere Diskussion zwecklos sei. Das zeigt, wie emotional besetzt dieses Thema sein kann. Deswegen möchte ich hier meine eigenen Erfahrungen und einige Standpunkte der Tiere genauer darlegen.

Ich wurde in Chicago, Illinois, geboren und wuchs dort auch auf. Wir aßen täglich Fleisch. Es entsprach normalen amerikanischen Essgewohnheiten, die niemand in Frage stellte. Wie die meisten Städter brachte ich das Fleisch aus dem Laden nur völlig vage mit wirklichen, lebendigen Tieren in Verbindung. Ich weiß noch, wie entsetzt ich war, als mir im Teenageralter klar wurde, dass die „Leber", die wir aßen, tatsächlich das Körperorgan Leber war. Für mich war sie einfach ein Nahrungsmittel jener unklaren Kategorie „Fleisch" gewesen.

Nachdem ich mit achtzehn von zu Hause ausgezogen war, verringerte sich mein Fleischkonsum durch mein mageres Einkommen. Doch erst als ich mit neunundzwanzig Jahren Ernährungsfragen ernster nahm und mich mit Touch for Health [Heilen durch Berührung] und anderen ganzheitlichen Heilmethoden auseinandersetzte, begann ich mit einer grundlegenden Ernährungsumstellung. Ich wurde schließlich strenge Vegetarierin, fand das nun ganzheitlicher, gesünder und ethischer als zu den Fleischessern zu gehören. Es folgten Jahre des Experimentierens. Ich probierte Fastenkuren aus, Darmspülungen, Fruchtdiäten und Luft/Lichtnahrung (Nulldiät), was mich bei der schlechten Luft von Los Angeles fast über den Jordan schickte! So lernte ich meinen Körper und seine Funktionen mit der Zeit genauer kennen.

Neben meiner Kommunikationsarbeit mit Tieren, dem Gymnastik-unterricht und der spirituellen Beratung, die ich gab, arbeitete ich jahrelang in einem holistischen Gesundheitszentrum, wo ich als Kinesiologin mit Fragen der Ernährung und Körperhaltung zu tun hatte. Dabei lernte ich, dass es große Unterschiede bei der Nahrungsmittel-verträglichkeit und Nahrungsverwertung unter den Menschen gab.

Es schienen sich viele Diäten mit den unterschiedlichsten Gemüse- und Fleischkombinationen zu bewähren. Der Nahrungsbedarf hing auch mit den Lebensgewohnheiten zusammen. Einige Leute brauchten überhaupt kein Fleisch und fühlten sich besser, wenn sie keines aßen. Anderen ging es einfach besser, wenn sie in Maßen Fleisch genossen, ja sie litten unter Mangelerscheinungen und Kraftlosigkeit, wenn sie ganz auf Fleisch verzichteten. Ich führte an Hunderten von Personen Muskeltonusmessungen durch und stellte fest, dass ihre optimale Ernährung ganz unterschiedliche Nahrungsmittelzusammenstellungen erforderte. Menschen waren offensichtlich weder reine Fleisch- noch reine Pflanzenfresser, sondern Allesfresser. Ihr Verdauungssystem wurde mit Fleisch wie mit Pflanzen fertig und sie überlebten seit Jahr-tausenden durch die unterschiedlichste Mischkost.

Das Argument, dass Menschen von Natur aus Pflanzenfresser sind und deshalb Vegetarier sein sollten, ließ sich nicht halten. Was vielmehr zum Vorteil der Menschen und Tiere aufhören muss, ist die Produktion von Fleisch, das aufgrund einer tierquälerischen Massen-tierhaltung mit Antibiotika, Steroiden und Pestiziden verseucht ist.

Ernährungswissenschaftler weisen darauf hin, dass sich durch kli-mabedingte unterschiedliche Ernährungsweisen unserer Vorfahren im Lauf der Jahrhunderte verschiedene Konstitutionstypen entwickelt haben. In den Tropen konnten sich die Menschen von Obst und Gemüse ernähren - eine Kost, die den Menschen im Norden nicht zur Verfügung stand und sie ohnehin nicht mit der für das Leben in einem raueren Klima notwendigen Energie versorgt hätte.

Meine jüngsten Vorfahren waren Slawen und Germanen, die sich von Gemüse, Getreide und Fleisch ernährten. Die Frauen unserer Familie neigen zur Anämie. Früher war das keine große Sache für mich. Ich aß einfach, je nach Appetit, ein- oder zweimal im Monat Leber oder anderes rotes Fleisch, und fühlte mich gut. Als Vegetarierin hielt ich mich dann reichlich an eisen- und Vitamin-B-haltige Pflanzen, nahm Nahrungsergänzungsmittel ein und aß auch Eier, aber mein Körper schien das Angebot schlechter zu verwerten. Trotzdem hielt ich etwa sieben Jahre durch. Ich wurde schwächer und reizbarer. Meine Intoleranz Nicht-Vegetariern gegenüber nahm zu. Ein sicheres Zeichen dafür, dass in mir etwas aus dem Gleichgewicht geraten war.

Sicher, Gemüse ist gesund. Wenn wir uns jedoch zu ausschließlich an unsere Lieblingssorten halten, kann das zu Mangelerscheinungen führen. Dasselbe gilt von Fleisch und anderen Nahrungsmitteln, wenn wir sie zu einseitig verzehren. Eine unausgewogene vegetarische Kost kann überempfindlich und wehleidig machen. Man empfindet dann die eigenen Emotionen oder die anderer zu intensiv. Zuviel Fleisch kann die Körperfunktionen verlangsamen und schwerfällig machen und damit zu einem Mangel an Sensibilität gegenüber den Gefühlen anderer und auch zur Unfähigkeit führen, sich auf feinere Schwingungen, Emotionen und spirituelle Realitäten einzustimmen. Um zu einer optimalen Ernährung zu finden, müssen wir also auf unsere Körper hören und uns bewusst machen, was genau wir essen.

Ich bat meine geistigen Führer und die Tier- und Erdgeister, mir bei der Auswahl der richtigen Kost zu helfen. Ich erhielt die klare Botschaft, ich solle auch Algen, Fisch und Meeresfrüchte essen. Als ich das tat, fühlte ich mich ruhiger, kräftiger und leistungsfähiger, und der Hang zur Rechthaberei ließ nach. In Zeiten großen Stresses oder spiritueller Transformation tauchten Rinder vor meinem inneren Auge auf, und ich war eingeladen, von ihnen zu essen und ihre erdgebundene Energie zu teilen. Wenn ich dann Bio-Rindfleisch aß, fühlte ich mich stark und wiederhergestellt, so wie jemand, der vor dem Verhungern gerettet wurde. Ich hatte dann auch keine Schuldgefühle wegen mitzuverantwortender Tierschlachtungen, sondern empfand tiefe Dankbarkeit gegenüber den großzügigen Rindern.

Mehrere Jahre lang hatte ich etwa einmal im Monat, gewöhnlich unmittelbar vor meiner Menstruation, großen Appetit auf Rindfleisch, und ein- bis viermal im Monat auf Fisch. Damals wäre ich allzu gerne Vegetarierin gewesen, da mir das „reiner" erschien, aber es bekam mir einfach nicht. Dann nahm mein Bedürfnis nach Fleisch langsam ab, bis ich mich wieder vegetarisch ernährte. Doch nach zweieinhalb Jahren verlangte mein Körper erneut nach Fleisch. Einige Monate lang versuchte ich, dieses Bedürfnis zu verdrängen, und hielt mich eifrig an Bohnen, Tofu, Getreide und andere Pflanzenkost. Als ich mir schließlich eine Mahlzeit mit Rindfleisch gönnte, fühlte ich mich, wie schon zuvor, rundum gestärkt. Ich befand mich wieder im Gleichgewicht – war eins mit Rind und Welt.

Da ich vor allem für das Wohlergehen meines Körpers als meinem vertrautesten Wesensfreund verantwortlich bin, kann ich mich der Gruppe der strikten (heiligen!?) Vegetarier nicht anschließen, über die die Journalistin, die mich anrief, Artikel schreiben wird. Für mich ist eine überwiegend vegetarische Vollwertkost gesund, was auch für die meisten Leute zutreffen dürfte. Doch, so wie andere Allesfresser, etwa Raben, Koyoten, Waschbären und Ratten, können Menschen, abhängig davon, wo sie leben und was ihnen zur Verfügung steht, durch eine Mischkost im weitesten Sinne überleben.

Ich bin Pflanzen und Tieren gleichermaßen dankbar, dass ich mich von ihnen ernähren darf. Ich spüre unsere gemeinsame Freude an diesem Kräfteaustausch. Sie scheinen mir im Unterschied zu den Menschen nie Vorwürfe zu machen oder bei diesem Thema selbstgerecht zu werden. Da ich als Städterin aufwuchs, sehe ich mich nicht in der Lage, Tiere zu schlachten. Aber sicher habe auch ich in früheren Leben im entsprechenden kulturellen Rahmen Tiere getötet. Sollte es einmal notwendig sein, würde ich mich an die Ureinwohner Amerikas halten und die Tiere bitten, mir ihr Leben zu schenken, um dann ehrerbietig und achtsam mit diesem Geschenk umzugehen.

In den Phasen meines strengen Vegetarierdaseins versuchte ich natürlich, auch meinen Mann Michel zum Vegetarier zu machen. Um mich nicht zu kränken, wenn es ihn gelegentlich nach Fleisch verlangte, ging er in diesen Fällen essen. Einmal kam Michel nach Hause und erzählte, er habe ein Hühner-Taco gegessen. Leicht vorwurfsvoll erwiderte ich, da könne er ja gleich eines unserer Hühner töten und essen. Unter unseren Bantam-Hühnern gab es damals eine sehr zierliche Silver-Sebright-Henne, namens Spinky. Michel witzelte: „Stimmt, ein Spinky-Sandwich wäre nicht schlecht." Ich sah sofort Spinky, wie sie leibt und lebt, zwischen zwei Weißbrotscheiben geklemmt, und wir lachten Tränen angesichts dieser Vorstellung. So half uns der Humor auch bei diesem Thema über die Gefahr des Fanatismus hinweg.

Raul war teilweise indianischer Abstammung und war es gewohnt, Hirsche und andere Tiere zu jagen. Als ich ihn kennen lernte, lebte er mit einer Vegetarierin zusammen, die gegen die Jagd war und Raul zum Vegetarier machen wollte. Raul hielt mit den Tieren, die er tötete, immer Zwiesprache, und die Jagd gehörte einfach zu seinem Leben dazu.

Um den Konflikt in seiner Beziehung zu lösen, bat er den Geist der Tiere um ein Zeichen, ob er weiter jagen solle oder nicht. Er nahm sein Gewehr mit in den Wald, setzte sich hin und meditierte. Da tauchte etwa drei Meter vor ihm ein großer Bock auf und sah ihn sehr lange direkt an. Raul spürte das volle Einverständnis dieses Bocks, erlegt zu werden, und tötete ihn. Er hatte seine Antwort bekommen.

Darren zog einige Gänse auf, die sein Vater zu Thanksgiving schlachten wollte. Er erzählte den Tieren, wann und wie dies geschehen würde, und sie hatten nichts dagegen. Als es schließlich soweit war, ließen die Gänse sich nacheinander ganz brav die Köpfe auf den Hackklotz legen, ja taten das geradezu freiwillig.

Peter Caddy erzählte folgendes: Als sie in der Findhorn-Garden-Community auch dazu übergingen, Ziegen und Hühner zu schlachten, wurden diese grundsätzlich um Erlaubnis gefragt. Die Antworten fielen unterschiedlich aus. Einige Tiere waren einverstanden, andere wollten noch länger auf der Erde bleiben. Man respektierte das dann und wartete mit der Schlachtung, bis sie bereit waren, ihre Körper zu verlassen.

Aus meinen Gesprächen mit Tieren, die als Schlachtvieh aufgezogen wurden, weiß ich, dass die meisten ihre Bestimmung akzeptieren, solange sie ein gutes Leben führen können und ihr Tod nicht mit Schmerzen verbunden ist und sie nicht überrumpelt werden. Die meisten Seelen, die sich in Tiergestalt inkarnieren, verstehen und akzeptieren die Art von Leben und Sterben, die sie erwartet, egal ob sie wildlebende Raub- oder Beutetiere, häusliche Gefährten oder Schlachtvieh sind. Wenn es soweit ist, lassen sie im allgemeinen los.

Ich habe auch das Leid von Tieren kennen gelernt, die unter den Bedingungen der Massentierhaltung leben mussten. Wenn sie die Schmerz- und Angstschreie der Tiere mitbekommen, die auf dem Fließband zum Schlachten abtransportiert und grob herum gestoßen werden, geraten auch sie in Todesangst. Unser Schlachtvieh hat keinen solchen Tod verdient. Wir sollten uns der Tatsache, dass es uns nährt, würdig erweisen und es möglichst schmerzfrei töten. Wir sind für das Wohl der Tiere und Pflanzen verantwortlich, von denen wir uns ernähren. Dieser Bereich darf aus unserer Kommunikation mit Lebewesen anderer Spezies nicht ausgeklammert werden.

Der Tod gehört zum Leben dazu. Unsere Körper vernichten um des Überlebens willen, ständig Millionen von Mikroben und anderen Lebewesen, wie etwa Parasiten. Es lässt sich nicht vermeiden, dass wir beim spazieren gehen oder bei sonstigen Aktivitäten Insekten und andere Lebewesen zertreten. Und wenn wir mit Tiergefährten zusammenleben, müssen wir sie vor Parasiten oder Schädlingen bewahren und beispielsweise Zecken, Flöhe und Fliegen töten.

Viele Leute interessieren sich für die Pflanzen und Tiere, die sie essen, kaum. Sie machen sich weder klar, dass Pflanzen und Tiere ein Bewusstsein haben, noch, dass bei ihrer Aufzucht und Ernte beziehungsweise Schlachtung Kraftfelder erzeugt werden. Pflanzen und Tieren kann großes Leid zugefügt werden. Das dürfen wir nicht vergessen. Und wir sollten dies vermeiden. Andererseits sind sie auch gerne für uns da, wenn wir ihr Leben achten und ihnen für ihre Hilfe danken. Ich habe diese Erfahrung mit dem Gemüse in meinem Garten gemacht. Es gedeiht prächtig und antwortet auf die liebevolle Pflege mit besonderer Nahrhaftigkeit.

Essen ist eine Form des Einswerdens mit anderen, ein Lebensgeschenk. Wenn wir es dankbar annehmen, werden die Geister lächeln, die uns ihre Pflanzen- oder Tiergestalt als Nahrung geben.

Manchmal werde ich gefragt, ob eine leichtere, vegetarische Kost nicht das Bewusstsein erhöht und zu mehr Einklang mit den Tieren führt. Das ist individuell verschieden. Wer durch ungesunde Ernährung viele Schlacken im Körper angesammelt hat, kann sich durch eine vegetarische Kost reinigen, so dass mentale und spirituelle Energien freigesetzt werden und sie sich einfühlsamer auf die Mitteilungen anderer einstellen können. Andere Leute fühlen sich mit einer Obst- und Gemüsediät nur begrenzte Zeit wohl und brauchen hin und wieder Fleisch, um sich geerdet und getragen zu fühlen. Der Verzehr von Fleisch macht nicht als solches schwerfällig oder unempfänglich für die telepathische Kommunikation. Entscheidend ist die Menge und die Qualität. Die wenigen Male, die ich Fleisch esse, weil mein Körper danach verlangt, machen mich einfach konzentrierter. Ich kann meine Energien besser erden, kann besser auf die Tiere zugehen und bin auf telepathischem Gebiet fitter.

Manche Leute tun so, als seien pflanzenfressende Beutetiere ethisch höherstehender, oder einfach netter als fleisch- oder allesfressende Raubtiere. Das entspricht keiner realistischen Sicht des natürlichen Gleichgewichts auf Erden. Wir leben in einem großen Recycling-Betrieb, in dem Lebensformen in einem fortgesetzten Kreislauf von Tod und Wiedergeburt andere Lebensformen aufzehren. Will man seelische Störungen vermeiden, muss man dem Sterben und Töten ins Auge sehen und beides als Teil des Lebens akzeptieren. Mir erzählte einmal eine Frau ganz stolz, dass sie ein von ihr gerettetes Rotkehlchen rein vegetarisch füttert, als ob es ein Verbrechen sei, wenn Rotkehlchen Würmer fressen und allein in der vegetarischen Ernährungsweise das Heil liege. Beutetiere sind nicht heiliger oder verdienen das Überleben mehr als Raubtiere. Man sollte akzeptieren, wer man ist, selbst wenn das bedeutet, dass man zu dem Teil der Natur gehört, der um des Überlebens willen auch tötet.

Würden wir uns über das, was wir eigentlich essen, mehr Klarheit verschaffen, würden wir uns entschiedener den gängigen Aufzucht- und Anbaumethoden widersetzen. Wir würden aufhören, Pflanzen und Tiere mit Pestiziden und anderen chemischen und pharmazeutischen Produkten zu belasten und Tiere entgegen ihrer Art zu füttern und derart einzupferchen, dass sie sich nicht mehr artgerecht verhalten können. Wir würden auf biologische und biodynamische Landwirtschaftsmethoden zurückgreifen und den Tieren, die uns als Nahrung dienen sollen, ein artgerechtes, gutes Leben ermöglichen und sie fair töten.

Pflanzen und Tiere, die gut versorgt werden und denen das menschliche Handeln von ihren Fürsorgern und Schützern verständlich gemacht wird, gedeihen besser und schenken ihre Körper gern. Tiere und Pflanzen sind sich ihrer geistigen Natur bewusst und wissen, dass sie nach dem Tod weiterleben. Wichtig ist, wie sie in ihrem Leben behandelt werden. Wir müssen ihr Recht, da zu sein und zu wählen, anerkennen, selbst wenn sie, wie die meisten ihrer wildlebenden Beutetierverwandten, nur ein kurzes Leben haben.

Auf welche Weise die Menschen auch immer vom Leben der Tiere profitieren, die Frage der moralischen Stimmigkeit können uns die Tiere nur selbst beantworten. Fragen Sie ihre Freunde aus dem Tierreich, weshalb sie auf der Erde sind und ob sie die menschliche Gesellschaft mögen oder gerne für die Menschen da sind. Im Dialog mit unseren Tiergefährten können wir zu Weggefährten werden, die sich gegenseitig unterstützen. Vielleicht werden wir im Lauf der Evolution auch einmal überleben können, ohne von tierischen Lebensformen abzuhängen oder sie verzehren zu müssen. Doch solange es den Raubtier-Beutetier-Tanz nun einmal gibt, sollten wir sein Gleichgewicht wahren, und im symbiotischen Lebenskreislauf respektvoll miteinander umgehen.

5

WENN EIN GROSSER STIRBT

Ein Prinz.
Der Licht in eine wirre Welt bringt.
Eine großartige Komposition des Geistes.
Er war eine Symphonie.
Einmal von seiner Musik angerührt,
Spielt sie für immer in deiner Erinnerung.

In seiner Nähe bist du zu dir selbst gekommen.
Warst du verwirrt und brauchtest Orientierung,
Leuchtete er dir hilfreich.
Sein Teilen kam so natürlich von Herzen
So frei wie der Wind.

Er beglückte ein freies Land durch seine Gegenwart
Schwebte durchs Leben wie eine Feder durch die Luft,
Jederzeit elegant.

Er ist jetzt unserer Berührung entzogen
Sein warmer Atem nicht mehr spürbar.
Doch die Symphonie spielt klar
In denen, die sie hören wollen.
Gegangen, aber nicht weit, ein wahrer Prinz und Führer,
wohnt sein Echo in allen, die ihn kannten.

Was für ein herrlicher Klang!
Welch herrliche Seele!
Welch schöne Erinnerung.

        - Zum Andenken an Pasha von Dawn Hayman, 25. Januar 1993

Pasha, unser geliebter Afghanenfreund, war in seinem Wesen aufrichtig und stark, leidenschaftlich und edel. Seine Lebensfreude und Kontaktfreudigkeit Menschen gegenüber war immens. Nancy Sondel, die Pasha gut kannte und liebte, nannte ihn „unvergesslich, so voller Seele/Liebe; offen, mitteilsam, majestätisch, feinfühlig und - wie Toby (ihr Sittich-Freund) und andere weise Wesen - sich niemals zu gut dafür, um Spaß am SPIELEN zu haben." Sein Tod war ein schwerer Schlag für uns.

Früher war er leidenschaftlich gern mit einem großen Satz über Zäune gesprungen. Mit zwölf war er dann ein bedächtiger Herr geworden - gönnte sich Pausen auf unseren Strandspaziergängen, statt stundenlang umherzujagen. Ihm gefiel sein langsamer Werden gar nicht. Das heiße Spätsommerwetter belastete ihn seelisch und körperlich, und er ließ mich und einige Teilnehmer/Innen vom Fortgeschrittenen-Workshop wissen, dass er daran dachte, bald seinen Körper zu verlassen. Er hatte körperlich stark abgebaut und seinen Schwung verloren.

Seit unserer ersten Begegnung war Pasha für mich ein ganz besonderer Freund. Schon als er noch ganz jung war, graute mir vor seinem Tod, und ich brauchte Jahre, um nicht mehr damit zu hadern, dass er eines Tages diese Welt verlassen würde. Als er dann mit seinem alten Körper unzufrieden wurde, akzeptierte ich das und bereitete mich so gut wie möglich auf seinen Abschied vor. Seine Tochter Rana, die Pasha bewunderte, fürchtete seinen nahen Abschied. Also ließ ich mir Spaziergänge „unter Schwestern" einfallen, um sie daran zu gewöhnen, Dinge ohne Pasha zu tun, und sprach mit ihr darüber, wie unser Leben ohne ihn sein würde. Das hatte Erfolg. Sie wurde selbständiger und begann, Pashas Vorhaben zu akzeptieren.

In jenem Jahr fand ich ihn eines Nachmittags im Garten laubbedeckt daliegen, zitternd und unfähig aufzustehen. Ich rief Michel, und wir führten an Pasha eine energetische Heilbehandlung durch. Es dauerte etwa zehn Minuten, bis er wieder aufstehen und laufen konnte. Nach diesem Schlaganfall war er ein paar Tage wackelig auf den Beinen und fraß kaum. Aber bald war er wieder der alte.

Dann begann ein erbsengroßes schwarzes Knötchen an seinem Skrotum, das ich schon vor Monaten entdeckt hatte, zu wachsen und sich zu verhärten. Eine Ultraschalluntersuchung ergab den Verdacht auf einen bösartigen Tumor. Ich behandelte die Geschwulst in den folgenden Wochen mit Kräuterpasten, bis Pasha eines Tages aufjaulte und dies nicht mehr duldete. Ich malte ihm aus, welche Folgen seine Verweigerung haben könne, dass die Behandlung nötig sei, um ihm eine Operation zu ersparen. Er musste wissen, dass Krebs eine sehr langwierige und schmerzvolle Weise sein konnte, den Körper zu verlassen.

Ich bat ihn, die Geschwulst, die inzwischen so groß wie ein Golfball geworden war, heilbehandeln zu dürfen. Er war mit jeder Energiearbeit einverstanden, solange ich nicht seinen Körper berührte. Wenige Tage später brach die Geschwulst auf und sonderte einen ungewöhnlich stark stinkenden Eiter ab. Er roch fast wie verwestes Fleisch. Das dauerte einige Tage an, und Pasha ließ mich die Stelle mit einem Heilkräuter-Mineral-Spray einsprühen. Nach ein paar Wochen war die Geschwulst nur noch rosinengroß und Pasha protestierte nicht, wenn ich sie berührte. Wir waren alle froh, dass er nicht gestorben war. Dieser Vorfall hatte uns in gewisser Weise auf die Zeit seines wirklichen Abschieds vorbereitet.

Ich meditierte über Pashas Lebensaussichten und bekam von den Engeln mitgeteilt, dass er dank seines genetischen Erbes und seiner guten Gesundheit sechzehn Jahre alt werden könnte. Es lag an Pasha, ob er sein Leben in diesem Körper fortsetzen wollte. In jenem Winter beschloss er zu bleiben, wenn der folgende Sommer kühl wäre. 1991 hatten wir den kühlsten und nebligsten Sommer seit unserer Ankunft hier im Jahr 1984, und Pasha sah so großartig aus wie er sich fühlte. Pasha wirkte mit seinen vierzehn Jahren wieder lebhafter als vor zwei Jahren, obwohl er taub geworden war und sein Hinterteil lahmte.

In seinem letzten Jahr schlief er immer mehr und sah zunehmend angeschlagener aus. Das ist bei Hunden, deren Ende sich nähert, oft der Fall. Er wollte auch häufiger in unserer Nähe sein und verlangte nach mehr Streicheleinheiten, etwas, wofür ein Afghane in jüngeren Jahren gewöhnlich keine Zeit hat. Wir wussten beide diese häufigen Phasen des Kraulens zu schätzen. Auch bat ich Michel eindringlich, im Garten oder beim Spazierengehen noch mehr auf den dasiger werdenden Pasha aufzupassen. Es schien sich ein neuer Schlaganfall anzubahnen.

Am 17. Januar 1993 kam ich nach dreistündiger Autofahrt von meinem Workshop in San Martin, Kalifornien, zurück. Es war neun Uhr abends und ich wurde von Pasha und Rana begrüßt. Ich fischte nach zwei Leberriegeln, die ich als Leckerei mitgebracht hatte. Pasha tat sich äußerst schwer, den ihm gereichten Riegel zu erwischen. Das Abendlicht spiegelte sich in seinem grauen Star und er wirkte etwas verloren. Es war das letzte Futter, das dieser unverbesserlich verfressene Hund auf dieser Erde genießen sollte – ein Moment, der nunmehr eine schmerzliche Erinnerung ist.

Am Montagmorgen fanden wir Pasha stöhnend und zitternd auf unserer Auffahrt liegend. Er konnte nicht mehr aufstehen und wir trugen ihn ins Haus. Im Unterschied zu seinem ersten Schlaganfall gelang es uns nicht mehr, ihn durch verschiedene Heilbehandlungen – darunter die Bachblütentinktur Rescue Remedy und noch ein homöopathisches Heilmittel – wiederherzustellen. Nachdem er eine Weile bewegungslos dagelegen war, quälte er sich hoch und versuchte, sich hinaus zu schleppen. Wir legten ihn draußen auf der Wohnzimmerterrasse auf ein Feldbett, deckten ihn zu und ich flößte ihm in den folgenden sechs Stunden in regelmäßigen Abständen Wasser und homöopathische Mittel ein. Schließlich hörte er zu zittern auf und schlief ein. Am Nachmittag rappelte er sich auf und schaffte es mit unserer Hilfe, im Garten sein Geschäft zu verrichten. Er kämpfte dabei um jeden Schritt, fiel mehrmals hin und hatte offenbar große Schmerzen.

Hawk, Sue Goodrichs Hundegefährte und guter Freund unserer Familie, der vor über einem Jahr seinen Sibirischen Schlittenhundkörper verlassen hatte, erschien mir mit seinen indianischen Geisterfreunden und sagte, Pasha würde innerhalb der nächsten vierundzwanzig Stunden von uns gehen und sie würden ihm dabei beistehen. Doch es kam anders, Pasha war noch nicht bereit zu gehen. Hawk korrigierte seine Schätzung auf achtundvierzig Stunden und diesmal behielt er recht.

Am nächsten Tag fiel es Pasha noch schwerer sich zu bewegen. Ich rief unsere Freundin und holistische Tierärztin Joyce Harman in Virginia an und beriet mich mit ihr. Sie schloss zwar eine langsame Besserung nicht völlig aus, doch ihrer Erfahrung nach zog ein derart schwerer Schlaganfall bei älteren Hunden gewöhnlich weitere, schließlich tödliche Schlaganfälle nach sich. Sie empfahl ein homöopathisches Heilmittel, das ich Pasha abwechselnd zu den bereits von mir verwendeten Mitteln geben sollte.

Da sich Regenwetter ankündigte, brachten wir Pasha von der Wohnzimmerterrasse zur Dachterrasse vor unserem Schlafzimmer hinauf, wo seine und Ranas 1,10 x 2,20 m große und 1,80 m hohe Hütte stand – eine Spezialanfertigung. Wir hatten ihm darin ein besonders weiches Lager aus Kissen und Decken hergerichtet. Pasha ärgerte es, dass er nicht allein gehen konnte, doch ohne unsere Hilfe wäre er ständig hingefallen, was ihm weh getan und ihn noch mehr geärgert hätte. Die Hundehütte hatte große Fenster gegenüber unserer Schiebetür, so dass wir einander sehen konnten. Rana begleitete Pasha und stand ihm während seines schmerzlichen Übergangs tapfer bei.

Pasha liebte seinen Körper und das Leben bei uns. Er wollte kaum glauben, dass er im Sterben lag. Wir sagten ihm, es täte uns leid, ihn so leiden zu sehen und ließen in geistig los. Ich rief schöne gemeinsam verbrachte Zeiten in Erinnerung, aber das schien ihm den Abschied nicht zu erleichtern. Michel spielte auf seiner Gitarre klassische Lieder für ihn, während ich sang und mit einem besonderen Heilkristall in der Hand betete. Wir sahen beide Pasha abwechselnd im Himmel und dann wieder über irdische Wiesen jagen, die er so sehr liebte. Ich bat die himmlischen Mächte, ihm beim Übergang beizustehen.

Schwarze Schwingen der Nacht und
Weiße Schwingen des Todes
Tobender Sturm, Neumond
Pasha stirbt
Erlebt sein Gethsemane
Ich wache
Lasse los
An der Seele zerren
Die Fäden irdischer Liebe

Sie müssen nach und nach
Durchtrennt werden
Umherwandernd
Trifft er Freunde
Aus anderen Reichen
Wir wachen
Schauen
Die schwarzen Schwingen der Nacht und
Die weißen Schwingen des Todes.

20. Januar 1993, 3 Uhr nachts

In dieser Nacht erlitt Pasha mehrere Schlaganfälle. Michel und ich sahen wiederholt nach ihm, um ihn zu beruhigen und ihm Medizin zu verabreichen. Als er bei einem besonders heftigen Anfall vor Schmerzen aufjaulte und seinen Körper an die Wand presste, rief ich Michel, damit er bei Pashas Abschied dabei sei. Doch Pasha überstand es. Ich weinte, und Michel musste weggehen, weil er fürchtete, sich sonst übergeben zu müssen und ohnmächtig zu werden. Pasha verdiente dieses Leiden nicht. Mich wunderte, dass ihn diese vielen berstenden Blutgefäße im Gehirn nicht töteten. Pashas Lebenskraft und Lebenswille behaupteten sich. Es schien fast so, als hielten ihn die Schmerzen am Leben, gegen die er ankämpfte.

Die Sonne bewegte sich aus dem Zeichen des Steinbocks in das Zeichen des Wassermanns, und der Mond, der im Zeichen des Steinbocks stand, schien mit seiner starken Erdanziehungskraft die irdische Verbundenheit und den hartnäckigen Kampf ums Überleben zu unterstreichen. Es war beinahe Neumond, und seine abnehmende Kraft war ein Echo des Todes. Ich beschloss, den Tierarzt zu holen, sollte Pasha bis zum Morgen nicht gestorben sein. Das besprach ich mit Pasha. Wir mussten der Tatsache ins Auge sehen, dass diese Anfälle nicht aufhören würden, und er nie mehr richtig auf die Beine käme. Das war kein Leben für unseren edlen, leidenschaftlichen Freund.

Damit ich jederzeit zu Pasha konnte, wenn er mich brauchte, döste ich angezogen in Hörweite auf dem Fußboden. Um sechs Uhr früh stellte ich erstaunt fest, dass Pasha aufgestanden war und draußen auf der Dachterrasse Wasser trank. Es hatte zu regnen aufgehört. Ohne zu stürzen tappte er schließlich die Treppe in den Garten hinunter und pinkelte. Da ein neuer Schauer einsetzte, führte ich ihn zur Hütte zurück. Er schleppte sich mit Ach und Krach hoch und brach dann auf seinem Lager zusammen, atmete schwer und sollte nie wieder aufstehen.

Ich flößte ihm weiterhin Bachblütentropfen ein, Walnuss und Eiche, um ihm das Loslassen zu erleichtern. Ich wollte, dass er von sich aus um Hilfe bat, bevor ich den Tierarzt vor Ort anrief. Als ich wieder nach ihm sah, hatte Pasha über unser ernstes Gespräch nachgedacht und auch die Bachblüten hatten ihre lösende Wirkung entfaltet. Er war nun bereit zu gehen und bat um Hilfe. Der Tierarzt konnte frühestens um halb drei Uhr nachmittags bei uns sein. Pashas Schmerzen nahmen unterdessen derart zu, dass wir alle fanden, dem müsse ein Ende gesetzt werden.

Draußen tobte der Sturm so heftig wie noch nie in dieser stürmischen Jahreszeit. Die großen Pinien schwankten und bogen sich. Während Pashas zweitägiger Leidenszeit goss es immer wieder in Strömen. Ich hatte den Eindruck, als verkündeten die Naturgeister Pashas nahen Tod. Es hätte mich nicht einmal gewundert, wenn sich bei seinem Abschied die Erde aufgetan hätte.

Unser Tierarzt Bob Fisher war sehr zuvorkommend. Wir trugen Pasha auf einer Decke zum Feldbett, wo der Tierarzt ihm das Sedativum spritzte. Michel und ich hielten Pasha in den Armen und küssten ihn zum Abschied. Er verstummte. Ihm fielen die Augen zu und er verließ seinen Körper. Die Spritze hatte die letzten Fäden, die ihn an seinen Körper banden, durchtrennt und nun schwebte er Richtung Süden durch den Sphärenschleier seinen spirituellen Freunden entgegen, die ihn mit offenen Armen willkommen hießen. Als er an mir vorbeischwebte, hörte ich ihn sagen: „Ich wusste nicht, dass es so leicht ist." Unsere starke Bindung, seine Liebe zu seinem Körper und dem irdischen Leben hatten ihm den Abschied sehr schwer gemacht. Selbst als er sagte, er sei bereit, hielten ihn noch viele Bande, durch die Körper und Geist innig verquickt waren.

Wir entfernten uns von Pashas lebloser Gestalt, und Michel und ich umarmten uns und auch den Tierarzt. Michel brach zum ersten Mal, seit ich ihn kannte, in Tränen aus. So lagen wir uns in den Armen und weinten. Andererseits waren wir froh, dass Pashas Leiden beendet war. Eine weitere Nacht qualvollen Wartens auf Pashas Erlösung hätten wir nicht mehr verkraftet. Eine Stunde nach Pashas Tod, um halb vier Uhr nachmittags, hatte sich der Sturm gelegt. Als ich darüber nachdachte, wie sehr das Wetter zu Pashas Übergang passte, rief Pasha mir zu: „Ich bin eine leidenschaftliche Person." Er war immer eine starke, zur Dramatik neigende Persönlichkeit gewesen.

Nach seinem vierzehneinhalbjährigen Leben in Hundegestalt war er ins spirituelle Reich zurückgekehrt, wo ihn viele Freunde erwarteten. Unter ihnen war mein Vater, der 1984 seinen Körper verlassen hatte. Nicht lange, nachdem Pasha von uns gegangen war, ließ er für mich all seine früheren Leben Revue passieren, die er meist in Menschengestalt verbracht hatte. Er war ein Afghane geworden, um bei mir zu sein, und hatte sein Leben als Hund in vollen Zügen genossen. Dann verwandelte er sich in einen Mann, der er früher gewesen war und sagte, er habe uns und sein eben geführtes Leben gern gehabt. Er hatte sich nach Abenteuern und Abwechslung gesehnt und wir hätten ihm dazu verholfen. Ich solle Michel ausrichten, dass er ihn immer als Freund und Bruder empfunden habe. Weiter richtete er die besten Grüße an alle Familienmitglieder aus. Pasha schien auf einem Fest zu sein, in einer fröhlichen Runde, was er auch auf Erden immer besonders mochte.

Während Pashas Todeskampf konnte ich seine Schmerzen nicht lokalisieren, was ich bei Tieren normalerweise kann. Ich konnte zwar an seinem Verhalten erkennen, dass er Kopf- und Rückenschmerzen haben musste, aber das direkte Mitempfinden können war blockiert. Nach seinem Tod hatte ich schwere Kopfschmerzen und mir war schlecht, und Michel hatte Halsweh, was Pashas wunde Punkte widerspiegelte. Meine Schmerzen hörten auf, nachdem ich geschlafen hatte. Michels Grippesymptome waren etwas hartnäckiger. Wir waren heilfroh, dass uns der Tierarzt in der besonders quälenden Schlussphase beigestanden hatte.

Rana, Pashas elfjährige Tochter, hatte Pasha bis zuletzt tapfer zur Seite gestanden. Sie war seit über zwei Jahren, als er schon einmal beinahe Abschied nahm, auf seinen Tod gefasst. Rana war stets für

Pasha da und bewunderte ihn auf Schritt und Tritt. Während seines Todeskampfes blieb sie bei ihm in der Hundehütte, war geduldig, gab ihm Kraft und hatte ganz gegen ihrer Gewohnheit keine Angst vor dem Unwetter.

Sherman war die Ruhe selbst. Er kam zu mir auf den Schoß, sooft ich in dieser Dienstagnacht aus der Hundehütte zurückkam, und gab mir Kraft. Rana schaffte es nicht, bei der Einschläferung dabei zu sein. Sie hatte ihr Möglichstes getan. Sie hielt sich nicht in der Nähe der Leiche auf, schnüffelte auch nicht daran. Es war vorbei. Heyoka, der von draußen durchs Fenster sah, war bestürzt, als er merkte, was vor sich ging. Yohinta hatte Angst. Chico San versuchte, uns beizustehen. Und auch Sherman tat weiterhin sein Bestes, um uns zu trösten.

Sobald Pasha gestorben war, legte sich das Unwetter und unterstrich die Stille im Raum. Ich ließ Pashas Leiche noch ziemlich lange auf dem Feldbett liegen. Ich schaffte es nicht, diesen Körper gleich zu begraben, wie ich das sonst mit den zurückgebliebenen Hüllen meiner Tierfreunde tat. Ich hatte das Bedürfnis, noch einige Male das weiche Fell zu streicheln, um mich endgültig zu vergewissern, dass er tot war. Seelisch hatte ich mich von Pasha ja bereits verabschiedet. Jetzt musste ich auch noch ganz bewusst von seiner schönen, selbst noch im Tod anmutigen und edlen Gestalt Abschied nehmen.

Nun, Pasha, da stehen wir also und ringen mit unseren Gefühlen, unseren Erinnerungen und unserer Sehnsucht nach dir – die die plötzliche Leere in uns wachruft. Du warst die Nummer eins - wirst sie vielleicht immer bleiben. Ich weiß, dass wir einander verbunden bleiben und weiter voneinander lernen werden. Könnte man sich je auf so einen Verlust vorbereiten? Man hat ihn hinzunehmen. Welch ein Schlag nach all der Freude. Aber das *Leben* geht weiter, und wir werden niemals getrennt sein – Freunde für immer.

Siebeneinhalb Stunden nach Pashas Tod, kurz vor halb elf Uhr abends kam mir plötzlich mein Hinausschieben des Begräbnisses albern vor: „Warum halte ich an einem toten, starren Körper fest?" Es war Zeit, ihn zu begraben und weiterzugehen. Wir planten für den nächsten Tag eine kleine Begräbnisfeier mit ein paar Freunden.

Das Unwetter, das während Pashas Übergang niedergegangen war, hatte in vielen Gegenden Überschwemmungen von beinahe katastrophalen Ausmaßen verursacht. Pashas Kampf und unsere Gefühle hatten auch beinahe eine Katastrophe bedeutet. Dienstagnacht hatte Michel geträumt, er schleppe zu viel Gepäck mit sich herum. Und in der darauf folgenden Nacht hatte ich einen ähnlichen Traum. Ein Hinweis, dass wir nicht mehr an seiner körperlichen Form hängen und weitergehen sollen.

Warum können wir nicht zusammen leben und sterben, und damit Trennungsschmerz vermeiden? Weil die Spielregeln andere sind. Wir begegnen im bunten Treiben der Welt vielen unterschiedlichen Wesen, durch deren Kommen und Gehen wir eine Fülle an Abenteuern erleben.

Als Pasha aus dem spirituellen Bereich Kontakt mit mir aufnahm, wunderte ich mich, weshalb er mir in seiner weiter zurück liegenden Menschengestalt erschien. Er erklärte mir daraufhin, dass er seine Afghanengestalt genossen und abgelegt habe und mir dabei helfen wolle, ihn gelöst davon zu erinnern. Wir wären immer schon zusammen gewesen, was ich nicht bezweifle.

Wäre Pasha ein Mensch gewesen, hätten wir sicher eine Intim-Beziehung gehabt. Ich habe oft gesagt, dass ich dann wohl nicht daran vorbeigekommen wäre, zwei Ehemänner zu haben! Michel und Pasha waren die besten Freunde. Durch Pashas Afghanengestalt waren wir ein wunderbares, gesellschaftlich akzeptables Trio. Einmal, Pasha war damals sieben Monate alt und seit etwa einem Monat bei mir, sah mich Pasha fast leidenschaftlich an, kam zu mir herüber und begann an meinem Ohr zu lecken. Ich schob ihn sanft beiseite und erklärte ihm, er sei kein Mensch und eine sexuelle Beziehung zwischen zwei unterschiedlichen Arten käme nicht in Frage. Er müsse dieses Verhalten mir gegenüber aufgeben. Diese Anwandlung überkam ihn – kurze Zeit später – nur noch ein einziges Mal, wobei er sie jedoch schnell unter Kontrolle brachte.

Pashas Intensität, Leidenschaft, Lebensfreude, Humor und Weisheit bezauberten alle, die sich näher mit ihm befassten. Bei mir war es Liebe auf den ersten Blick. Seine Heiterkeit, Liebenswürdigkeit, Lebenslust, Freiheit, Integrität und Schönheit schlugen mich in den Bann. Ich war so vernarrt in Pasha, dass ich Michel, als ich ihn im Juli 1980 kennen lernte, blankweg sagte, Pasha sei das Wesen, das ich am meisten liebe. In seiner einfühlsamen liebenswürdigen Art antwortete Michel, er sei sich sicher, ich würde ihn eines Tages ebenso sehr lieben. Er behielt Recht, und Pasha war von Anfang an sein Freund.

Am 21. schaufelte ich vormittags Pashas Grab nahe dem Fairy Ring. Nachdem ich sein Haar ein letztes Mal liebevoll gebürstet hatte, trug ich den dreißig Kilo schweren Körper mit großer Mühe zu Grabe. Michel musste an diesem Vormittag weg, aber am Nachmittag wollte er zur kleinen Begräbnisfeier wieder da sein und auch unsere befreundete Nachbarin Elizabeth wollte vorbeikommen. Rana schlief in der Hundehütte. Ich machte mich daran, im Garten Blumen und Zweige für Pashas Grab zu sammeln. Meine Körbe waren bald gefüllt, soviel schien sich von selbst anzubieten. Ich entdeckte sogar einige verfrühte Shastablüten und eine Schmucklilie, als wären sie extra zu diesem Zweck gewachsen. Ich war den zeitlosen Geistwesen der Pflanzen zutiefst dankbar. Von allen Seiten hörte ich: „Nimm mich. Ich möchte auf Pashas Grab." Als ich eine Schwertlilie fragte, ob ich sie pflücken dürfe, antwortete sie: „Aber ja. Wir liebten Pasha." Da sah ich plötzlich aus der Blumenperspektive Pasha durch den Garten spazieren und sein Bein heben. Ich spürte, welche Harmonie und Einigkeit zwischen ihm und diesen Pflanzen herrschte. Sie bildeten eine Lebensgemeinschaft.

Die Truthahn-Geier, die hier zu Hause sind und über Inverness Ridge kreisen, erschienen nicht über Pashas Leiche. Ich erinnerte mich, wie diese gewaltigen Recycler einmal über einer toten Spitzmaus auf unserer Auffahrt und auch über den Leichen unserer Kaninchenfamilie gekreist waren und bat sie darum, Pashas Leiche fern zu bleiben. Und tatsächlich erschien kein Geier, selbst als es kurz windstill geworden war. Sie respektierten Pashas Integrität und unsere Gefühle.

Als es wieder zu regnen anfing, legte ich eine Plastikplane über das offene Grab, damit Pashas Fell für die Begräbnisfeier trocken blieb. Bis zu Michel Rückkehr gestaltete ich dann Karten für alle, die Pasha gekannt und geliebt hatten, mit Photos vom Garten oder von Pasha und Variationen dieser Inschrift:

Während es stürmte, wie es seiner Leidenschaft, Kraft und Anmut entsprach, verließ

PRINZ PASHA PAZOO

geboren am 12. August 1978 am 20. Januar 1993 die Erde.

Am Donnerstagnachmittag gaben wir Pashas Körper dann Mutter Erde zurück. Zum ersten Mal, seit wir ihn am Montag paralysiert aufgefunden hatten, empfand ich Freude – Freude darüber, dass er in das spirituelle Reich entlassen worden war. Ich legte seine Lieblingssnacks, eine Walnuss und einen Leberriegel, neben seinen Kopf und ein paar von ihm angekaute Knochen, neben seine Pfoten. Es war mein letzter Fütterungsakt Pasha gegenüber.

Wir streuten Blumen ins Grab und dankten dem Allumfassenden Geist für Pashas Leben. Ich hatte rote Blumen gesucht, um damit Pashas Kopf zu bedecken, denn Rot ist meine Lieblingsfarbe und war auch seine gewesen. Ich hatte einige Salbeiblüten gefunden, und das Universum hatte mir noch eine besondere rote Blüte für ihn zukommen lassen. Michel hatte meinen Wagen vom Kundenservice abgeholt und bei Honda bekommen die Kunden in solchen Fällen eine rote Rose geschenkt. Michel brachte also eine wunderschöne dunkelrote Rose mit nach Hause, die wir auf Pashas Hals legten.

Während ich Pashas Körper unter die Erde brachte, aus der er gekommen war und die er liebte, spürte ich eine tiefe innere Ruhe. Mir wurde wieder bewusst, dass uns unsere Körper nur geliehen sind. Sie stammen von Mutter Erde, sind aus ihren Elementen geschaffen. Wir durchdringen sie mit unserer Persönlichkeit und unseren Absichten und gebrauchen sie einfühlsam oder auf andere Weise während unseres Aufenthalts auf Erden. Vernachlässigte oder missbrauchte Körper werden gereinigt und geheilt, neu zusammengefügt, Moleküle wieder instand gesetzt, wenn sie der Erde anvertraut werden, deshalb können uns Kräuter und andere Elemente aus der Erde reinigen und heilen. Mutter Erde nimmt alle Körper an, schließlich gehören sie ihr, und heilt sie. Sie gestaltet aus abgelegten Hüllen neues Leben.

Gestern Nacht, als ich noch an Pashas wunderschönem Körper hing, spielte ich mit dem Gedanken, seinen Körper einfrieren zu lassen. Glücklicherweise nur kurz. Nein, es war gut, keine Ausnahme zu machen. Sein wunderschöner Körper mit dem weichen Fell, dem Samtgesicht, den wunderschönen, süß riechenden Ohren und den tiefgründigen Augen wird mir auch so in Erinnerung bleiben.

Nun leidet Pasha nicht mehr. Seine Altersgebrechen – die Taubheit, Langsamkeit, die schmerzenden Gelenke, das schwindende Sehvermögen – gehören der Vergangenheit an. Sein Altwerden beschrieb ich am 30. Dezember 1992 in diesem Gedicht:

Pasha
Einst herrlicher König
Du großartiger Geist
Dein Körper mit seinem
Goldglänzenden Fell
Versagt die Steuerung
Wird altersschwach.

Einst bist du so weit gesprungen
So verwegen gerannt
Warst in deiner Ausgelassenheit
Nicht zu bremsen.

Herrliche Freiheit
Und ewige Jugend

Traurig sah ich dich von
Tag zu Tag langsamer werden

Pausen am Strand und beim
Nagen am Wildknochen.
Nun trottest du einher
Wagst einen kleinen Spurt
Und gehst wieder Schritt.

Wo ist die Freude des Afghanen
Die ungezügelte Ekstase?
Jetzt tief zurückgezogen
Aus den goldenen Haarspitzen
Ein Traum von Gestern.

Da bist du in all deiner Würde
Mit beinahe fünfzehn
Reifen Jahren
Schwerhörig
Fast blind

Die irdische Verbindung
Reißt mehr und mehr ab.

Du brauchst Zuwendung
Wie nie zuvor
Deine unabhängigen Tage
Münden in der Innigkeit
Unserer Freundschaft.

Noch folgen dir die
Jungen Hunde
Achten deine Führerschaft
Stärke und Weisheit
Du bietest ihnen ein Lächeln
Ein Ohrenspitzen
Eine spielerische Verneigung, ein Nachsetzen
Und gehst wieder deiner Wege.

Du strahlst unterwegs im goldenen Licht
Deine Tage sind das Echo
Des Sonnenuntergangs

Wenn Deine herrliche Form
Einmal in die Erde gelegt wird
Werden alle erschüttert sein
Die dich kannten.

Prinz Pasha
Prinz Pasha Pazoo
Löwe
König
Herr des unendlichen Universums.

Die Erde wirkte so warm und gnädig, als wir Pashas Grab zuschütteten. Das Empfinden einer Lücke und meiner Zerrissenheit schwand. Ich spürte, wie Mutter Erde ihr Kind, ihr Geschöpf Pasha willkommen hieß. Pasha hatte sein Erdenleben in vollen Zügen genossen und unter großen Schmerzen gegen seinen Tod angekämpft, aber nun war er unter seinen Freunden drüben völlig aufgehoben und glücklich. Sie hatten ihn vermisst, während er uns auf seiner irdischen Mission half. Und ich freute mich auf die Wiedervereinigung unserer Seelen, wenn auch ich zurückkehrte. Als ich seinen Körper losließ, spürte ich, wie samten, wie wunderschön die Erde ist, wie uns Geburt und Tod vereinen.

Pashas Tod war nicht leicht, aber voller Offenbarungen und Erfahrungen tiefen Mitgefühls. Ich wuchs an seiner Weisheit, seiner Liebe und an seinem Verständnis für alle Wesen. Ja, wir hatten aufgrund einer ähnlichen Lebenseinstellung eine schöne Zeit zusammen.

All unsere Tiere versuchten, mich auf ihre Weise liebevoll zu trösten. Nach dem Begräbnis strich Sherman um meine Beine, und als er meinen Gedanken empfangen hatte, wie sehr ich es vermisste, Pashas samtweiches Gesicht zu küssen, bot er mir großzügig sein flauschiges orangefarbenes Gesicht dar. Chico San schmiegte sich tröstend in meine Arme. Yohinta blieb in meiner Nähe. Heyoka hatte Pashas Einschläferung mitbekommen und verhielt sich den ganzen Tag sehr ruhig. Die beiden waren gute Freunde gewesen. Danach wusste er wieder unsere üblichen Spiele und Streiche zu schätzen. Rana blieb gefasst und gab mir zarte Küsse. Ich bestaunte unsere lebhafte Hühneschar, die einen solchen Kontrast zur Stille des Todes bildete. All diese Aufgewecktheit, Neugierde, Sanftmut und Mitteilsamkeit baute mich auf. Ich bin von wunderbaren Wesen umgeben.

Am Tag nach dem Begräbnis klarte der Himmel auf. Zum ersten Mal seit Pashas langer Abschiednahme schien die Sonne. Sein mit Blumen und Zweigen geschmücktes Grab sah wirklich schön aus. Und die Schmucklilie, die ich in die Erde gesteckt hatte, sollte noch wochenlang blühen! Die Blumen freuten sich über Pashas Rückkehr zur Erde. Wie anmutig sie zu blühen und welken verstehen!

Und wie sehr ich insgesamt den innigen Austausch zwischen den Lebensformen spürte! Ich hatte vorigen Dienstag das körperliche Bedürfnis nach Fleisch gehabt, um die schwere Zeit mit Pasha durchzustehen. Dankbar aß ich den Hamburger aus Biofleisch und fühlte ich mich von der Liebesgabe des betreffenden Rinds genährt. Auch das Gemüse flößte mir die Kraft der Verwurzelung ein, verband mich mit der Luft, dem Wasser, der Sonne und der Erde. Während der ganzen Zeit von Pashas Übergang wurde mir deutlich bewusst, wie sehr wir alle einander im Leben brauchen.

In der Woche vor seinem Tod hatte Pasha noch mit den Hunden aus der Nachbarschaft gespielt. Überhaupt hatte er sich in den letzten Jahren, seit er langsamer wurde und nicht mehr ständig hierhin und dorthin rannte, sich mehr mit anderen Hunden abgegeben. Selbst noch nach seiner Kastration posierte er herausfordernd, wenn er andere

Hunde traf. Er hatte nicht die Absicht zu kämpfen, wollte nur seine Stellung als König sicherstellen, bevor er sie locker gewähren ließ. Die meisten Hunde verehrten ihn und folgten ihm als ihrem Führer und Mentor. Ein Goldener der Erde – voller Zuversicht und Vitalität -, der sich durch nichts unterkriegen ließ. Bedrückt erlebten wir Pasha nur, nachdem er taub und extrem altersschwach geworden war; doch schließlich nahm er beides mit Würde hin.

Pasha forderte immer geradeheraus das ein, was er wollte. Er wollte ein gutes Leben und hatte es auch. In seinen jungen Jahren ließ ich ihn sich in sicherer Umgebung frei austoben. Er genoss seine Freiheit, seine Abenteuer! Warum hätte er ein Leben als Hund wählen sollen, wenn er dieses Leben nicht bis an die Grenze seiner Fähigkeiten hätte auskosten können und als der verstanden worden wäre, der er war? Er hatte sich entschieden, bei mir zu sein, wodurch ich mich geehrt und gesegnet fühlte. Wir liebten zusammen das Leben auf dieser Erde, für die Pashas Kommen und Gehen ein Fest war.

Die Leute dachten oft, dass er kein richtiger Afghane sei, weil ihm die vornehme Magerkeit amerikanischer Show-Afghanen abging. Aber seine Linie ging auf die Berg-Afghanen aus Afghanistan zurück, die stärker gebaut sind. In einem aus Afghanistan stammenden Buch fand ich ein Foto eines Afghanen, der genauso aussah wie Pasha. Wenn ich nach seinem Stammbaum gefragt wurde, sagte ich, er sei eine Kängazelle – sein Vater sei nämlich ein Känguru und seine Mutter eine Gazelle gewesen. Er rannte und machte Sätze wie kein anderer. Wenn er Damwild jagte, elektrisierte ihn das förmlich. Er jaulte dann in einer extremen Tonhöhe. Kaninchen und Eichhörnchen jagte er zwar auch ganz gerne, sie entlockten ihm aber nicht dieses ekstatische Jaulen.

In seinen letzten Jahren interessierte er sich kaum mehr für Rehe oder Hirsche. Er schaute auf, begann zu laufen und kehrte gleich wieder zurück. Als einmal ein Hirsch unseren Weg kreuzte, und er ihn nicht zu bemerken schien, war ich schockiert. War früher ein Hirsch aufgetaucht und Pasha angeleint, jagte er sofort los und kugelte einem fast den Arm aus. Oder wenn er nicht angeleint war, sprintete er meilenweit hinterher, bevor er zufrieden von seiner Jagd zurückkehrte.

Vor Jahren bogen Pasha und Rana häufig an einer bestimmten Stelle in den Wald ein, um an den Überresten eines Hirschs herum zu nagen. Viele Monate später brachte Pasha mir dann den weißen Schädel dieses Bocks, der seither in unserem Garten beim Fischteich einen Ehrenplatz hat.

Ich glaube nicht, dass ich jemals wieder einen so freiheitsliebenden Afghanen in meiner Obhut haben werde. Ich sorgte stets dafür, dass unsere Hunde, vor allem Pasha, Gelegenheit bekamen, frei herumzulaufen. Als wir 1979 New York City besuchten, ließ ich ihn auf einer verlassenen Landstraße in der Nähe unseres Hotels im Westend von der Leine. Meist liefe Pasha mir weit voraus. Eines Morgens bekam ich ihn gerade wieder in den Blick, als er über eine stark befahrene Straße rannte, die die Landstraße kreuzte. Ich rief ihm hinterher und er wurde von Straßenarbeitern festgehalten, die ihn mir dann übergaben. Afghanen gleichen in mancher Hinsicht Katzen, und Pasha hatte sicherlich neun Leben.

Als wir 1984 von Los Angeles aufs Land zogen, war es für mich in dem Moment beschlossene Sache, unser jetziges Haus zu mieten, als ich die Waldwege am Ende der Zufahrtsstraße sah. Direkt von zu Hause aus losgehen zu können, statt für den Hundeauslauf zu Parkanlagen fahren zu müssen, war absoluter Luxus. Wir ließen die Hunde auf unseren Spaziergängen von der Leine. Manchmal verschwanden Pasha und Rana für Stunden, und wenn sie zurückkamen, rochen sie nach Venusmuscheln und Tang vom sechseinhalb Kilometer entfernten Strand. Mehrere Male wurden wir von Leuten angerufen, die Pasha aufgelesen hatten. Ich fürchtete, er könne irgendwann einmal gestohlen oder misshandelt werden, doch er sagte mir, er suche sich nur Leute aus, wo er genau weiß, dass sie ihn nach Hause bringen oder mich telefonisch benachrichtigen. Er verlief sich nie, selbst wenn ich ihn auf Reisen herumstreunen ließ.

Wir achteten sehr darauf, dass wir die für Hunde normalerweise verbotenen Strandwege nur in der Dämmerung benutzten, um keine Strafe zu riskieren. Pasha setzte dem Ganzen die Krone auf, als ihn einmal der Nachtwächter des National Seashore auflas. Seitdem gewöhnten wir uns an, Pasha und Rana jeweils abwechselnd an die Leine zu nehmen, denn Rana lief ohne Pasha nicht davon, und Pasha streunte ohne Rana nicht so lange.

Pasha brauchte seine Abenteuer. Gewöhnlich scharrte er eine Stunde, nachdem wir vom Spaziergang zurückgekehrt waren, an der Tür. Er war dann einfach herumgestreunt oder bei den Nachbarn gewesen, die ihn sehr mochten. Seine zunehmende Altersschwäche hatte zumindest den Vorteil, dass wir ihn auf unseren Spaziergängen mehr um uns hatten und er öfter gemeinsam mit uns nach Hause kam. In seinen letzten Jahren freute es mich dann, wenn er sich gelegentlich doch wieder mit leuchtenden Augen davon machte, um ein Weilchen die Gegend zu erkunden oder die Nachbarn zu besuchen.

Am Freitag, den 22. Januar, kam Rana in die Sonne heraus, und so konnte ich die Hundehütte saubermachen und die Kissen lüften. Es tat gut, einen neuen Anfang zu machen, und ich sprayte die Hütte gründlich mit Kräutertinktur ein.

Körperpflege war für Pasha eine lästige Pflicht. Er hatte ein wunderbares, seidiges blondes Fell, das vor seiner Kastration weniger dicht und daher leichter zu pflegen war, danach jedoch voll und wollig wurde und leicht verfilzte. Die mit der Kastration verbundene hormonelle Umstellung kann bei Afghanen zu üppigem Haarwuchs führen. Auch Rana, die mit acht Monaten sterilisiert wurde, hatte ein voluminöses Fell. Als wir in ein kühleres Klima zogen und die beiden im Freien lebten, wurde ihr Fell noch dichter und war sehr schwer zu pflegen.

Pashas Haut war äußerst empfindlich. Er jaulte, zuckte zusammen, scharrte oder biss, wenn ich auch nur ganz leicht an seinem Haar zog oder er dachte, ich könnte es vielleicht tun. Ein Problem wurden seine Nägel. Da er sich im Alter immer weniger bewegte und sie folglich weniger abnutzte, mussten sie geschnitten werden. Sein Fell zu trimmen und Kletten zwischen seinen Zehenballen heraus zu ziehen ging ja noch, aber Nägelschneiden war eine Tortur. Sobald er mich mit dem Nagelzwicker sah, schaffte er es, mich ruckzuck in ein Nervenbündel zu verwandeln, so sehr wehrte er sich. Ich schaffte es gerade einmal, in mehreren Anläufen zwei Nägel zu schneiden. Es war wirklich schlimm, da die Nägel sich schon verdrehten und ihn am Laufen hinderten. Ein paar Wochen vor seinem Tod kam mir schließlich eine Freundin zu Hilfe. Da sie nicht so anfällig für seinen Protest war, schaffte sie es nach einigem Hin und Her, alle Nägel so weit zu kürzen, dass Pasha wieder leidlich laufen konnte. Und wir planten, die Prozedur in ein paar Wochen zu wiederholen.

Die Anzeichen häuften sich, dass Pasha bald sterben würde. Nach seinem Schlaganfall im Alter von zwölf Jahren wurde er taub. In den letzten Monaten erblindete er. Pasha mit seinen einstigen Adleraugen verlor uns immer öfter beim Spazierengehen schon in geringer Entfernung aus den Augen, rannte dann verwirrt nach Hause und bellte vor der Tür. Während der letzten beiden Wochen litt er unter einem trockenen Husten. Der Auslauf wurde zu einem Dahintrotten, aber er genoss ihn weiterhin und verlangte danach. Er schlief sehr tief.

Sein langsamer Verfall war traurig anzusehen, aber er nahm es gelassen hin. In seinen letzten sechs Monaten wurde er anhänglicher. Zuvor war er liebevoll, aber distanziert gewesen, hatte mir gerade einmal ab und zu erlaubt, sein samtweiches Gesicht zu küssen. Jetzt kam es vor, dass er sich neben mich legte, wenn ich mich ausruhte, und sein Kinn auf meine Achsel stützte. Er war edel, ausgeglichen, voller Anmut und Liebe.

Das Erlebnis seines Übergangs erfüllte mich mit Mitgefühl für alle Wesen. Am Freitag, dem 22., spürte ich, wie inmitten des Verlustschmerzes in mir eine tiefe Freude aufstieg. Immer noch war ich den Tränen nahe, aber das Glück des Dazulernens überwog. Alles ging gut von der Hand.

Ich war schon immer der Meinung, dass individuelle Größe für das Leben auf der Erde einen Unterschied macht, vor allem wenn diese Größe nicht auf Einbildung beruht, sondern echter Erwachsenheit entspricht. Wir sind alle miteinander verbunden und lernen voneinander. Nennen Sie es Zwiesprache, morphische Resonanz, telepathische Kommunikation – wir schwimmen im Meer des Lebens, und die Veränderungen jedes einzelnen finden ihren Widerhall in uns.

Ich hatte eigentlich vor, Pasha eine Abschiedparty zu geben, bei der er auch ein Portion Eis bekommen sollte, aber sein Zustand ließ dies nicht zu. Nach seinem Schlaganfall am Montag, dem 18., konnte er nichts mehr fressen. Am 20. starb er genau zu der Zeit in der er normalerweise sein Fressen bekam – sehr bezeichnend für den Gourmant, der normalerweise sein Fressen eingefordert hätte.

Ich möchte das kaum noch einmal durchmachen. Ich kann verstehen, warum manche Leute keinen Tierfreund mehr wollen, wenn sich einmal ein hervorragender verabschiedet hat. Ich war auf Pashas Tod gut vorbereitet, weil ich bei meinen Beratungen bereits vielen Menschen bei der Verarbeitung eines ähnlichen Verlusts beigestanden hatte. Auch hatte ich im vergangenen Jahr einige Todesfälle in unserer Familie gehabt. Sie belasteten mich relativ wenig, da ich bei den Beratungsstunden, selbst sehr viel über Verluste dazu gelernt und Traumen verarbeitet hatte, solche aus früheren Leben eingeschlossen.

Als Pasha im Sterben lag, blieb ich sehr gefasst, weil ich völlig damit beschäftigt war, ihm so weit wie möglich Erleichterung zu verschaffen. Als dann später die Bilder seines Leidens und seines Todeskampfes in mir aufstiegen, stellte ich mich den emotionsgeladenen Momenten ganz bewusst und durchlebte den Schmerz nachträglich, um mich von belastenden Erinnerungen zu befreien.

Ich bereue nichts, empfinde keine Schuld. Pasha musste spüren, dass es keine Hoffnung auf Genesung gab, bevor er loslassen konnte. Und wir mussten das mitansehen. Selbst als wir endgültig Abschied nahmen und beteten, er möge sterben und von seinem Leid erlöst werden, musste er sein Gethsemane, seine letzte Leidensgeschichte, seine Hölle erleben, um sich von seiner schönen Gestalt und seiner Liebe zu uns zu lösen und sich den Weg auf die andere Seite zu bahnen. Sobald er erlöst war, flog er.

Am 22. konnte ich relativ gelassen Pashas Gegenwart spüren. Ich sah ihn in seiner ätherischen Gestalt sonnenbaden und herumspazieren. Ich sprach mit ihm „dort oben" und fragte, weshalb er nun in Hundegestalt erscheine. Er wolle uns diese Freude machen, antwortete er, da wir den Abschied schon soweit verkraftet hätten. Rana kam nun fröhlich angesprungen, um ausgeführt zu werden. Es war Jahre her, dass ich nur einen Hund hatte. Rana sollte ihre Sonderstellung genießen. Ich bürstete sie liebevoll vor dem Spaziergang. Pashas Leiden war vorüber.

Das Universum hatte Pashas Tod so gelegt, dass wir unsere Trauer reichlich mit anderen teilen konnten. Ich hatte dieses Buch praktisch fertig geschrieben und gerade mit dem Redigieren begonnen. Jetzt wurde dieses Kapitel hinzugefügt, das vom Mysterium der Geburt und des Todes handelt. Wir sollten diesen mystischen Lebensmomenten große Aufmerksamkeit schenken, und ihrer Erkundung nicht ausweichen, selbst wenn wir Höhen und Tiefen durchleben müssen, um zum Reichtum der Weisheit vorzudringen.

Nachdem ich am Nachmittag des 22. im Garten meditiert hatte, hatte ich das Gefühl, eine schwere Prüfung bestanden zu haben. Ich wusste, dass Pasha nicht endgültig fort war. Noch immer überkamen mich Wellen der Traurigkeit, doch die Gewissheit von Pashas Gegenwart nahm zu. Sein Körper ruhte in der Erde. Das Grab tröstete mich. Die Blumen ließen mich wissen, dass sie weiter blühen werden, auch solche, für die das in dieser Jahreszeit selten war, damit ich immer mit frischen Blumen für Pashas Grab versorgt sei. Angesichts der vielen tröstlichen Geister um mich herum wurde mir ganz warm ums Herz. Sie hatten Pasha in seiner Afghanengestalt geliebt, und liebten ihn auch jetzt.

Wie dankbar ich bin, dass wir uns durch unseren Austausch in der geistigen Gemeinschaft nicht um den Verbleib unserer verstorbenen Freunde sorgen müssen und auch keine Schuldgefühle zu haben brauchen, nicht genug für sie getan zu haben. Obwohl ich aufgewühlt war, als wäre meine Seele von einem Hochlöffelbagger umgegraben worden, war ich zuversichtlich. Ich spürte, wie aus meiner Leere ein neues Verständnis emporkeimte – Auferstehung.

Dass ich gelitten hatte, als Pasha im Sterben lag, gehörte zu meinem Weg. Ich betrachtete Pashas Bild auf meinem Schreibtisch und war für unsere gemeinsam verbrachte Zeit sehr dankbar. Er war ein wesentlicher Teil von mir, der mir zunächst entrissen schien. Jetzt, da ich seinen Tod akzeptiert und verstanden habe, gehören wir auf andere Weise zusammen. Wie hart es für alleinstehende Menschen sein muss, wenn sie ihren einzigen Tierfreund verlieren! Ich hatte meinen wunderbaren Ehemann Michel, mit dem ich über alles reden konnte, weil er Pasha ebenfalls verbunden war, und ich hatte meine anderen wunderbaren Tierfreunde, die mir so sehr halfen.

Als ich mit Rana abends spazieren ging, beschäftigte ich mich intensiver als gewöhnlich mit ihr, weil Pasha nicht da war. In der letzten Zeit hatte sie sich öfters vor dem Spazierengehen gedrückt, besonders wenn ich daheim blieb, da sie gerne auf mich aufpasste. Und wenn wir unterwegs waren, wurde sie manchmal langsamer und pausierte stur. An diesem Abend kam sie kaum hinterher. Ihr Herz schien ihr Probleme zu machen. Ich sah in sie hinein und erkannte eine Fettgeschwulst, die wie eine Hand um ihr Herz griff.

Sie hatte bereits Fettgeschwülste an ihren Rippen entwickelt, als Pasha mit zwölf Jahren fast gestorben wäre. Damals unternahm ich Extraspaziergänge mit ihr, um sie selbstbewusster und unabhängiger von Pasha zu machen. Im Gegensatz zu ihrem extrovertierten Vater, behielt Rana eher alles für sich. Wir hatten für den nächsten Tag einen kleinen Ausflug geplant, um sie aus ihrer stillen Trauer um Pashas Tod herauszuholen, und auch um uns etwas Gutes zu tun.

Am Sonntag, dem 24., fuhren wir also zur Gärtnerei Mostly Natives Nursery, wo wir eine besondere Pflanze für Pashas Grab kaufen wollten. Eine kleine Immergrüne Virginsche Eiche in unserem Garten hatte sich schon zum Umpflanzen angeboten, und stand nun hinter Pashas Grab. Normalerweise lässt sich diese Eichensorte mit ihren riesigen Wurzeln selbst klein kaum umpflanzen, aber diese war leicht auszugraben und machte sich prächtig an ihrem neuen Platz. In der Gärtnerei suchte ich nach einer Pflanze mit roten Blüten oder Blättern, die ich vor Pashas Grab einpflanzen wollte. Eine *Nandina domestica*, ein traumhaft schöner Bambus, der im Winter hellrote Blätter hat, machte auf sich aufmerksam.

Als ich nachmittags im Garten meditierte, zupfte Sherman gerade in dem Augenblick ganz ungewöhnlich an meiner Kleidung, als ich an Pasha dachte, so als wolle er mich trösten und sagen: „Auch wenn ich Pasha nicht ersetzen kann, bin ich für dich da."

Trotz unserer Versuche, Rana aufzuheitern, blieb sie verschlossen. Am Montag, dem 25., fragten wir uns, ob ein neuer Hundegefährte nicht gut für sie und auch für uns sei. Der Gedanke schien abwegig zu sein, weil Rana sich nie für einen anderen Hund außer Pasha interessiert hatte. Doch als ich laut überlegte, wen ich in dieser Angelegenheit ansprechen könne, wurde sie munter. Und als Arrow und Gideon, die beiden ausgelassenen sechsjährigen Hunde unserer Nachbarn, Mischlinge aus Labrador und australischem Schäferhund, zu Besuch kamen, näherte Rana sich ihnen neugierig.

Rana hatte Pashas Grab vorerst gemieden, und wollte auch nicht über ihn reden. Am Montag stellte ich fest, dass sie ihr Geschäft ziemlich nah am Rande seines Grabes gemacht hatte. Als wolle sie damit ihren Groll kundtun, dass Pasha sie verlassen hat. Am nächsten Tag fand ich am anderen Eck wieder einen Haufen. Nachdem ich auch diesen Haufen beseitigt hatte, knöpfte ich mir Rana vor und sagte ihr, ich könne sie gut verstehen und sei ihr auch dankbar für ihre Offenheit. Dann bat ich sie, so etwas nicht mehr zu tun, wir und auch Pasha wüssten ja nun Bescheid. Sie war einverstanden.

Die Woche verging relativ planlos. Ich verarbeitete weiterhin Szenen, die mir von Pashas Sterbeprozess zu Bewusstsein kamen, und befreite mich langsam von meinem Kummer. Manchmal war ich fröhlich wie immer, und summte vor mich hin, dann wieder war mir ganz schwer ums Herz. Himmelhochjauchzend – zu Tode betrübt – eine heftige Mischung.

Pasha erzählte mir, er erfreue sich seines Dasein in heiterer Gesellschaft. Ich erkundigte mich nach meiner Schwester, die uns im Dezember 1992 relativ verwirrt verlassen hatte, und nach meiner Mutter, die im April 1992 gestorben war. Er war ihnen nicht begegnet, sie seien an Orten, wo sie ihren Kummer verarbeiten würden. Meinem Vater, der im Dezember 1984 gestorben war, sei er zwar begegnet, als er von ihm im spirituellen Reich willkommen geheißen wurde, sie stünden aber jetzt in keinem direkten Kontakt. Geister scheinen sich nicht nur entsprechend ihrer Aufgaben oder Bindungen zusammenzutun, sondern auch entsprechend ihres effektiven Vorstellungsvermögens und ihres Vermögens, frei und glücklich zu sein.

Wie herrlich
Innige Freundschaft ist,
Die Raum, Zeit und Art,
Ja alle Grenzen übersteigt.
Augen aus unendlichen Tiefen
Blicken in meine

Zärtlich, voller Liebe
Moleküle durchdrungen von
Außerkörperlicher Nähe
Über den Tod hinaus
Freier Geist
gibt unsichtbar die Hand
Wangen berühren sich
samtiges Fell an warmer Haut
Wir sind uns nahe
In einer Beziehung
Die den Verfall der Formen
überdauert
Wir gehen weiter.

Am Abend des 25. fiel ich in ein tiefes Loch – eine düstere Todesahnung, als folgte ich Pasha nach und doch auch wieder nicht. Es war, als würde ich anderswohin gerufen. Hatte meine letzte Stunde geschlagen? Müsste ich bald sterben? Oder vielleicht Michel? Seit Juli 1992 war ich von Todesgedanken durchdrungen. Der Planet Pluto bewegte sich durch das Sternzeichen Skorpion, was astrologisch auf das Drama des Todes hinwies, Todesnähe, aber auch Wandlung bedeutete, Erneuerung des Lebens. Ich für meinen Teil konnte das durchaus bestätigen.

Meine Mutter war im April 1992 gestorben. Ich hatte sie seit siebzehn Jahren nicht mehr gesehen, denn sie war paranoisch, eine extrem vereinnahmte und vereinnahmende Person. Ich hatte mich entschieden, mir ihr dauerndes Geschimpfe zu ersparen. Gelegentlich schickte ich ihr Fotos von unserer Familie und einmal ein Tonband mit ihren alten Lieblingsliedern. Zweimal telefonierten wir miteinander. Von meinen Schwestern, die mehr in das Familiendrama verwickelt blieben, erfuhr ich hin und wieder, wie es ihr ging. Als sie ihren Körper verließ, tröstete mich die Gewissheit, dass sie erlöst von ihrem Leiden an einem friedlichen Ort der Vergebung weilte.

Dann gab es einige Todesfälle in unserer Tierfamilie. Ich spürte, dass weitere auf uns zukommen würden. Pasha würde sicher bald einen Schlaganfall haben, Anzeichen gab es genug dafür. Und vielleicht würde ich selbst bald sterben, trotz des sehr langen Lebens, das ich mir gerne ausmalte und das mir telepathisch veranlagte Menschen voraussagten. Vielleicht war meine Arbeit beendet, wenn ich dieses Buch geschrieben hatte.

Dann kam der große Schlag, das Unvermeidbare – Pasha starb. Nein, es war kein Weltuntergang, sondern Mutter Erde nahm eines ihrer Kinder zurück. Jeder Verlust bedingte ein anderes Trauermuster, führte mich auf geheimnisvollen Pfaden zu mir selbst zurück. Ich verschmerzte es. Trotzdem geriet ich in eine Schwebe, in einen kreativen Zwischenzustand, eine Zone zwischen Leben und Tod. Manchmal stand ich durch die Tiere und das bunte Alltagstreiben mitten im Leben, dann sang und lachte ich aus voller Kehle; dann wieder fiel ich in ein Loch, das neben Todesahnungen noch etwas anderes bereit hielt – ein *Mitschwingen*. Ein Mitschwingen mit allem, was mich umgab, das mir Einblick in das Leben als Ganzes zu gewähren schien. Dieser Zustand war so still, so finster, so geheimnisvoll, wie das windstille Zentrum eines Wirbelsturms. Irgendetwas bahnte sich an: *ein Einsichtsmoment* ... viele Einsichten ... ein historischer Wandel.

Und so ereignete sich Bedeutungsvolles. Mir wurde viel gegeben. Ich war leer und erfüllt. Neue Talente, neues Verstehen erwuchs aus dem Todesdunkel, das nicht Verzweiflung war, sondern die Unterwelt, der alles Leben entspringt, leibhaftiger Pluto.

Ich fühlte den tiefen Zauber. Motiviert von dem tieftraurigen, doch ekstatischen Mitschwingen mit allem Werden und Vergehen, mit Wesensgeschwistern auf ewiger Reise, drängte es mich zu schreiben, zu denken und die Herzen zu rühren. Wir werden unterwegs hin und wieder dazu angehalten, unseren Kurs neu zu bestimmen und tief vom Kelch der Wahrheit und Weisheit zu trinken.

Der Schmerz ist etwas Existenzielles. Verlust erleiden wir, wenn uns etwas Geliebtes entrissen wird. Im Gefühl des Verlustes zu verharren, ist die Hölle. Wenn wir uns dem Schmerz stellen, können wir über den Leidensstrom gelangen, wir üben uns in der Meisterschaft des Mitgefühls. Und nur dadurch, dass wir die Tiefen durchmachen, können wir zu den Höhen aufsteigen. Wir können Lebensfreude nur erfahren, wenn wir beide Seiten der Schöpfung annehmen – Werden und Vergehen, Tod und Wiedergeburt.

Ich bin überglücklich. Dank euch, ihr Schöpfungskräfte, dank allen Gesichtern Gottes. Weil ich das Trennungsgeschenk des Todes angenommen habe, erhielt ich den goldenen Kessel des ewigen Lebens, schön und geliebt in allen seinen Formen, in seinem mannigfaltigen Wandel.

Was für eine große, heilige Feier. Ich will diesem ehrwürdigen und universellen Wandel friedlich nachspüren. Wir alle haben an ihm teil, wenn wir lieben. Und wie es uns dabei ergeht, hängt von unserer Einsicht ab. Ich akzeptiere das Werden und Vergehen, tauche ein in den Fluss, der mich in ununterbrochener meditativer Bewegung ins Meer bringt.

Am 26. lief mir ein Schauer über den Rücken, als ich in einer Zeitschrift über den unter den Weisen der Ureinwohner weit verbreiteten Glauben las, dass den Tod großer Persönlichkeiten Stürme und Regen begleiten. Gewöhnlich kommen bei uns die Winterstürme aus dem Nordwesten oder Westen. Das Unwetter an Pashas Sterbetag kam aus dem Süden. Es war ein Zeichen, dass seine Seele in Richtung Süden aufbrach. Sein Körper lag im Grab mit den Augen nach Süden gerichtet, die Richtung, in die der Kojote auf dem Medizinrad der amerikanischen Ureinwohner blickt.

Der Himmel öffnete seine Schleusen, um Pasha einzulassen und feierte seinen Übergang mit Donnergrollen. In seinen Augen spiegelten sich die unendlichen Tiefen des Wassers. Mich werden nun Stürme immer an Pashas Passion erinnern.

Diese tiefgreifenden letzten Momente im Leben einer großen Persönlichkeit, machen die auf Erden Zurückgelassenen offen und verwundbar. Es verwischen sich die Grenzen, alles, was man sagt und tut und empfindet, passiert in einer unglaublichen Wahrnehmungsweite. Mit dem Nachlassen des Schmerzes kehrten die Grenzen zurück und ich erlebte mein Dasein wieder intensiver, neue größere Lebenslust – farbenfroh, mit geschärftem Sinn für das Wunder des Körpers und seine Sinnlichkeit. Ich trank die Schönheit der Erde, so wie Pasha das getan hatte, und verstand, warum es ihm so schwer gefallen war zu gehen, bis ihn seine platzenden Blutgefäße in ein anderes Reich katapultierten.

Pasha, ich fühle, sehe und erkenne ich dich so, wie du bist. Ich kann dich geistig umarmen. Nein, es ist nicht dasselbe, wie von Gestalt zu Gestalt, Gefühl zu Gefühl, aber es durchschwingt mein ganzes Sein.

Sicher, der Winter ist die Zeit des Abschieds, wenn sich die Erde vom Sommerende bis Frühjahrsbeginn dem Sterben zuwendet. Auch ich werde einmal im Winter sterben, und es wird regnen und stürmen, während ich mich durch die geheimnisvolle Natur in den Frieden und die Freude transparenter Grazie hineinrufe, in die mystischen Gestalten der Herzensglut. Bis dahin werde ich meine Talente nutzen und mein Leben leben, wie Pasha es tat, anmutig und leidenschaftlich. Mögen wir uns einmal alle an unserer tiefen Verbundenheit erfreuen, und miteinander tanzen und schäkern.

Am Samstag, dem 6. Februar, hatten wir eine wunderbare Vollmondnacht. Wir hatten uns während des Ausbildungsworkshops auf der Floating Island of Peace versammelt und tankten die Wandlungskräfte, die in der Luft lagen, bis wir nicht mehr konnten. Ich ging früh zu Bett. Kurz vor Mitternacht wurde ich wach, weil Heyoka lautstark miaute. So setzte ich mich auf die Dachterrasse und betrachtete noch einmal den Mond, der nun im Süden stand. Noch nie war mir der Vollmond so leuchtend vorgekommen, obwohl ich doch schon oft bei Vollmond draußen gesessen hatte oder spazieren gegangen war. Ich fand später heraus, dass der Mond im Zeichen des Löwen gestanden hatte – in Pashas Sternzeichen. So waren die Kräfte der Sonne, die dieses Sternzeichen regiert, mit den Mondkräften zusammengekommen. Als ich wieder hinein ging, setzte ich mich an meinen Schreibtisch und schrieb folgenden Text:

Vollmond. Ehrwürdige Alte. Großmutter Mond ruft mich nach draußen. Ich sitze da und werde selbst zur Verehrten - eine der Alten, die mich nach Hause rufen. Droben haben sich Freunde versammelt. Viele große sterbende Seelen, Meister – die die Erde verlassen. Es ist ein großes Fest, eine Himmelsparty, auf der getanzt wird zu Ehren von Mutter Erde. Sie spenden uns ihren Segen, beschenken uns mit ihren großen Gaben. Eine Versammlung der Alten.

Auch viele meiner Tierfreunde sterben, und ich spüre, wie der Himmel, die Haut der Dimensionen aufbricht. Kräfte dringen durch aus unbekannten und doch so bekannten Weiten. So viel geliebte Heimat hier und dort auf Erden. Im Innern ein Zittern, ein gewaltiges Zerreißen, ein Sterben, transformierende Energien. Sie rufen mich ... rufen mich.

Während Großmutter Mond voll und klar auf mich herunterscheint, lässt sie mich wissen, dass die Zeit näherrückt, in der ich mich ihr und den Ahnen anschließen werde. Auf welche Weise genau, weiß ich noch nicht.

Die Wolken formieren sich langsam zu einem riesigen Walauge. Meine Vorfahren, meine Lehrer rufen mich. Wenn sie gehen, muss auch ich gehen. Ich bin mit ihnen hier. Wir haben die gleiche Mission – uns alle zurück nach Hause zu bringen. Das Walauge in den Wolken bildete sich in der Himmelsgegend, in die Pasha schwebte, als er seine irdische Gestalt verließ, und ich sehe ihn dort verweilen. Der Süden, dort, wo man sich versammelt.

Ich muss meine Sachen in Ordnung bringen, dafür sorgen, dass es den Tieren weiterhin gut gehen wird. Vielleicht gehen sie deshalb: die Arbeit ist getan. Vielleicht gehen sie alle mit mir.

Der Zauber bildet sich und geht dahin. Ich weine ob der großen Kräfte, die sich entfalten, und fühle mich gelassen gegenüber der Erde. So ungewohnt, die Erde, der Garten mit seiner Floating Isle of Peace – wie sehr ich sie mag. Ich bin reisefertig; sollte ich gerufen werden. Führt die Arbeit fort, ihr, deren Funke entzündet wurde. Nährt das *lebendige Licht*,[1] lasst es sich verbreiten und die Seelen der Menschen läutern, damit Gemeinschaft, Verbundenheit und Einheit erkannt werden können und die Freude siegt, wenn alle Seelen wissen, wer sie sind, und ihre Schönheit miteinander teilen.

---

[1] Während meiner Einführung in Reiki I verlieh der Allumfassende Geist mir den Titel: „Priesterin des lebendigen Lichts" Ich habe die Aufgabe, auf Erden Transformationen zu erleichtern. Mit drei Planeten und der Sonne im Zeichen des Skorpions verglich ich meine Energie oft mit Vulkanausbrüchen und Erdbeben hier auf Erden. Mir gefiel das Bild vom „lebendigen, leidenschaftlichen Licht", dass auch das Licht „Feuer" hat.

Ich beteilige mich nicht an zerstörerischem Tun; die Verrückten eilen dem Verhängnis entgegen. Wir, die Wissenden, kommen in Frieden, um die Erde zu würdigen, ihren natürlichen Zustand, ihr Geschenk an uns alle. Es ist nur in Ordnung, das zu tun.

Der Wind nimmt zu. Mein Freund, der alle Dinge schickt und bringt, allen Wandel, alle Botschaften von weit entfernten Schwingen. Wir sind der Wind, wir Boten des Wandels: wir reiten auf den Wogen, auf dem vordersten Wellenkamm. Wir wehen auf und ab von der Erde zum Himmel und über die Meere. Wir sind die Wellen des Meeres.

Und so, liebe Freunde, was auch immer zu Ende geht, haltet euch an das allumfassende Lebensnetz. Bleibt göttlicher Ausdruck - Seelen, die die Schönheit aller Wesen sehen, die in ihrer facettenreichen Vielgestaltigkeit das Juwelengesicht Gottes lieben.

Und wenn ich den Tanzenden himmelwärts folge, lass mich auf die Erde, meine planetarische Heimat, den Atem der Hoffnung und des Friedens, des Feuers und des leidenschaftlichen Lebens, der Schönheit und Freude hinabsenden. Lass alle die Freude der Schöpfung erkennen und teilen, die mir auf so vielen Ebenen so reichlich geschenkt wird. Sie durchdringt alles Leben und ich wünsche sie allen.

Mögen alle das alte Lied erinnern und in den ewigen Chor einstimmen, der in den Herzen der Pflanzen, der Gesteine, der Engel, Tiere und der Menschen lebt. Doch wir Menschen können leicht abirren und uns entfremden, aber auch wieder nachsichtig an unser tiefes Seelengeheimnis erinnert werden, das wir mit allen teilen. Mögen wir alle in den Reigen zurückkehren und wieder unsere Stimmen zu diesem Lied erheben. Wir haben Helfer, die seit unvordenklichen Zeiten dieses freundliche Lied summen und uns geduldig erinnern. Mögen sich alle wieder erinnern und der Chor in voller Besetzung erklingen. Mögen wir alle lieben.

Am Mittwoch, dem 17. Februar, vier Wochen nach Pashas Tod, fing es kurz vor Mittag zu stürmen an. Seit der vorigen Nacht hatte es geregnet. Die Bäume bogen sich gewaltig und der Wind heulte. Also sah ich nach, ob es Rana in der Hundehütte gut ging. Sie war okay.

Am Vortag war Pumpkin, ein Bantamhuhn, gestorben. Ich hatte kein spezielles Verhältnis zu diesem süßen Mitglied unserer fünfundzwanzigköpfigen Hühnerfamilie gehabt. Es war seit ein paar Wochen krank gewesen und ich hatte es noch kurz zuvor in die Hände genommen und getröstet. Als ich den zierlichen Körper begrub und die Seele vergnügt umherflattern sah, musste ich auch an Pasha denken, an seinen beerdigten Körper und seine Seele in einem anderen Reich. So war der Tag relativ ernst verlaufen. Am Abend unterhielt ich mich mit Michel darüber, dass mir Pashas doch manchmal sehr fehlte.

Glücklicherweise waren die von Trauer geprägten ersten Wochen vorbei. Wenn ich nun traurig wurde, sagte ich mir, dass Pashas Tod zum Leben gehörte, und es nichts brachte, sich in Verlustgefühlen zu ergehen. Das Leben erneuerte sich laufend, wie ein Wasserfall, der in allen Regenbogenfarben schillert. Fließendes Gleichgewicht. Wir sind Jongleure im Lebenszirkus. An diesem Tag schien mir Pasha unnahbarer zu sein, obwohl ich mich ihm tief verbunden fühlte.

Vom 12. bis 22. hatten wir die beiden Nachbarhunde Arrow und Gideon in unserer Obhut –brave, unkomplizierte Frohnaturen. Bei unseren Spaziergängen genossen wir das. Rana, die den beiden bislang skeptisch begegnet war und mit ihnen partout nicht ausgeführt werden wollte, hatte sich dieses Mal protestlos angeschlossen und freute sich sogar über die Gesellschaft. Es war eine erfreuliche Entwicklung. Möglicherweise hat ihr die Zeit mit Arrow und Gideon einen zukünftigen jungen Hundegefährten schmackhaft gemacht. Während ich das hier schrieb, saß Rana draußen auf der Auffahrt und sah zu mir herein, als würde sie meine Gedanken mitverfolgen.

Eine Klientin, die ich im Vorjahr kennengelernt hatte, schrieb mir eine Beileidskarte. Ihre Afghanenhündin namens Kalie erinnerte mich sehr an Pasha - besonders durch ihren tiefgründigen Blick und ihre sympathische Ausstrahlung. Es war eine selbstgebastelte Karte mit einem Foto von Kalie und dem Text: „Nicht so lange traurig sein, bitte. Sie wissen, dass sie zurückkommen!"

Pasha hatte mir gegenüber nur angedeutet, dass er vielleicht eines Tages zurückkommen würde. Die Zeit schien noch nicht reif zu sein weder für ihn noch für unsere Familie. Als ich aus dem Fenster schaute und dabei zu Michel sagte, wie sehr mich der Sturm an die Ereignisse von vor vier Wochen erinnerte, erhielt ich eine Botschaft. Der Schleier zwischen den Dimensionen zerriß mit einem Aufheulen des Winds und ich jauchzte: „Er kommt zurück! Er kommt zurück!"

Von da an war ich mir ganz sicher, dass er bald wieder zu uns kommt.

PAVANE FÜR PRINZ PASHA von Nancy Sondel

Geliebter Pasha,
auch wenn es so aussieht,
nie könntest du uns verlassen.
Nicht, solange der Wind weht
und die Bäche rinnen.
Nicht, solange die Waldwege
zum Laufen und Toben einladen.
Wie sehr liebtest du diese Pfade!

Verspielter Pasha,
auch wenn es so aussieht,
nie könntest du uns verlassen.
Nicht, solange brave Hunde
gelegentlich einen Keks stibitzen.
Selbst du, wohlerzogener Pasha!

Geduldiger Pasha,
auch wenn es so aussieht,
nie könntest du uns verlassen.
Nicht, solange sich so viele an
deine Hilfsbereitschaft und
sanfte, allwissende Güte erinnern.

Dich in deiner unnachahmlichen Anmut
zu kennen, hieß,
sich selbst zu erweitern
und das Universum zu umarmen.

Friedvoller Pasha
Du hast uns nicht verlassen.

Es wäre eine Lüge, etwas anderes zu behaupten.
Welche Gestalt der Körper auch annimmt
Liebe und Seele
sterben nicht.

Prinz Pasha Pazoo
Ich werde dich nie vergessen.

6

REINKARNATION

DAS VEREINENDE BAND

Als geistige Wesen steht es uns frei, uns die Lebensform auszuwählen, in der wir die physische Welt erfahren möchten. Wer früher in Menschengestalt lebte, wohnt jetzt vielleicht in einem Tierkörper, oder umgekehrt. Die Gründe hierfür sind ganz unterschiedlich, es gibt kein für alle geltendes Muster. Mein Buch *Gespräche mit Tieren* sowie meine Kassetten verdeutlichen an vielen Beispiele, dass Wesen von Leben zu Leben je nach Vorhaben Körper verschiedener Spezies bewohnen. Manche entscheiden sich mehrfach hintereinander für dieselbe Spezies, die des Menschen oder die der Katzen beispielsweise, weil sie diese Lebensart besonders gern mögen oder glauben, den Zweck ihres Daseins in dieser Körpergestalt am besten erfüllen zu können. Es gibt so viele Entscheidungsmuster, wie es Individuen gibt.

Die meisten Haustiere, mit denen ich kommuniziert habe, haben in anderen Leben bereits Erfahrungen als Menschen gesammelt. Sie kennen menschliche Denkweisen und Probleme und stehen Menschen gerne in deren emotional bewegten Leben bei. Sie finden sich im Körper einer Katze oder eines Pferdes relativ schnell zurecht, selbst wenn sie zum ersten Mal Erfahrungen in solchen Lebensformen sammeln. Meistens liebten sie in ihren früheren Menschenleben jene Tiere und befassten sich intensiv mit ihnen. Oder sie haben sich einfach ganz bewusst entschieden, und lernen schnell, das Leben in diesem Tierkörper zu genießen. Einige Tiere, die zuvor als Menschen lebten, neigen noch zu menschlichen Verhaltensweisen, ja fordern sogar entsprechende „Privilegien" ein.

Tiere ohne menschliches Vorleben oder Vorleben als Haustiere haben eher Angst vor ihren Haltern, deren Art ihnen ganz fremd ist und deren Komplexität sie verwirrt. Manche möchten sich einfach erst einmal aus diesem Durcheinander zurückziehen und aus sicherer Entfernung mit den Menschen Kontakt halten. Sie wollen zwar aus ihrer Gemeinschaft lernen, brauchen jedoch eine Eingewöhnungszeit, bis sie Menschen nicht als Raubtiere oder ihnen völlig fremde Wesen ansehen. Wenn wir das respektieren und Verständnis für ihre Zurückhaltung zeigen, werden wir ihnen am ehesten den Weg zu einem freundschaftlichen Zusammensein ebnen. Das Hauptmotiv für die Wahl einer neuen Körpergestalt liegt in dem Wunsch, das Leben auf eine bisher unbekannte Art zu meistern.

Manche Tiere sind sich bezüglich ihrer Gestalt im Unklaren. Sie waren möglicherweise noch nie als Hund oder Katze wiedergeboren und wähnen sich stattdessen in einem ihnen vertrauten Körper, fühlen sich beispielsweise noch als Fuchs oder Kaninchen. Sie wollten an einem bestimmten Punkt ihres Lebens neue Erfahrungen sammeln, sind sich jetzt aber nicht mehr über ihre Wahl im Klaren beziehungsweise können sie nicht ohne weiteres akzeptieren.

Eine individuelle Leidenschaft oder besonderes Anliegen wurzelt gewöhnlich in unseren Vorleben. Menschen, die sich für den Tierschutz engagieren, setzen sich möglicherweise seit mehreren Leben für Tiere ein, oder sie versuchen Verletzungen wieder gut zu machen, die sie Tieren in der Vergangenheit zugefügt haben. Pferde, die schnell lernen und bei der Dressur glänzen, waren in einem früheren Leben unter Umständen Turnierreiter; oder Pferde, die sich einer bestimmten Dressur verweigern, kennen diese vielleicht aus ihrem Vorleben und möchten nun etwas anderes lernen.

Bei den Tierberatungen lassen sich Verhaltensstörungen meist aus der momentanen Lebenssituation erklären und bereinigen. Dabei werden nicht selten Erlebnisse aus vorigen Leben zutage gefördert, alte Wunden, die noch immer großen Einfluss auf das Wesen haben, und verarbeitet werden müssen.

Ich beriet einmal Jayla, eine Peruanische Pasostute, und ihre Menschengefährtin Karen. Karen wollte wissen, weshalb sie es offenbar nicht verhindern konnte, dass Jayla auf ihrem Reiterhof immer wieder ins Hintertreffen geriet. Sie schien keine Probleme mit den anderen Pferden zu haben, wirkte aber immer sehr traurig.

Jayla rückte in unserem Gespräch langsam mit den Gründen ihrer Schwermut heraus. Sie war in ihrem vorigen Leben in einem Konzentrationslager getötet worden und in dem Leben davor war sie ein Rabbi gewesen. Nun kreisten all ihre Gedanken um das Thema Buße und sie glaubte, nur durch die Übernahme allen Leids – des eigenen und das der anderen – wahres und ewiges Glück erlangen zu können.

Jayla – die diese Gestalt angenommen hatte, weil sie Pferde mochte und Abwechslung brauchte – schaffte es im Lauf des Gesprächs, ein wenig Abstand von ihrem Kummer zu gewinnen. Sie kam zu dem Schluss, dass sie für ihren Teil genug gebüßt hatte und sich von nun an des Lebens freuen durfte.

Johnny war ein frisch in Pflege genommener Wildesel. Seine Halterin rief mich an, weil er so störrisch war. Auch mir gegenüber war er zuerst sehr verschlossen, übertrug mir ein Bild von sich mit bockig gesenktem Kopf. Während ich mit seiner Halterin über seine Herkunft und ihre Arbeit mit ihm sprach, taute er langsam auf und wurde gesprächiger.

Er sei im vorigen Leben ein Pferde- und Eselzähmer in Montana, Wyoming und Idaho gewesen. Mit seinen Mitmenschen habe er wenig anfangen können, aber mit den Eseln habe er sich gut verstanden. Sie waren eigensinnig wie er. Er habe im Ruf gestanden, Wildpferde einfangen zu können wie kein zweiter, allein durch suggestives Zureden. Er habe sich für ein Leben als Wildesel entschieden, weil er diese Tiere mochte und ein freies Leben in der Prärie genießen wollte.

Im Verlauf unseres Gesprächs wurde ihm klar, dass er in diesem Leben den Menschen näherkommen sollte. Sein Sturheit wurde ihm langsam lästig. Er hatte sie so viele Leben durchgehalten. Jetzt wollte er davon loskommen.

Doch zunächst sehnte er sich nach Ruhe und Erholung. Laute menschliche Stimmen waren ihm ein Graus. Seine Halterin hatte schon bemerkt, dass ihm ihr Flüstern lieber war. Er bat sie, ihm zunächst schweigend zu begegnen. Am besten sei es, wenn sie sich dabei mit dem Rücken zu ihm in seine Nähe setzte. Ich machte sie auf die Möglichkeit der telepathischen Kommunikation aufmerksam. Ihm gefiel die Energiearbeit, besonders das Handauflegen, aber er konnte es nicht leiden, wenn sie ihm in die Augen sah und versuchte, seine Emotionen zu ergründen. Die Halterin ging auf seine Wünsche ein, und so gelang die Dressur Schritt für Schritt.

Mitte der achtziger Jahre hatte Diana Thompson die Idee, englische Rennpferde zu renaturieren. Sie versuchte, die Vollblüter auf natürliche Weise Rennen laufen zu lassen, ohne sie wie üblich durch Druckschmerzen zu lenken. Diana rief mich einige Male an und bat mich, mit Timothy's Hope zu sprechen, weil er immer wieder an der Startschranke scheute und von den Rennen ausgeschlossen wurde.

Timothy war ein äußerst sensibles Wesen, dem die negativen Energien auf dem Rennplatz stark zusetzten. Diana war von seinem Können überzeugt und setzte alles daran, dass er sich bei den Rennen selbst anspornte. Timothys Verhalten war stark von traumatischen Erlebnissen aus seinen Vorleben geprägt, die zunächst aufzuarbeiten waren.

In einer der Beratungen ließ Timothy den Kopf hängen, schmiegte sich an mich und ließ einen Schwall an erinnerten Emotionen, besonders Schuldgefühlen, freien Lauf. Er war in einer Reihe von Vorleben als Mensch eine führende Persönlichkeit gewesen und hatte zuviel Verantwortung für andere übernommen. Nun quälten ihn seine vielen missglückten Versuche, anderen zu helfen und sie zu retten. So war er von einem Leben ins nächste gejagt, ohne sich Zeit zum Nachdenken zu lassen und den Dingen einmal klar ins Auge zu sehen. Er war besessen von dem Bedürfnis, anderen zu helfen. In unseren Beratungssitzungen wurde sich Timothy schmerzlich bewusst, wieviele Selbstvorwürfe er sich machte. Er erkannte, dass er ruhiger werden musste.

Er brauchte Zeit zum Nachdenken, musste endlich zu sich kommen. Ich riet ihm, der Rennbahn und den Konkurrenzkämpfen für eine Weile den Rücken zu kehren und sich auf einer Weide zu entspannen.

Zwar konnte Diana Timothy die schlimmsten Ängste vor der Startbox nehmen, doch die Rennpferdkarriere blieb aus. Stattdessen entwickelte er sich zu einem guten Dressur- und Begleitpferd. Diana und Timothy erlebten Jahre des gemeinsamen Wachstums in einer Sportart, wo die unglaublich harte Konkurrenz bislang noch jeden zermürbt hat. Sie schafften es zumindest, dieser Konkurrenz die Spitze zu nehmen.

Robyn Hood bat mich, mit einer Isländerstute zu sprechen, die ganz untypisch für ihre Rasse, weiß war und blaue Augen hatte. Sie hatte den Eindruck, dass mit ihr etwas nicht stimmte.

Auf der Koppel kam die Stute gleich zu uns herüber und begrüßte mich. Mir fiel zunächst eine Aura-Unregelmäßigkeit an ihr auf. Das Energiefeld um den Kopf war irgendwie ausgefranst. Die Stute erzählte mir, Pferde oder Menschen würden sie nicht interessieren. Sie sei ein Karibu und kein Pferd, basta. Es gefalle ihr zu äsen und niemand könne sie davon abbringen. Nun erkannte ich, was diese Pferdeaura so seltsam machte – sie hatte ein Geweih!

Es kann viel Verwirrung stiften, wenn sich ein Tier für ein anderes Tier hält als es ist, denn dann leidet es unter mangelnder Selbstachtung oder Erfüllung und verhält sich seltsam. Wenn diesen Tieren in der Beratung die Erinnerung an vergangene Leben ermöglicht wird, können sie sich aus lange zurückliegenden traumatischen Verstrickungen befreien. Sie sind dann in der Lage, sich in ihrem gegenwärtigen Körper zurechtzufinden und selbst zu verwirklichen. Außerdem kann man lebensfrohe Tiere derselben Spezies um Unterstützung bei der Überwindung des gestörten Selbstbilds bitten.

Das „Karibu-Pferd" fand es offenbar nicht notwendig sich zu ändern, störte sich überhaupt nicht daran, dass sich seine Halterin mit ihm schwer tat.

Bei einem Vortrag anlässlich der *American Holistic Veterinary Conference* wurde ich gebeten, zur Demonstration mit einem zwei

Jahre alten Kakaduweibchen namens Baby zu reden, um herauszufinden, warum dieses sich neuerdings Federn ausrupfte. Ich nahm Kontakt zu Baby auf und stellte fest, dass sie völlig verunsichert über ihre eigene Identität war. Sie sah sich nicht als Vogel, sondern als ein menschlicher Embryo, der bald von ihrer Menschengefährtin geboren werden würde.

Die Frau konnte keine Kinder bekommen, deshalb hatte Baby einen Körper in unmittelbarer Nähe ihrer Menschengefährtin gewählt. Die Frau hielt viele Papageien, doch war Baby ihr erklärter Liebling. Baby hatte einige frühere Leben als Mensch hinter sich und glaubte nun, so weiterleben zu können. Sie wünschte sich so sehr, die Tochter der Frau zu sein, dass sie sich über die Federn ärgerte und diese ausriss.

Die Frau überschüttete Baby mit ihrer Aufmerksamkeit und Liebe. Sie nahm sie sogar mit zur Arbeit, wo Baby allseits bewundert und viel angesprochen wurde. Der Name „Baby" mag zur Verwirrung beigetragen haben, aber die Kakadudame wollte ihn unbedingt behalten.

Ich riet der Frau, Babys kahle Brust sanft zu massieren und dabei ihren Liebling als wunderschönen perfekt gefiederten Vogel zu bewundern. Dann erkundigte sich ihr Tierarzt, ob Akupunktur helfen könne. Baby gefiel die Idee und betonte, sie würde dabei auch ganz brav sein.

Baby wünschte sich ein geselliges Leben mit interessanten Gesprächspartnern und das konnte ihre Menschengefährtin ihr offenbar bieten. Baby schien in dem kurzen Beratungsgespräch viel über sich klar geworden zu sein, und ich hoffte, dass sie sich zukünftig keine Federn mehr auszurupfen brauchte.

Ein anderes Kakaduweibchen namens Pigalle hatte ganz andere Erfahrungen gemacht. Sie war unglaublich aggressiv und deshalb rief mich ihre Halterin Donna an. Donna, die Pigalle vor viereinhalb Jahren aus einem Fitness-Club gerettet hatte, wurde von dieser immer wieder angegriffen. Pigalle hatte ihr die Lippe durchgebissen, ja einmal sogar das Nasenbein gebrochen. Ein andermal hatte Pigalle Plastikgegenstände gefressen und war fast daran gestorben. Oft fing sie mitten in der Nacht laut zu krächzen an, und sie wurde regelmäßig krank, wenn Donna verreisen musste. Donna musste oft mit ihr zum Tierarzt und brachte sie auch zu einem speziellen Vogeltherapeuten.

Pigalle berichtete mir, sie sei in ihrem früheren Leben kein geselliger Mensch gewesen, habe immer davon geträumt, frei wie ein Vogel durch die Lüfte zu segeln, und sich deshalb für ein Kakadu-Leben in der Wildnis entschieden. Leider sei sie in Gefangenschaft geraten und von ihren ehemaligen Besitzern arg misshandelt worden. Sie wollte nur noch sterben. Als Pigalle mit zweieinhalb Jahren zu Donna kam, war das für Donna eine ganz neue Erfahrung, obwohl sie sich immer schon zu Vögeln hingezogen gefühlt hatte. Ich sah Donna kurz als Maya-Schamanin, wie sie ihren Körper verließ und als Vogelgöttin davonflog. Donna erwähnte mir gegenüber, dass sie häufig von Vögeln träumte.

Pigalle halfen die Erinnerungen nicht viel weiter, sie sagte, ihr Groll und ihre Eifersucht verwirrten sie. Das war nichts, was sich in einer einzigen Beratungssitzung hätte lösen lassen – vielleicht reichte dazu nicht einmal ein ganzes Leben aus.

Adele Tate hatte folgende Begegnung mit einem Tier, das ein gestörtes Selbstbild hatte:

Meine Freundin Sally bat mich darum, mit ihrer Stute Dee zu sprechen. Sally und ein professioneller Pferdetrainer hatten schon seit Wochen immer wieder vergeblich versucht, Dee zu reiten. Dee zeigte mir, wie sie buckelte und scheute, sobald jemand sie zu satteln versuchte.

Dee war die Vorstellung, dass jemand auf ihrem Rücken saß, unerträglich. Sie fragte: „Warum kann meine Freundin nicht neben mir hergehen? Das wäre doch ein toller Ausritt, oder?"

Ich wunderte mich über Dees Fehleinschätzung ihrer Fähigkeiten und entschloss mich, dem auf den Grund zu gehen. Also erkundigte ich mich nach ihrem Vorleben. Warum hatte sie sich entschieden, in diesem Leben ein Pferd zu sein? Bevor ich die Frage zu Ende gedacht hatte, übermittelte mir Dee das Bild einer prächtigen weißen Katze, die sie im vorigen Leben gewesen war. Damals habe ihre Menschgefährtin immer zu ihr gesagt, sie ginge jetzt das Pferd reiten, worauf sie stets gedacht habe: Das Pferd hat es gut, es darf so oft mit ihr zusammen sein. So beschloss sie eines Tages, auch einmal ein Pferd zu werden. Doch wie überrascht war sie, als sie auch die Mühsal des Pferdelebens kennen lernte! Soviel Training! Dee schien sich ihrer jetzigen Größe nicht bewusst zu sein und konnte nicht verstehen, warum ihre Menschengefährtin auf ihrem Rücken sitzen wollte. Ich erklärte ihr, wie wundervoll ein Pferdeleben sein könne und wünschte ihr alles Gute.

Am nächsten Tag berichtete mir der Trainer, er habe gerade die bislang beste Trainingsstunde mit Dee erlebt. Sie schien nun besser zu verstehen, was es bedeutete, ein Pferd zu sein.

Taco war ein fünfjähriger, ziemlich störrischer Appaloosa-Hengst. In unserem Gespräch beklagte er sich über seine gegenwärtige Situation. Eigentlich habe er kein Hauspferd sein wollen. Er habe vor 200 Jahren das letzte Mal auf der Erde gelebt, und zwar als Indianer und danach als Indianerpony. Er war entsetzt, dass er nun so eingeschränkt leben musste und von Menschen herumkommandiert wurde.

Ich fragte ihn, warum er sich hier inkarniert habe. Während er seinen Entscheidungsprozess noch einmal Revue passieren ließ, konnte er sich aus seiner Verärgerung befreien. Er erkannte, dass er mit seiner Lage durchaus humorvoll umgehen und mit den Menschen Spaß haben konnte, denen es auch nicht besser ging als ihm.

Meine erste Afghanenhündin Popiya freundete sich schon bald nach ihrer Ankunft auf ihre zurückhaltende Art mit den Leuten im Haus an. Eine Nachbarin wollte sie einmal gerne auf ihren Morgenspaziergang mitnehmen und ich hatte nichts dagegen. Als sie am nächsten Tag um sieben Uhr früh klingelte, zierte sich Popiya ungewöhnlich. Ich bugsierte sie hinaus, weil ich dachte, sie würde schon auf Trab kommen und ihren Spaß haben. Doch schon nach kurzer Zeit kam die Nachbarin zurück. Mit Popiya schien etwas nicht zu stimmen: sie stakste und war störrisch. Kaum war sie zu Hause, bekam Popiya einen der Anfälle, die ich bereits beschrieben habe.

Als der akute Schub vorüber war, machte ich mich daran, mit Popiya den mentalen, spirituellen Hintergrund dieser psychosomatischen Anfälle zu ergründen. Die Rückführung brachte großes Leid ans Licht. Popiya war als deutscher jüdischer Junge in einem Konzentrationslager getötet worden. Der Anfall war offenbar ausgelöst worden, weil die Nachbarin in ihrem Auftreten Popiya plötzlich an eine besonders harte Aufseherin im Konzentrationslager erinnert hatte. Da Popiya an dem Morgen ohnehin noch müde gewesen und nur widerwillig mitgegangen war, hatte sie besonders empfindlich auf die Nachbarin reagiert. Es brauchte viele Sitzungen, bis wir Popiyas traumatische Vergangenheit aufgearbeitet und herausgefunden hatten, warum sie sich in solche Anfälle flüchtete. Schritt für Schritt schälte sie sich aus qualvollen Erinnerungen und normalisierte sich.

Auch Popiyas nachfolgende Leben waren unglücklich verlaufen. Nach der Ermordung im Konzentrationslager erschien ihr eine menschliche Wiedergeburt unerträglich. Ihre ungelösten Ängste, ihre Verwirrung und ihr Widerstand trieben sie zu Kurzschlusshandlungen. Die Folge war ein Leben als deutscher Schäferhund, der Gefangene zur Deportation in Konzentrationslager zusammentreiben musste. Dies machte sie zu einem nervlichen Wrack und sie wurde erschossen, weil sie sich unberechenbar verhielt. Ihr nächstes Leben verbrachte sie sieben qualvolle Jahre lang als sehr nervöser und reizbarer Dobermann.

Nach diesen „Irrtümern" hielt sie sich dem irdischen Treiben eine Weile fern, bis sie sich für ein Leben als Afghanenhündin entschied. Doch auch dieses Mal hatte sie zunächst Pech. Sie landete bei Menschen, die sie misshandelten. Mit meiner Hilfe hoffte sie nun das Blatt wenden und wieder ihre Kreativität und Schönheit zur vollen Entfaltung bringen zu können.

In einer unserer Sitzungen fand ich heraus, dass ich Popiya in ihrem Leben als deutscher Junge kurz kennen gelernt hatte. Damals war ich ein österreichischer Jude gewesen, und sie hatte mir während unseres Transports zu einem Konzentrationslager in einem Lastwagen einige ihrer Gedichte vorgetragen. In ihrer Afghanengestalt diktierte Popiya mir eine Reihe schwermütiger Gedichte über die Schwierigkeit, nach diesem Trauma zu sich selbst zu finden. Ich nannte sie „Popiyas Reihe".

1 23. Januar 1978

Ich bin allein in meinem Traum
Ein Unglück verfolgt mich
Aus alter Zeit.
Keine Freunde,
Im Lärm untergegangene Verse.

Meine Lieder wurden mir geraubt,
Mein Geschenk an die Welt
Voll zärtlicher Poesie.

Ich umarme den Sommertag,
Hier, wo Trost und Liebe mir
Die Zunge lösen,
Möchte ich es wieder wagen,
Ich selbst zu sein.

Meine Freundin
Verfasst meine Worte
Der Leidensüberwindung.

Hör sie in Ruhe an,
Bitte.

Ich bin wieder da,
Luge aus meinem Versteck,
Um hallo zu sagen.
Meine Tränen sprechen,
Wecken meine unter Leid begrabene Freude.
Sie quillt hervor und möchte
Dich rühren.

Hallo,
Sprich sanft zu mir.
Liebkose mich mit einem Lächeln
Und lass mich den Kopf
an deine Hand, deinen Fuß schmiegen.
Hallo,
Ich bin wieder da.

2 28. Januar 1978

Ich komme von weit her.
Lange Reisen sind mir nicht fremd.
In meiner Ruhelosigkeit stiller Nächte
Jagte ich schreibend und singend
Zwischen Sonne und Mond.

Ich kehre bald in menschlicher Gestalt zurück,
Brauche mich nicht mehr abzusichern.
Die Wunden sind geheilt.
Ich wage mich wieder
In den Kampf.

3 Entdeckung

Alles ist plötzlich anders
Mein Rufen wurde gehört.
In dunkle Ungewissheit
fiel Licht.
Meine Freundin ist da.
Nun werde ich leben.

4 31. Januar 1978

Die Morgendämmerung entführte mich unlängst.
Hellwach, während mein Körper noch schlief,
Jagte ich über den Wolken
immer schneller dahin.
Mein Körper auf dem Sofa schwang mit.
Die Läufe zuckten, sprühten vor Energie,
kündeten von meiner äußerlich lautlosen,
Schwerelosen Reise.

Dann bekam ich von meiner besten Freundin
Einen Guten-Morgen-Kuss.
Hallo, welch ein herrlicher Tag.

Schön, dass du da bist.
War zufrieden -
Ohne Spaziergang.
Hatte meine Bahnen gezogen,
Sonnenbeschienen unter Sternen
O ja, natürlich, guten Morgen.

5 9. März 1978

Auf viele Weisen,
Ob ich springe, krieche, mich strecke,
Erreiche ich aus meiner Vergangenheit die Zukunft.

Nach schweren Leiden
In zerbrechlichen eigengesetzlichen Körpern
Erreiche ich aus meiner Vergangenheit die Zukunft.

Ich halte hier und dort Ausschau,
Weiß, dass niemand meine Gefühle kennt,
So gut verbarg ich sie im goldenen Schatten.
Und bin doch schön.

Du näherst dich liebevoll,
Um nett zu grüßen und zu trösten.
Merkst du, dass ich an dich denke?
Ja, voll Zartgefühl
Denke ich an dich und die anderen,
Werde mich eines Tages von allen
Zukunftszwängen befreit haben.

6 14. März 1978

Mein Lebensbaum verliert Blätter.
Böen wirbeln das Laub auf,
Verdunkeln den Tag mit dem Staub ferner Zeiten.
Ich treibe darin.

Ich sehe rettende Hände.
Und diesmal werde ich es schaffen

228

Diesmal werde ich aus meiner
Verwirrung heraus finden und mir
zu einer heiteren Existenz verhelfen.

Ich werde mich nach dem Sturm
nicht mehr verstecken,
Sondern wieder sein,
Was ich lange vergessen hatte.

7 3. Juli 1978

Ich schwanke,
Bin unentschlossen,
Ob ich dies oder jenes tun soll.
Es ist eine Gratwanderung
Der Aufmerksamkeit.
Soll ich stark sein und auf die anderen zugehen,
Oder lieber in meiner Ecke darauf warten,
Bis ich wahrgenommen werde?
Das widerspräche meinem Lebenstraum.

Ich zögere noch vor der Verantwortung.

Neues anzupacken, macht mir Angst.
Doch ich muss es tun, werde immer wieder
Schmerzlich daran erinnert.

Ich bin wütend auf mich selbst und die anderen
Schäme mich, dass sie meine Feigheit kennen.
Ich darf mich nicht länger verstecken.

Doch meine Ausbruchsversuche scheitern.
Ich weiß und weiß doch nicht,
Was ich tun soll.

Der Neuanfang rückt näher
Schmerzhafte, unsichere Zeiten.
Ich schwanke.

Ich habe mich entschieden,
Ja, ich möchte bleiben.
Die Müdigkeit fällt ab,
Ich bin wieder neugierig
Auf das Leben, die Liebe, mich selbst.
Es macht mir Spaß, da zu sein,
So oder so.
Die Melodie in meinem Kopf
ist ein süßes Echo.
Ich möchte spielen und lustig sein,
In keinen traurigen Träumen versinken.
Ich will dazulernen und wachsen.
Ich bin immer noch Popiya.

Als Pasha zu uns kam, war Popiya etwa zehn Jahre alt und wollte mit diesem energiegeladen Welpen nicht viel zu tun haben. Sie knurrte ihn an, wenn er mit ihr spielen wollte, und so fanden wir andere Spielkameraden für Pasha. Im April 1979 plante ich eine große Rundreise, auf der ich unterrichten und neue Erfahrungen sammeln wollte. Popiya und Pasha sollten mich begleiten, und ich hatte extra für die Expedition ein Wohnmobil, einen alten Dodge, erstanden. Popiya zog nicht recht und wurde krank; die Vorstellung, sechs Monate aus ihrer gewohnten Umgebung gerissen zu sein, sagte ihr gar nicht zu.

Ich sagte ihr, wenn sie gesund würde, könne sie mitkommen und eine schöne Zeit mit uns haben. Aber es läge ganz bei ihr. Wenn sie wirklich gehen wolle, da ihr Lebenszweck erfüllt sei, könne sie ihren Körper verlassen. Sie fraß daraufhin einige Tage lang nichts. Ich besprach mit ihr, wo sie sich im Wohnmobil ihre Kuschelecke vorstellen könnte. Und sie entschied sich, wieder gesund zu werden und mit uns zu reisen.

Als wir, sechs erlebnisreiche, erholsame Monate später, im Oktober nach Los Angeles zurückkehrten, fühlte sich Popiya erneut dem Sterben nahe. Sie spürte, dass sie ihr großes Leid überwunden hatte und ihre eigene Kreativität nicht länger ablehnen musste. Sie wollte nun wieder als Mensch leben, um sich voll und ganz ihrer Kreativität zu widmen. Gesundheitlich ging es ihr zu dieser Zeit sehr gut, besser als je zuvor, und ich fragte sie, wie sie ihren Übergang bewerkstelligen wolle, denn sie und ihr Körper hingen sehr aneinander!

Eine ganze Nacht lang unterstützte ich sie bei ihrer Absicht, einfach den Körper zu verlassen. Es funktionierte nicht. Sie wusste nicht, wie sie sich von ihren Körperkräften lösen sollte. Schließlich bat sie mich, ob ich sie nicht zum Tierarzt bringen und einschläfern lassen würde? Schluck! Was für eine schreckliche Bitte. Aber mir war klar, dass ich Popiya nicht im Stich lassen durfte, wie schwer mir die Erfüllung ihres Wunsches auch fallen mochte.

Am nächsten Tag suchten wir einen spirituell aufgeschlossenen Tierarzt auf. Popiya ließ die Spritze ruhig über sich ergehen und war schon nach wenigen Sekunden in meinen Armen eingeschlafen. Selbst jetzt sind mir beim Schreiben dieser Zeilen wieder die Tränen gekommen. Popiya diesen letzten Wunsch zu erfüllen, war alles andere als leicht für mich.

Schuldbewusstsein und Zweifel gehören zum Menschsein dazu, sie schützen vor übereilten Handlungen, erinnern uns aber auch daran, dass wir selbst noch in scheinbar eindeutigen Fällen irren können. Meine kleine Popiya Pizzeria! Ich ließ ihren Körper beim Tierarzt und stolperte tränenüberströmt die Straße entlang. Plötzlich hörte ich sie lachen und rufen: „Ich bin frei, ich bin frei!" Wie konnte ich weinen, wenn Popiya so dankbar war und sich befreit fühlte?

Ich blieb mit Popiya in telepathischer Verbindung, während sie sich nach einer menschlichen Wiedergeburtsmöglichkeit umsah. In Connecticut fand sie ein Ehepaar, dem sie sich sehr verbunden fühlte. Das Paar hatte einen etwa zweijährigen Sohn, der nicht recht gedieh. Die Ärzte konnten nicht herausfinden, weshalb er so schwächelte und so wenig aß, und die Eltern waren völlig am Ende. Popiya nahm Kontakt mit dem Geist im Körper des Jungen auf und erfuhr, dass er vorhatte, bald fortzugehen. Sie einigten sich dahingehend, dass Popiya den Körper übernehmen würde, um ihr neues Leben zu beginnen.

Nach diesem Tausch wurde der Junge sofort aktiver, aufgeweckter, war bald wieder ganz gesund, erzählte viel und entwickelte sich normal weiter. Popiya und ihre neuen Eltern waren begeistert. Ich habe seitdem Popiya gelegentlich telepathisch kontaktiert. Sie kommt prima in ihrem neuen Leben zurecht. Für mich kommt nicht in Frage, dass ich nach dem Namen und der Wohnung ihrer neuen Familie forsche. Vielleicht begegne ich ja Popiya einmal zufällig in ihrer menschlichen Gestalt.

Ich weiß aus meinen Rückerinnerungen, dass ich die meisten meiner vergangenen Leben auf der Erde in Menschengestalt verbracht habe. In meiner ersten Rückerinnerung habe ich mich allerdings als Frosch gesehen, der über die Seerosenblätter seines Teichs hüpfte, nach Insekten schnappte und sich paarte. Es waren einige wunderschöne Wochen voller Freude an der Schönheit des Wassers und der Pflanzen. Ich verstand damals auch plötzlich, weshalb mir bei meinen Tanzaufführungen Sprünge so leicht fielen. Bis heute sind Frösche meine besonderen Freunde geblieben.

Aus einer anderen Rückerinnerung weiß ich, dass ich einmal ein Bengalischer Tiger war. Die Rückführungssitzung fand 1971 statt. Damals lebte ich noch mit meinem ersten Mann Brian zusammen, der gegen Katzen allergisch war. Ich hingegen liebte Katzen und identifizierte mich mit ihnen mehr als mit jedem anderen Tier. In der Sitzung sah ich Bilder, in denen ich in Indien als Tiger einen Jungen fraß, der Brian gewesen war. Er war eine leichte und wohlschmeckende Beute gewesen! Es mag jetzt grausam klingen, aber für einen Tiger war das wirklich ein Festessen. Allerdings war ich damals nicht sehr auf Menschen erpicht. Sie waren zu leicht zu erbeuten, was meinen Jagdinstinkt nicht befriedigte. Ich muss als Tiger sehr alt geworden sein, denn ich sah mich zuletzt mit nur noch ein paar Zähnen im Maul.

Vielleicht fragen Sie sich, wie Brian diese Nachricht verkraftet hat. Die meisten von uns haben in ihren vergangenen Leben zahlreiche Rollen in menschlicher und nicht menschlicher Gestalt gespielt und sind in vielen Beziehungen zueinander gestanden. Nicht alle Beziehungen werden in einem Leben wiedererinnert oder wirken sich als „karmische Schuld" aus. Brians Tigererlebnis wird wohl nur eine von vielen Begegnungen mit Katzen gewesen sein, in denen er Täter oder Opfer war, die zu seiner Allergie geführt hatten.

Oft haben Menschen, die Tiere lieben, deshalb ein so großes Verständnis für sie, weil sie selbst schon einmal in anderer Speziesgestalt gelebt haben. Doch auch wer noch niemals als Tier gelebt hat, kann die telepathische Kommunikation lernen, und durch Einfühlung in die Tiere seinen eigenen Horizont erweitern.

Auch unsere Tiergefährten haben ein Einfühlungsvermögen, das sie sogar zu einer Rückkehr bewegen kann, um uns bei der Entfaltung unseres spirituellen Wesens zu helfen. Wir Menschen brauchen weiß Gott alle mögliche Unterstützung und Liebe! Ein gutes Beispiel ist da Adele Tates Beratungserlebnis mit einem Pferd:

Windstan war ein Prachtkerl von einem Pferd mit guten Reiteigenschaften. Er war schnell und wendig und gutmütig. Er wusste beim Hufe-Säubern, Longieren, Dressurreiten, Springen oder bei Ausritten genau, wo er hintrat, oder eben auch nicht, zum Beispiel wenn ein Dreijähriger in seiner Neugier zu nahe kam. Windstan trug mit seiner fürsorglichen Art und seinem Humor sehr zur allgemeinen Heiterkeit bei. Zum Beispiel wenn er sich mit seinen 600 kg in seine drei Quadratmeter große Box schob – was manchmal Bilder in mir wachrief von eitlen Damen, die zu kleine Schuhe anprobieren. Windstan rührte uns aber auch zu Tränen. Er kam dem Anlehnungsbedürfnis seiner Menschengefährtin entgegen, wenn er sich anschmiegte oder sie am Nacken beschnüffelte. Ja, wir sollten ihn von beiden Seiten kennen, geistig und körperlich.
Als mich Sue um ein Beratungsgespräch mit Windstan bat, hatte sie das Gefühl, dass er sich Beistand für den Übergang ins spirituelle Reich wünschte. Tatsächlich vertraute mir Windstan an, ihm tauge seine momentane Verfassung nicht mehr. Aus seiner linken vorderen Fessel seien bereits Nervenstränge entfernt worden und nun drohe ihm dieselbe Operation an der rechten vorderen Fessel, da seine Schmerzen immer unerträglicher würden. Er meinte, er brauche noch ein paar Wochen, um seinen Abschied vorzubereiten, und half mir dann beim Aussuchen der Bachblütenessenzen für seine Menschen- und Tiergefährten. Sues Verständnis freute ihn sehr und er versprach ihr: „Jeder wird wissen, wann ich gehe."

Am Sonntag vor seinem geplanten Übergang bat er mich, noch etwas länger zu bleiben und einen Brief an Sue zu schreiben. Er wollte sie, die Kinder und seine Pferdegefährtin Demi trösten. Er diktierte mir, dass mit dem Tod die Ruhezeit vor einem neuen Lebensabenteuer beginne. Es gäbe keinen Grund zum Nachtrauern, weder für die, die zurückbleiben noch für den, der geht. Er versprach der Familie, schon bald zu ihr in das physische Reich zurückzukehren.

Dann kam der Tag seines Abschieds und Übergangs, der feierlich begangen wurde. Sein Körper sollte beerdigt werden, „um Wunderschönes wachsen zu lassen". Unerschrocken schritt er zu dem vorbereiteten Grab. Er trug eine Girlande aus Luzernen und Weizenhalmen, die seine Cowboyfreunde ihm verehrt hatten. Bis zuletzt blieb er seinen Freunden und Liebsten verbunden, in deren Kreis er sanft entschlief.

Ralph war ein Hund, der im jugendlichen Alter von 18 Monaten in einen Lastwagen rannte. Seine Halterin rief mich kurz nach seinem Tod an und erwähnte, sie wolle seine Leiche gefriertrocknen lassen und in seinem früheren Lieblingskorb im Schlafzimmer aufstellen.

Ralph war, als ich ihn kontaktierte, ein unternehmungslustiger heiterer Geist. Ihm hatte sein Leben auf Erden gefallen, doch wäre er leider zu unvorsichtig gewesen, gestand er. Er wolle bald ins physische Reich zurückkehren und wüsste nun seinen Leichtsinn zu zügeln.

Die Frau wollte wissen, ob Ralph mit der Gefriertrocknung seines letzten Körpers einverstanden sei. Er antwortete, wenn sie das täte, könne er nicht zu ihr zurückkommen. In diesem Fall müsse er zu einer anderen Familie.

Diese Frage hatte mir zuvor noch niemand gestellt und so wollte ich der Sache genauer nachgehen. Ich kontaktierte Freddy, ihren früheren Hund, der im Sommer gestorben war. Er fand es im spirituellen Reich mit seinen Freunden und Verwandten sehr unterhaltsam und wollte noch lange dort bleiben. Dass sein alter Körper konserviert worden war, störte ihn nicht.

Den meisten Tieren, mit denen ich über diese Frage gesprochen habe, war es egal, was nach ihrem Tod mit dem Körper passierte. Es gibt zwar hin und wieder spezielle Bestattungswünsche, aber meistens schauen sie bei der Begräbnisfeier einfach zu und freuen sich, dass die Menschen so liebevoll Abschied nehmen und ihrer gedenken. Es setzt einen positiven Schlussstrich, so dass jeder unbeschwert seiner Wege gehen kann.

Die meisten Wesen kümmert nach ihrem Übergang ihr abgelegter Körper weit weniger als das Wohl der zurückgelassenen Liebsten. Sie bleiben gern noch in ihrer Nähe, schicken ihre Liebe und ihren Segen und schalten sich eventuell hilfreich ein, wenn ein neuer Tiergefährte ausgesucht wird. Manchmal reinkarnieren sie sich gleich wieder.

Die Natur sorgt dafür, dass tote Körper zerfallen und zur Erde zurückkehren. Das Mumifizieren, Ausstopfen oder Gefriertrocknen von Körpern kann unerwünschte Energien zurückhalten oder anziehen. Oft bewohnen Geister ausgestopfte Tiere, etwa aufgehängte Hirsch-, Elch- oder Wapitiköpfe, oder sie senden ihre Botschaften durch die konservierten Tiere. Sie müssen nicht notwendigerweise etwas mit den ursprünglichen Bewohnern des Körpers zu tun haben. Selbst Stofftiere, beispielsweise Teddybären, haben manchmal einen spirituellen Bewohner, besonders wenn sie von Menschen oder anderen Lebewesen geliebt werden. Ein solcher Aufenthalt im physischen Reich tut nicht weh und erlaubt einem durchaus, viel Liebe und Bewunderung zu schenken und zu empfangen.

Vor Jahren war ich einmal im Disneyland und besuchte dort die Piratenbucht. Man fährt in einem Boot durch einen dunklen Tunnel, wo Seeräuberpuppen und andere, finster aussehende Gestalten plötzlich im Scheinwerferlicht auftauchen. Ich nahm damals deutlich wahr, dass in den Attrappen Geister wohnten, die es genossen, Spannung zu erzeugen und die Menschen zu erschrecken. Auch so lässt sich kommunizieren und am irdischen Leben teilhaben. Diese Art Kontakt zum physischen Leben mag nicht jeder gut heißen. Manche sehen darin eine Gefangenschaft, doch viele finden das auch nicht beengender als in einem Leib. Man kann kommen und gehen, und braucht sich nicht erst in einen komplexen Organismus eingewöhnen, der auch Schmerzen bereitet. Geister können sich auf alle möglichen Lebensformen einlassen, und wo sie sich niederlassen wird von ihren Zielen und der Energie der betroffenen Mitgeschöpfe bestimmt.

Ich für meinen Teil rate von der Aufbewahrung konservierter Tiere eher ab, ob man sie nun gefriertrocknen, mumifizieren oder ausstopfen lassen möchte. Das Loslassen ist für unsere geistige und seelische Gesundheit wichtig – wir sollten leben und leben lassen. Zum Leben gehört Wandlung dazu. Der Geist sollte seine Entfaltungsfreiheit bewahren. Wer sie zu stark einschränkt und sich zu sehr auf eine Gestalt festzulegen versucht, behindert damit die eigene geistige Weiterentwicklung und möglicherweise auch die Entfaltung anderer Wesen.

Neue Lebensformen entstehen aus alten verfallenden Lebensformen. Der Geist nimmt eine andere Gestalt an, wenn die alte ihren Zweck erfüllt hat. Nichts gegen aufrichtige Trauer und ein in Ehren halten der von uns gegangenen Freunde, aber darüber dürfen wir nicht vergessen, das Leben neu auf uns zukommen zu lassen.

DAS GROSSE RECYCLING-CENTER

Freunde sind gern zusammen. Und Geister mit ähnlicher Gesinnung gehen ähnliche Wege, so dass sie sich auf ihren Lebensreisen oft wieder begegnen. Es ist unwahrscheinlich dass wir jedes Leben mit denselben Wesen verbringen, aber meistens kennen wir die Lebewesen, denen wir sehr nahe stehen, schon aus einem oder mehreren früheren Leben.

Wir waren einander möglicherweise Tiergefährten, dann wieder menschliche Freunde oder Verwandte. Das kann zu Rollenverwechslungen führen, wenn sich etwa Ihr Hund wie eine Mutter zu Ihnen verhält oder Ihr Kater glaubt, Ihr Geliebter zu sein. Meistens reicht es aus, sich der alten Verbindung bewusst zu werden und sie anzuerkennen, um in der gegenwärtigen Inkarnation auf gesunde, vernünftige Weise miteinander zu kommunizieren; der Geist ist unsterblich und kann alles sein; aber Körper haben ganz bestimmte Grenzen, die verständlicherweise respektiert werden müssen.

Ich kenne eine Frau, die Wölfe hält. Sie war in einem früheren Leben selbst eine Wölfin gewesen, und hatte damals schon den gleichen Geist gekannt, der nun wieder als Wolf bei ihr lebte. Die enge Beziehung vieler Menschen zu ihren Pferden resultierte oft aus früheren Leben, in denen sie sich als Pferde, als Menschen oder als Mensch und Pferd kannten. So schockierend das für diejenigen sein mag, die Tiere für minderwertige Lebewesen halten – ich habe jedenfalls in meinen Beratungen erlebt, dass die Rollen zwischen Mensch und Haustier in anderen Leben vertauscht waren. Vielleicht waren sie einst der Hundegefährte Ihres jetzigen Hundes. Sämtliche Kombinationen sind möglich.

Viele Tiergefährten kehren zu ihren Leuten zurück. Ich erinnere mich an eine Katze, die mir sterbend erklärte, die 17 Jahre bei ihrer Menschengefährtin hätten nicht gereicht, um sie zu läutern. Sie müsse noch einmal für mindestens 17 Jahre als Katze zu ihr zurück. Manche Wesen kehren sofort zurück, andere verbringen vor ihrer Rückkehr einige Zeit im spirituellen Reich, und wieder andere entscheiden sich für eine neue Daseinsform an einem anderen Ort. Die Lebenswege der Wesen sind so einzigartig und unverwechselbar wie diese selbst. In meinem Buch *Gespräche mit Tieren* befasse ich mich ebenfalls mit dem Thema Sterben und Tod und beschreibe vor allem ausführlich, wie wir mit verstorbenen Tiergefährten Kontakt aufnehmen und sie wiederfinden können.

Von meinem Chinchilla Quince wusste ich, dass er im achtzehnten Jahrhundert einmal ein Mann namens Peter Quince war. Er war Abenteurer gewesen und hatte viele Länder bereist. Nach diesem erfüllten Leben wollte er gerne andere Daseinsformen kennenlernen. So lebte er in verschiedenen Tierkörpern, was er stets sehr genoss – war Puma, Tiger, Lama und Chinchilla. In letzterer Inkarnation erweiterte er gerne die telepathischen Kenntnisse der Teilnehmer/Innen von Fortgeschrittenen-Workshops.

Perky Pete, ein australischer Kakadu, der als neuer Freund unseres Sittichs Winky zu uns stieß, erzählte mir, er sei in einem früheren Leben Seemann gewesen. Vögel hatte er immer besonders gemocht und gespürt, dass er als Vogel seine überschwängliche Art besonders gut ausleben konnte.

Pasha hatte, als er sich entschied, zu mir zu kommen, noch nie zuvor als Afghane oder in anderer Hundegestalt gelebt. Wir waren uns aber als Menschen schon in vielen Leben begegnet. Sein letztes Leben hatte er in der Sowjetunion verbracht und dort als Schriftsteller Realsatiren verfasst. Er kam ins Arbeitslager und wurde bei seinem Fluchtversuch, bei dem er sich am oberen Ende des Maschenzauns verfing, erschossen. Dieses Erlebnis wirkte noch bis in sein jetziges Leben nach. Um bei mir zu leben, flüchtete er aus dem Tierheim und verletzte sich, als er über den Zaun des Hundezwingers kletterte, die Pfote.

Über die Jahre haben viele Workshop-Teilnehmer/Innen unserem Kakadu Pirouette große Intelligenz bescheinigt. Man verglich ihn nicht selten mit einem buddhistischen Meister oder einem berühmten Opernsänger. Michel und ich hatten beide mehrfach Einblick in sein früheres Leben als Komponist. Pirouette erfindet gerne Melodien, auf die Michel nicht selten bei seinen Gitarre-Kompositionen zurückgreift.

Und Jim Dietz erfuhr während eines Grundkurses von unserem Kaninchen Chester, es sei im vorigen Leben ein Falke gewesen und fühle sich in seinem Kaninchenkörper nicht wohl. Chester war stets zurückhaltend und liebte es, sich hinter Molly zu verstecken. Er starb ziemlich jung.

In Los Angeles zog es mich 1983 einmal ins Zoofachgeschäft, als ich Einkäufe machte. Eigentlich hatte ich dort nichts zu besorgen, aber der Drang war so stark, dass ich der Sache doch auf den Grund gehen wollte. Kaum hatte ich den Laden betreten, landete auch schon ein junger Sittich auf meinem Kopf. Er flatterte um mich herum, ließ sich auf meinem Zeigefinger nieder und zwitscherte mich vergnügt an. Eindeutig hatte er mich hierher gerufen. Der Ladenbesitzer erklärte, er lasse den Sittich deshalb frei herumfliegen, weil er sich seltsamerweise nicht gegen die anderen Vögel durchsetzen könne.

Auf der Heimfahrt suchte ich nach einem passenden Sittich-Namen, und kaum dachte ich genauer an den kleinen Kerl, erkannte ich Winky in ihm, den Sittich aus meiner Kindheit, der oft auf meiner Brille gesessen und an meinen Augenbrauen und Wimpern gezupft hatte, während ich Hausaufgaben machte. Ja, Winky war zurückgekehrt, und sollte deshalb auch wieder so heißen.

Geister erkennen sich, auch wenn sie in einer anderen Gestalt stecken, an ihrer unverkennbaren Ausstrahlung wieder. Winky hatte dieselben Charakterzüge wie ehedem. Er plauderte vergnügt mit mir, obwohl er erst einige Monate alt war. Und wie damals ließ er sich wieder auf meiner Brille nieder und zupfte an meinen Augenbrauen.

Später, als wir unsere Familie um einige Finken und einen Kakadu erweiterten, ließ seine Anhänglichkeit etwas nach. Aber das störte mich nicht, vielmehr gefiel es mir, ihn und seine neuen Freunde zu beobachten.

Ich werde von den Leuten oft gefragt, was mit ihren verstorbenen Tiergefährten los ist. Julie etwa, die sich nach ihrer früheren Hündin Misty erkundigte, freute sich zu hören, dass Misty sich als Pferd inkarniert hatte. Misty bewunderte schon immer die langen Beine und den starken Rücken der Pferde, außerdem wollte sie wieder mit Menschen zu tun haben. Julies verstorbene Katze Flower, die zu ihr gekommen war, um Licht und Liebe zu bringen, wollte ihr lieber vom geistigen Reich aus humorvoll zur Seite stehen. Ich sah Flower als goldschimmerndes Licht auf Julies linker Schulter.

Bogie, ein braunes Satinkaninchen, war auf Julies Veranda aufgetaucht, vier Monate bei ihr geblieben und dann wieder verschwunden. Wir fanden es erneut als ein Kaninchen reinkarniert, in einem großen Käfig eingesperrt, weil es alles annagte. Sein Kommentar: „Was soll ich denn machen? Ich habe nun einmal diese Zähne zum Nagen." Abigail, ein anderes Kaninchen, das draußen gelebt hatte und plötzlich verschwunden war, war einem Habicht zur Beute gefallen. Abigail genoss es noch immer, als befreite Seele herumzufliegen und erwog, sich als Habicht zu reinkarnieren.

Julies Pferd Chelsea hatte schon viele Leben mit ihr zusammen verbracht, als Mensch und als Pferd. Julie fragte, ob sie Chelsea auch noch in anderer Gestalt gekannt habe. Chelsea antwortete, ja, in Julies letztem Leben, Ende des 18. Jahrhunderts, sei sie als schwarze Katze zu ihr gekommen, um sie zu trösten. Julie sei damals ein pensionierter Musiklehrer in Deutschland gewesen, der gerade Witwer geworden war. Julie lachte, als sie das erfuhr. Sie hatte schon oft gesagt, sie sei in ihrem letzten Leben ein alter Mann mit „Schnurrhaaren" in den Ohren gewesen. Wir kontaktierten schließlich noch ein weiteres verstorbenes Pferd, das es sich im spirituellen Reich auf einer wundervollen Wiese mit anderen Pferden zusammen gut gehen ließ. Die Sonne schien, die Vögel sangen und alle waren glücklich. Julie hatte das Gefühl selbst dort zu sein, so deutlich sah sah sie alles.

Bei Karen Clanin tauchte im Oktober 1991 ein junger Kater auf. Sie hatte die Haustür offenstehen lassen und er war einfach hereingekommen. Charles gab sich selbst seinen Namen und verriet Karen in einer Reihe von Gesprächen, dass er schon mehrmals bei ihr in der Familie gelebt hatte: zuerst als Cockerspaniel Patsy, der 1951 verstarb; dann als Boxer Sheba, der 1964 geboren wurde und im Januar 1975 starb; als Howard, der große schwarze Kater, der Ende 1975 zu ihnen kam und 1976 überfahren wurde; als Border-Collie George, der im Mai 1977 geboren wurde und im Januar 1991 starb; und nun als Charles, geboren im März oder April 1991.

Charles verhielt sich in mancher Hinsicht immer noch so, als sei er der Collie George. Er gesellte sich gern zu den anderen sechs Collies und rannte mit ihnen zur Tür, wenn sie ausgeführt wurden. Er geriet mit demselben Rüden in Streit, mit dem George immer Schwierigkeiten gehabt hatte. Doch am erstaunlichsten war, dass er jeden Morgen, sobald Karens Ehemann geduscht hatte, in die nasse Dusche kam - George war wegen eines Hautleidens in den letzten acht Monaten seines Lebens jeden Morgen „geduscht" worden!

Auch die anderen Hunde schienen in Charles ihren früheren Gefährten George zu erkennen. Wenn Karen „Charles, komm her!" befahl, sprang er sofort auf, rannte zu ihr und setzte sich vor sie hin. Ein eindeutiger Beweis! George war ein preisgekrönter Hund gewesen und hatte ihr in der Hundeschule jahrelang treu als Demo-Hund gedient.

Araya Lawrence vermisste ihr Hängeohrkaninchen Scamper sehr, das in ihrem Garten von einem Raubtier geholt worden war. Sie bat mich am Telefon um eine Kontaktaufnahme. Scamper sagte mir, er fühle sich drüben wohl und plane, erst in zwei Jahren auf die Erde zurückzukehren. Dann wolle er wieder bei ihr leben.

Araya nahm an meinem Grundkurs und Fortgeschrittenen-Workshop teil, wo ihr unser Kaninchen Elfie über den Verlust von Scamper hinweg half. Nachdem Elfie gestorben war, kamen Chester und Molly zu uns und bekamen Nachwuchs. Ich lud Araya ein, die Kleinen anzuschauen. Als sie die drei Wochen alten Kaninchenbabys sah, hatte es ihr eines unglaublich angetan und sie war sich sofort sicher, dass es Scamper war. Sein Tod lag zwei Jahre zurück, jetzt war er, wie angekündigt, zurückgekehrt.

Ich hatte Scampers Ankündigung völlig vergessen gehabt. Die beiden hatten sich offensichtlich wiedergefunden. Als sich Araya verabschiedete, sah ihr das Kaninchenbaby, das später Cherie heißen sollte, durch ein Cottage-Fenster nach.

Araya erzählte mir auch von ihrem Hund Brandy, der vor Jahren gestorben war. Als ich sie einmal besuchte, machte ich kurz einen Spaziergang in einem nahe gelegenen Park. Dort erschien mir ein kleiner weißer Hund, der um mich herum sprang und sich überhaupt lebhaft gebärdete. Wieder bei Araya hörte ich es an der Haustür kratzen. Ich öffnete sie, aber da war niemand. Es musste der Geist des kleinen Hundes gewesen sein. Araya hatte seine Anwesenheit in letzter Zeit öfter gespürt. Der Vorfall war ein Zeichen, dass seine Inkarnation kurz bevorstand und er bald wieder als ein flauschiger kleiner weißer Hund zu Araya zurückkehren würde.

Hühner werden gerne unterschätzt. Ganz im Gegensatz zu den landläufigen Vorurteilen sind sie wachsam, neugierig und intelligent, und beweisen das auch bei artgerechtem Auslauf.

Ich hatte zuerst vier Hennen, und nach einigen Monaten war uns klar, dass ein Hahn fehlte. Auch unser Vermieter, der in der Nähe wohnte, ließ sich davon überzeugen. Mein erster Hahn gab sich selbst den Namen Chiminy. Er wachte nicht nur über seine Hennen, sondern hatte auch mich in sein Herz geschlossen. Ganz gleich zu welcher Tages- und Nachtzeit ich nach Hause kam, sobald ich durch die Einfahrt am Hühnerstall vorbei fuhr, begrüßte mich Chiminy mit einem Krähen.

Viereinhalb Jahre lang bereicherte er unser Leben, bis ihm eines Morgens die Augen tränten und er kaum einen Krächzer herausbrachte. Später erfuhr ich, dass er an Laryngotracheitis erkrankt war, eine für Hühner oft tödliche Krankheit. Ich hatte an diesem Morgen einen Termin, und als ich nachmittags zurückkam, lag er mit blutverschmiertem Kopf tot im Stall. Ich sah, wie sein Ende verlaufen war: Chiminy hatte einen Schwächeanfall, und der jüngere Araucana-Hahn Igris hatte ihn getötet. Chiminy wäre eh an seiner Krankheit gestorben, und sein Rivale Igris hatte ihm zu einem schnelleren Übergang verholfen.

Ich begrub den prächtigen Körper dort, wo Chiminys Geist es wünschte: Auf dem Hügel beim Hühnerstall. Wir spürten alle den Verlust dieses kraftvollen, freundlichen, weisen Hahns. Sein Geist weilte noch einige Zeit bei uns und ich bat ihn, Igris Manieren beizubringen.

Igris war auch ein stattlicher Hahn, aber er war nicht so aufmerksam wie Chiminy. Er ging gleich zum Angriff über, wenn man sich ihm und den Hennen näherte. Monatelang erklärte ich ihm immer wieder, er müsse sich das abgewöhnen, aber Igris bekam seine Aggressivität uns gegenüber einfach nicht in den Griff. Er besprang auch die Hennen in einem fort, ohne sie zu umwerben, wie Chiminy das getan hatte. Wenigstens in dieser Hinsicht besserte er sich etwas durch gutes Zureden. Mein Geduldsfaden riss schließlich, als er mich einmal von hinten angriff und fast umwarf. Ich brachte ihn zu einem Milchbauern, wo er unter Kühen und anderen Hähnen leben konnte, denn er hatte klar gezeigt, dass mit ihm kein friedliches Zusammenleben in unserer Familie möglich war.

Igris war noch nicht lange fort, als drei Araucana-Küken schlüpften, von denen eines ein Hahn war. Jupiter sah genauso aus wie sein Vater. Ich hielt ihn zur Sanftmut an. Sonst könne er nicht in unserer Familie bleiben und müsse auf den Milchbauernhof.

Chiminy war bereits zu uns zurückgekehrt, inkarniert in einer der Rhodeländer-Hennen, die wir als Küken gekauft hatten. Ich dachte immer wieder: „Wenn Chiminy doch wieder ein Hahn wäre, statt einer Henne! Es ist zwar schön, dass er wieder da ist, aber ein Jammer, dass er kein Hahn ist. Er war der beste Hahn, den man sich vorstellen kann. Seit er fort ist, ist nichts mehr wie zuvor."

Nachdem ich tagelang diesen Gedanken gehabt hatte, bemerkte ich eine Verhaltensänderung an Jupiter, der jetzt drei Monate alt war. Auch sein Blick hatte sich verändert. Es war Chiminy! Der Geist in Jupiters Körper hatte mit ihm getauscht und wohnte nun in der Henne, die Chiminy gewesen war. Chiminy war wieder unser Hahn. Mein Wunsch war erhört worden.

Viele Anzeichen sprachen dafür, dass Chiminy in Jupiter übergesiedelt war: Seine ehemals liebste Henne, die in der Hackordnung den höchsten Rang einnahm, ließ sich plötzlich ohne weiteres von dem Junghahn bespringen. Vorher hatte sie ihn immer davon gescheucht. Außerdem sah er mich wieder so freundschaftlich an wie früher. Er zeigte mir gegenüber kein einziges Mal Drohgebärden – obwohl er doch von Igris abstammte, dem wilden Hahn, der Chiminy getötet und mich angegriffen hatte (wie komplex Körper-Geist-Beziehungen doch manchmal sein können!). Es herrschte wieder Ruhe im Hühnerstall.

Mit 18 Monaten erkrankte Chiminy/Jupiter wieder an Laryngotracheitis. Er verlor seine Stimme und wurde zusehends schwächer. Als er nicht mehr richtig laufen konnte, steckte ich ihn in einen Käfig, um ihn besser pflegen zu können. Bis dahin hatten meine Tiergefährten immer meine Heilkräuterbehandlung angenommen. Jupiter verweigerte sie. Er fraß nichts mehr, trank nur noch etwas Wasser. Durch die mangelnde Sauerstoffzufuhr verfärbte sich sein Kamm allmählich von rot zu blau. In meiner Not brachte ich ihn schließlich zum Tierarzt. Ich hindere ein Tier nicht daran zu gehen, aber dieses Mal hatte ich das Gefühl, dass es noch nicht soweit war. Jupiter rang mit etwas, bei dem Therapiegespräche und natürliche Heilmethoden zu versagen schienen.

Der Tierarzt injizierte Jupiter Antibiotika und Steroide, die gleich etwas Linderung brachten. Doch zu Hause weigerte sich Jupiter, von dem mit Antibiotika versetztem Wasser zu trinken. Am nächsten Tag hatte der Tierarzt Zweifel, dass der Hahn überleben würde, denn Jupiter rührte sich kaum und sein Kamm war noch blauer geworden. Er gab ihm noch eine Spritze, aber mehr konnte er auch nicht tun.

Jupiter rührte sich tagelang kaum mehr. Sein Kamm verfärbte sich ins Aschgraue. Er war nur noch ein Häuflein Elend und als er auch kein Wasser mehr trank, fiel mir eine schamanische Heilmethode ein, die ich selbst noch nie ausprobiert hatte. So besuchte ich Jupiter auf dem Weg des Schamanen. Die Einzelheiten darüber können in Michael Harners Buch *Der Weg des Schamanen: ein praktischer Führer zu innerer Heilkraft* nachgelesen werden.

Ich reiste unter dem Beistand meiner Totemtiere in die Unterwelt, wo ich mich in Chiminys Geist versetzte – das Wesen in Jupiter, das momentan den Energieschwingungen der Laryngotracheitis unterlegen war. Ich spürte genau, dass Chiminy dieses hartnäckige Energiemusters überwinden konnte, wenn er es nur wollte, und ermutigte ihn dazu.

Am nächsten Morgen sah ich doch mit leichtem Bangen nach Jupiter. Wie groß war die Freude, als ich ihn im Käfig herumlaufen sah! Ja, er pickte sogar nach Futter und versuchte zu krähen. Er war im wahrsten Sinne des Wortes von den Toten auferstanden! Ich hatte Jupiter versprochen, ihn zu den Hennen zurückzulassen, sobald er wieder laufen und fressen könne. Er sah mich auffordernd an, als wolle er sagen: „Nun?" Sein Kamm schimmerte wieder rötlich, und obwohl er noch sehr schwach war – versprochen war versprochen! Ich brachte ihn also in den Hühnerstall zurück, wo er sofort die nächstbeste Henne zu bespringen begann – eine pure Demonstration seines Lebenswillens!

Jupiter erholte sich zusehends und konnte bald wieder aus vollem Halse krähen. Er hatte die Krankheit endgültig überwunden. Obwohl ich selten auf allopathische Medikamente zurückgreife, war ich im Nachhinein doch froh, den Tierarzt eingeschaltet zu haben. Schließlich gehört auch diese Hilfestellung zum geistigen Weg, der die Rückkehr zur Ganzheit unterstützt.

Meine Rattenfreundin Jenny, die nach ihrem Abschied von ihrer Freundin Marian Silverman während eines Fortgeschrittenen-Workshops gestorben war, übermittelte mir, sie wolle bald zurückkommen, um den Menschen zu helfen. Ich vermisste ihre quirlige Art, vermisste den Anblick, wie sie Leckerbissen unserer Mahlzeiten genoss und mir fehlten die zarten Küsse, mit denen sie mich überhäufte, wenn ich sie hochnahm. Sie blieb in enger Verbindung mit mir, zeigte mir ihre Geburt an und übermittelte mir in den darauffolgenden Wochen Bilder von ihrer körperlichen Entwicklung.

Sie schien nur losen Kontakt mit ihrem kleinen Körper zu halten und schwebte viel als Geist herum. Als sie fünf Wochen alt war, bat sie mich, sie in der Zoohandlung abzuholen. Ich erhielt ihr Signal am selben Tag, an dem unsere Kaninchen Molly und Periwinkel gestorben waren. Michel und ich machten uns also auf den Weg. In der Zoohandlung gab es ein gutes Dutzend Rattenjungen, im Alter von etwa fünf Wochen. Ich spürte Jennys Anwesenheit und fragte sie, in welchem Körper sie nun wohne. Normalerweise geben sich die Rückkehrer gleich zu erkennen, indem sie neugierig herbeikommen, einen freudig begrüßen und auch sonst durch typische Verhaltensweisen ihre Identität bestätigen.

Dieses Mal waren wir etwas verwirrt, denn die kleinen Ratten schliefen bis auf eine, eng aneinander gekuschelt. Ich holte die erste Kandidatin, die nahe der Käfigtür hockte, heraus und gab sie Michel. Doch ehe wir uns versahen, war sie von der Hand gesprungen und hatte sich hinter einem Schrank versteckt. Sie ließ sich nicht mehr hervorlocken. Der Verkäufer meinte, er finge sie später ein. Das war schon einmal sicher nicht unsere Jenny. Ich griff in den warmen Babyhaufen und holte ein zweites Junges heraus. Es war ein Männchen, das sich sehr rasch in unseren Händen beruhigte und protestierte, als wir es in den Käfig zurücksetzen wollten. Ich fragte, ob es Jenny sei, und es antwortete: „Ja". Ich nahm noch ein Junges heraus, das sehr niedlich war, dem aber Jennys extravertierte Art fehlte. Das Rattenmännchen schien sich bei uns sichtlich wohl zu fühlen und wir beschlossen, es zu nehmen. Sobald dies feststand, spürte ich, wie sich Jenny definitiv mit dem Körper verband.

Offenbar hätte sie sich mit jedem der Jungen verbinden können, wenn wir es ausgesucht hätten. Der ganze Wurf hatte gesunde Anlagen und ein Temperament, das Jenny gefiel. Diese kräftige, kontaktfreudige und neugierige Art entsprach ihr. Auf der Heimfahrt fand sich der Name Jeremy für unsere „neue" Ratte. Ich spürte, wie sich

Jenny immer inniger mit dem Körper verband, den sie nun als den ihren betrachtete.

Jeremy lebte sich schnell bei uns ein. Er hatte keine Angst vor den Katzen, kannte er sie doch von früher (als Jenny). Bei dem ersten Fortgeschrittenen-Workshop war er noch relativ scheu; er musste sich erst wieder an menschliche Gruppen gewöhnen. Damals war er drei Monate alt, und ich erinnerte mich, dass auch Jenny in diesem Alter Gruppen gegenüber fremdelte. Jeremy gefiel es besser, wenn sich ihm seine Kommunikationspartner einzeln näherten.

In neuen Körpern müssen frühere Fähigkeiten und Verhaltensweisen zunächst wieder angeeignet und gespeichert werden. Bei einer sehr bewussten Wiedergeburt, wie bei Jenny/Jeremy, bleiben die meisten gespeicherten Erinnerungen erhalten, aber der Umgang mit den genetisch festgelegten Verhaltensmustern, den Instinkten, muss neu erlernt werden. Wie hat es uns gefreut, die liebenswerte und wundervolle Seele Jenny Boppers in ihrer neuen Gestalt als Jeremy Cricket wieder bei uns willkommen heißen zu dürfen.

DIE RÜCKKEHR DES LÖWEN

Nachdem Pasha vier Wochen im spirituellen Reich verbracht hatte, wusste er, dass sein Platz auf der Erde war, um seine Freundschaft mit uns und unsere gemeinsame Arbeit fortzusetzen. Ich war bereit, ganz auf seine Wünsche einzugehen, so freute es mich, dass er physisch zu uns zurückkehren wollte. Als erstes dachten wir an einen mittelgroßen, gesellig veranlagten Mischlingshund.

Doch als ich nach meiner Rückkehr von New York City im April 1993 wieder eine Liste von Hunderassen durchging, war mir plötzlich klar, dass Pasha als Afghane zurückkehren musste. Pasha meinte dazu, er könne den Freiheits- und Laufdrang eines Afghanen leicht bezwingen, wenn er ein gutes Training erhalte. Schließlich habe er diesen Aspekt schon so reichlich ausgekostet, dass ihm ein Verzicht nicht schwer falle.

Pasha hatte sich mehrere Monate immer wieder bemerkbar gemacht und an mein Herz geklopft. Er war vor allem auf der Suche nach einem passenden Hundekörper für seine Rückkehr. Das „Drüben" kümmerte ihn weniger. Um ihm die Auswahl zu erleichtern, sah ich mich nach Afghanenzüchtern um. Rana, die sich seit Pashas Abschied sehr zurückgezogen hatte, kaum fraß und sich Rückführungsgesprächen widersetzte, nahm die Ankündigung seiner baldigen Rückkehr begeistert auf. Ihr Appetit nahm zu, und auch die wabbeligen Geschwülste, die sich von außen deutlich ertasten ließen, gingen wieder zurück. Ich erklärte Rana, dass Pasha nicht als ihr alter Vater zurückkäme, sondern als kleiner Welpe, der trotzdem das wundervolle Wesen von damals sei. Sie werde sich mit um seine Erziehung kümmern müssen.

Pasha manifestierte sich mehrmals in Form von Düften. Im Februar hatte ich in der Küstenstadt Mendocino zu tun und auf meinem Spaziergang am Strand war mir ein Stück Treibholz aufgefallen, aus dessen Maserung mich Pasha ansprach. In dem verwitterten, abgeschliffenen Redwood waren mehrere Hundeköpfe zu sehen, und ein Ende duftete auffällig nach Blumen. Michel meinte, das Holz habe einfach den Geruch der an den Felsen wuchernden Wildblumen angenommen. Ich hielt das bei den blankgescheuerten Treibholz für unwahrscheinlich. Zu mir sprach Pasha aus dem Holz. Er hatte sich darin niedergelassen, um uns zu grüßen und auf seine baldige Rückkehr hinzuweisen.

Im April war ich in Lexington, Massachusetts, bei Anamika zu Besuch, dank deren finanzieller Unterstützung ich einen Vortrag und Workshop in Cambridge halten konnte. Ich genoss die Waldspaziergänge um den Stausee, auf die ich Anamikas Golden Retriever Shamuki mitnahm, der an mir einen Narren gefressen hatte. Zu einer besonderen Szene kam es einmal, als sich Shamuki zurücklehnte und Pasha kurz durch seinen Körper sprechen ließ. Shamuki hatte wie Pasha ein dunkelblondes Fell und war auch eine Meisterseele. Seine Energieaura veränderte sich durch Pashas Anwesenheit deutlich. Und während ich Pashas goldschimmerndes Gesicht zu küssen glaubte, war mir für einen ganz kurzen Augenblick, als stiege mir der typische Duft seiner Ohren in die Nase.

Nachdem ich auf der Spring Farm in Clinton, New York, meinen Workshop gehalten hatte, fuhr ich noch nach New York City, meine Förderin Joanna Seere besuchen, die sich ihr Mini-Appartement im zweiten Stock mit ihren beiden Katzen Shanti und Shiva teilt. Joanna gab mir Ohrstöpsel für die Nacht, die aber den Lärm, der unaufhörlich von der Straße hereindrang, kaum dämpften. Ich schlief entsprechend schlecht.

Etwa um halb zwei Uhr nachts wurde ich wach. Mir war, als griffe eine winzige Hand an meinen Fuß. Da schlief doch Shanti, der große graue Kater, zu meinen Füßen! Ich fühlte mich geehrt und wollte wieder schlafen, als ich plötzlich einen Maiglöckchenduft wahrnahm und dachte: „Joanna hat sicher mein Kopfkissen parfümiert." Der Duft stieg mir immer intensiver in die Nase, bis ich mich schließlich auf einer Wiese inmitten unzähliger weißer und blauer Blumen liegen sah. Ein kleiner Bach ließ Lichter auf meinen Füßen und auf Shanti tanzen. Ich lächelte und wusste, dass mich Naturgeister und Engel beschützten. Shantis warme Aura schien ihnen energetische Anknüpfungspunkte zu geben.

Ich döste wieder ein. Als ich wieder aufwachte, war Shanti aufgestanden und ich hörte Shiva, eine heitere und aufgeweckte weißgefleckte junge Katze, noch zu ihm sagen, jetzt sei sie mit dem Bewachen dran. Shanti trollte sich zum Kratzbaum am Kopfende meines Bettes, und Shiva nahm ihren „Posten" zu meinen Füßen ein. Ich war eindeutig in guten Pfoten. Ich untersuchte noch das Kopfkissen. Doch so sehr ich es auch drehen und wenden mochte, es roch nirgends nach Maiglöckchen.

Dawn Hayman von der Spring Farm schilderte mir in einem Brief, was sie in derselben Nacht geträumt hatte. Ihr Traum bestätigte, wie sehr ich behütet wurde:

In der Nacht nach Deiner Abreise träumte ich von Pasha. Er lud mich zu einer Reise ein. Es war unglaublich aufregend. Alles wirkte so echt. Ich konnte Pashas weiches Fell ganz deutlich spüren. Wir flogen zusammen über Strände, Küsten und Wildnis. Ich glaube, wir flogen auch über Point Reyes, und er meinte ich solle die Abendstimmung in mich aufnehmen. Ich sah, wie er das goldene Licht mit allen seinen Poren trank, bis er selbst leuchtete. Ich schaute auf meine Hände, und sie leuchteten ebenfalls. Dann sagte er, er wolle dich abholen. Wir flogen über New York City wie zwei Kometen. Zielsicher flog er in das Apartmenthaus, wo du dich befandst, und kam ohne zu leuchten wieder heraus. Dann zapfte er auch mir die leuchtende Energie ab und flog noch einmal ins Haus. Wieder kehrte er ohne zu leuchten zurück. Bald kamst Du durch und durch leuchtend heraus. Dann flogen wir weiter, irgendwohin. Ich kann mich noch ganz genau an Pashas warmes, freundliches Lachen erinnern.

Nach meiner Rückkehr von New York, konnte ich Pashas Ankunft kaum mehr erwarten. Er hatte sich für Mai oder Juni angekündigt. Doch das war noch gewesen, bevor ich mich definitiv für eine Hunderasse entschieden hatte. Ich erkundigte mich nach Afghanenzüchtern. Als erstes rief ich Betsy Hufnagel an, deren Namen ich vor Jahren einmal gehört hatte, eine verantwortungsvolle Züchterin, die sehr auf die Gesundheit ihrer Hunde achtete. Sie hatte momentan keine Welpen, wollte aber ihre Hündin bald decken lassen.

Ich nahm Kontakt mit einem Verein in Nordkalifornien auf, der sich speziell um die Betreuung von Afghanen kümmerte, doch gab es dort gerade nur ältere, misshandelte Hunde. Mit einer Ausnahme. Eine Frau versorgte eine Hündin mit zwei Welpen, deren Halterin gerade im Krankenhaus lag. Die Kleinen waren schon im Dezember, also noch vor Pashas Tod geboren worden, so dass sich in ihnen Pasha kaum direkt inkarniert haben konnte. Außerdem gab es bereits mehrere Interessenten für die Welpen. Die Frau war gerade mit deren näheren Auswahl beschäftigt. Sie setzte mich auf die Warteliste für den niedlichen cremefarbenen Rüden namens Harper. Pasha meinte, er könne mit Harper leicht „verschmelzen", wenn ich die Zusage erhielte, da sie geistesverwandt seien. Ich fand das ungewöhnlich, bis ich Harpers Foto sah und in ihm jenen von Pashas ehemaligen Söhnen erkannte, der überfahren worden war. Der Wunsch mit Harper zu verschmelzen war unter diesen Umständen durchaus verständlich.

Der Name Harper, der Harfenspieler, ließ auf eine Beziehung zu Michel schließen, der Laute und klassische Gitarre spielt. Wir warteten ein paar Wochen, bis die Frau alle Interessenten unter die Lupe genommen hatte. Schließlich sollte Harpers sein Leben mit jemand anderem verbringen, und Pasha und ich setzten unsere Suche fort.

Der nächste Züchter hatte einen netten achtzehn Monate alten Rüden im Angebot. Pasha übermittelte mir, dass dieser Hund sehr eigensinnig und nicht besonders kommunikativ sei und er sich nicht mit ihm verbinden könne. Ich wusste zwar, dass ich mit dem Hund zurecht gekommen wäre, aber es wäre nicht Pasha gewesen.

Betsys Hündin war Anfang Mai heiß und wurde erfolgreich gedeckt. Die Geburt der Jungen war also im Juli zu erwarten, und könnten nach weiteren zehn Wochen von ihren neuen Haltern abgeholt werden. Die lange Wartezeit kam mich hart an, aber das Universum wusste für alles richtig zu sorgen. Ich überlegte, dass die meisten meiner Reisen in diesem Jahr bis dahin hinter mir lägen und ich mich dann dem neuen Pasha ausgiebig widmen könne. Das Verreisen fiele mir sicher schwer, wenn er erst einmal da war.

Ich bat Betsy, mich zu informieren, wenn sie von anderen Afghanenzüchtern wüsste, die Rüden abzugeben hätten, denn ob Betsys Hündin Rüden bekäme, war nicht abzusehen. Außerdem stand bereits eine andere Frau auf der Warteliste für einen Rüden.

Dawn Hayman und Bonnie Reynolds begannen sich ebenfalls umzuhören, nachdem ich von den Verzögerungen erzählt hatte. Vielleicht würde Pasha sich ja an der Ostküste reinkarnieren.

Pasha war nach wie vor da. Offenbar hielt er mit vielen seiner menschlichen Freunde Kontakt, denn sie berichteten über Visionen und Botschaften von ihm. Einige Freunde träumten lebhaft von Pasha und mir.

Sue Goodrich glaubte, Pashas Fell werde diesmal weiß oder cremefarben werden, wegen seiner Lauterkeit. Obwohl dies nicht gerade meine Lieblingsfarben waren, hätte ich diese Nuancen akzeptiert. Mir war vor allem wichtig, dass die genetische Veranlagung zu Pashas übersprudelndem, liebevollem Wesen passt, damit sich Geist und Form mühelos verbinden konnten.

Das Abenteuer ging weiter. Bonnie Reynolds rief mich Anfang Juni kurz an, sie und Dawn hätten von einem Wurf besonders schöner Afghanenwelpen erfahren. Sie wolle sich wieder melden, sobald sie Näheres wisse.

Keine zwei Stunden später rief mich Betsy an. Karen Henderson, eine sehr sympathisch Züchterin aus Boise in Idaho, suche für drei im Februar geborene Afghanenrüden ein neues Zuhause. Ich konnte kaum den Abend abwarten, um mir von Karen die Welpen schildern zu lassen. Die Beschreibung Tailors, eines schwarzbraunen Rüden, passte genau zu Pashas Charakter. Ich hörte Pasha lachen, während ich mit Karen sprach.

Tailor war bezeichnenderweise am Valentinstag geboren, genau sechs Monate nach Pashas früherem Geburtstag, was ich als astrologischen Ausgleich deutete. Zu dem Wurf gehörte auch ein lebhafter Welpe mit cremefarbenen Fell, der direkt Kontakt zu mir aufnahm.

Noch während des Telefonats mit Karen überlegte ich, wann ich nach Boise fahren könne. Ich packte gerade meine Sachen für eine Workshop-Tour in Kanada, und so musste ich Boise bis zu meiner Rückkehr aufschieben. In der Zwischenzeit wollte Karen mir Fotos von Tailor schicken. Ich kam vor Aufregung ins Schwitzen. Das passierte nun jedes Mal, wenn ich über Pasha/Tailor sprach. Der unangenehme Geruch sagte mir, dass mein Körper Überreste dessen ausschied, was mit Pasha gestorben war, um neuen Leben Platz zu machen.

Natürlich überlegten wir oft, wie Pasha bei seiner Rückkehr heißen solle, und es war immer bei „Pasha" geblieben, wie viele Namen wir von „Pegasus" bis „Gott" auch durchgingen. Außerdem wollten wird auch abwarten, welchen Namen sich Pasha nach seiner Inkarnation wünschte. Mir gefiel der Name „Tailor" [Schneider], sowohl Tailor als auch Harper endeten auf „r" und bezeichneten einen Beruf. „Tailor" passte gut zu meinem Namen, denn Penelope ist der Name der Weberin in der griechischen Odyssee. Pashas Reinkarnations-Odyssee näherte sich ihrem Ende.

Als ich Kontakt zu dem jungen Hund aufnahm, spürte ich, wie sich mein Herz durch die Energie Pashas mit Tailor verband. Pasha hatte sich im Februar, als er seine Rückkehr beschloss, offenbar in Tailor reinkarniert. Er war bei mir gewesen, hatte geistig in meinem Herzen, aber gleichzeitig überall auf der Erde und als Welpe in Boise, Idaho, gewohnt. Die innige Wesensverknüpfung in dieser Welt und im ganzen Universum, offenbarte sich ein weiteres Mal.

Meine Aufregung wuchs, als die Verbindung mit Tailor immer intensiver wurde. Ich buchte für den 19. Juni den Flug nach Boise, Idaho, und für den nächsten Tag den Rückflug. Pasha würde, auf den Tag genau, fünf Monate nach seinem Tod als Tailor zu uns zurückkommen. Es war außerdem der Tag vor der Sommersonnenwende. Pasha war gestorben, als die Sonne tief am Himmel stand, und würde nun, wenn die Sonne ihren Höchststand erreicht, wie ein gekrönter König zurückkehren.

In der Nacht vor der Abreise nach Boise träumte ich, dass ich mit einem Tiger hinfliege und mit einem Löwen zurückkehre. Ich spürte, dass der Tiger, meine Lieblingskatze, ich war. Der Löwe auf dem Rückflug war Pasha. Die Reise würde erfolgreich sein, Tiger und Löwe verschmolzen. Später im Flugzeug zog ich eine Tierzeitschrift aus dem Lesestapel. Und was war auf dem Cover? Das Porträt eines Sibirischen Tigers!

Ich interessiere mich seit jeher für Zahlenmystik. Oft bilde ich die Quersumme von Zahlen, zum Beispiel aus Adressanschriften, Altersangaben, Flugnummern, um ihre symbolische Bedeutung herauszufinden. Die Quersumme der Flugnummer nach Boise (1242) war neun. Die Zahl Neun symbolisiert die Vollendung eines Kreislaufs. Jetzt müsste die Flugnummer bei meiner Rückkehr nur noch die Quersumme eins ergeben, denn die Eins steht für den Beginn eines Kreislaufs, dachte ich mir dabei. Prompt ergab sich aus der Rückflugnummer (1459) die Quersumme zehn, die sich zahlensymbolisch mit eins gleichsetzen lässt. Das Universum geizte nicht mit Hinweisen - ich befand mich auf einer der spirituell aufregendsten Reisen meines Lebens.

Pasha und ich sind wie ein Herz und eine Seele. Wir sind im Grunde durch unsere Geistnatur mit allen Wesen verwandt und treffen auf unseren Reisen durch die Universen die Seelengeschwister, mit denen wir diese Vernetzung tiefer spüren. Unsere Wege und Ziele, sogar unser Lebensatem lässt sich offenbar teilen. Für Pasha und mich erschien für dieses Mal in diesem Universum eine Inkarnation in zwei verschiedenen Identitäten angemessen, die im engen Miteinander liebten und arbeiteten. Auch Michel und ich haben diese Nähe zueinander. Ein Zahlenkundler sagte mir einmal, dass ihm noch niemals in seinem Leben zwei Menschen mit derart ähnlichen Lebensdiagrammen begegnet seien – wir seien wie spirituelle Zwillinge. Pasha, Michel und ich, wir drei waren ein fideles Trio.

Als ich mit Karen Henderson ihre schönen Afghanen begrüßte und mit Tailor/Pasha die Wiedersehensfreude groß war, waren wir gleich herzliche Freunde. Ich erzählte ihr die Geschichte von Pashas Reinkarnation, und sie fand sie einleuchtend. Ihr Ehemann Andy hörte aufmerksam zu. Karen hatte Tailor von allen Hunden des Wurfs besonders ins Herz geschlossen. Er erschien ihr außergewöhnlich lieb, einfühlsam, selbstsicher und klug, und am liebsten hätte sie ihn selbst behalten. Ich erzählte ihr, dass Pasha zu Lebzeiten jeden mit seinem Charme bezaubert hatte. Karen hatte sich erst eine Woche vor meinem Anruf entschlossen, Tailor in andere gute Hände zu geben. Sie spürte, dass er trotz seines guten Körperbaus nicht für Hundeshows geeignet sei. Sie staunte selbst, wie erleichtert sie sich nach dieser Entscheidung fühlte. Sie war sehr aufgeregt, als ich anrief, und wusste intuitiv, dass Tailor und ich zusammengehörten.

Karen hatte den Welpen Shownamen gegeben. Bei Tailor dachte sie zunächst an „Tanzender Löwe" oder „Tanz mit dem Löwen". Doch dann ließ sie „Chiaros Schwarzgekleideter" eintragen (Chiaro bezeichnet die Abstammungslinie), und Tailor als Rufname. Ich staunte, wie gut sie Tailors Wesen erfasst hatte und seine Zukunft ahnte. Karen ist wie ich im Zeichen des Skorpion geboren.

Ein weiteres Verbindungsglied war, dass Tailors Mutter Penny hieß und unter dem Namen „Göttliche Penny" eingetragen war. Seit 1977 lege ich großen Wert darauf, nur noch bei meinem vollen Namen „Penelope" genannt zu werden, doch vorher riefen mich alle Penny. Tailors wunderbare Mutter Penny war bei meiner Begrüßung sehr zugetan.

Pasha hatte sich eine prima Familie ausgesucht, in der er genau die Zuwendung bekam, die ihn an sich arbeiten und ruhiger werden ließ. Er war meinem Wunsch entgegengekommen, sein Ungestüm zu bremsen. Er war liebenswürdig verspielt, zugänglich und noch immer ein Leckermaul. Doch er lernte, gegen seine Verfressenheit anzugehen und sich herbeirufen zu lassen. Wenn er „Komm her!" hörte, war er zur Stelle. Er war durch und durch Pasha – weiterentwickelt. Michel und ich gaben ihm den Spitznamen „Buddha Boy".

Nach meiner Rückkehr von Boise kündigte ich Rana die baldige Ankunft von Tailor/Buddha Boy an. Sie hörte mir aufmerksam zu. Einige Tage darauf war die Geschwulst an ihrem Hals, die Golfballgröße erreicht hatte, merklich kleiner geworden. Und kurz vor Buddha Boys Ankunft, ein paar Wochen später, nur noch halb so groß. Die großflächige Geschwulst auf der rechten Seite des Brustkorbs schien ebenfalls zurückzugehen. Offenbar förderte Ranas neu aufgekommene Lebensfreude den Heilungsprozess. Als ich mich nach Boise aufmachte, um Tailor abzuholen, jagte Rana zum Auto und bat mich, sie mitzunehmen, sie wolle Pasha begrüßen. Sie war ganz ausgelassen! Ich erklärte ihr, dass ich im Flugzeug unterwegs sein werde und morgen mit Pasha zurückkäme.

Als Buddha Boy ankam, begrüßte Rana ihn und meinte dann zu mir, sie habe ihn sich anders vorgestellt. Doch sie wirkte erleichtert und strahlte eine Heiterkeit aus, wie ich sie seit Pashas Tod nicht mehr an ihr festgestellt hatte. War sie bisher nur einmal die Woche zu einem Spaziergang bereit gewesen, konnte sie jetzt gar nicht genug davon kriegen, an einem Tag sogar zweimal! Sie genoss seine Nähe und sein großes Interesse an ihr. Wir waren ungeheuer dankbar für Ranas und unser neues Glück. Auf unserer Floating Island of Peace kam wieder eine Hochstimmung auf, dass wir die ganze Welt hätten umarmen können.

Einige Tage vor Tailors Ankunft war uns Luciano zurückgebracht worden, ein reizendes Kaninchen aus dem Wurf von Chester und Molly. Seine neue Familie konnte ihn nicht länger behalten. Nach seiner fünftägigen Eingewöhnungszeit wohnte er friedlich mit Ellyetta im Bunny Cottage zusammen. „Wiederherstellung" schien das Motto der Woche zu sein.

Michel strahlte übers ganze Gesicht, sobald er mit Tailor zusammen war oder von ihm sprach. Jeder war hingerissen von Tailor. Wie Jenny, unsere Ratte, nach ihrer Rückkehr als Jeremy noch reizender erschien, empfanden wir auch Buddha Boy noch deutlicher als einen unerschöpflichen Born der Liebe und Anmut. Allen, die mit ihm näher zu tun hatten, fanden das so. Wir sind unendlich dankbar für diese gelungene Wiedervereinigung.

Seelen sind durch ihre Wandelbarkeit etwas sehr Geheimnisvolles: sie können verschmelzen, sich unterscheiden, Gestalt annehmen, Dimensionen überbrücken, allerorten sein. Wie können wir dieselben bleiben oder andere Wesenszüge annehmen? Wie können wir zur Einheit zurückkehren? Wie wirken sich bei der Reinkarnation die jeweiligen Erbanlagen und arttypischen Verhaltensmuster auf die Seelen aus und umgekehrt? An wie viel können sich die Seelen aus ihren Vorleben erinnern und welche Lehren können sie in ihrer momentanen Gestalt daraus ziehen? Was müssen sie körperlich erst wieder alles lernen?

Die Antworten betreffen sehr stark unsere bewussten oder unbewussten Lebenseinstellungen und sind hier jedem selbst überlassen. Ich beschäftige mich viel mit diesen Fragen und habe immer etwas dazu gelernt, wenn einer meiner Freunde zurückgekehrt ist. Pasha hat sich nun in Buddha Boy verwandelt; er ist in vieler Hinsicht der alte geblieben, und ist doch anders. Er erinnert sich an seine Vergangenheit, erlebt aber trotzdem alles neu. Er ist beides: der alte Weise und der Grünschnabel.

Auf unserer Daseinsreise bleibt unser innerer Kern, die Geistnatur immer sie selbst, nimmt aber, bestimmter Erfahrungen oder Entwicklungen willen, Eigenschaften an oder legt sie ab. Der Geist birgt mögliche Formen ohne Anfang und Ende, ist allumfassende Verwandlungskraft. Wir sind Zeugen, zugleich aber auch Teil und Mitschöpfer des großen Entwurfs.

Wie viel Schönheit, Weisheit, Kraft, Wahrheit, Harmonie und Freude wir auf unseren schöpferischen Reisen erfahren, wenn wir das tiefe Geheimnis der Ruhe und Bewegung, der unveränderlichen inneren Natur und des feurigen Gestaltenreigens zulassen. Halleluja!

7

AUS ANDEREN REICHEN

BESUCHER

Wir Menschen sind bemüht, die Welt der Phänomene unseren kulturellen Normen anzupassen, es irritiert uns, wenn zu viel Unordnung herrscht. Alles soll seinen Platz haben. Auch ich versuche die Dinge, die ich wahrnehme, sprachlich zu erfassen, damit ich sie mir erklären und anderen mitteilen kann. Die Phänomene, von denen ich nun erzählen möchte, könnten auch anderes gedeutet werden. Manches mag einfach unwahrscheinlich erscheinen. Doch hoffe ich, Sie durch diese Geschichten anregen zu können, Phänomenen einmal anders zu begegnen als gewohnt.

Bei meinen zahlreichen Beratungsgesprächen mit Menschen und anderen Lebewesen habe ich festgestellt, dass die meisten schon eine Reihe irdischer Leben als Mensch und/oder in Gestalt von Tieren verbrachten. Einige äußerten, dass sie trotz ihres irdischen Körpers aus dem Reich der Engel, Devas oder Feen stammten. Andere erinnerten sich entweder an gar keine frühere irdischen Aufenthalte oder Kontakte mit diesem Planeten oder nur an sehr wenige, zeitlich sehr weit auseinanderliegende Inkarnationen. Einige, die sich an keine direkten Kontakte mit der Erde oder irdische Verkörperungen erinnern konnten, wussten von Aufenthalten in anderen Dimensionen zu berichten, jenseits unserer Zeit- und Raumvorstellung.

Andere lebten an anderen Orten unseres physischen Universums und sind nun als Mensch oder in Gestalt einer anderen Spezies wiedergeboren. Wieder andere wirken als Vertreter einer anderen planetarischen Kultur in ihrem irdischen Körper. Sie tun sich mit den irdischen Lebensverhältnissen meist wesentlich schwerer als diejenigen, die schon oft auf Erden inkarniert waren. Manche Leute würden sie als Aliens [Fremde] bezeichnen, was natürlich unheimlich und „befremdlich" klingt. Ich bezeichne sie als Besucher aus anderen Reichen. Sie sind im Grunde nichts anderes als wir, geistige Wesen, die in einem Körper inkarniert sind.

In diesem Zeitalter großer spiritueller Veränderungen besuchen auch Meisterwesen und Engel in großer Zahl die Erde. Oft nehmen sie die Gestalt von Haustieren an, um uns Menschen etwas zu lehren und verlassen ihre physischen Körper bald wieder, sobald sie geistige Lernprozesse in Gang gebracht haben. Offenbar vermeiden sie längere Aufenthalte auf der Erde, um sich nicht zu sehr in der irdischen Ebene zu involvieren. Ihre Menschengefährten versuchen meistens, sie zu halten, weil sie so viel Licht und Liebe bringen. Doch sie lehren die Menschen, sich inwendig zu orientieren und nicht zu sehr an der physischen Form zu hängen.

Viele Künstler, Visionäre, Musiker und medial begabte Menschen künden in ihren Arbeiten von Engelreichen. Vielleicht haben sie früher bei den Naturgeistern oder Engeln gelebt und tun sich deshalb in unserer materiell orientierten Gesellschaft schwer. Tiere werden von schöner Musik und harmonischen Schwingungen in der Regel stark angezogen, und wenn sie inkarnierte Meister oder Engelwesen sind, verbreiten sie selbst solche Schwingungen.

Unsere gescheckte Katze Chico San würzt ihre Heilarbeit Menschen gegenüber mit einer Prise Magie. Ich entdeckte ihre Verbindung zum Feenreich, als sie ein paar Jahre alt war und wir einmal zusammen draußen im Garten waren. Plötzlich erkannte ich durch Chico eine Fee, die um die Blumen schwebte. Mir wurde klar, warum ich bis dahin so wenige Bilder von ihren früheren Leben empfangen hatte.

Die meisten waren auf einer anderen „Wellenlänge" gespeichert. Die Energiemuster ihrer früheren Leben als Naturgeist ließen sich in unserer linearen Raum-Zeit nicht materiell verorten.

Chico San war bereits einige Male als Mensch inkarniert und hatte dann immer mit Musik zu tun. Michel spielte im März 1988 einmal ein wunderschönes Renaissancelied auf der klassischen Gitarre, während ich und Chico auf dem Sofa vor uns hinträumten. Da erfuhr ich von ihr, einmal sei sie ein Troubadour gewesen:

Ich liege und lausche
Dem Träumen nahe
Einer zarten Melodie,
Schwebe.
Das perlende Gitarrespiel
Weht ein Bild in mein Inneres,
Die Botschaft einer Freundin.

Ich ausgestreckt, auf mir Chico San,
Die kluge Schmusekatze.
Da erscheint mir fast im Traum
Ein junger Höfling
Im Renaissancegewand
Auf einen kurzen Besuch
Spielt auf der Mandoline,
Singt mir ein Lied.
Mir ist, als kenne ich seine
Warmherzigen Blicke,
Sein kluges Gesicht.

Etwas weckte mich sanft,
Ich schlug die Augen auf
Und sah in Chico Sans Augen.
Und freudige Gewissheit
Erfüllt mich
Meine vierbeinige Freundin
War einst der Troubadour.

Sie ließ mich diese Rückerinnerung wissen
Durch das Gitarrenstück
La Frescobalda.
Und wir wussten, von nun an
Wird es uns davon künden.

In dem Afghanenwelpen Kasha besuchte uns ebenfalls eine Fee, allerdings nur kurz. Nach ihrem Tod:

Kasha und ich tanzten
Als wunderschöne Feen,
Sie gold und apricotfarben
Ich blau und grün gewandet,
Zu Sonaten und Concerti,
Sprangen leichtfüßig und flogen
Über Klaviere, Bäche und Gärten.

Gestern verließ sie die Goldige,
Gazellengleiche ihre Fellgestalt
Und versprach wieder zu kommen,
Mich mit Tanz und Spiel zu erfreuen.

Sie hat ihr Versprechen gehalten
Jetzt tanzen wir so leichtfüßig und heiter.
Sie flüstert mir zu,
Tröstet mich hinweg über den Verlust
Eines so goldigen Wesens in Fellgestalt wie sie,
Zierlich wie eine Gazelle.

Sie funkelt wie ein Edelstein
Bewacht nachts meinen Garten.
Meine kleine neckische Elfenkönigin,
Goldglänzende Kasha,
Du beschützt jetzt mit Feenhand
Deine Familie.

Kasha, buchweizenfarbenes Mädchen
Erst goldschimmerndes Fell, jetzt Feenflügel!

Die geistigen Wandlungskräfte der Erde sind groß und viele Wesen möchten den globalen Bewusstseinswandel, der sich auf der Erde vollzieht, unterstützen oder zumindest an ihm teilhaben. Sie inkarnieren und lernen über das hiesige Leben dazu, während sie ihre Anmut und Weisheit denjenigen schenken, die bereit sind, sich von kulturellen Fesseln zu befreien und ein universelleres Verständnis vom Geist in seinen vielen Manifestationen zu erlangen.

Tibet-Terrier Bamboo war ein Segen für alle, die sie kannten, bevor sie mit dreieinhalb Jahren einer seltenen Krankheit erlag. Sie war außergewöhnlich lieb und sanftmütig, und hatte ein paar seltene Eigenschaften. Anders als die meisten Vertreter ihrer Spezies, fraß sie kein Fleisch, sondern Obst und Gemüse. Im Alter zwischen drei und sechs Monaten spielte Bamboo regelmäßig gegen fünf Uhr nachmittags verrückt. Eine kleine Weile griff und knurrte sie dann alles und jeden um sie herum an. Ich nahm mit Bamboo Fernkontakt auf, denn ihre Menschengefährtin wollte nachträglich den Grund für dieses seltsame Verhalten wissen. Bamboo erklärte mir, sie als Engelwesen habe damals ihre Hundeinstinkte transformiert. Dadurch hätten sich die Hundeinstinkte zunächst verstärkt geäußert.

Durch meine Beratungsarbeit bin ich vielen Menschen begegnet, die sich als ungewöhnlich empfinden. Sie können mit dem normalen Menschenbild nichts anfangen. Das heißt nicht gleich, dass sie „Aliens" sind. Mitunter haben sie schon viele Leben in Menschen- oder Tiergestalt verbracht und weigern sich einfach, gänzlich in unserem konfliktreichen, emotional schwierigen Menschenbild aufzugehen. Stattdessen suchen sie sich in ihrer spirituellen Natur zu verankern. Manchmal sind sie verwirrt und fragen sich, wer sie sind und warum sie eigentlich hier sind. Möglicherweise kamen sie gerade aus dem Reich der Naturgeister oder Devas zu uns, oder aus dem Tier- oder Pflanzenreich, oder von anderen Planeten oder Sphären, und erleben ihr Menschsein als eine verwirrende oder gar schmerzhafte Angelegenheit.

Ich kenne keinen anderen Planeten, auf dem es solch eine Vielfalt an Lebensformen gibt wie auf der Erde, die mittlerweile leider durch menschliche Destruktivität und Überbevölkerung rasant abnimmt. Ich habe gehört, dass bestimmte Spezies außerirdischer Abstammung sind und hier gleich gruppenweise angesiedelt wurden, um bei der Evolution unseres Planeten ausgleichende Funktionen zu übernehmen. Es entwickelten sich also offensichtlich nicht alle Spezies aus irdischen Mikroorganismen. Einige kamen schon als ausdifferenzierte Tiere hierher und entwickelten sich dann ihrer Umgebung und ihren Zielen entsprechend weiter.

Als ich 1977 erstmals einem Afghanenhund begegnete, war ich sofort von seiner immensen Würde und Eleganz hingerissen. An einem Rastplatz sah ich einmal, wie mehrere Afghanenhunde ausgeführt wurden, dabei kamen mir folgende Zeilen:

Gekräuselte Schönheiten leuchteten von ferne,
Tänzelnde Afghanenhunde.
In ihnen fing sich das Licht, der Wind, der Atmen
Im Spiel mit ihrer Fantasie.
Wie edle Pferde geschmückt mit Seidenquasten
Selbstbewusst, rätselhaft, von magischer Anziehungskraft
Bergen diese Wesen das uralte Geheimnis in sich
Die Weisheit der Götter
Afghanen bringen sprühende Lebensfreud
Befreiendes Lachen.

Als ich mich näher mit Afghanenhunden und ihre Herkunft befasste, sah ich einmal, wie diese Rasse vor Tausenden von Jahren in Ägypten ankam, um auf Erden zu leben und die Menschheitsentwicklung zu fördern. Afghanen zählen offiziell zu den ältesten Hunderassen. Später breiteten sie sich in den Wüsten und Bergen Afghanistans und von dort aus in andere Länder aus.

Auf physischer Ebene halfen sie den Menschen bei der Jagd. Auf spiritueller Ebene setzten sie ihren Charme, ihren Sinn für Humor und ihren grenzenlosen Freiheitsdrang ein, um den Menschen zur Erleuchtung zu verhelfen. Sie waren gekommen, um uns an das spirituelle Königreich zu erinnern, aus dem wir alle stammen. Niemals würden sie sich einem Menschen beugen oder das „Herr und Sklave"-Spiel mitmachen. Wandten die Menschen rohe Gewalt an, rannten sie, wenn ihnen das möglich war, davon, oder zogen sich geistig zurück. Wer sie beherrschen wollte, den ließen sie nicht an ihren spirituellen Gaben teilhaben.

Bei anderen Hunderassen steht das Dienen im Vordergrund. Sie wollen bedingungslose Liebe beweisen, egal wie sie behandelt werden. Dienen hat auch etwas für sich. Tiere haben mit ihrer Duldsamkeit schon so manche Aha-Erlebnisse bewirkt.

Afghanen zeigten den Menschen, was Adel ist. Das bewunderte ich und erkannte, dass wir das von diesen verspielten, freiheitsliebenden Wesen nur durch bewusste Einfühlung lernen konnten.

Mit Araberpferden ging es mir ähnlich. Beide Tierarten stammen aus der gleichen Weltgegend, sind verspielte, sensible und edle Wesen. Afghanen können verglichen mit anderen Hunden, die hauptsächlich ihren Geruchssinn bei der Jagd einsetzen, gut sehen. Auch Araberpferde haben ein gutes Sehvermögen. Ich empfinde bei ihnen eine Wesensverwandtschaft.

Dann lernte ich Lamas kennen. An ihnen beeindruckte mich ihre Unverblümtheit – ihre durchschauende Art, die einen mit sich selbst konfrontierte. Sie treten nur mit uns in Kontakt, wenn wir sie und uns als geistige Wesen würdigen. Sie reagieren hochsensibel auf Energiefelder und Bewusstseinszustände. Sie sind agil, haben ein für Vierbeiner außerordentlich gutes Sehvermögen und teilen mit Katzen, Afghanenhunden und Araberpferden viele Eigenschaften. Sie entwickelten sich in der spirituell sehr aufgeladenen Atmosphäre der Anden.

Mit meiner persönlichen Vorliebe für Katzen, Afghanen, Araberpferde und Lamas möchte ich keinesfalls den Eindruck erwecken, dass andere Tierarten und -gattungen weniger wertvoll seien. Ich kann ehrlich sagen, dass ich jedes Tier und jede Tierart in ihrer jeweiligen Eigenart und Bedeutung für das Ganze schätze. Alle Tiere erfüllen eine Funktion und sind auf ihre Weise schön. Es ist egal, ob Sie sich mehr zu Pudeln oder Border-Collies, zu Morgan- oder Reitpferden, zu Schafen oder Ziegen hingezogen fühlen, wir können im Umgang mit jedem Tier etwas lernen.

Lamas haben in diesem Land, aber auch weltweit, stärkere Verbreitung gefunden. Sie wollen erleuchten. Sie erwarten ein einsichtiges Verhalten und kooperieren nur auf einer anspruchsvollen telepathischen Ebene mit uns. Die geistige Kommunikation mit ihnen gleicht einem Tanz, Spaziergänge mit ihnen einem Dahinschweben im Einklang mit der Natur. Sie können unser geistiges Wachstum beschleunigen. Das heißt nicht, dass alle Lamas Meister sind und ihrem

Potenzial gerecht werden. In ungünstigen Verhältnissen können sie sich abkapseln und genauso wie wir ziemlich frustriert sein.

Lamas wurden früher seltener gehalten. Bis Mitte der achtziger Jahre hatte ich nur wenige Lamas beraten. Die erste Lamaherde, zu der ich gerufen wurde, gehörte Rosana und Kelly Hart. Ein Lamaweibchen namens Posey benahm sich seltsam nervös, fanden die beiden, und auch ich hatte den Eindruck, dass sie sich von den anderen Lamas stark unterschied. Sie erzählte mir, sie fühle sich nicht wohl auf diesem Planeten und bedauere, hierhergekommen zu sein. Ihr gefiel es zwar unter den Lamas, aber sie empfand die Menschen als sehr bedrohlich und wollte mit ihnen nichts zu tun haben. Sie glaubte, es nicht mehr lange in diesem Körper zu machen.

Seitdem habe ich in fast jeder Lamaherde einen dieser „Besucher" angetroffen. Sie sind Beobachter und können mit menschlicher Nähe wenig anfangen. Sie wollen einfach in der Herde in Ruhe gelassen werden.

Im Sommer besuchten wir einmal Linda Rodgers und Nelson Leonard auf der Elk Hill Farm in Südoregon, wo unsere beiden Lamas Regalo und Raindance herkamen, um Regalos Bruder und andere neu geborene Lamas zu begutachten. Eines der Jungen, Chimu, war eine Frühgeburt gewesen und hatte mit Ach und Krach, wie uns der Tierarzt erzählte, überlebt. Seine Mutter versorgte ihn nicht. Er bekam über eine Lama-Attrappe seine Milch, um eine frühe Bindung an den Menschen zu vermeiden, die bei ausgewachsenen männlichen Tieren zu aggressivem Verhalten führen kann. Er wurde auch von den anderen Jungtieren ferngehalten und musste allein in einer Box sein, weil noch nicht geklärt war, ob er an einer ansteckenden Krankheit litt.

Als ich ihn aufsuchte, graute es mich ganz entgegen meiner sonstigen Art fast vor diesem süßen, einsamen Lamajungen. Mir war völlig schleierhaft, weshalb es noch lebte, war doch keine Aura, und sei sie noch so blass, sichtbar. Er schien Koordinationsstörungen zu haben, weil er sich ständig irgendwo anstieß. Er schielte. Wenn er sich näherte, war dies, als liefe er ins Leere. So etwas hatte ich noch nie erlebt. Ich hatte das Gefühl, als wohne kein individueller Geist in diesen Körper.

Ich ließ die sechs anwesenden Menschen sich an den Händen fassen und einen Kreis um Chimu bilden, um ihm ein Selbstgefühl, eine Energiehülle oder Aura zu vermitteln. Es war unheimlich, wie er trotz seiner „Geistesabwesenheit" zu verstehen schien, was ich sagte. Ein auraloser Körper war für mich ein ganz neues Phänomen. Ich erkannte, dass dieser Körper vom Weltall aus gesteuert wurde. Ich bekam Kopfschmerzen von der Beratungsarbeit.

Chimu wäre normalerweise als Frühgeburt gestorben. Doch hatte eine Gruppe Außerirdischer beziehungsweise nicht inkarnierter Wesen ein Experiment durchgeführt und versucht, durch seinen Körper am irdischen Leben teilzunehmen. Sie hatten sich für ein Lama entschieden, weil ihnen die große geistige Beweglichkeit dieser Spezies sehr entgegenkam.

Trotz meines Schreckens wegen der fehlenden Aura spürte ich, dass die Außerirdischen kooperativ waren. Sie hörten auf das, was ich sagte oder dachte. Linda und Nelson erwähnten, es wäre bisher noch kein Lama auf ihrer Farm so gelehrig gewesen. Ich erkannte, dass das an seiner unmittelbaren Wissensaufnahme lag. Er musste sich das Wissen nicht über ein Ich aneignen, weil er in diesem Sinn gar kein Ich hatte. Er *wurde* zu den Gedanken und Gefühlen anderer.

Das fehlende Ich-Erleben war ein gesundheitliches Risiko, obwohl ich sonst keine organischen Störungen oder Immunschwächen an Chimu feststellen konnte. Als ich die Außerirdischen über Chimus Sehstörungen aufklärte, bemühten sie sich gleich um deren Beseitigung. Seine Koordinationsstörungen schienen an der mangelnden Verbindung zwischen Geist und Körper zu liegen.

Ich riet Linda und Nelson, ein anderes Lamajunge bei Chimu unterzubringen, damit er auf spielerische Weise ein Ichgefühl entwickeln könne. Ich ging davon aus, dass er dann bald zu den anderen Lamas durfte, wo er noch mehr lernen würde, besonders von den erfahrenen, selbstbewussten Lamas Heyoka und White Thunder.

Ungefähr eine Woche später nahm ich telepathischen Fernkontakt mit Chimu auf und stellte fest, dass er nun eine Aura besaß. Die Außerirdischen waren zu dem Schluss gekommen, dass ein irdischer Körper besser funktioniere, wenn ein individueller Geist darin wohnt und sich mit ihm identifiziert, und hatten einen unter sich dazu ausgewählt. Mein Gespräch mit ihnen und der Rat der Lamas von Elk Hill Farm hatten sie in dieser Hinsicht bestärkt. Die anderen blieben auf Distanz und es sah ganz so aus, als sei Chimu ein normales glückliches Lama geworden. Koordination und Aura passten. Und die anderen Lamas, außer seiner Mutter, hatten ihn rasch akzeptiert und kümmerten sich um ihn.

Später erzählte Rosana mir von einer berühmten, medial begabten Frau, die einmal in einen Fahrstuhl steigen wollte, als sie merkte, dass niemand der darin Anwesenden eine Aura hatte. Erschrocken beschloss sie, nicht mitzufahren. Der Fahrstuhl stürzte ab und niemand überlebte. Kein Wunder, dass mir so unheimlich zumute war, als ich ein Lebewesen ohne Aura sah!

Diese Geschichte erinnerte mich an ein Beratungsgespräch mit Nancy Sondel und ihren Sittichen, die in einem Vogelhaus in der Wohnung lebten. Als Nancy von einem der Sittiche wissen wollte, wie es Winkie geht, vermittelte dieser mir keine Vorstellung von Winkie. Auf meine ausdrückliche Bitte, mir den Vogel zu zeigen, vermittelte er mir die verschwommene Vorstellung eines Vogelkörpers, der immer wieder verschwand. Ich fragte einen anderen Vogel nach Winkie. Er sagte mir, Winkie werde bald sterben und übermittelte ebenfalls ein verschwommenes, blasser werdendes Bild. Winkie, die seit längerem krank war, verließ nur einige Stunden später ihren Körper.

Seit dem Erlebnis mit Chimu weiß ich, dass Lamas zu Kontakten mit Außerirdischen neigen, vielleicht weil sie aus den Anden stammen, wo es schon immer regen extraterrestrischen Verkehr gab, von den alten Inkas angefangen bis heute. Das Gruppenbewusstsein der Lamas beinhaltet ein starkes Interesse an außerirdischen Dingen. Ganz gleich, woher wir kommen oder wann wir auf die Erde kamen, wir alle sind geistige Wesen, die im lebendigen Universum eine Rolle spielen. Und wir können einander austauschen und helfen, die Reisen durchs Universum erfreulich zu gestalten.

Tiere können mitunter körperlose Geistwesen aufspüren. Wenn Hunde eine leere Zimmerecke anbellen oder Katzen mit jemand Unsichtbaren zu spielen scheinen, nehmen sie vielleicht gerade Geister oder Energien wahr, deren Anwesenheit uns Menschen verborgen bleibt. Mein aufregendstes Erlebnis mit Besuchern aus einer anderen Sphäre oder von einem anderen Planeten und mit Tieren, die sich dieser Besucher bewusst waren, hatte ich zu Beginn der siebziger Jahre. Damals arbeitete ich in einem spirituellen Beratungszentrum in Edinburgh, Schottland. Ich teilte mir mit einigen anderen Mitarbeitern des Zentrums eine Wohnung, und wir saßen am späten Abend noch bei einer Tasse Tee zusammen.

Plötzlich vibrierte das ganze Haus und es war die Luft wie geladen. Obwohl ich kein Science-Fiction-Fan bin und noch nie halluzinogene Drogen genommen habe, sah ich telepathisch, dass ein bemanntes Raumschiff unbekannter Herkunft, vielleicht von einem anderen Planeten, gelandet war.

Ich ging hinaus vors Haus, um nachzusehen. Die Hunde in der Nachbarschaft bellten wie verrückt, obwohl alles still war. Kein Mensch war zu dieser späten Stunde unterwegs, und ich wunderte mich, dass niemand sonst der Sache nachging. Vermutlich waren die Leute über die feine Erschütterung hinweggegangen, oder hatten sie gar nicht wahrgenommen. Das Kopfsteinpflaster schien sich zu bewegen, und mir war, als seien Geister niederer Schwingungsebenen erwacht und entstiegen den leeren Fugen. Die Stille, in der sich das Hundegebell ausbreitete, und die fiebrige Stimmung der Straße waren unheimlich. Ich wusste in diesem Augenblick, dass hinter dem nächsten Häuserblock auf freiem Feld zwei fliegende Untertassen gelandet waren.

Ich wollte der Sache nicht mehr weiter nachgehen und ging ins Haus zurück. Doch empfing ich weiterhin telepathisch Informationen. Die Besucher schienen hauptsächlich an der geistigen Einstellung und den „Bewusstseinstechniken" der Erdlinge interessiert und wollten an mein Wissen heran. Sie machten keinen durch und durch friedlichen Eindruck und ich sagte ihnen, dass ich mein Wissen zwar gern teile, sie aber nicht willkommen heiße, sollten sie Menschen gewaltsam manipulieren. Sie erschienen mir als halbdurchsichtige, etwa einen Meter große „physische" Gestalten. Für normale Augen waren sie unsichtbar, weil ihre Standardschwingung schneller oder feiner war. Nach unserem Gespräch flogen sie wieder mit dem Raumschiff davon.

Meine Mitbewohner waren sehr durcheinander. Sie spürten zwar die atmosphärische Veränderung und fanden, dass die Hunde seltsam bellten, aber sie konnten die Besucher nicht wahrnehmen und hatten nach meiner Schilderung der ungewöhnlichen Begegnung Angst.

Am nächsten Morgen besichtigte ich mit einer Mitbewohnerin auf dem Weg zur Arbeit die Landewiese. Wir fanden sechs kreisrunde versengte Stellen im Gras, in Form zweier Dreiecke, die auf die Landefüße der Raumschiffe schließen ließen.

Ipsis, mein schwarzer Kater und Beratungshelfer, verschwand eines Tages durch seinen Fensterausgang auf Nimmerwiedersehen. Er übermittelte mir, er hätte zu seinen Leuten auf einem Planeten in einem anderen Teil der Galaxie zurück gemusst. Er habe in seinem irdischen Leben eine Menge gelernt, was er nun gut gebrauchen könne. Ich vermisste ihn sehr, und wir blieben in Kontakt, wobei ich immer hoffte, er käme eines Tages zurück.

Jahre später, in Los Angeles, tauchte eines Tages ein kleiner weißer Kater vor meiner Tür auf. Ipsis hatte ihn geschickt. Yoda kam auch von einem anderen Planeten, unterschied sich aber sehr von Ipsis. Er war taub und ein ernsthafter Erforscher der Erdlinge. Oft starrte er mich durchdringend an und meinte, ich sei sehr seltsam. Ihn interessierten andere Tiere, besonders Katzen. Schließlich bekam er zu großen Ärger mit unserem Vermieter und wir suchten für ihn ein neues Zuhause, wo er noch mehr Menschen und Katzen studieren konnte.

Nachdem wir 1984 aufs Land, nahe dem Naturschutzgebiet Point Reyes, gezogen waren, konnte ich erstmals auch Hühner halten. Ich entschied mich für vier gute Legehennen mit buntscheckigem, rostrotweißen Gefieder, eine Kreuzung zwischen Rhode Island Red und White Rock. Als ich mit den Hennen in einer Box nach Hause fuhr, sprach mich plötzlich eine außerirdische Wesensgruppe durch die Hennen an. Sie waren freundlich gesinnt und wollten ihr Wissen respektvoll mit uns teilen. So kam es, dass die Hühner mein „Draht zum All" wurden, und das ist mit allen nachfolgenden Hühnern in unserer Familie auch so geblieben.

Sollten Sie zärtliche Erinnerungen an die Stofftiere und Puppen ihrer Kindheit hegen oder immer noch Stofftiere haben, brauchen Sie sich nicht zu schämen. Geist vermag sich in jeder Form zu offenbaren. Liebevoll angefertigte Stoffpuppen und –tiere sind für Geister besonders einladend oder wenn Menschen oder Tiere (ich kenne Hunde, Katzen, Kaninchen und Vögel, die ihre Spielzeugtiere liebten) ihre Liebe brauchen und erwidern. Ich erinnere mich an einen Stoffdelfin, der mir vom Regal regelrecht in die Arme fiel, um von mir mit nach Hause genommen zu werden. Dolphy mochte unsere Tiere, besonders die Vögel, also hing ich ihn im Vogelzimmer auf, wo er lange gute Dienste leistete.

Ein orange getigerter Kater wäre seit langem meins gewesen, und weil Chico San sich gegen einen Familienzuwachs der Spezies Katze sperrte, tröstete ich mich einmal mit einer Spezialanfertigung, die ich auf eine Anzeige hin bestellte. Als mein orange getigerter Stoffkater ankam, lächelte er mich so reizend an, dass ich ihn Smiley, meinen goldenen Himmelskater, nannte. Der goldige Gesichtsausdruck ließ Chico San nicht kalt. Zwei Wochen lang fauchte sie Smiley an, sobald sie ihm über den Weg lief. Heyoka versuchte, mit ihm zu spielen, und war enttäuscht, als Smiley sich nicht rührte. Yoda sah ihn an und meinte dann: „Der ist ja tot", worauf ich ihr erwiderte, er lebe eben auf eine andere Weise. Jahre später kam Sherman zu uns – fast ein Ebenbild Smileys.

Als Michel mich nach meiner Fußoperation vom Krankenhaus abholte, brachte er mir einen putzigen Teddybär mit, Darby. Darby tröstete mich während meiner Rekonvaleszenz und spendete später in den Workshops vielen Menschen Trost.

SPANNUNGEN ZWISCHEN DEN REICHEN

Nicht alle Begegnungen mit Wesen aus anderen Reichen sind einfach. Ich mochte Miel und lernte sehr viel von ihr, aber sie war sehr anstrengend gewesen. Sie kam Ende 1979 als sechs Wochen alter Afghanenwelpe zu uns. Als ich Miel abholte, zerkratzte ihr dunkel gescheckter Vater mein Auto, weil er sich wie wild auf den darin befindlichen Pasha stürzte. Miels Mutter hatte ein aprikosenfarbenes Fell und war ruhig veranlagt.

Miel hatte mich, wie viele meiner Tiergefährten, Monate vor ihrer Ankunft kontaktiert und mir ihren Namen genannt. „Miel" bedeutet im Spanischen und Französischen „Honig", deshalb erwartete ich ein süßes Wesen! Auf dem Nachhauseweg ließ ich Pasha sich am Strand austoben, zeigte Miel das Meer und taufte sie „Miel de la Pacifica".

Pasha war abenteuerlustig und extrovertiert. Miel hingegen zog sich meist in den Garten zurück, wenn Besuch kam. Pasha erreichte mit seiner charmanten, direkten Art meist, was er wollte, und brachte die Leute zum Lachen.

Miel taxierte genau, welche Stellung sie bei mir einnahm. Mit zwölf Wochen lag sie einmal auf meinem Bett und knurrte mich an, um klar zu machen, wer der Chef sei. Pasha schlief eingerollt am Bettende und nahm nicht viel Platz in Anspruch. Miel wollte dominieren. Sie breitete sich in voller Länge neben mir aus, und als sie größer geworden war, stemmte sie sich einmal so gegen die Wand, dass ich aus dem Bett fiel. Mir reichte es, und sie musste auf dem Teppichboden schlafen. Beleidigt schlief sie danach nur noch vor unserer Schlafzimmertür.

Miel hatte mit Wesen aus einer anderen Dimension Kontakt, die von den Menschen und dem Leben auf der Erde recht wenig hielten. Sie hielt mich zwar für eine Ausnahme und für ihre Freundin, ihre Gefährten warnten sie jedoch vor zu viel Vertrauen Menschen gegenüber. Ich bat die Wesen, sich nicht in unsere Angelegenheit zu mischen und unser Glück nicht zu stören, außerdem sei es für einen Geist durchaus ehrenhaft, als Mensch, als Afghane oder in welchem Körper auch immer zu leben. Miel hatte sich nun einmal für diesen Körper entschieden, und sie bräuchten sich ja nicht mehr weiter um sie zu kümmern, wenn es ihnen nicht passte.

Sie gingen und mit ihnen verschwand der negative Einfluss. Doch Miel fühlte sich nie ganz wohl in ihrem Körper und ihrer irdischen Umgebung. Zwar hatte sie vor langer Zeit schon einige Male als Meeressäuger auf Erden gelebt, doch empfand sie ihre Inkarnationen als Wal und als Delphin als etwas anderes. Sie waren spirituelle Führer und lebten in völligem Einklang mit der Natur. Miel gefiel zwar unser geistiger Austausch, aber ihr Widerwillen gegen ihre Inkarnation nahm zu.

Ich ließ Pasha und Miel nicht sterilisieren. Obwohl es viel zu viele Hunde gibt, verfiel ich einem Denken, vor dem ich heute warne: Ich stellte mir vor, wie süß die Welpen von einem so schönen Hund wie Pasha sein würden, und dass sie von meinen Freundinnen liebend gern übernommen würden. Hätte ich gewusst, wie sehr sich Miel nach ihrem Wurf verändern würde, hätte ich sie rechtzeitig sterilisieren lassen. Doch vielleicht hätte das keinen Unterschied gemacht.

Bevor Miel im Alter von zwei Jahren Junge bekam, hatten Pasha und sie immer fröhlich zusammen gespielt. Danach wurde Miel anderen Hunden gegenüber abweisender und aggressiver, Pasha eingeschlossen. Sie fing an, Besucher und auf den Spaziergängen Passanten anzuknurren oder aggressiv anzubellen. Ich wies sie jedes Mal sachlich zurecht und vorübergehend war sie dann auch brav. Einmal kam mir ihr Beschützerinstinkt wirklich zugute, als ich frühmorgens mit ihr durch den Griffith Park in Los Angeles spazierte und von zwei Männer bedroht wurde. Ihr furchterregendes Knurren und ihre heftigen Ausfälle ließen sie das Weite suchen.

Miel fing Eichhörnchen, Opossums, Ratten und Tauben und fraß sie auch, vor allem in der Zeit, in der sie trächtig war und säugte. Sie griff auch Katzen an, selbst unsere. Ich versuchte ihr das abzugewöhnen, mit dem Erfolg, dass sie den Katzen gegenüber brav blieb, solange ich dabei war. Kaum kehrte ich den Rücken, ging es wieder los. Ich riet unseren Katzen, ihr aus dem Weg zu gehen, und das taten sie auch. Afghanen sind einfach leidenschaftliche Jäger. Auch Pasha jagte gerne andere Tiere, aber er hatte sich von mir beibringen lassen, sie nicht zu töten. Wenn er sie eingeholt hatte, ließ er von ihnen plötzlich ab –

auch wenn sie starr vor Schreck waren und erst nach einer Weile davonlaufen konnten. Er erschrak richtiggehend, wenn er Miel ihre Beute töten sah.

Als Michel im Juli 1980 in unser Leben trat, wurden Pasha und er sogleich dicke Freunde. Pasha war zu Besuchern grundsätzlich freundlich, aber keineswegs zutraulich. Doch bei Michel dauerte es nicht lange, und er hatte sich neben ihn hingelegt, schaute mich an und meinte: „Hier ist ein Mann, der deiner würdig ist." Michel und ich heirateten im Dezember 1980 im Beisein von Pasha und Miel.

Miel verhielt sich Michel gegenüber zunächst reserviert. Später wurde sie warm mit ihm und liebte vor allem sein klassisches Gitarrespiel. Miel war ziemlich feinsinnig und genoss es, wenn ähnlich veranlagte Menschen um sie waren. Wer ihren hohen Ansprüchen jedoch nicht entsprach, bekam dies zu spüren, ja sie wurde bisweilen ziemlich aggressiv. Meine jahrelangen Versuche, sie zu einem toleranteren freundlicheren Benehmen hinzuführen, waren vergeblich. Sie wandte sich stets ab und beharrte darauf, es besser zu wissen.

Miel war zweifellos eigenwillig und dominant, aber andererseits eines der wunderbarsten spirituellen Wesen, denen ich jemals begegnet bin. Sie suchte in einer anderen Dimension ihren Frieden. Das Leben auf der physischen Ebene fiel ihr schwer. Sie war sehr unzufrieden mit ihrer Inkarnation und weigerte sich zunehmend, ihr Instinktverhalten zu kontrollieren. Mehrmals biss sie Kinder, die sie im Schlaf oder in ihrer Hundehütte aufgeschreckt hatten. Danach wusste sie nicht mehr, dass sie dies getan hatte. Auf jeden Fall wurde es gefährlich, Kinder oder Personen, die sie nicht mochte, in ihre Nähe zu lassen. Mit zunehmenden Alter wurde sie aggressiver – ganz wie ihr Vater.

Ich versuchte auf verschiedene Arten, mit Miel zu arbeiten. Gespräche, telepatische Beratungssitzungen und Strenge fruchteten einfach nicht. Ein bekannter Hundepsychologe meinte, ich verhielte mich ihr gegenüber zu unbestimmt, aber befehlen ließ sich Miel gleich gar nichts. Michel hatte sie ein paar Mal dominant behandelt, woraufhin sie nur aggressiver wurde. Fremden denen sie ausgeliefert war, wie zum Beispiel Tierärzten, begegnete sie ganz anders. Sie schaltete ab und ließ einfach alles über sich ergehen. Nach unserem Umzug von Los Angeles nach Point Reyes begann sie, mich und ihr Revier noch aggressiver zu verteidigen. Wir lebten dort einsamer, und wenn unerwartet Leute kamen, betrachtete sie sie als Eindringlinge. Schließlich blieb mir nichts anderes übrig, als sie grundsätzlich anzuleinen, außer in sehr einsamen Gegenden.

Hundetrainer und Verhaltensforscher mögen ihre Patentrezepte für sture Fälle wie Miel haben. Ich habe es mit verschiedenen Trainingsmethoden versucht, mit holistischen Ansätzen, telepathischer Beratung, Kräutern und auch mit Homöopathie, Miels Verhalten war nicht zu ändern. Sie wollte einfach nicht. Sie manövrierte sich immer mehr in die Isolation, hing nur noch an mir und nochmals mir. Das irdische Leben gefiel ihr immer weniger.

Mich belastete es natürlich, dass ihre Reaktionen auf andere Menschen unberechenbar geworden waren. Es kam zum Beispiel vor, dass sie Gäste, kaum hatten sie den Rücken zugekehrt, plötzlich angriff, nachdem sie sie ignoriert oder gar freundlich begrüßt hatte. Ich musste sie vor Besuchern wegsperren. Im März 1986 brachte sie dann das Fass zum Überlaufen.

Rana, die von Miel und Pasha abstammte, wurde im Dezember 1981 geboren. Sie war ein sanftes goldiges Wesen und spielte gern mit ihrem Vater. Pasha gefielen die Welpen, er spielte mit ihnen und massierte sie zärtlich mit den Zähnen. Nachdem wir außer Rana alle Welpen fortgegeben hatten, wurde Miel Rana gegenüber sehr streng, knurrte sie an und verjagte sie, wenn sie zu übermütig wurde. Ich ließ Rana mit acht Monaten sterilisieren und Miel, nach ihrem zweiten Wurf, aber das änderte nichts an Miels dominantem Verhalten gegenüber Rana. Wenn Rana angerannt kam, um Pasha oder mich zu begrüßen, wurde sie von Miel angegriffen. Rana gab immer klein bei, und verzog sich still. Meine Schlichtungsversuche verliefen im Sand. Rana lernte, ihrer Mutter möglichst aus dem Weg zu gehen.

Pasha, Miel, Rana und ich machten uns an jenem Tag im März allein auf. Michel hatte noch einiges zu erledigen, und konnte deshalb nicht mit. Wir spazierten auf einem einsamen Waldweg, der etwa eineinhalb Kilometer von unserem Haus entfernt lag, wo ich Miel beruhigt von der Leine lassen konnte. Pasha und Rana waren ein gutes Stück voraus gerannt, und Miel schnüffelte in meiner Nähe herum. Rana kam zurückgerannt, und erzählte mir begeistert, wie herrlich es eben mit Pasha gewesen wäre. Da begann Miel zu knurren und stürzte sich auf sie. Rana kuschte dieses Mal nicht. Sie griff Miel mit einem gewaltigen Satz an.

Wer jemals einen Hundekampf erlebt hat, weiß, wie schwer es ist, die beiden auseinander zu bekommen. Und ein Kampf zwischen Mutter und Tochter dürfte zu den wildesten gehören. Ich versuchte in dem kämpfenden Knäuel Ranas Halsband zu erwischen und wurde von ihr schwer in die Hand gebissen, sicher nicht absichtlich, aber nun blutete ich und rief um Hilfe, was in dieser verlassenen Gegend natürlich völlig umsonst war. Pasha leinte ich gleich an, als er wieder auftauchte, bevor auch er sich noch einmischte. Nun kugelten die beiden eine Bachböschung hinunter.

Die jüngere und stärkere Rana packte ihre Mutter am Genick und hielt sie unter Wasser. Ich band Pasha an einen Baum, rutschte die Böschung hinunter und passte einen günstigen Augenblick ab, der kam, als Rana zurückwich im Glauben, Miel sei tot. Ich leinte Rana an, und zog die spuckende Miel aus dem Wasser. Da standen wir drei nass, außer Atem, voller Matsch. Keiner der Hunde nahm den Kampf auf dem Nachhauseweg wieder auf. Miel würgte, ich weinte, und Rana schlich dahin.

Ich ließ Pasha von der Leine und dabei sagte er mir, er hätte Miel mit den Rest gegeben. Ich war darüber keineswegs entsetzt. Vielmehr wunderte ich mich, warum ich Miel überhaupt gerettet hatte. Ich machte Rana keine Vorwürfe. Ihre Mutter hatte sie einfach nie hochkommen lassen, und es reichte ihr. Miel hatte zuerst angegriffen.

Vor dem Spaziergang hatte ich die Hunde gebürstet, jetzt waren sie verdreckt, voller Brombeerzweige und blutig. Miels Nacken wies viele Bisswunden auf. Rana hatte kaum eine Schramme. Ich reinigte die Wunden, trocknete den Hunden das Fell und gab uns allen Rescue Remedy (eine Blütenessenz, die bei Affekten und bei Schock hilft). Rana erklärte mir, sie würde sich nicht entschuldigen und stehe zu dem, was sie getan habe. Die beiden einigten sich, nicht wieder zu kämpfen. Ich rief bei mehreren Freunden an, Trost zu suchen. Keiner war da. Mir wurde immer klarer, dass wegen Miel eine Entscheidung getroffen werden musste. Mir war der Ärger, den ihre Aggressivität verursachte, zu viel geworden.

Ich sah mich noch einmal nach Rana und Miel um. Miels Keuchen und ihr blasses Zahnfleisch ließen mich eine angehende Lungenentzündung befürchten. Also fuhr ich mit ihr zum tierärztlichen Notdienst, der dreißig Autominuten entfernt lag. Auch Rana nahm ich zu einem Check-up mit. Als wir wieder daheim waren, überlegte ich, wie sich die Probleme mit Miel lösen lassen konnten. Eine Möglichkeit war, sie einschläfern zu lassen. Natürlich war mir nicht sehr wohl bei dem Gedanken, aber ich wollte es nicht ausschließen.

Mir fiel Kathy ein, eine Klientin, die ich seit Jahren durch die Arbeit mit ihren Katzen kannte und die vor kurzem in ihr Haus in Santa Rosa umgezogen war, das etwa eine Autostunde von uns entfernt lag. Sie wollte sich einige Hunde anschaffen, und ließ deswegen gerade das Grundstück einzäunen. Kathy war eine starke dominante Persönlichkeit, und obwohl Miel bei ihrer ersten Begegnung nach ihr geschnappt hatte, waren sie sich nach und nach näher gekommen und respektierten einander. Ich erklärte Kathy die Lage und fragte sie, ob sie Miel eventuell nehmen würde. Sie war einverstanden, allerdings müsse ich noch zwei Wochen warten, bis der Zaun fertig sei.

Ich besprach diese Entscheidung mit Miel, und sie war überhaupt nicht einverstanden. Ich blieb standhaft. Sie hatte mich in die Enge getrieben, und nun gab es kein Zurück mehr. Miel mochte Kathy zwar, und hatte auch nichts dagegen, ihr einziger Hund zu sein, doch war sie meinetwegen auf die Welt gekommen und wollte nirgendwo anders sein. Nachdem ich sie in ihren neuen Zuhause besucht hatte, jaulte sie noch Tage lang. Also reduzierte ich meine Besuche auf ein Minimum. Sie flehte mich telepathisch an, sie wolle zurück, ich könne sie auch ruhig anketten oder in einem Hundezwinger halten. Doch das kam für mich nicht in Frage. Ich blieb hart.

Sobald Miel fort war, atmete jeder bei uns zuhause auf. Die Katzen kamen aus ihrer Deckung hervor und tummelten sich im Hof, was früher wegen Miel nicht möglich war. Besucher wurden nicht mehr in Schrecken versetzt. Zuerst meinte Rana, in Miels Rolle schlüpfen zu müssen, und wurde Gästen gegenüber aufmüpfig. Sie war bis dahin immer so brav gewesen. Doch erfreulicherweise hörte Rana im Gegensatz zu Miel auf mich. Ich erklärte ihr, sie brauche Miel nicht nachzuahmen, das sei völlig unnötig. Schon bald war sie wieder friedlich wie eh. Später brach in Rana noch einmal etwas von Miels Beschützerinstinkt durch, doch das bekamen wir schnell in den Griff. Miel dagegen war unverbesserlich gewesen.

Die Treffen mit Miel im folgenden Jahr waren schwierig. Sie entwickelte Brustkrebs, den wir mit Kräutern und durch eine Ernährungsumstellung zu heilen versuchten, aber sie sagte uns, sie wolle nicht gesund werden, sie wolle unbedingt ihren Körper verlassen. Der Tierarzt schlug eine Operation vor. Aber Miel gab nicht nach. Sie wollte gehen und sollte sie operiert werden, würde sie eben Tumore nachwachsen lassen oder eine andere tödliche Krankheit entwickeln. Wie bei Popiya stand ich vor dem Problem, einem Hund beim Sterben zu helfen. Obwohl die Umstände ganz andere waren, die Botschaft war dieselbe und genauso herzzerreißend. Miel sollte sich durchsetzen.

Miel verließ am 22. Dezember 1987 glücklich ihren Körper. Sie hatte so unter ihrem Körper gelitten, besonders nachdem ich sie weggegeben hatte. Jetzt war sie frei und schickte uns eine Weile aus den höheren Sphären ihren schützenden Segen. Sie sagte, sie werde nicht mehr auf die Erde zurückkehren, doch wir würden für immer Freunde bleiben.

Die Niederschrift dieser Geschichte fiel mir sehr schwer – immer wieder kamen mir die Tränen, was andererseits auch durchaus befreiend war. Ich bat nach Miels Fortgang die himmlischen Mächte, nur Tiere in unsere Familie zu führen, die den Menschen auf friedliche, harmonische Weise weiterhelfen möchten. Obwohl wir alle an den Schwierigkeiten wuchsen und Miels Schönheit einfach unbeschreiblich war, möchte ich mich nicht noch einmal mit einem so aggressiven Wesen auseinandersetzen müssen.

Andererseits bin ich für die Erfahrung dankbar, die mich ähnliche Situationen nun besser nachvollziehen lässt. Diana Thompson, die mit vielen schwierigen Pferden gearbeitet hat, ermunterte mich, über Miel zu schreiben. Viele Menschen hätten mit eigensinnigen Wesen zu tun, und das sei nicht leicht. Andere Leute wundern sich über meine Probleme mit Miel, weil ich bei meinen Fähigkeiten doch eigentlich keine Probleme mit Tieren haben dürfte. Aber, wie ich schon öfters erwähnte, ist es nicht Sinn und Zweck der telepathischen Kommunikation, andere zu unterwerfen und zu gängeln. Wer sich seiner Grenzen bewusst ist, lernt bescheiden zu sein.

Sherman, unser orangefarbener Wunderkater, musste zunächst lernen, seine Kräfte aus dem Engelreich ausgewogen einzusetzen. Bei den Workshops ist er stets eine großartige Hilfe, doch hat er mir auch schon einigen Ärger gebracht. Sherman ist sehr lebhaft und abenteuerlustig. Als junger Kater ging er voller Neugier auf die Hunde und die anderen Katzen zu. Er begeisterte sich für Wesen jedweder Spezies. Als er etwa fünf Monate alt war, schreckte mich einmal sein furchtbares Geschrei im Büro auf. Ich ging zum Fenster, und sah, wie er auf unser Haus zuraste, während ein wilder, großer Kater durch den Zaun verschwand. Sherman war dem Kater wohl zu nahe gekommen, und derart schrecklich angegriffen worden, dass er Durchfall bekam. Sein Hinterteil war voller Flecke.

Sherman erwartete, dass ihm alle Katzen so freundlich begegneten, wie er ihnen. So auch auf seinen Streifzügen zu den fünf Katzen von Tory und Janine, einem Paar in unserer Nachbarschaft. Ihr Haus liegt etwa 800 Meter von unserem entfernt. Die beiden hießen Sherman willkommen, aber ihre Katzen leider nicht. Frustriert über ihr Desinteresse ging er zum Angriff über. Tory beschwerte sich bei mir und bat mich, Sherman doch tagsüber im Haus zu halten, sie würden dafür nachts ihre Katzen drinnen behalten.

Sherman ins Haus zu sperren ist so, als versuche man einen Tornado zu bändigen. Er ist einfach ein Energiebündel und braucht seine Abenteuer, ansonsten geht er die Wände hoch. Ich riet ihm, die Nachbarkatzen in Ruhe zu lassen, wenn diese das wünschten. Denn es sei ihr Zuhause und ihre Entscheidung, und wir alle wollten friedlich miteinander leben.

Eine Zeitlang hielt sich Sherman daran. Dann lief er doch wieder hin und verursachte Ärger. Ich bat die Nachbarn um Verständnis und riet ihnen, Sherman beim nächsten Mal einfach mit dem Gartenschlauch zu verscheuchen, aber sie fanden das unpraktisch und lehnten ab. Tory meinte, Sherman sei ein wahrer Tyrann geworden und hätte das Revier des wilden Katers übernommen, seit dieser verschwunden sei. Eine ihrer Katzen habe wegen Sherman einen Abszess bekommen, und allmählich reiche es ihnen wirklich.

Ich konnte mir Sherman kaum als einen Tyrannen vorstellen, denn ich kannte seine Version der Geschichte. Natürlich entschuldigte das nicht den Ärger. Mit den anderen Katzen in der Nachbarschaft verstand sich Sherman gut. Tory und Janine gerieten mit Leuten rasch aneinander. Das war bekannt. Ihre vorigen Katzen waren zweimal von herumstreunenden Hunden angegriffen worden. Ich wollte sie nicht provozieren.

Die Katzenklappe war nun wieder verriegelt, und Sherman wurde sehr unruhig. Seine normale Verspieltheit schlug ins Negative um, und er begann die anderen Katzen zu schikanieren. Sie konnten natürlich auch nicht mehr hinaus und wurden nervös. Unser respektvoller Umgang litt unter dem verhängten Hausarrest, und das wollte ich nicht.

Ich knüpfte mir Sherman zu einem Gespräch vor, damit er endgültig begriff, dass er die Nachbarn nicht mehr belästigen darf. Ich rief die Engel zu Hilfe, denn Shermans himmlische Mission drohte zu kippen. Ich zog um Haus und Land unserer Nachbarn einen Kreis aus friedlichem weißen, mit Liebe und Wärme erfüllten Licht. Dasselbe tat ich bei unserem Haus, und das war Shermans Revier. Die Kreise überschnitten sich nicht. Ich stellte mir deutlich vor, wie Sherman vor dem Kreis der Nachbarn Halt machte und dass überhaupt Frieden in der Nachbarschaft herrsche. Wochen später bedankten sich Janine und Tory bei mir, dass ich Sherman nicht aus dem Haus gelassen hätte. Ich verschwieg, wie wir den Konflikt tatsächlich gelöst hatten. Ich war so dankbar, dass die Feindseligkeiten ein Ende hatten.

Es verging weit über ein Jahr, bis sich die Nachbarn erneut über Sherman beschwerten. Es war besagter Kampf, bei dem Sherman beinahe seinen Körper verlassen hatte. Ich erneuerte daraufhin die Lichtkreise, was wieder lange vorhielt.

Michel und ich kamen auf unserem Waldspaziergang mit Rana und Pasha an Tory und Janines Haus vorbei und sahen, dass sie einige große Nadelbäume gefällt hatten, sowie einige kleinere Bäume und Sträucher. Es wunderte mich sehr, da Tory sich stets laut beschwert hatte, wenn Bäume gefällt oder überhaupt auf den Nachbargrundstücken Dinge verändert wurden. „Die Leute sollen ihre Grundstücke in Ruhe lassen", hatte er einmal zu mir gesagt. Sicher war es eine Vorsichtsmaßnahme, denn vor einigen Jahren hatten bei einem Sturm einige herunterkrachende Äste das Dach schwer beschädigt. Da sie sehr zurückgezogen lebten, wunderten wir uns umso mehr, dass nun das Haus von der Straße her einsehbar war.

Ein paar Tage später rief Tory bei uns an. Sherman habe seinen orange getigerten Kater Kalo so schwer verletzt, beschwerte er sich, dass er mit ihm zum Tierarzt musste. „Was hast du da nur wieder angerichtet!" warf ich Sherman vor und las ihm die Leviten. Obwohl er sich sträubte, musste er mir versprechen, grundsätzlich nicht mehr das Nachbargrundstück zu betreten, damit uns zukünftig solcher Ärger erspart bliebe. Sherman zog sich zurück. Mir war unbegreiflich, weshalb er als Friedensstifter sich so weit von seinem Ziel entfernt hatte. Nach ein paar Tagen teilte mir Sherman mit, dass er lieber sterbe, bevor er sich wieder zu Übergriffen auf jene Nachbarskatzen verleiten ließe.

Später erzählte mir Sherman Folgendes: Er habe Kalo angegriffen, weil er sich nicht an die Regeln der orange getigerten Katzen hielt. Kalo war ängstlich, statt freundlich und offen, wie es sich für diese Klasse gehörte. Sherman wollte ihn aufwecken, wie ein Zen-Meister seine Schüler mit dem Stock zurechtweist, wenn sie eindösen. Er hatte nicht den Eindruck, dass Kalo normal auf ihn hörte. Ich erwiderte, dass ein Zen-Schüler seinen Meister um Unterweisung bittet und sich mit den angewendeten Methoden einverstanden erklärt. Kalo und seine Menschengefährten hätten dagegen nicht um seine Unterweisung gebeten. Sherman verstand.

Obwohl die Nachbarn nach ein paar Tagen berichteten, sie hätten Sherman nicht mehr gesehen, und Kalos Wunden würden gut verheilen, blieb ich vorsichtig. Ich forderte Sherman, zu meiner Beruhigung und damit er nicht erst in Versuchung geriet, auf, er solle lieber nachts streunen und tagsüber so viel wie möglich schlafen oder zumindest in der Nähe des Hauses bleiben. Er hielt sich daran.

Ich fragte mich, warum das Problem dreimal aufgetaucht war und sich nur scheinbar lösen ließ. Ich begnügte mich mit keiner schnellen Antwort. Die Sache war komplizierter. So fiel mir auf, dass die Nachbarn durch das Ausholzen ihres Grundstücks wesentlich angreifbarer geworden waren. Der Schutzkreis war aufgebrochen worden. Sherman hatte unglaubliche Kraftschübe erfahren, und wusste nicht wohin damit – daher der „Zen-Meister"-Auftritt. Ich riet ihm, er solle lieber schwierigere Aufgaben angehen, beispielsweise im Mittleren Osten zum Frieden beitragen.

Ich selbst tat mich jahrelang mit diesen Nachbarn schwer, weil sie manchmal ziemlich streitsüchtig wirkten und mit ihren Animositäten die Nachbarschaft in Aufruhr brachten. Sie konnten auch sehr nett sein, und Tory erzählte mir einmal, er befürworte die hinduistische Ahimsa-Lehre, die grundsätzliche Gewaltlosigkeit allen Lebewesen gegenüber. Ich sah, dass die beiden durch ihre Übervorsicht sehr verletzlich waren, und deshalb schnell defensiv oder verärgert reagierten. Und so war ich heilfroh, dass sie den letzten Vorfall mit Sherman nicht aufbauschten.

Aber das Problem lag auch an mir, denn ich hegte diesen Nachbarn gegenüber Vorbehalte. Ich bin sehr konfliktscheu. Meine Eltern waren beide Alkoholiker, und so war ich in meiner Kindheit und Jugend sehr viel körperlichem und seelischem Missbrauch ausgesetzt. Ich erkannte, dass ich Tory und Janine ablehnend begegnete, und sie eigentlich nicht für voll nahm. Uneingeschränkte Liebe brachte ich ihnen ganz sicher nicht entgegen. Als ich meine Ängste und Vorurteile losließ und ihnen meine unvoreingenommene Liebe sandte, war ich sehr erleichtert. Meine Unduldsamkeit und Angst vor ihnen hatte zu Shermans Ausfällen beigetragen. Schließlich war er zu mir auf die Erde gekommen und wollte mir helfen. Nachdem ich erkannt hatte, dass ich für die Situation mitverantwortlich war, widmete ich den Nachbarn und allen, an denen ich etwas auszusetzen hatte, ausdrücklich meine bedingungslose Liebe.

Mir fiel beim Nachdenken über das Ganze ein, dass meine Hunde Miel und Rana beide einmal nach Janine geschnappt hatten, als sie vorbeijoggte. Rana hatte außerdem einmal nach einem Mann geschnappt, der aufdringlich geworden war. Die Hunde hatten ihre eigenen Gründe für dieses Verhalten. Sie bissen lange nicht jeden, an dem ich etwas auszusetzen hatte. Aber ich sah eindeutig einen Zusammenhang zwischen ihrem Verhalten und dem Auftreten der Menschen, mich eingeschlossen. Auch wenn unsere Tiergefährten eigene Entscheidungen treffen, beeinflussen wir uns offensichtlich einander. Jeder von uns hat seinen Teil zur Harmonie beizutragen. Alle Lebewesen auf Erden sind in ihrer Entfaltung und Evolution aufeinander angewiesen. Ich spürte, dass Tory, Janine, ihre Katzen, unsere Familie und alle anderen von unserem Einsatz und den positiven Energien, die wir schickten, profitierten.

Ich erkundigte mich bei Sherman, ob er sich wie vorgeschlagen um den Mittleren Osten kümmert. Ja, er lenke tatsächlich seine Heilkräfte in dieses Gebiet, sagte er, aber es sei sehr anstrengend! Mir war aufgefallen, dass er in den letzten Tagen ungewöhnlich viel schlief. Wochen später meinte er, er habe alles in seiner Macht Stehende getan, doch sei man nicht bereit, die Kämpfe einzustellen. Wenn die Menschen sich nicht helfen ließen, wenn sie einfach nicht wollten, sei nichts zu machen. Er habe noch einen geistigen Schutzschild errichtet, damit der Konflikt möglichst nicht auf andere Gebiete übergreift. Ich nannte andere Krisenherde in der Welt, wo er seine Energien einsetzen könne, und er versprach mir, so weit es ging, zu helfen.

DIE DUNKLE SEITE

Wo Freude ist, da ist Leben. Aber das Leben hat auch seine Schattenseiten. Oft machen uns Phänomene Angst oder erscheinen böse, wenn wir nicht mit ihnen umzugehen wissen beziehungsweise unser Glaubenssystem uns daran hindert, sie einmal genauer zu beleuchten und zu untersuchen.

Eines dieser potenziell bedrohlichen Phänomene ist die Besessenheit, der multiple Persönlichkeiten entspringen können. Anstelle eines zentralen Ich können Wesensaspekte oder individualisierte Charakterstrukturen und Gedankenformen darum wetteifern, sich in einem Körper auszudrücken. Dies scheint bei Menschen häufiger vorzukommen als bei Tieren, doch ist mir das Phänomen auch bei Tierberatungen begegnet.

Happy, ein junger Samoyedenmischling, war ein Streuner, bevor er ein Zuhause fand. Sein Verhalten war so problematisch, dass seine Halter etwas dagegen unternehmen mussten. Happy verhielt sich wirr und schusselig. Er war phasenweise bissig, und dann wieder zutraulich. Er verweigerte tagelang das Fressen und musste von Hand gefüttert oder sogar zwangsernährt werden. Nach seiner TTEAM-Behandlung, einer Berührungs- und Streicheltherapie, fraß er eine Weile normal, bis alles wieder von vorn anfing.

Als ich Happy kennenlernte, konnte ich nur schwer eine mentale, geistige Verbindung zu ihm herstellen. Er wirkte zerfahren und unberechenbar. Ich fand heraus, dass sein Körper von drei unterschiedlichen Persönlichkeitsaspekten beherrscht wurde. Ein schwerer Schlag auf seinen Kopf, als er noch ein Welpe war, hatte an die Stelle seiner Hauptpersönlichkeit diese drei eigenständigen Aspekte gesetzt. Nichts überwog und das löste Verwirrung und negative Impulse aus. Zwei Aspekte wollten den Körper nicht überleben lassen – daher das schwierige Fressverhalten.

Ein Aspekt war kommunikativer, gütiger und zugänglicher und ich empfahl, therapeutisch Happy zunächst darin zu bestärken. Wenn dieser Wesensanteil einmal die Vorteile der Therapie begriffen hätte, bestünde die Chance, dass Happy ein normales Verhalten entwickeln würde. Die beiden anderen Persönlichkeitsaspekte meldeten sich weiter, doch war ich zuversichtlich, dass das gütige Anteil, sobald er genügend unterstützt würde, die beiden anderen Anteile integrieren könne, und Happy normal würde.

Wenn ein Wesen seinen Körper verlässt und ein anderes dann von diesem Besitz ergreift, was bei einem Unfall, einem schweren Schock oder, insbesondere bei jungen Tieren, durch Absprache beider Wesen der Fall sein kann, spricht man von einem Geisttransfer. Dieser kann für die Betroffenen sehr verwirrend sein.

Unser Chinchilla Quince hatte in seinem Stall in der vierstöckigen Hütte an der Süd-Ost Terrasse genau mitverfolgen können, als Pasha vom Tierarzt eingeschläfert wurde. Quince verhielt sich danach sehr seltsam und geriet in Panik sobald sich jemand näherte. Da er auch telepathisch unansprechbar war, konnte ich ihm vorerst nicht weiterhelfen. Er jagte wie besessen herum. Wahrscheinlich steckte ihm die Aufregung von Pashas Übergang noch in den Knochen, das würde sich schon wieder legen, dachte ich. Aber die Wochen vergingen, ohne dass eine Besserung eintrat.

Dann verstand ich, was passiert war. Quince, das tüchtige wunderbare Wesen, das diesen Chinchilla-Körper bewohnt hatte, war gegangen. Und zwar, als Pasha aus seinem Körper geflogen war und sich der Vorhang zu anderen Seite einen Moment lang gelüftet hatte. Quince befand sich nicht mehr in dem Chinchilla und würde auch nicht mehr zurückkehren.

Ein Geist, der keine Erfahrung im Zusammenleben mit Menschen hatte, war an seine Stelle getreten. Was sollten wir nur mit dem wilden Chinchilla anfangen? Ich empfing für ihn den Namen Gaylor. Ich bat das Universum, diesem Geist bei der Eingewöhnung in unsere Familie zu helfen, oder ihm die Möglichkeit zu geben, einem anderen Wesen Platz zu machen, das bereit war, die telepathische Kommunikation zwischen Menschen und Tieren zu unterstützen. Nach dieser Situationsklärung beruhigte sich Gaylor merklich. Quince sandte ein Wesen, das auf unsere Lebensziele eingestellt war. Es verband sich mit Gaylor, stärkte ihn und ließ ihn dazulernen. Gaylor unterscheidet sich in seinem Verhalten und seiner Energie sehr von Quince, doch er kooperiert.

Die meisten Haustiere, denen ich begegnet bin, waren gutmütig. Tieren werden manchmal fälschlicherweise böse Absichten unterstellt. Zum Beispiel können sich Tiere auffällig verhalten, wenn auf ihre natürlichen Bedürfnisse zu wenig Rücksicht genommen wird. Sie werden dann nicht selten für bösartig gehalten. Tiere sind in der Regel gutartig, aber es gibt Ausnahmen.

Als ich 1977 in einem spirituellen Beratungszentrum arbeitete, lief mir ein schwarzes Kätzchen zu. Niemand hatte sie mitgebracht oder vorher gesehen. Da vor kurzem meine Katze gestorben war, nahm ich das Kätzchen mit nach Hause. Sie nannte sich Dania. Es dauerte nicht lange, und sie stellte seltsame Dinge an.

Ich habe Katzen in mein Herz geschlossen und verzeihe jungen verspielten Kätzchen viel. Doch Dania war anders. Sie sah mich ruhig an, und versuchte herauszufinden, was mich auf die Palme bringen konnte. Zum Beispiel wartete sie, bis ich während meines Tanztrainings zu ihr hinüberschaute. Dann tatzte sie an den Tonarm des Plattenspielers, dass er quer über die Platte kratzte. Ihre mangelnde Verspieltheit und Neugierde waren geradezu unheimlich. Sie lauerte auf meine Reaktion. Ich hatte das Gefühl, als wolle sie mir gründlich die Laune verderben. Was ich an ihr wahrnahm, konnte ich nur böse nennen. Sie musste von irgendwoher oder irgendwem geschickt worden sein, um bei mir negative Energie zu verbreiten. Sie konnte bei mir in der Wohnung ein und aus gehen, wann sie wollte. Ich sagte ihr auf den Kopf zu, dass ihre Absichten von mir durchschaut seien und wenn sie sich nicht in mein Umfeld einfügen und mit mir in Eintracht leben wolle, könne sie gehen. Ich habe sie nie wieder gesehen.

Einer eher harmlosen Form von Widerstand begegnete ich bei einer Araberstute namens Ariel. Sie hatte ein acht Monate altes Fohlen namens Emerald, das bis dahin zutraulich zu mir gewesen war. Nun wurde es von seiner Mutter mit ständigen Warnungen nervös gemacht. Ariel wollte Emerald zu mehr Menschenscheu erziehen und suchte unsere Kommunikation mit aller Kraft zu unterbinden. Die arme Emerald geriet bei meinen Fragen völlig außer sich, die ich für ihre Menschengefährtin stellte, da Ariel dauernd wild dazwischen fuhr und sie mit ihrer mütterlichen Autorität in eine Zwangslage brachte.

Ariel war den Menschen gegenüber eher herablassend, während Emerald recht zugänglich war. Ich riet, Ariel vorübergehend anderswo unterzubringen, damit Emerald richtig sozialisiert werden könne und keine neurotischen Verhaltensweisen annehme. Nachdem die beiden Pferde getrennt worden waren, entfaltete sich Emeralds liebenswürdige und kooperative Natur vollständig.

Donna rief mich an und bat mich, ihr Westernshow-Pferd Gaucho anzusehen, da es manchmal störrisch und gefährlich wurde. Sie brachte Gaucho angehalftert in den Korral. Als ich im Begriff war, in den Korral zu gehen, warnte mich Gaucho, er würde mich töten. Drohend scharrte er mit dem Huf und bäumte sich auf. Donna lachte und schien geradezu stolz auf sein herrisches Gehabe zu sein. Ich blieb draußen, und auch jetzt weigerte er sich vehement, näheren Kontakt mit mir aufzunehmen. Ihn interessierten meine Fragen einfach nicht.

Offenbar war dies ein abgekartetes Spiel, das die beiden sichtlich genossen. Dass ich mit Gaucho in kein Gespräch kommen konnte, war für Donna ein Triumph. Es gefiel ihr, dass nur sie das Pferd im Griff hatte. Beide wünschten im Grunde meine Hilfe nicht. Ich gab ihr noch ein paar Ratschläge für das Training, aber sie hörte kaum hin. Sie hatte ihr Ziel bereits erreicht. Solche Fälle kommen glücklicherweise äußerst selten vor. Denn die meisten Menschen, die wegen ihrer Tiere Rat suchen, erhoffen sich echte Hilfe.

Ich habe es immer als meine Aufgabe auf Erden angesehen, anderen zu einer ganzheitlichen Erkenntnis zu verhelfen, und ein freudiges harmonisches Zusammenleben aller Lebewesen zu fördern. Dabei bin ich immer wieder auf massive Widerstände gestoßen, die mein Leben aus den Angeln zu heben schienen. Wer in diesem polarisiertem Universum höhere Harmonieebenen sucht beziehungsweise positive Energien erzeugt, kommt offenbar nicht daran vorbei, auch die Schattenseiten kennen zu lernen.

Das Spiel der sich ergänzenden Gegensätze, der Kampf zwischen Gut und Böse, Licht und Finsternis, der die Welt in Gang hält, scheint eine neue Phase erreicht zu haben. Die komplementären Kräfte streben gewaltig nach Vereinigung, nicht nur in den Lebewesen, sondern auch auf planetarischer Ebene. Es scheint, als würden uns die negativen Kräfte dringend bitten, sie endlich zur Verwirklichung von Einheit und Harmonie zu nutzen. Sie überziehen die Welt mit ihrem Energiechaos und erwarten von den „guten", hellen Mächten Gerechtigkeit.

Im Mai 1990, als ich erstmals mit meinem Vortrags-, Workshop- und Beratungsangebot durch New Mexico reiste, wurde ich massiv mit den dunklen Mächten konfrontiert. Dieser Teil der Welt strotzt vor Wandlungskräften. Wer sich dort aufhält, wird unwillkürlich mit seinen Schattenseiten konfrontiert – jenen verdrängten, verleugneten Wesensaspekten, die nicht in das bevorzugte Selbstbild passen und die niemand gerne an sich entdeckt. Viele Menschen, die nach New Mexico ziehen, sehen sich zunächst auf eine harte Probe gestellt. Ihr Leben gerät irgendwie aus den Fugen, sei es durch eine Krankheit, eine Scheidung oder sonstiges. In der Gegend um Santa Fe empfand ich die Dichotomie besonders stark. Es ist ein Brennpunkt, ein Schmelztiegel. Das grelle Licht legt die Gegensätze bloß. Die dünne Luft, die kahle Landschaft, die heiße Sonne und die glutroten Gebirge konfrontieren einen unausweichlich mit den eigenen Ängsten. Der starke Kontrast dieser unwirtlichen Gegend zu den wenigen Oasen fordert zur planetarischen Wandlungsarbeit geradezu heraus.

Ich wurde zu einer Ranch außerhalb von Santa Fe gerufen, wegen eines Araberhengstes, der im Umgang schwierig war und manchmal sogar gefährlich wurde. Ich blieb außerhalb des Pferchs und kam nur schwer in Kontakt. Mehr als Bilder eines zersprungenen Spiegels sah ich nicht. Durch meine Einfühlungsversuche fühlte ich mich richtig zersplittert. Ich bekam Kopfschmerzen, und wurde von gemischten Gefühlen überschwemmt. Wäre ich in den Pferch gekommen, wäre er sicher auf mich losgegangen. Da er die Fragen, die sein Halter gestellt hatte, offensichtlich nicht beantworten wollte, gab ich es auf.

Doch kaum hatte ich mich dem Füllen zugewandt, wurde ich von dem Hengst angesprochen. Er heiße Ashtar (das war nicht sein Rufname auf der Ranch), gehöre zu einem außerirdischen Volk, und sei ein sehr mächtiges dunkles Wesen. Ich wurde plötzlich von Kraftwellen erfasst, mir wurde elend und ich begann zu weinen. Als ich später mit dem Besitzer der Ranch, einem großen Tierfreund und eindrucksvollen Künstler, und ein paar anderen Leuten zusammensaß, dämmerte mir, was hier geschah.

Der Künstler erzählte, dass der Hengst immer sehr wild gewesen sei und bisweilen sogar nach Leuten ausgeschlagen habe. Man hätte kaum etwas dagegen tun können, und sei eben sehr vorsichtig geworden. Ich spürte, dass Ashtar von der dunklen Energie dieser Gegend angezogen worden war. Er sollte sie wieder stärker in Umlauf bringen, damit sie weltweit konfrontiert und integriert werden konnte.

Es war auch schon überlegt worden, den Zuchthengst einschläfern oder zumindest sterilisieren zu lassen, weil bereits sein Vater sehr unberechenbar gewesen war. Nach meinem Besuch verließ der Geist Ashtar den Pferdekörper, um seine weltweite Arbeit fortzusetzen. Mittlerweile haben wir zweifellos größere Umwälzungen auf dem Planeten zu verkraften gehabt, wie das Ende des Kommunismus und den Fall der Berliner Mauer.

So war auch ich auf meiner Reise nach New Mexico von dunklen Mächten auf die Probe gestellt worden. An solchen Auseinandersetzungen kommt niemand vorbei, der sich geistig weiterentwickeln will. Es überraschte mich nur, dass dies durch ein Pferd geschehen war. Tiere vermitteln meist positive Energien. Aber warum nicht? Auch Tiere erfahren die Gegensätze und Konflikte dieser Daseinsebene und sind entsprechend vielseitig in ihrer Hilfe.

New Mexico hatte mich bei diesem ersten Besuch mit voller Wucht in die Schranken gewiesen, und mich an meiner Lebensaufgabe zweifeln lassen. Ich wollte kein zweites Mal dorthin. Als ich es doch tat, noch dazu im gleichen Jahr, erlebte ich es von einer ganz anderen Seite. New Mexico und ich waren nun gute Bekannte und ich lernte die Schönheit dieses Landes schätzen.

Auf meiner ersten Reise nach Hawaii im März 1991 trat die dunkle Seite erneut durch ein Tier an mich heran. Nachdem Michel und ich in Oahu gelandet und zu unserer Gastgeberin gebracht worden waren, machten wir noch einen kleinen Spaziergang. Die Häuserreihen und eingezäunten Gärten wollten kein Ende nehmen. Da ich gerne mehr Natur gesehen hätte, bogen wir in eine kleine Straße ab, die wenige Häuser säumten und an der ein Bach entlang floss. Mir wurde mulmig zumute. Irgendetwas stimmte mit dieser Gegend nicht. Ich wollte umkehren.

Wäre ich allein gewesen, hätte ich das auch sicher getan. Aber Michel war bei mir, und so nahm ich das Gefühl nicht weiter ernst. Es überkam mich noch einige Male, während wir weitergingen, bis die Gefahr Gestalt annahm. Ein großer schwarzer Schäferhund kam knurrend auf uns zu gestürmt und fletschte furchterregend die Zähne. Unwillkürlich drehte ich mich zu Michel um. Der Hund sprang an meiner rechten Seite hoch und biss mir in die Taille. Bevor er ein zweites Mal zubeißen konnte, hatte Michel ihn mit donnerndem Gebrüll zu seinem Haus gejagt. Ein ziemlich zwielichtiger Mann kam heraus, und der Hund blieb bei ihm stehen. Hysterisch drängte ich Michel, sich auf kein Gespräch einzulassen. Ich blutete und wollte nur noch fort.

Willkommen auf Hawaii! Der dunkle Aspekt der Macht hatte mich in Gestalt eines großen schwarzen Hundes direkt angeblickt. Später erfuhren wir von der Polizei, dass in dieser Gegend Drogen gehandelt und Hahnenkämpfe veranstaltet wurden. Mein Vortrag und der Workshop liefen gut, die Teilnehmer/Innen waren wunderbar, doch fragte ich mich, wo der Geist von Hawaii geblieben war. Die Fahrt nach Maui, wohin ich zu einer Pferdeberatung bestellt war, führte lediglich an endlosen Ananas- und Zuckerrohrfeldern vorbei. Wo waren die heiligen Orte? Ich verließ Hawaii mit einem Gefühl der Trostlosigkeit, Schmerzen in meiner rechten Seite und einer Angst vor aggressiven Hunden.

Bei meinem zweiten Aufenthalt in Maui, Anfang 1992, hatte ich mehr Zeit außerhalb der Workshops eingeplant und besuchte einige heilige Orte. Ich war von Mount Haleakala und den Seen und Wäldern entlang der Hana Road begeistert.

Die Zahl Drei steht für Integration. Auf der ersten Reise begegnete mir die Schattenseite, auf der zweiten wurde ich von den heiligen Orten empfangen. Und auf der dritten Reise, im September 1992, durften Michel und ich während der *American Holisitic Veterinary Medical Conference* die Schönheit des Landes und die Gastfreundlichkeit der Menschen auf Hawaii im Übermaß kennenlernen.

Spätsommer, Herbst und Winter sind die regenerierende Jahreshälfte. Die Natur schenkt uns ihre Früchte, streift ihr altes Kleid ab und deckt den schlafenden Samen zu, um nach der Wintersonnenwende im zunehmenden Licht ihre Neugeburt vorzubereiten. In dieser Zeit der inneren Wandlung sind auch wir aufgefordert, in uns zu gehen und gründlich aufzuräumen, um auf einer neuen Stufe von vorne anzufangen.

Ich habe mich seit je leidenschaftlich mitten ins Leben gestürzt. Die Schattenseite davon ist, dass ich zur Ungeduld neige und manchmal überempfindlich oder gereizt auf meine Umgebung reagiere. Ende 1992 hatte ich eine besonders hektische Phase und mir platzte Michel gegenüber ziemlich leicht der Kragen. Ich bereute es zwar immer gleich, wenn ich ihn anfuhr, aber andererseits schaffte ich es einfach nicht, meine Wut im Zaum zu halten. Michel bekam das Prellbock-Dasein langsam satt, und warnte mich. Er tat sich in seiner ruhigen Veranlagung schwer, mich zu verstehen.

Schon vielen Menschen – besonders indigenen Schamanen, die viel mit Naturkräften arbeiten – haben Wildtiere über seelische Probleme hinweg geholfen. Während ich also mit meinem aufbrausenden Wesen rang, wurde ich eines morgens um drei Uhr von einem hohen Quieken geweckt. Ich ging ins Wohnzimmer und sah auf dem Teppich eine Fledermaus liegen, die herumflatterte. Erstaunlicherweise war keine unserer Katzen da, die ich schimpfen oder vertreiben hätte können. Ich hievte die Fledermaus in eine Schachtel und brachte sie in den Wald hinaus. Ihr übel zugerichteter Flügel musste sehr weh tun. Sie hatte kaum eine Überlebenschance und ich hoffte, ein Raubtier möge ihr ein schnelles Ende bereiten.

Da ging mir ein tieferer Zusammenhang auf. Die Fledermaus war gekommen, um mir bei der Integration meines Schattens beizustehen, um die Dunkelheit in Licht zu verwandeln. Sie stellte meine dunkle Seite dar, die dadurch, dass sie bewusst geworden war, ihre ungebrochene Macht über mich verloren hatte. Und als meine kleine verletzte Freundin ihr Leben aushauchte und von ihren Schmerzen befreit wurde, starb auch ein quälender Teil meines Schattens. Die Dunkelheit fand zu ihrem Licht und wurde Schönheit. Ich dankte dieser Fledermaus für ihre befreiende Erscheinung.

In jener Nacht erschien mir im Traum ein Engel in Gestalt eines koboldgesichtigen Jungen. Er sagte mir, ich solle das Erlebte fünf Tage für mich behalten und mir meine Ungeduld dabei bewusst machen. Damit würde eine neue Lebensphase eingeleitet. Es dauerte noch lange, bis ich meinem Verhaltensmuster auf den Grund kam und mein aufbrausendes Wesen gemäßigt hatte. Meine kleine Fledermausfreundin half mir dabei.

8

DIE KOMMUNIKATION MIT

NATURGEISTERN

DAS UNIVERSUM ist Gottes Weite
Gott in unzähligen Gestalten
Gott, der sich ausdehnt und zusammenzieht
Der vereint und neu ordnet
Zwischen Sichtbaren und Unsichtbaren
Der Unbekannte, Unbegreifbare
Der alle Welten umfasst
In ihnen aus vielen Perspektiven spricht
Sie in seine göttliche Stille bettet
Ich bin Gott – ein göttlicher Funke
Auch du und jede Zelle und jedes Sandkorn
Wir alle sind Gott
Betrachten einander durch verschiedene Objektive
Durch verschiedene Fenster
Machen uns Gedanken über das Ganze
Jeder von uns braucht den anderen
Um aufzublühen, um ganz zu sein
Welch ein Spiel
Ein Ineinandergehen der Wirklichkeiten
Gott/Göttin lacht über sich selbst.

BÄUME UND ANDERE PFLANZEN

Lebewesen sind Formenkomplexe, ein Energiemix. Es gibt den individuellen Geist eines Körpers, die „Identität" oder das „Ich", dem die Menschen normalerweise einen Namen geben. Auch jede Zelle, jedes Molekül und so weiter hat Lebenskraft. Und es gibt die Naturgeister, die mit dafür sorgen, dass sich die Lebewesen in ihrer natürlichen Umgebung optimal entwickeln und im Gleichgewicht bleiben.

Die Naturgeister manifestieren sich in unterschiedlichen ätherischen Formen, je nach ihrer Funktion. Ihre Namen variieren je nach Kultur: Pflanzengeister, Blumenfeen, Kobolde, Elfen, Gnome, Landschafts- oder Bergdevas oder Engel. Man kann ihnen überall in der Natur begegnen, in der Wüste, in Wäldern, Gärten, Auen, an Küsten und so weiter, sofern sie intakt geblieben und noch nicht durch Umweltverschmutzung oder auf andere Weise vom Menschen entheiligt wurden. Und man kann mit diesen Geistern sprechen, sich mit Bäumen, Blumen, Felsen, Bergen etc. unterhalten. Ich möchte mich hier nicht mit der Klassifizierung, mit Hierarchien und Benennungssystemen für all die unterschiedlichen Geister aufhalten, sondern lediglich von einigen meiner Kommunikationserfahrungen mit Naturgeistern erzählen.

Einer meiner liebsten Aufenthaltsorte ist mein Garten. Gärtnern bedeutet für mich auch seelische Weiterentwicklung. Ich fühle mich den Naturgeistern innig verbunden, wenn ich den Boden umgrabe, Erde, Kompost und Mist (den unsere Hühner, Kaninchen und Lamas reichlich liefern) karre und mich sonst wie gestalterisch und pflegend im Garten betätige. Und je freudiger ich bei der Sache bin, desto begeisterter summt und brummt es um mich herum, tragen Bienen, Vögel, Pflanzen, Bodenorganismen und Naturgeister mit ihrer Lebenskraft dazu bei, dass alles wächst und gedeiht. Ich lerne viel von den Geistern im Garten über den Garten selbst, über die Welt, zu der er gehört, und über die Rolle, die ich dabei spiele.

Wenn ich Schreibtischarbeit erledige, packt mich manchmal derart die gärtnerische Lust, dass ich ganz „hippelig" werde und unbedingt draußen etwas schaffen gehen muss. Ich meditiere dann mit den

Pflanzen und Tieren unseres Grundstücks, das wir die *Floating Island of Peace* nennen.

Ich war keine geborene Gärtnerin. Mein Vater pflegte den Rasen und ein paar Iris- und Rosenbeete darum. Meine Mutter hatte ein paar Zimmerpflanzen. Ich selbst mochte Bäume besonders gern, die ich als meine Vertrauten und Beschützer ansah.

In den Jahren, in denen ich hier und dort zur Miete wohnte, pflanzte ich manchmal einige Blumen und Kräuter und legte in Plastikplanschbecken Teiche an, so dass ich sie beim Umzug mitnehmen konnte. Ich hatte kaum Zimmerpflanzen, eigentlich nur wenn ich sie geschenkt bekam. Für mich gehörten Pflanzen ins Freie, wo sie im natürlichen Klima gedeihen konnten. Als wir dann im September 1988 unser Haus kauften, machte ich mich voller Begeisterung ans Gärtnern. Ich jätete den überall wuchernden Efeu und pflanzte klimakompatible Kräuter, Obstbäume und Gemüse an.

Ich las dutzendweise Garten-Handbücher. Doch wenn es ans Einpflanzen ging, hielt ich mich hauptsächlich an den Rat der Pflanzengeister. Auch gaben mir Bekannte mit viel Gartenerfahrung immer wieder Tipps und meinten manchmal, ich könne diese Pflanze (aus diesen und jenen Gründen) unmöglich an dieser Stelle oder in dieser Jahreszeit pflanzen, sonst gehe sie ein. Ich erwiderte ihnen dann, ich habe die Pflanze eingehend befragt und sie hätte mir erklärt, wo sie gedeihen würde und wie ich sie pflegen müsse. Zum Erstaunen meiner Bekannten hielt die offensichtliche Verletzung manch goldener Gartenregel meine Pflanzen nicht davon ab, üppig zu gedeihen. Oft habe ich erst im Nachhinein in Gartenbüchern bestätigt gefunden, was mir von den Pflanzen bezüglich Mikroklima und passender Nachbarpflanzen mitgeteilt worden war.

Wie in vielen anderen Dingen auch, bin ich beim Gärtnern wählerisch. Ich höre auf die Pflanzen und all die anderen erfreulichen Geister im Garten, und ich horche auf meine eigenen kreativen Impulse als Gartengestalterin und Wesensschwester. In unserem Garten gedeiht alles prächtig. Und ich kann mich nur schwer losreißen, wenn ich einmal richtig dran bin und voller Begeisterung in der Erde buddle, Unkraut jäte, pflanze oder schneide. Beim Jäten erkläre ich den Pflanzen, sie seien ein willkommenes nahrhaftes Futter für die Lamas, Hühner, Kaninchen und Vögel oder vielleicht kämen sie sogar in unseren Salat. Sie alles wissen diesen Gemeinsinn sehr zu schätzen.

Ich höre auf die Gartengeister, aber ich bin ihnen nicht untertan. Ich bewege mich frei in meiner Umgebung und betrachte die anstehenden Arbeiten stets auch als eine Gelegenheit, den Garten noch schöner zu gestalten. Ich schöpfe aus dieser friedlichen Gemeinschaft Kraft und komme auf viele Ideen, die in meine Texte einfließen und die ich bei meinen Workshops anderen Wesen (aller Spezies) mitteile.

Mitgefühl und Verständnis wachsen auch, wenn wir Pflanzen und Tiere zu versorgen haben. Sobald wir auf die Empfindungen, Vorstellungen und Bedürfnisse anderer Lebensformen achten, fangen wir an, die wechselseitige Abhängigkeit der Lebewesen zu begreifen. Wenn wir hingegen andere Lebensformen rücksichtslos manipulieren und ausnützen, schaden wir der gesamten Lebensgemeinschaft und damit letztlich uns selbst. Das heißt nicht, dass wir uns auf Zehenspitzen durch die Welt bewegen müssen, damit wir auch ja kein Ästchen knicken oder Würmchen zertreten. Diese Übervorsicht würde uns im Gegenteil eher aus der Gemeinschaft ausschließen. Es scheint, als hätten wir in der Gemeinschaft des Lebens völlige Gestaltungsfreiheit, solange wir sämtliche Mitglieder achten und liebevoll ans Werk gehen, in dem Bewusstsein, dass wir alles, was wir anderen zufügen, uns selbst zufügen.

Ich fragte mich, was die Pflanzen wohl empfinden, wenn sie gejätet, beschnitten oder geerntet werden. Meiner Erfahrung nach geben sich die Pflanzen, so wie die Tiere, gern zur Nahrung, wenn wir dies freundlich erbitten und überhaupt achtsam mit ihnen umgehen. Mir sind Früchte geradezu schon entgegengesprungen, als würden sie sich auf den Energieaustausch beim Verzehrtwerden und die damit verbundene Integration in meinen Körper freuen.

Vor einem Restaurant sah ich einmal, als ich im Auto wartete, eine Frau Bäume beschneiden. Mir war, als empfänden die Bäume sowohl Schmerz als auch Freude. Beim Absägen eines Astes überwog im ersten Moment der Schmerz. Auf ihn folgte aber unmittelbar eine Art lindernder „Adrenalinstoß", wenn der Saft, das „Blut" des Baumens ausfloss, um die Wunde zu heilen. Die Bäume spürten, dass sie nach dieser Prozedur besser wachsen würden. Sie freuten sich, eine Bereicherung der Umgebung zu sein und wegen ihrer Schönheit bewundert zu werden. Es lohnte sich also, vorübergehend Schmerzen zu erleiden. Die Frau erledigte ihre Arbeit nicht nur mit fachlicher Kompetenz, sondern offensichtlich auch mit Freude, was die Bäume mit Stolz erfüllte und sie in dem Gefühl bestärkte, gut gepflegt zu werden.

Wenn ein Baum beschnitten werden soll und wir ihm das respektvoll mitteilen, wird dies sehr hilfreich sein. Der Baum wird uns dann mitteilen, welche Äste wie weit gestutzt werden müssen, damit er sich erneuern kann. Das funktioniert ganz ähnlich wie bei der Kommunikation mit Tieren. Wenn wir fragen, was wir wie abschneiden sollen, werden wir Bilder, Gedanken, Gefühle und Eindrücke empfangen, oder wir wissen einfach intuitiv, was zu tun ist. Dieses Gefühl der Zusammenarbeit ist wunderbar.

Ein einfühlsamer Umgang mit Pflanzen und anderen Lebewesen lässt einen überhaupt viel dazulernen. Bäume können nicht nur spüren, dass sie beschnitten werden, sondern auch, *wie* dies geschieht. Lässt man seine schlechte Laune an den Pflanzen aus, die man beschneidet oder versorgt, können sie sich bestraft fühlen und weniger wachsen. Geht man hingegen positiv auf die Pflanzen zu und würdigt ihre kreative Wesenskraft, dann reagieren sie so wie wir alle darauf, und blühen und gedeihen.

Bäume waren schon immer meine besonderen Freunde. Als ich noch klein war und wir in Chicago wohnten, sagte meine Mutter eines Nachmittags zu mir, die Fernmeldetechniker kämen bald und würden die große Pappel in unserem Hof fällen. Ich weinte, weil mir meine Baumfreundin genommen werden sollte. Die Männer beschnitten dann zwar nur die Äste, die in die Telefonleitungen ragten, doch hatte ich in der Zwischenzeit fürchterlich um den Baum gelitten.

Besonders in der Zeit nach unserem Umzug von Los Angeles an den Inverness Ridge, am Rand des Naturschutzgebiets Point Reyes National Seashore, lehrten mich die Pflanzen eine Menge. Es waren Bäume und Sträucher zu beschneiden und zum Teil auch zu entfernen, damit die Zufahrt einigermaßen frei wurde und auch die Hunde genügend Auslauf hatten. Ich fand, den Pflanzen schade es nicht, ein wenig zurecht gestutzt zu werden. Doch dann begann ich wie verrückt Platz zu schaffen.

Die Pflanzen beschwerten sich mehrfach und baten mich, aufzuhören. Trotzdem machte ich wider besseres Wissen weiter, setzte mich in meiner Arbeitswut über jede gebotene Vorsicht hinweg. Nach einigen Tage stundenlangen Hackens und Ausforstens verweigerten meine Arme den Dienst. Der linke Arm tat besonders weh, mit dem ich die abgeschnitten Äste immer auf einen Haufen geworfen hatte. Ich hielt es für einen Muskelkater, der nach ein paar Tagen verschwunden sein würde.

Doch es vergingen Wochen, in denen die Schmerzen zeitweise nachließen, aber ständig wieder irgendwo auftauchten. Mein Arm wurde mitunter so schwach, dass ich nichts mehr mit ihm heben konnte. Die Schmerzen und Lähmungserscheinungen hielten sich hartnäckig und wanderten über die linke Schulter ins Genick und in den Rücken. Ich konnte mich vier Monate nach der Ausschneideaktion kaum noch rühren und glaubte schon, ich hätte Arthritis.

Die chronischen Schmerzen wunderten mich, denn ich hatte bisher eine sehr robuste Gesundheit gehabt. Ich hielt mich mit Yoga, Tanz und Stretching fit, ernährte mich vollwertig und hörte grundsätzlich auf meinen Körper und seine Bedürfnisse. Als Heilpraktikerin hatte ich mir und anderen bisher stets mit Körperarbeit und der richtigen Ernährung weiterhelfen können. Doch jetzt konnte ich noch so viele natürliche Mittel gegen Arthritis ausprobieren, noch so sehr auf Ernährung und Bewegung achten, mein Zustand verschlimmerte sich nur. Ich suchte auch das Übel geistig zu überwinden, meditierte, las und betete. Doch auch die Bewusstmachung der vielen Entwicklungen, die ich seit unserem Umzug nach Point Reyes durchgemacht hatte, konnte mein physisches Leiden nicht lindern. Als ich mich vor Schmerzen kaum noch rühren konnte, bestand mein Mann auf einem Arztbesuch.

Ich suchte mir einen ganzheitlich orientierten Arzt aus, ein wunderbarer Mensch, der auch nach möglichen psychosomatischen Ursachen meines Zustands forschte. Seine Wirbelsäulenbehandlung und

Elektroakupunktur brachten ein wenig Erleichterung. Außerdem verwies er mich auf mögliche Stressfaktoren in meinem Leben, die ich in den Griff bekam. Auch das half ein wenig.

Mein Mann half mir, soweit es ging, und sann ständig nach möglichen Ursachen. Wir hatten in den vier Monaten öfters davon gesprochen, dass mein Zustand mit der Ausschneideaktion in Zusammenhang stehen könnte, waren aber nicht weiter gekommen. Es vergingen weitere drei Wochen, in denen ich mit Schmerzen und Schlaflosigkeit rang. Dann kam Michel eines Morgens von seinem Spaziergang zurück und erzählte mir, er habe sich die Gestrüpphaufen entlang der Einfahrt einmal genauer angesehen, mit den Bäumen über die Aktion gesprochen und sie gebeten, mir zu helfen. Als er das sagte, wurde mir deutlich leichter ums Herz und ich konnte ein wenig schlafen.

Danach bereute ich zutiefst, dass ich die Sträucher und Bäume derart grob behandelt und ihr Geäst so rücksichtslos beschnitten hatte. Ich machte mir die Vorwürfe der Waldgeister bewusst: Was mir denn einfiele, in einem unberührten Wald herumzuholzen und mich aufzuführen als gehöre alles mir und müsse sich meinen Wünschen beugen. Ich war von meiner Uneinfühlsamkeit beschämt und bat um Vergebung.

Wäre ich auf die Pflanzen eingegangen und hätte mit ihnen gesprochen, wären wir uns sicher einig darüber geworden, was ich unbeschadet abschneiden durfte. Normalerweise nehme ich auf die Empfindungen und Bedürfnisse meiner Geschwister aus dem Tier- und Pflanzenreich Rücksicht. Sie zu missachten, war ein großer Fehler gewesen. Nachdem sie mir vergeben hatten, ließen die Schmerzen in Schultern, Nacken und Rücken stark nach, ich wurde langsam wieder kräftiger und genas.

Die Schmerzen und Lähmungserscheinungen in meiner linken Körperhälfte hingen mit einem weiteren Umstand zusammen. Ich war unterhalb des linken Schlüsselbeins von einer Zecke gebissen worden. Noch bevor die Symptome auftauchten, hatte ich entdeckt, dass sich um den Biss ein kreisrunder roter Hof gebildet hatte. Später erfuhr ich, dass diese kreisrunde Entzündung und die Gelenkschmerzen und –

steifheit alles Symptome der Lyme-Krankheit bzw. Borreliose waren, die durch Zecken übertragen wird.

Während der ganzheitlichen ärztlichen Therapie wurde mir auch klar, dass ich bezüglich der telepathischen Kommunikation mit Tieren sehr Wichtiges mitzuteilen hatte. Ich begann also in meiner Genesungszeit Hörkassetten einzuspielen, woraus später meine *Interspecies Telepathic Connection Tape*-Reihe entstand. Nach sechs Monaten chiropraktischer Behandlung und anderer Körperarbeit, strenger Diät, Kommunikation mit den Pflanzen und Fertigstellung meiner Kassettenreihe war ich schließlich über das Schlimmste hinaus und um vieles klüger.

Laurel Airica schrieb mir, wie sie sich von Pflanzen helfen ließ:

Ich habe beim Meditieren im Freien schon oft erlebt, dass meine Einsichten von Winken aus der Natur begleitet wurden - sei es durch ein Blätterrascheln oder eine vor die Sonne geschobene Wolke, die sich just auflöste. Dieses Phänomen, dass Intuitionen von der Natur bestätigt werden konnten, fand ich auch in den Büchern *The Education of Little Tree* von Forrest Carter und *Talking with Nature* von Michael Road beschrieben, was mir Mut machte.

In der Zeit, in der ich als spirituelles Medium für eine landesweit angebotene „Hotline" arbeitete, hatte ich reichlich Gelegenheit, mein Zwiesprache mit der Natur auszuprobieren und zu erweitern. Damals stand das Telefon nie still und unter dem Druck, laufend bekümmerten und neugierigen Anrufer/Innen Rede und Antwort stehen zu müssen, wandte ich mich hilfesuchend an die Bäume vor dem Fenster. Ich hatte mich nie näher mit Wahrsagesystemen (wie Tarot, Astrologie oder Numerologie) beschäftigt, und meine natürlichen intuitiven Fähigkeiten waren bei dieser Dauerbelastung auf eine harte Probe gestellt. So viel stand fest, ich konnte es meinem Körper nicht mehr länger zumuten, als Wahrsageinstrument für andere Menschen herzuhalten.

Also begann ich, mich auf die von der Brise bewegten Blätter und Zweige zu konzentrieren und die Natur um Auskunft zu bitten. Diese Technik wendete ich erstmals bei einer herausfor-

dernden jungen Frau aus New York an. „Wie steht es mit mir?",
wollte sie einfach wissen. Bei drei Dollar in der Minute durfte
sie einige Auskünfte über sich erwarten.

Da sie keine spezielle Frage gestellt hatte, an der meine Intuiti-
on hätte anknüpfen können, war ich zunächst ratlos und sah aus
dem Fenster, ob nicht der Palisander etwas mitzuteilen hätte.
Seine anmutig im Wind tänzelnden Zweige sagten mir: „Sie
tanzt und singt gerne und tritt als Sängerin auf."

Als ich ihr das weitersagte, bestätigte sie mir, sie sei Rapsänge-
rin und Tänzerin und habe diesen Monat ständig Auftritte gehabt. Ein etwas weiter entfernt stehender Baum informierte
mich dann über ihren Freund und das Vertrauensverhältnis zu
ihrer Mutter. Er riet zudem, sie solle das verborgene künstleri-
sche Talent ihrer Mutter, das seit deren Kindheit brachlag, fördern und ihr Aquarellfarben und Papier schenken. Diese und
noch mehr Informationen hatten die Bäume – zur Freude meiner Anruferin und zu meiner Überraschung – parat.

Die Übereinstimmung der Ereignisse erstaunte mich jedes Mal.
Einmal fuhr genau in dem Moment, in dem das Telefon klingelte, ein kräftiger Windstoß durch die Bäume. Beeindruckt von
diesem plötzlichen Schauspiel, sagte ich meiner Anruferin, ihre
Energie würde mich an *Wuthering Heights* (dt. *Die Sturmhöhe*)
erinnern. Sie war ganz baff und teilte mir daraufhin mit: „Das
ist mein Lieblingsbuch, ich habe es sieben Mal gelesen."

Nachdem ich mit dem Lesen in den „Blättern" einige Sicherheit
gewonnen hatte, nahm ich einen Auftrag an, bei dem ich in
zweieinhalb Stunden etwa zwanzig Menschen wahrsagen sollte,
bei einer Weihnachtsparty im Penthouse eines Wolkenkratzers
in Los Angeles. Ich vermisste meine Bäume, fand es aber tröst-
lich, dass zumindest eine kleine Zimmerpflanze in dem Büro
stand, in dem ich die Sitzungen abhalten sollte. Auch wenn
durch sie nicht der Wind sprechen konnte, stimmte sie mich zuversichtlich.

Ich vergaß sie allerdings fast während meiner Wahrsagearbeit,
die zügig voran ging. Zum Schluss nahm eine junge Frau mir
gegenüber Platz. Bei ihr kam mir der Gedanke, mich doch einmal an die Pflanze zu wenden. Wie sich herausstellte, hatte sie

viel über diese junge Frau zu sagen, denn es war ihr Büro und ihre Pflanze!

Ich unterhalte mich seit einiger Zeit auch mit meinen Zimmerpflanzen. Schließlich sind wir eine Lebensgemeinschaft und kennen uns gut! Durch diesen bewussten Austausch fühle ich mich zu Hause wesentlich wohler.

Jede Pflanze hat natürlich ihren Charakter, ihre besondere Ausstrahlung. Zum Beispiel hilft mir die Pflanze, die neben meinem Meditationsplatz steht, dabei, meiner momentanen Stimmung bewusst zu werden. Und die große verzweigte Maispflanze in meinem Wohnzimmer lässt mich oft über mein Verhältnis zur Welt nachdenken. Ich gewinne durch diese Gespräche vielfältig Einblick in mich und die Welt und bin dadurch ausgeglichener.

Ich beschloss, auch mit essbaren Pflanzen Gespräche zu führen und begann Früchte und Gemüse im Stillen anzusprechen, bevor ich sie aß. Ich nahm sie nacheinander in die Hand, hielt sie vor mein Herz, damit sie einwilligen konnten, ein Teil von mir zu werden, und überhaupt sich noch einmal mitteilen konnten, solange sie ganz waren.

Sie danken diese Wertschätzung durch eine Fülle an Liebesenergie. So lassen sie mich nicht nur wissen, ob sie zum Essen reif sind, sondern sie fordern auch Rücksprache mit meinem Körper, damit ich weiß, wann es genug ist.

Manche sprudeln geradezu über vor Wissen und Liebe, die sie auf ihre ureigene Weise mitteilen. Das lässt mich an die „Früchte des Wissens" denken, denn mir ist, als diktierten sie mir das Buch des Lebens in rasender Geschwindigkeit, wobei ich natürlich weiß, dass ich mir all diese Informationen nicht merken kann. Schließlich stelle ich mir gern vor, wie sich diese Wesen essentiell mit mir verbinden werden, bevor ich in sie beiße. Es ist ein wunderbarer Akt der Dankbarkeit, der sich auch positiv auf die Verdauung auswirkt.

Da sie in ihrer Lebensform Großzügigkeit verkörpern, können uns diese Wesen in hohem Maß Nährstoffe, Ausgeglichenheit und Weisheit schenken, sogar schon vor ihrem Verzehr, wenn wir uns nur einmal etwas Zeit für sie nehmen und uns ihnen liebevoll zuwenden. Wir sollten uns die Augenblicke ihrer Wertschätzung gönnen, um ihre Schönheit und Göttlichkeit in uns aufzunehmen.

Bäume haben mir schon oft Aufschluss über das Leben in dieser Welt gegeben. Diese Baumbotschaft empfing ich 1989:

Himmel und Wind sind unser Zuhause, unser Obdach. Der Wind nährt und formt uns, selbst wenn er uns bricht. Wir lieben die menschlichen Behausungen. Sie sind aus unserem Material gemacht. Die Menschen leben sozusagen, so wie andere Geschöpfe auch, in unseren Körpern. Es gefällt uns, dass du für dein aus so vielen Bäumen gebautes Haus so dankbar bist. Es wird dich umso mehr schützen und behüten, je achtsamer du mit ihm umgehst und die Bäume als deine Hüter achtest.
Das Töten von Tieren und Pflanzen zu Nahrungszwecken gehört zum energiespendenden Formenwandel der lebendigen Einheit dazu. Die Natur erhält sich durch Verwertung und Wiederverwertung im ewigen Kreislauf, nichts darf in der Nahrungskette das Übergewicht bekommen, keine Lebensform darf überhand nehmen. Achte auf dein Verhalten, übe dich in Dankbarkeit, lass leben, so viel du kannst, und nimm Leben nur, soweit du es – Pflanzen, Tiere oder Minerale - zum Überleben brauchst.

Wenn mich jemand nach meinem Lieblingsbaum fragen würde, wäre es unter all den geliebten Bäumen der Küsten-Mammutbaum. Diese uralten Baumriesen bauen mich physisch, emotional und geistig auf. In Visionen habe ich in Zeitraffung gesehen, wie sie sich in ferner Zeit einmal langsam ausbreiteten – daher die Sagen von den wandernden Bäumen. Sie haben trotz ihrer Größe relativ flache, weit ausladende Wurzeln. Das folgende Gedicht entstand, während ich an einen uralten Mammutbaum angelehnt saß:

Ich möchte wachsen wie ein Baum,
In aufrechter Größe dastehen,
Um nichts bekümmert sein,
Die ganze Welt lieben.

Wie gern wäre ich ein Baum
Die Sterne funkelten über mir,
Der Regen fiele auf mich,
Ich würde in Mondschein gebadet
Und der Wind würde durch meine Krone wehen.

Ameisen würden meine Rinde entlang krabbeln,
Vögel sich auf meinen Ästen niederlassen,
Kinder an mir hochklettern.
Und wenn es Zeit wäre zu sterben
Ließe ich mein knorriges Dasein einfach los.
Mein Tod wäre ein befreiender Tanz
Meiner Zellkräfte mit der Erde.

Ich hätte viel Gesellschaft,
Es wäre ein inniges Zusammenleben.
Meine Nützlichkeit ließe mich jubeln,
Mein Lachen, Lieben und Singen
Bliebe mir ewig in Erinnerung.

Mein Erbe wird leben, sterben und
Weiterleben für alle auf der Erde.
Welch größere Freude gäbe es für ein Wesen,
Als an den vielfältigen Formen, Funktionen und Kräften
Der Mikroorganismen und Makroorganismen teilzuhaben.

Ach, wie gern wäre ich nur ein Baum.
Ich verstünde die Basis allen Lebens,
Und würde ich gefällt oder beschnitten
Und mein Tod dadurch beschleunigt,
Wäre ich nicht traurig darüber,
Denn ich wüsste, dass ich für Menschen, Tiere
Und Pflanzen ein Segen wäre,
Als Haus, Zaun, Stall oder Unterstand.
Und mein Erbe im Wald wüchse und gediehe fort,
Böte kleinen und großen Geschöpfen ein Zuhause.

Mein großer Atem strömte in die Welt,
Meine Wurzeln hielten die Erde lebendig
Ich erführe Freud und Leid elementar,
fühlte den Puls des Universums. Ich weiß tief in meinem Herzen,
Einmal werde ich ein Baum sein.

Durch eine achtzigjährige Stachelkiefer begriff ich einmal das ewige Baumsein. Ich hatte mich in sie hineinversetzt, war völlig dieser Baum geworden, als sich mir plötzlich das Netzwerk allen Lebens auftat. Ich sah alle Lebewesen als interagierende Energiemuster – Kraftfelder, die sich wolkengleich verbanden, anhäuften und wieder auflösten. In mir stieg ein unendliches Verständnis selbst für den Tod auf. Ich war in meiner Baumkraft unzerstörbar, fühlte mich allen Bäumen, die jemals existierten und existieren werden, verbunden. Ich erfuhr durch sie das Leben als einen einzigen fließenden Zusammenhang, wie sich auch die äußeren Gestalten wandeln mochten. Unendliche Weisheit, ewiger Gesang, Verschmelzung mit allen Rhythmen!

Ich wechselte wieder in meine Perspektive und unterhielt mich mit der Stachelkiefer. Sie erzählte mir, dass die meisten jungen Bäume mehr mit dem Überleben beschäftigt und deshalb stärker von Emotionen, Instinkten und der Angst vor dem Tod bestimmt seien. Die älteren, weiseren Bäume trösteten die jungen und machten ihnen Mut, wenn sie verwundet waren oder abzusterben drohten. Denn es gäbe unter den Pflanzen aufgrund ihrer allseitigen geistigen Verbundenheit eine Art Kräfte-Notdienst.

Ein anderes Mal versetzte ich mich in eine Gruppe *Tagetes limonii* (mexikanische Ringelblume). Dabei nahm ich die Lebensformen um mich herum als empfindsame zielgerichtete Kraftfelder wahr, die mich freundlich oder neutral berührten. Es war ein zärtlicher Vorgang, wenn Bienen und Schmetterlinge Nektar tranken und für Bestäubung sorgten.

Die Pflanzen langweilen sich nicht, sie sind nur verglichen mit Menschen und Tieren scheinbar bewegungslos. Sie wiegen sich in einem endlosen „Ah-h-h-h", eingetaucht im Rhythmus ihrer Umgebung. Die Pflanzen sind sich ihrer Geistnatur, ihrer gegenseitigen Verbundenheit und ihres Fortbestands bewusst, werfen verbrauchte Formen einfach ab und lassen neue entstehen. Wir sollten die Weisheit der Pflanzen achten, von ihrer Beständigkeit und ihrem feinen Gespür lernen.

Wir Menschen orientieren uns stark mit den Augen. Die Pflanzen nehmen keine solchen Bilder, sondern feine Energieschwankungen wahr. Die pflanzliche Intelligenz ist so breitgefächert, so umfassend, dass es unser Begriffsvermögen normalerweise übersteigt. Erweiterte Bewusstseinszustände, wie wir sie durch stille Meditation oder einfühlende Rituale erfahren können, kommen dem natürlichen Bewusstseinszustand von Pflanzen und anderen Spezies sehr nahe.

GESTEINE UND KOSMISCHES BEWUSSTSEIN

Zu ihrer physischen Mobilität haben die Menschen bereits reichlich beigetragen und die Naturgesetze genützt. Was Magnetismus und Schwerkraft anbelangt, sind sicher die Steine die Meister. Mir ist aufgefallen, dass mich Körper um so stärker an die Unvergänglichkeit und die Einheit allen Lebens im Universum erinnern, je größer und massiver sie sind. Elefanten zum Beispiel verdeutlichen das mehr als Menschen und Berge mehr als Bäume. Das dürfte der Grund sein, weshalb wir uns in ihrer Nähe so auf uns zurückgeworfen und doch so weit fühlen.

Felsen und Steine halten mir nicht nur stets vor Augen, dass die Erde ein Planet ist, sondern lassen mich mit allen Planeten innerhalb und außerhalb unserer Galaxie verbunden fühlen. Die Menschen haben ihre Observatorien und Radaranlagen, mit denen sie den Weltraum mit seinen Sternen und Energien erkunden, in Hochgebirgen errichtet, und nützen auch sonst das Mineralienreich. Wenn ich mich in Steine und Felsen versenke und mit ihnen spreche, ist mir, als tanzte ich mit den Sternen und stünde mit fernen Galaxien in engem, unmittelbaren Kontakt. Es ist ein sehr reales Gefühl.

Mineralien haben offenbar ein umfassendes kosmisches Bewusstsein. Und über die Pflanzen, Tiere bis hin zum Menschen wird die Sichtweise immer konkreter. Was das physische Überleben angeht, sind die Menschen am meisten auf andere Lebensformen angewiesen. Ohne Mineralien könnte der Rest nicht existieren. Die Lebensformen stehen in symbiotischer Beziehung zueinander und werden von den Elementen Erde, Luft, Feuer und Wasser getragen.

DIE ELEMENTE

Wenn sich die Elementarkräfte der Erde regen und es stürmt und schüttet, oder die Erde bebt, drängt es mich zu dichten oder hinauszulaufen und zu jubeln und zu lachen, oder in der Erde zu graben und etwas zu pflanzen. Ich spüre das Befreiende, Reinigende, Leben Spendende an diesen Kräften.

Der Wind kann liebkosen wie ein Liebhaber, aber auch als Ährenleser auftreten, wenn er übers Feld fegt und knickt, was sich nicht beugt. Der Wind spricht oft zu mir. Ich fühle, wie er mich führt, behütet und zur Disziplin ruft. Vor jedem Workshop, ganz gleichgültig, wo ich ihn halte, bitte ich die Wind- und Wettergeister, um günstiges Wetter. In Santa Fe, New Mexico, zog sich der Himmel zu, solange mein im Freien geplanter Workshop stattfand, so dass wir vor der glühenden Hitze und dem blendendem Licht verschont blieben. Und bei meinem Workshop 1992 in Clinton, New York, erwischten wir das einzige sonnige Sommerwochenende in dieser Region, weshalb wir draußen unter einem energiespendenden Baum arbeiten konnten.

Im Jahr darauf wurde Clinton nur wenige Wochen vor unserem April-Workshop von einem Schneesturm heimgesucht. Doch wir hatten die ganze Zeit über sonniges Frühlingswetter. Unmittelbar nach unserer Abreise regnete es in der Region heftig, und es kam zu Überschwemmungen. Bei den Fortgeschrittenen-Workshops in unseren nebligen Sommern an der Küste haben es die Wettergeister den Teilnehmer/Innen bislang sehr leicht gemacht, mit den Tieren draußen in deren natürlichen Lebensräumen zu kommunizieren. Es schien meist im passenden Augenblick die Sonne.

Bei Workshops unterstreicht oft der Wind eine Aussage oder teilt von sich aus ein Gebet oder irgendetwas mit. Es ist nicht schwer, mit dem Wind zu sprechen. Er verfügt über viele Stimmen, ist unsere Stimme und alle anderen.

Wasser, Wasser, Stoff des Lebens,
Magische Fäden in
Gold- und Silberbrokat,
Jugend und Alter vollkommen einig
Aus der Tiefe sprudeln
Uralte Verse und Lieder
Und überfluten die Erde mit Freude.

Gerade bei Wasserfällen oder Stromschnellen sind die Naturgeister sehr aktiv. Man kann förmlich spüren, wie sie vor Freude und Begeisterung sprühen. Sie teilen sich mit und steigern die Lebenskraft des Wassers. Einmal, als ich oben an einem Wasserfall stand, sah ich einen Feenreigen. Die Feen glitzerten und zerstieben in ihrer wandelbaren Gestalt. Sie genossen die Gischt in vollen Zügen und segneten all die Pflanzen um sie herum.

In der Sierra zelteten wir einmal in der Nähe eines Gebirgsbaches, der so lustig vor sich hin plätscherte, dass unsere beiden Hunde dagegen anbellten. Ich erklärte Pasha und Rana, die Wassergeister würden ein Fest feiern, aber den beiden war das Gemurmel nicht ganz geheuer. So etwas hatten sowohl sie als auch ich noch nie erlebt. Man konnte richtige Stimmen und Gespräche heraushören. Wir mussten die Hunde ins Auto bringen, damit sie ihre Ruhe hatten. Wir selbst ließen uns dann vom Plätschern und Murmeln der Wassergeister in den Schlaf singen.

Die verwandelnde und stärkende Kraft der Elemente hilft uns, spirituell zu wachsen. Während des winterlichen Abwerfens alter Verhaltensmuster hatte ich bei meinem Gebet um spirituelle Verjüngung einmal besonders darum gebeten, mich meine Aufgabe auf Erde besser verstehen und gut erfüllen zu lassen.

Am 12. Januar 1991 schaltete ich abends spontan den Fernseher ein und stieß zufällig auf den Film „Der Highlander" mit Sean Connery, einem meiner Lieblingsschauspieler. Die Geschichte begann im mittelalterlichen Schottland und handelte von dem etwa hundertjährigen Kampf eines Mannes gegen seine ebenfalls nahezu unsterblichen Gegner. Das ehrgeizige Motto eines jeden Herausforderers hieß: „Es kann nur einen geben." Immer wenn ein Widersacher im Kampf gefallen war, fand die „Beflügelung" statt. Dabei wurde der Gewinner von einem Blitz getroffen, der ihm noch mehr Kraft und Erkenntnis verlieh. Am Ende wurde der Highlander, nachdem er den letzten Bösewicht bezwungen hatte, in einem unglaublichen Blitzspektakel hin und her geschleudert. In dieser letzten „Beflügelung" erkannte der Highlander alles und wurde alles. Er kannte nun die Gedanken und Träume der Menschen und konnte zwischen ihnen vermitteln.

Ich war über die prompte Antwort auf meine Bitte in Gestalt des Films überrascht. Aber das war erst der Anfang! In derselben Nacht träumte ich von einem weisen Wesen in einer Höhle, das mir die Kraft des Gedankenlesens verlieh, durch die ich alle anderen Wesen verstehen und ihnen helfen konnte. Mir wurde eingeschärft, diese Fähigkeit weise zu nutzen. An der Küste gibt es nur selten Gewitter, doch während ich träumte, grollte und blitzte und donnerte es überall um uns herum. Ein Blitz in unmittelbarer Nähe weckte mich schließlich auf.

Krach bum! Das ganze Haus bebte. Michel, ich und unsere Katze Yohinta sprangen aus dem Bett. Dieser Schlag hatte das Haus mehr erschüttert als das Erdbeben vor ein paar Monaten. Der Fernseher blitzte mit einem Knall auf und eine Lichtkugel tanzte durch das Wohnzimmer.

Draußen brannte der etwa 15 Meter von unserem Schlafzimmer entfernte, von Millionen Volt Blitzenergie getroffene Transformator völlig aus. Die zum Haus führende Wasserleitung war geborsten. Michel half in der Nachbarschaft, die Absperrhähne abzudrehen, denn auf vielen Grundstücken war das gleiche geschehen. Der Blitz war an mehreren Stellen des Höhenzuges gleichzeitig eingeschlagen. Etwa vierzig Meter die Straße hinunter stand eine Douglastanne, deren Rinde von oben bis unten spiralförmig gerissen war.

Wie im „Highlander" war mir, während es blitzte und donnerte, eine spirituelle Gabe verliehen worden. Bezeichnenderweise leben wir in den Highlands unserer Gegend. Ich fühlte mich verwandelt, erhaben und gefestigt. Ich war mit dem Blitz eins gewesen. Am nächsten Morgen blieb ich zu Hause, meditierte stundenlang und betrachtete dabei die wolkenbruchartigen Regenfälle. In der Nachbarschaft waren viele

Computer und Elektrogeräte durch den Einschlag kaputt gegangen. Auf unserem Monitor hatte sich ein orange-blau-pinkes Schlierenmuster gebildet. Ein Nachbar sagte uns, das ließe sich reparieren, der Monitor bräuchte nur entmagnetisiert zu werden, aber mir gefiel dieses Erinnerungszeichen meiner Erleuchtung. Das Farbmuster verblasste allmählich, und war nach ein paar Monaten so gut wie verschwunden.

Im September 1992 liehen wir uns „Der Highlander" als Videokassette aus. Wieder hatte ich einige erhellende Augenblicke. Nachdem ich den Film gesehen hatte, schrieb ich folgende Gedanken nieder.

Die Kraft der Einheit, des Einsseins, der andere zu sein, alles zu wissen, Meister des Verstehens und Mitfühlens zu sein, Gutes und Böses zu vereinen, wurzelt im völligen Begreifen. Der Umgang mit dieser Kraft erfordert vollkommene Erdung, die Annahme jeder Wahrheit und aller Wesen. Es gibt nur das Eine. Es kann nur das Eine geben – keine Trennung.
Im physischen Körper die untrennbare Kraft zu verstehen ist schwer. Sie lässt sich nicht in einem Gefäß oder wenigen halten. Es sind ganz viele Gefäße nötig. Es umfasst die physische Weisheit aller Spezies, aller Lebensformen. Wenn dies einmal alle begriffen haben, werden wir uns nicht mehr gegenseitig vernichten und in die Luft sprengen. Wir werden in ewiger Erkenntnis leuchten – Einheit, bewusst geteilt, wird uns alle erheben.
Wie schön alles ist – friedlich und schön. Stille, Ruhe, Kraft und Gemeinsamkeit verbinden sich in dieser Schöpfung, deren wirbelnde Energien unsere Pinsel und Farben sind, die Welt gestalten können.
Ich spüre meine Zeitlosigkeit – ein zeitloses Verstehen, das auch die Tiere, die Felsen, die Bäume und Kräuter, die Luft und der reine Geist kennen.
Ich bin eine Flamme – ein ewiges Feuer. Sehne mich leidenschaftlich nach Wahrheit und Vereinigung, nach Gemeinschaft. Jene Geister, die die Verbindung nicht unterbrochen haben, ob in oder außerhalb eines Körpers, können verstehen. Eine innere Kraft, die weiter reicht als das Universum und jede Pore jedes

Wesens durchdringt, treibt mich an, das zu tun, was ich tue. Ich bin/wir sind Gott, Schönheit, göttliche Wahrheit.

Unwissenheit grassiert, solange der Geist sich selbst verkennt – im Körper, in der Zeit, in Sitten, Angewohnheiten und Denkschablonen befangen ist. Jede Zelle birgt soviel Weisheit, jedes Atom ist von dem Bewusstsein des göttlichen Geistes durchdrungen. Wir sind Eins. Es gibt kein Entkommen daraus. Absonderung, egal in welcher Form, ist eine Lüge, die sich in nichts auflöst, sobald sie mit sich konfrontiert wird. Form vergeht, aber das Leben als solches bleibt, setzt sich in unendlichen Formen fort –sich ewig wandelnde Energiemuster. Wir werden solange leiden und unglücklich sein, bis wir zu uns selbst heimkehren, in uns den reinen Geist erkennen aus der Liebe zu allem. Darin besteht Vollkommenheit und Weisheit. Das bedeutet wahrhaftiges Begreifen der unendlichen ewigen Kraft.

DIE JAHRESZEITEN

Die Jahreszeiten wurden von den Menschen schon immer gefeiert, weil sie zutiefst spürten, wie eng ihr Leben mit den Rhythmen der Erde verbunden ist. Den meisten modernen Stadtmenschen ist dieses existenzielle Mitschwingen mit dem Rhythmus der Sonne, des Monds und der Sterne nicht mehr bewusst – was sowohl ein Zeichen als auch eine Ursache ihrer Entfremdung und ihres seelischen Leidens ist.

Die Jahreszeiten haben jeweils ihren eigenen Charakter. In manchen Gegenden der Welt zeigt sich der Jahreszeitenwechsel sehr dramatisch, in anderen ist er eher subtil. Es ist sehr heilsam für Körper, Seele und Geist, wenn wir den unterschiedlichen Charakter der Jahreszeiten sehr bewusst wahrnehmen und das, was sie uns zu geben haben, dankbar annehmen. Es fördert den Wirklichkeitssinn, unser Gefühl, dass wir da sind in Gemeinschaft mit so vielen anderen Lebensformen.

Wer liebte ihn nicht, den Frühling – wenn alles Leben sich erneuert, alles keimt und sprießt und süßer, üppiger Blütenduft die Luft erfüllt? Der Sommer ist die Zeit des Wachstums und der Fülle. Dann beginnt die Erntezeit des Herbstes. Wenn im Spätherbst die Gewitter toben und die Bäume ihre Blätter verlieren, werden wir an unsere Sterblichkeit erinnert.

In unserem Küstenklima ist der Winter die wechselhafteste Jahreszeit. Stürmische Regentage, unter denen selbst die größten Bäume ächzen, wechseln sich ab mit sonnigen milden Tagen, die dazu einladen, in den Bergen zu wandern und die frische, duftgeschwängerte Luft in den Wälder zu atmen. Wenn der Winter sich mit kalten Winden und Regen ankündigt, freue ich mich auf die Einkehr, die er mit sich bringt. Die Einsamkeit und Konfrontation mit der Dunkelheit macht nachdenklich. Der Winter holt uns aus unserer Selbstzufriedenheit heraus und fordert eine Neubewertung. Er drängt uns, Weltanschauungen und Meinungen, die uns blockieren und zu ersticken drohen, abzustreifen und mehr nach dem inneren Licht zu suchen.

Ein Qualitätsunterschied,
Die Wintersonnenwende lässt
Das Licht wieder wachsen.

Auf magische Weise
Erhebt sich mein Herz
Bei der stillen Betrachtung
Der schwarzsamtenen
Dunklen Seite,
Die leidenschaftlich zum
Heller Werden strebt,
Schon an Krokusse denkt,
Die durch den Schnee lugen,
Das Leben neu bestätigend.

Noch hat der Tod seinen Reiz
Seine tiefe Ruhe,
Belebt auf ihre Art
Neue Kräfte schlummern im Keim,
Pulsierend
Beflügelnd.

Danke für das Licht
Ich könnte nicht ewig im nächtlichen Schweigen leben.

DIE ERDE

Viele Menschen empfinden die Erde als Wesen oder Geist und sehen, dass sie ein eigenes Bewusstsein besitzt, einen eigenen Lebensplan verfolgt und sich all ihren Bewohnern und Bewohnerinnen verbunden fühlt. Einige, die Mitteilungen des Planeten empfingen, beziehungsweise sich bewusst mit der Erde austauschten, berichten, sie sei wegen der Umweltkrisen nicht sonderlich aufgeregt.

Die Angehörigen des Pflanzen-, Mineralien- und Tierreiches haben zwar Empfindungen, verheddern sich darin aber offensichtlich weniger als die Menschen, die ihre Gefühle auf andere projizieren. Wie die Erde selbst, empfinden viele Spezies die Einheit allen Lebens, was ihnen ein objektiveres, distanzierteres Dasein erlaubt.

Es heißt von der Erde, sie wäre den Menschen gegenüber eine liebevolle und nachsichtige Mutter. Trotzdem stehen reinigende Umwälzungen bevor. Sie gehören zum planetaren Plan. Und die Menschen sind mit ihrem umweltschädigenden Verhalten möglicherweise ein letzter Auslöser.

Diese Kunde vom Wesen der Erde kam mir einmal im Februar:

Alles ist so schön und wahr auf Erden, wenn wir ihre reiche Harmonie und den Zauber zulassen. Es liegt ganz an uns. Die Wälder, die Felder, das Meer, die Seen, Bäche, Flüsse, alles jubelt in seinem Werden und Fließen.
Ich sehe das Wunder. Ich schaue die Anmut. Selbst im Tod, im Sterben und in der Krankheit entdecke ich Harmonie.
Klammere dich nicht an die Formen. Sieh wie schön die Formen tanzen, die sich auflösen und verwandeln. Kämpfe nicht gegen die Molekülbewegung an. Du kannst sie nicht festhalten und in Ketten legen. Rufe nicht unter Tränen: „Nein, das darf nicht sein!" Lass die Kraft strömen, die unablässig ihre Gestalt wandelt.
Sieh, wie die wilden Blumen blühen, verwelken und ihre Samen auf die Erde streuen. Nichts stirbt oder vergeht endgültig. Es löst sich auf in Energie, fließt in ein Kräftemeer, kommt in anderer Form als Regen oder Hauch zurück.

Lass deine Tränen strömen. Sieh, wie du dich wandelst. Sieh
wie die Lebenskraft lächelt und Tod, Verfall und Zerstörung
unversehens wie eine Zauberin in Wiedergeburt, neues Wachstum und üppige Harmonie verwandelt.

Kämpfe nicht länger, trotze nicht dem Wind, sondern webe dei-
ne Muster im Verein mit Regenbögen und schmelzendem
Schnee. Lebe in Eintracht. Lass die Kraft strömen - sie, die die
Sinne und die pulsierende, atmende, lebendige Erde nährt.

Sei die Schöpferin, Weberin, Zauberin, fesselnde Rednerin, die
du bist, immer warst und ewig bleiben wirst, obwohl auch du
dich im grenzenlosen Licht der Schöpfung auflöst.

BOTEN ZWISCHEN DEN WELTEN

Es gibt einige Lebensformen, die zwischen den Reichen oder Di-
mensionen vermitteln. Sie können sich den Lebensrhythmen mehrerer
Dimensionen anpassen, und dadurch Boten sein. Dazu gehören
Schmetterlinge, Kolibris, Libellen, Drachen und Yetis.

Marcia Ramsland überlegte einmal, ob sie eine junge Mastbaum-
kiefer fällen sollte, weil diese gelb-grüne Enden hatte, als plötzlich ein
Schmetterling vor ihr erschien, der sagte: „Ich würde den Baum nicht
gleich fällen." Marcia erkannte, dass der Schmetterling als Abgesand-
ter im Auftrag der Kiefer handelte, und befolgte seinen Rat. Tatsächlich färbten sich die Enden des Baumes nach einiger Zeit normal grün,
was zeigte, dass er nicht krank war, wie Marcia gedacht hatte, sondern
eine Wachstumsphase durchlief.

Schmetterlinge veranschaulichen Verwandlung allein schon durch
ihren Lebenszyklus. Sie tauchen oft in entscheidenden Augenblicken
geistiger Weiterentwicklung auf, um uns zu ermutigen. Viele von uns
haben wohl schon erlebt, wie ein Schmetterling urplötzlich auftauchte
und ebenso schnell wieder verschwand. Versuchen Sie einmal einen
gaukelnden Schmetterlings länger zu beobachten, vielleicht entführt er
sie in seine zweite Heimat, ins Feenreich.

Kolibris und Libellen sind oft auf Illustrationen von Feenmärchen zu sehen. Sie können zwischen den Dimensionen hin und her pendeln und nehmen mit Feen ebenso leicht Verbindung auf wie mit den Tieren und Pflanzen unserer Welt. Auch andere Tiere nehmen die Naturgeister wahr und vermitteln nötigenfalls zwischen den Welten. Während ich an diesem Abschnitt des Buches schrieb, erhielt ich die Information, dass auch Insekten, besonders Fluginsekten, Botschaften transportieren. „Wir tauchen auf und verschwinden wieder."

Zu den Wesen, die bewusst in mehreren Dimensionen wohnen, gehört auch der Yeti, Big Foot oder sagenumwobene Schneemensch. Seine Spuren sind immer wieder gesehen, sogar fotografiert und gefilmt worden, aber immer verloren sie sich mysteriöserweise im Nichts.

Vor Hunderten von Jahren lebte ich einmal als Yeti in einer abgeschiedenen Region des Himalaya. Es war ein sehr strenges Einsiedlerdasein. Einige buddhistische Mönche wussten von mir und betrachteten mich als ihren Bruder. Ich hatte die Gestalt eines Yeti angenommen, um mit der physischen Welt in Verbindung zu stehen, ohne ganz mit ihr zu verschmelzen. Gelegentlich rettete ich menschliche Reisende aus Lawinen, bemühte mich dabei aber, ungesehen zu bleiben, damit sie nicht vor meiner riesigen, weiß befellten Gestalt erschraken. Da manche von ihnen durch den Schock in einem veränderten Bewusstseinszustand waren oder überhaupt telepathisch empfänglich waren, nahmen sie mich doch wahr.

Die Yeti-Gestalt starb nicht, als ich sie verließ, sondern diente als Vehikel für eine andere Seele. Einige Wesen entschließen sich zu einem Yeti-Dasein, um Abstand vom Menschendasein zu gewinnen oder um ihre irdische Erfahrungen von einem ruhigeren Anknüpfungspunkt aus zu ordnen.

Nach meiner Erfahrung gibt es heute noch Drachen auf der Erde, allerdings nur noch wenige in sehr entlegenen Gebirgsgegenden. Vor Jahrhunderten und mehr noch vor Jahrtausenden gab es viele leibhaftige Drachen. Sie lebten in Berghöhlen, um Erdenergien zu steigern oder zu bündeln und sich mit Menschen auszutauschen. Einige Drachenstämme waren sehr gütig, andere grimmig und wild. Vor über

2000 Jahren lebte ich in Tibet einmal als Lama in einer Berghöhle. Damals besuchte mich regelmäßig ein Drache und tauschte mit mir auf telepathischem Weg Wissen aus.

Einhörner und geflügelte Pferde wie Pegasus scheinen nur in ätherischen Reichen zu wohnen. Einige Menschen können in diese Welten eintauchen. Es ist eine besondere Form erweiterter Wahrnehmung, so wie wir manchmal Feen, Devas, Elfen und Kobolde wirklich sehen.

Die Kontaktaufnahme mit anderen Dimensionen ist nicht schwer, vor allem wenn wir uns von denjenigen helfen lassen, die in verschiedenen Welten zu Hause sind. Je mehr sich die Schleier zwischen den Dimensionen lichten, was in unserem Zeitalter zu geschehen scheint, desto mehr Menschen werden die Wechselwirkungen zwischen den Dimensionen, Formen und Erfahrungen wahrnehmen können. Wer weiß, welche Wesen dem menschlichen Auge und Bewusstsein demnächst erkennbar werden?

ZWIESPRACHE MIT DER NATUR

Bei jedem meiner Schritte
Spricht die Erde zu mir
Mit jedem meiner Atemzüge
dringt zu mir fröhlicher Klang
Jeder Atemzug Gesang
Geschöpfe, wo ich auch hinsehe
glücklich, munter, rege
Der ganzen Erde
gilt meine Achtsamkeit
Bei jedem Atemzug, jedem Schritt
erfüllt und umgibt mich Leben
Pulsierend bin ich, ist es,
sind wir alle uns
gegenseitig Ansporn.

Schon als Kind habe ich mit Tieren, Pflanzen, Steinen und unsichtbaren Geistern kommuniziert. Ich wusste, dass Engel, Heilige, Dämonen, Feen und Kobolde unsichtbar um uns herum wohnten. Ich sprach mit ihnen, betete zu einigen, erlebte Angenehmes und Gruseliges und traf mit ihnen Abmachungen. Ich ließ mich von den Erwachsenen nicht entmutigen und bewahrte trotz Schulausbildung und Studium Wissen um diese unsichtbare Welt.

1985 lernte ich den Mitbegründer des Findhorn Garden in Schottland, Peter Caddy, kennen, als er in der Bucht von San Franzisko lebte und ich an einem Naturgeister-Workshop teilnahm, den er mit Joy Lasseter hielt. Den ganzen Tag über plauderten die Naturgeister begeistert aus der Brandung, denn die Elfen, Gnome, Feen und Devas wollten ihren Spaß haben. Ich teilte ihre Freude und Begeisterung den anderen Workshop-Teilnehmer/Innen mit. Peter meinte, die Naturgeister wären von mir hingerissen. Es war herrlich, meine Wahrnehmung dieser unsichtbaren Geister so offen mitteilen zu können und auf Verständnis zu stoßen.

Am Ende des Workshops sah ich mich mit Peter diese Workshops zusammen leiten, wobei ich die Kommunikation mit Tieren einbrachte. Und tatsächlich führten wir einige Jahre lang zusammen Workshops durch, bis Peter nach Deutschland ging. Joy und ich setzten die Arbeit ein paar Jahre fort, seitdem organisiere ich sie allein. Diese Workshops unter dem Thema „Zwiesprache mit der Natur" sind immer so anregend und locker, dass den Teilnehmer/Innen die Kontaktaufnahme mit den Naturgeistern leicht fällt und ihr inneres Kind aufscheint.

Immer wieder fragen mich Menschen, die ganz persönliche Mitteilungen von Tieren, Pflanzen, Gesteinen oder dem Wind empfangen, ob es sich vielleicht nicht nur um ihre eigenen Projektionen oder Gedanken handelt. Doch wer sich einem anderen Wesen aufmerksam und offen zuwendet und seine Erwartungen in den Hintergrund stellt, wird meistens echte Botschaften von ihm erhalten – sei es nun Mensch, Tier, Pflanze, Fels oder Naturgeist. Manchmal bekommt man etwas zu hören, was man sich hätte denken können, weil das andere Wesen auf die Denkstrukturen seines Gegenübers sozusagen Rücksicht nimmt und seine Botschaft in dessen Erfahrungshorizont ausdrückt.

Seien Sie nicht überrascht, wenn andere Geistwesen Ihnen tiefe Weisheiten vermitteln und Verständnis entgegenbringen. Wir alle sind mit Bewusstsein und Intelligenz begabt. Wir alle teilen die gleiche Geistnatur und spiegeln die Seinswahrheit wider. Wenn wir mit anderen kommunizieren, kommunizieren wir zugleich mit uns selbst.

Sind die Dinge wirklich lebendig und sprechen mit uns, oder projizieren wir diese Eigenschaften in sie hinein? Das beantwortet uns die unmittelbare Erfahrung. Was klingt wahr und bringt mehr Erfüllung und Freude? Die Anerkennung des lebendigen Geistes in allen Dingen bringt Glanz in Ihr Leben. Wer Leben spaltet und verneint und Kommunikation ablehnt, erleidet Entfremdung. Es liegt an uns! Sobald zwei Wesen, welcher Art auch immer, respektvoll miteinander kommunizieren, überträgt sich Lebenskraft. Ein harmonischer Austausch weckt die Fähigkeiten und Intelligenz aller Beteiligten.

Wenn ich mich auf den Workshop „Zwiesprache mit der Natur" an der Point Reyes National Seashore vorbereite, lasse ich mir von den Naturgeistern die hierfür inspirierenden Plätze zeigen. Einmal führten sie mich zu einer alten Douglastanne, nahe dem Woodpecker Trail, unter der ich Platz nahm und wusste, hier soll der Workshop beginnen. Das Thema, das mir kam, lautete „Die Begegnung von Himmel und Erde". Ich wurde zu verschiedenen Plätzen geführt, an denen die TeilnehmerInnen Kontakt zu den Naturgeistern aufnehmen sollten. Es waren einige herrliche Aussichtspunkte darunter, von wo der Blick weit über Berg und Tal und das Meer schweifen konnte. Ich nahm die über mir wirbelnden Himmelsgeister wahr, spürte, wie sie auf die Geister der Erde und des Wassers herabfluteten und sich mit ihnen austauschten.

Am Vorabend des Workshops, besuchten Michel und ich ein Lautenkonzert von Hopkinson Smith, der mit musikalischer Meisterschaft und mit seinem ausgeglichenen Wesen die Naturgeister und Engel zu rufen versteht. Während „Hoppy" spielte und mit seinen Harmonien Visionen schuf, wurde mir das Workshop-Thema erst richtig klar. In der Pause schrieb ich dann das folgende Gedicht auf, mit dem ich am anderen Tag den Workshop eröffnete.

Kommt, besuchen wir die Hochzeit
Von Himmel und Erde
Wo die Engel die Geister der Erde treffen
Zu Spiel und Tanz und Gesang,
Wo die Kräfte der Reiche sich verbinden
Zur Bereicherung aller Wesen
Wo Sterbliche und Unsterbliche sich
Miteinander verknüpfen.

Lasst uns beobachten,
Wie die Luft flimmert,
Und auf die zarten hellen Klänge horchen.
Es sind die Feen, die nach uns rufen.
Seht, wie sich die Pflanzen in glitzernden
Tau-Gewändern der Sonne entgegen recken.
Spürt die wärmenden Energien,
Die vom Himmel herabfluten.

Seht, fühlt, horcht
So leidenschaftlich, dass euch die Herzen schmelzen.
Fühlt eure Verwandtschaft mit den Elementen
Luft, Wasser, Erde, Feuer,
Spielt im Reich des Wunderbaren,
Wo die Erinnerung grenzenlos ist.
Spürt euren geheimnisvollen Atem
Und schlendert überall umher.

Begebt euch in freundliche Zwiesprache
Mit den Geistern, die der Erde
Helfen, sich zu drehen
Und die Elemente in Licht verwandeln.
Licht und Klang an sich
Werden zur Musik der Form.
Pflanzen, Gesteine, Menschen
Bäume, Tiere, alles ist aus Kräftewirbeln
Entstanden - die Geisteskräfte
Wohnen in unseren Herzen,
Durchdringen alles überall,
Eine Symphonie, die niemals aufhört.

Wir sind eingeladen zum gemeinsamen
Sehen, Hören und Erkennen.
Hilfreiche Geister reichen uns
Die Hand und lehren uns,
Freude am Leben auf Erden zu haben,
Geistesverwandtschaften zu erkennen
und alle Lebensformen zu achten
Im Wechselspiel der Kräfte, die
sich beständig einen und neu ordnen.
Erhabene Harmonie,
Weder lähmender Schmerz, noch lästige Pflicht,
sondern frohes gemeinsames Schaffen.

Kommt macht mit,
Lasst uns fliegen
frohen Herzens dorthin segeln,
Wo Himmel und Erde Hochzeit halten.

Edwar Rockett erlebte nach der Teilnahme an einem „Zwiege-spräch mit der Natur"-Workshop etwas ganz Wunderbares:

Meine Frau Lorin und ich beschlossen, vor unserer Fünftages-Wanderung durch den Sequoia Nationalpark an Ihrem Work-shop teilzunehmen. Der Tag, den wir mit Ihnen und den ande-ren zusammen verbrachten, weckte in uns wieder den Sinn für die Schönheit und Wunder der Natur. Sowohl Lorin als auch ich hatten die Landschaft von Point Reyes in unser Herz geschlos-sen, und wir brachen gut erholt in die Sierras auf.
Nach einer abenteuerlichen Woche in der Wildnis der High Sierra wollten wir uns vor unserer Abreise noch eine Touristen-attraktion im *King's Canyon* Nationalpark anschauen, die gi-gantischen Mammutbäume von *Grant's Grove*. Wir besuchten den Hain am Spätnachmittag, in der Hoffnung, dass zu dieser Zeit die meisten Besucher gegangen seien. Tatsächlich hatten wir den heiligen Ort fast für uns allein. Das warme Licht der tiefstehenden Sonne leuchtete auf den Stämmen der Baumrie-sen. Es regte sich kein Lüftchen und die erste Abendkühle machte sich bemerkbar. Mir ging vor diesem grandiosen Natur-schauspiel das Herz auf. Am liebsten hätte ich jeden Baum um-armt und wäre vor Ehrfurcht und Demut auf die Knie gefallen.

Leider zwangen mich die Holzzäune, auf dem asphaltierten Weg zu bleiben. Ich konnte diese Schutzmaßnahme der Parkverwaltung gut verstehen. Trotzdem war ich über die Trennung frustriert.

Auf dem Hauptrundweg kamen wir schließlich an eine Stelle, von der ein Pfad von dem asphaltierten Weg abzweigte. Er führte den Hang hinauf zu einem riesigen, nicht eingezäunten Mammutbaum. Sofort spurtete ich zu ihm hinauf, umschritt ihn langsam und nahm seine Schönheit und Majestät in mich auf. In diesem intensiven, innigen Miteinander ließ er mich an seiner Weisheit teilhaben und ich weinte vor Freude. Er verfügte durch seine Langlebigkeit und Ausdauer über eine unglaubliche Stärke und sagte, diese Stärke gäbe es auch in mir und ich sei ihm ebenbürtig.

Unmittelbar unter dem Meister-Baum ragte eine Felsgruppe auf, von der ich vorher in meiner Eile kaum Notiz genommen hatte. Auf der mir zugewandten Seite waren Stufen in den Granit geschlagen, die den Felsvorsprung hoch führten. Beim Hinaufsteigen spürte ich, dass dieser Felsvorsprung in der Vergangenheit zu rituellen Zwecken benutzt worden war. Oben tat sich eine Plattform auf, die eine herrliche Aussicht auf den Mammutbaum bot.

Ein diamantförmiger Fels, groß genug, dass man darauf stehen konnte, lag mitten auf dem Platz. Ich erklomm ihn wie durch ein Wunder genau in dem Augenblick, als der Wipfel des Mammutbaums in den letzten rotschimmernden Strahlen der untergehenden Sonne aufleuchtete. Ich breitete die Arme aus und atmete, von diesem Anblick gerührt, ehrfürchtig durch. Ich begann am ganzen Körper zu zittern und plötzlich tauchte auf dem Wipfel ein Klammeraffe auf, der wie ein Mensch aussah. Ich verweilte lange in ekstatischer Zwiesprache mit diesem Affenmenschen. Nach ein paar Minuten ließ das Zittern nach und der Affenmensch war verschwunden. Beglückt blieb ich noch eine Weile stehen, dann kehrte ich in einem Gefühl der Erhabenheit zum Rundweg zurück.

Nach dieser Erfahrung begann ich mich stärker mit meiner spirituellen Seite auseinander zu setzen. Dieser Moment des Einswerdens mit der Natur ist ein Höhepunkt meines Lebens geblieben. Ein Freund empfahl mir, eine Übersetzung des *Ramayana* [ein heiliger hinduistischer Text] zu lesen, in dem der Affengott Hanuman als treuer Diener Ramas eine zentrale Rolle spielt. Hanuman! Er verkörpert unerschütterliche Liebe und Hingabe.

Zuweilen zieht es mich zu bestimmten Plätzen, um mich zu erholen und zu meditieren. Einer dieser Plätze ist die Felsenküste von Mendocino. Die Stadt liegt etwa vier Autostunden von uns entfernt, wenn man auf dem Highway 1 entlang der kalifornischen Küste nach Norden fährt. Als Mitte August 1987 während der Harmonischen Konvergenz die zirkulierenden spirituellen Energien mit zunehmender Intensität in die Erdatmosphäre eindrangen, erfasste mich eine Woge der Begeisterung, durch die sich mein Horizont erweiterte, ich jedoch zugleich den Boden unter den Füßen zu verlieren drohte. Es drängte mich, zur Küste von Mendocino zu fahren.

Als ich, dort angekommen, spazieren ging, entdeckte ich erstmals die Feengrotte. Ein Bach, der sich an der Klippe zum treibholzübersäten Strand hinunterwand, hatte sie ausgehöhlt. Die Feen winkten mir zu, ich solle dort inmitten der Blumen Rast machen. Ich übernachtete am Strand, sprach mit den Geistern und fand zu meiner inneren Mitte zurück. Seither pilgere ich mindestens einmal im Jahr zu dieser Grotte wie zu einem Heiligtum.

Als es mich wieder einmal zur Feengrotte hingezogen hatte, erhielt ich dort folgende Botschaften:

Der GEIST DER GROTTE: Willkommen, Schwester, unsere Freundin und Abgesandte auf der Erde. Du verstehst unseren Gesang, erzählst den Menschen von uns, lässt sie wissen, dass sie nicht allein sind. Wir alle teilen uns die heißgeliebte Erde.
Du bist großherzig, und deine Liebe wird in dem Maß zunehmen, in dem du anderen deine, unsere Weisheit mitteilst. Wenn die Menschen einmal in Harmonie mit der Erde zu leben verstehen, werden sie einen Begriff von uns bekommen und sich mit uns austauschen.
Ich bin ein Vogel, ein SINGSPATZ, und heiße dich willkommen. Schau, wie ich geschäftig und fröhlich hin und her flattere und

Futter suche – Insekten und Samenkörner, die mich gerne nähren und Teil meines Körpers werden. Ich genieße jeden Augenblick. Schau, was es alles Interessantes zu beobachten gibt, wie viel Spaß das Leben macht! Und wenn die Freude ausbleibt, sterben wir. Wir verlassen den Körper, segeln durch die Himmelssphären und bereiten uns darauf vor, wieder in die Atmosphäre der Erde einzutauchen, vielleicht in Vogelgestalt, vielleicht in einem anderen Körper, doch immer, um das Hier und Jetzt zu genießen.

Die Menschen könnten dies von uns lernen. Sei offen und freue dich am Hier und Jetzt. Wenn es Zeit für den Abschied ist – wenn die Energie der derzeitigen Gestalt aufgebraucht ist – gehen wir fröhlich, um zur Allkraft und wieder zu neuem Leben zurückzukehren. Das volle Auskosten unseres Wachstums und unserer Veränderung ist der Weg, den Geistwesen beschreiten sollten. Wenn ein Wesen von diesem Weg abweicht und gegen den Strom seiner Verwandlung ankämpft, wird ihm das Leben zur lästigen Pflicht, zu einem bedeutungslosen Ereignis. Jeder von Lebensfreude erfüllte Augenblick ist tief bedeutsam. Wie wunderbar ist es, die Luft zu atmen, den Wind zu spüren, unsere Lieder zu singen, nahrhafte Insekten, Samen und Früchte zu finden. Das Leben ist gut. Der Tod ist notwendig. Die Erneuerung ist beständig. Der Geist ist allgegenwärtig. Trage diese Botschaft zu den Menschen, damit auch sie glücklich sein können.

Wir sind nicht dauernd wie ihr am Überlegen. Wir quälen uns nicht mit der Frage des Warum ab. Wir erleben jeden Augenblick so, wie er ist. Jede Sekunde hat ihre Bedeutung, ihren fühlbaren Sinn. Sie hat keinen Ursache. Sie ist die Ursache. Im Grunde sind wir alle gleich. Wenn wir frei sind, wir selbst sind, inkarnierter Geist sind, brauchen wir uns nicht mehr analytisch im Kreis zu drehen und sinnlos Gedanken zu wälzen. Menschen brauchen oft lange, um das zu erkennen. Wir aber wissen es von Anfang an. Wir bekommen stets unser unmittelbares Erleben mit, empfinden alles direkt und verstehen das Leben gänzlich als unsere Bestimmung.

Wir sind Geistwesen, die in gefiederten Körpern umherfliegen und sich in einer Vielzahl von Emotionen ausdrücken können. Wir hassen uns nicht für das, was wir sind. Wir kosten die Freuden unseres Daseins aus, hindern uns nicht selbst daran, das Beste aus unseren Talenten und Lebensmöglichkeiten zu machen.

Ich sehe die Menschen manchmal so in Eile befangen, dass sie kaum mehr die Dinge um sich herum wahrnehmen, und staune dann über ihre Geschäftigkeit und Unachtsamkeit. Aber so sind sie eben. Daran kann ich nichts ändern. Ich liebe sie und weiß, dass sie zum Leben gehören. Das Leben und die Schönheit bestehen fort, so wie ich ein Vogel sein werde, bis ich sterbe, bis ich zu anderen Formen des Geistes gerufen werde.

Lerne das Lachen und Singen von uns. Wir können es dir beibringen. Und nimm das Leben und den Tod so, wie beides kommt. Dies ist das Geheimnis, wie du deine Geistnatur nie vergisst, auch wenn du dich in das physische Reich begibst. Nimm es, wie es ist. Wandle durch alles hindurch. Erhebe dich und sei frei. Heil dir, Schwester, singe unser Lied.

Die SCHNECKE spricht: Wir sind sanftmütige Geschöpfe, machen langsam unseren Weg, kosten jede Freude aus, die die All-Kraft uns schenkt. Wir sind sehr empfindsam, spüren jede kleinste Erhebung, jede Ritze. Strukturen kennen wir in und auswendig. Zum Schutz unseres empfindsamen, weichen verletzlichen Körpers wurde uns eine Hülle geschenkt, ein seidiger Schleim, der uns leichter ans Ziel bringt.

Unsere Sinne unterscheiden sich sehr von den euren. Es fällt uns schwer, auf euer Sehen – der Sinn, den ihr für so wichtig haltet – Bezug zu nehmen. Wir empfangen und „sehen" Energiewellen, Wärmeschwingungen – wallende Bewegungen von charakteristischer Form, Größe, Struktur. Jedes Energiemuster riecht anders, hat eine harte oder sanfte Ausstrahlung. Es unterscheidet sich eigentlich gar nicht so sehr von eurem Sehen.

Wir lieben die Welt. Wir sind dazu da, uns nach den Düften und Stoffen zu sehnen, die uns nähren und sich mit unseren Körpern verbinden möchten. Wir lassen sie durch unseren Körper passieren und hinterlassen nährenden Dung und Schleim – was zeigt, dass wir unsere Aufgabe erfüllt haben. Wir sind die Putzkolonne. Uns schmecken die Ausscheidungen anderer Geschöpfe – die streng riechende Nahrung aus ihren Körpern. Wir lieben auch zarte Pflanzenhappen, die uns mit leichterer Energie versorgen. Wir sind sanftmütige Geschöpfe, kriechen durch engste Spalten, um unsere Aufgabe zu erfüllen und allen Wesen Nahrung zu liefern. Schroffe Bewegungen, schrille Laute und starke Vibrationen tun uns weh. Wir genießen die Welt und jeder Augenblick erfreut uns juwelengleich. Auch die größten Schlemmer und Liebeskünstler unter euch verstehen nichts so langsam und ausgiebig auszukosten wie wir. Von uns wird nicht nur das Essen und die sexuelle Vereinigung bis ins Kleinste ausgekostet, sondern jede Lebensregung, jeder Augenblick der Ruhe und Bewegung.

Wir sind mit den Lebensrhythmen verbunden, wenn wir uns bewegen und atmen, dem Pflanzenwachstum, den Regenfällen. Die schnellen Geschöpfe überholen uns. Wir versorgen sie auf unseren täglichen Runden, unseren sinnlichen Wanderungen, auf denen wir uns genüsslich in alles vertiefen, das einverleibbar ist. Wir sind die geduldig liebenden, gemächlichen Ernährer. Fühle unseren Pulsschlag, den friedlichen Einklang der Liebe. Wir schenken dir unsere wogende Wärme und Schönheit und unseren Genuss. Höre uns.

Der SINGSPATZ kehrt zurück: Spreche für uns, Penelope. Schreibe von unserer inneren Natur, unserer Stimme, unseren Merkmalen, damit alle wissen, wer wir sind.

Die Menschen vereinen in sich viele Geschöpfformen. Deshalb haben sie Interesse an uns und analysieren unsere Funktionsweisen. Sag ihnen, es gehöre zum Menschsein dazu, sich in uns andere Wesen einzufühlen, unsere Wärme und unsere Geistnatur, unsere Verquickung mit dem Ganzen wahrzunehmen, zu dem auch sie gehören. Nur die Menschen sind entfremdet, haben sich entzweit und zerstören. Zu analysieren und zu unterscheiden, ohne sich von der einen Wesensgemeinschaft abzuwenden, die das Leben ausmacht, ist schwer. Wenn die Menschen ihre analytischen, linearen Unterscheidungen besserwisserisch durchsetzen, werden sie in Tod und Verderben enden. Obwohl sie viele mit sich ins Verderben reißen werden, werden wir in der sich ewig wandelnden Kraft überleben und anderweitig wieder eine Rolle spielen, wie es der All-Geist verfügt und erlaubt.

Die Menschen sorgen auf ihre Weise für sich. Sie gestalten das Leben nach ihren Kräften. Ihnen steht viel frei. Werden sie sich aus ihrer kurzsichtigen Entzweiung heraus selbst vergiften und auslöschen? Das wäre traurig, aber Lebenswege haben ihre Muster und Notwendigkeiten. Wir genießen die Augenblicke der schöpferischen Wandlung und machen uns keine Sorgen darum.

Es gibt für uns noch andere Dimensionen, andere Orte, andere Spiele. Den Verlust werden nur die Zerstörer zu beklagen haben. Wir sind in Fluss, und lassen los, wenn es Zeit ist. Die göttliche Kraft in allem lässt uns Schöpfung unendlich vielfältig erfahren. Das *Warum* zu ergründen, ist nicht unsere Art. Wir kennen es tief in unserem Innern. *Das Leben ist seine eigene Ursache.* Mehr braucht man nicht wissen.

Botschaft der GÖTTLICHEN ALL-KRAFT: Jede Welle, jeder Fels, jedes Sandkorn, jede Böe, jedes Molekül bewegt sich durch mich – bin ich. Ich bin die göttliche All-Kraft. Ich bin die Anspornerin, die Ursache, der Weg, die Freude, die Vollbringerin, bin die, die bewegt und ewig fließt. Ich bin du. Ich bin jeder, jede und alles. Ich bin das ewige Vermögen, allwissend, immerfroh, alles durchdringend. Ich bin uns alle im Einzelnen und im Ganzen. Vergiss niemals, dass du nicht die Form bist. Du durchdringst die Form bis ins Kleinste. Du bist die Essenz.

Am nächsten Tag erschien der SINGSPATZ, doch anders als am Vorabend war er diesmal in Eile. Ich fragte: „Bist du mein Lehrer?"

„Nun, ich bin ein Lehrer. Ich lehre dich, die Augen offen zu halten und hell zu sein (dabei flog er kurz hierhin und dorthin). Nütze jeden Augenblick." Und er flog fort.

Ich beobachtete das rinnende Wasser, das für üppigen Pflan-

zenwuchs sorgte, und sich durch das Gestein und den Sand vielfältig seinen Weg bahnte.

Der GEIST DER GROTTE: Für heute ist es genug, Penelope. Mach
Pause und entspann dich, bevor du gehst und das Erlebte ausarbeitest.

DIE VERBUNDENHEIT DER SPEZIES

Viele Menschen glauben, wenn Spezies aussterben, dann sei das
unwiderruflich. Mir ist bewusst geworden, dass alle physischen Formen im ätherischen Reich keimhaft angelegt sind. Sie können wieder-
kehren, wenn es die Umgebung zulässt, wenn für ihr Wachstum und
Überleben die richtigen Bedingungen herrschen. Die Menschen müssen natürlich zur Wiederherstellung und Bewahrung des natürlichen
Gleichgewichts ihren Teil beitragen, in ihrem Denken und Tun. Wir
Lebewesen auf Erden beeinflussen uns alle gegenseitig.

Es erfordert eine Abstandnahme von westlichen Einstellungen und
Denkgewohnheiten, um die göttliche All-Kraft zu begreifen. Wir müssen zur Einfachheit zurückkehren, zur Wahrnehmung unseres schlich-
ten Daseins in der Welt. Wir erfassen sie nicht in den Grenzen unseres
Verstandes. Wir müssen weiter werden als er, durch ihn hindurch zur
unmittelbaren Bewusstwerdung der Lebenskraft gelangen. Dann er-
schließt sich die Formenvielfalt aus sich heraus. Dann können wir die
Schönheit spüren und wahrnehmen, die allem eigen ist, und unsere
geschöpfliche und schöpferische Teilhabe geniessen.

Die Tiere, Pflanzen, Steine und alle Dinge wissen. Begreife sie.
Dieses Erfahren wird deine höchste Freude sein, ekstatische Lust und
völligen Frieden bringen. Wir alle sind *Anima*.

Telepathie
Segensreiche Fähigkeit
Gnade und Fluch
Die Freude und den Schmerz
Unzähliger zu fühlen,
Die Schreie der Gequälten zu hören.
Rettende Tugend:
Die Einstimmung wählen zu können.

Die unergründliche Gabe zu erbitten und zu erlangen,
Kann brennende Qualen bringen,
Das Innerste nach außen kehren,
Erfordert rituelle Reinigung,
Durch immer neue, immer tiefere
Mutige Selbstaufgabe
Und Wiedergeburt.

Jedes Mal wird eine Haut abgestreift,
Und die zu neuem Leben erwachte
Zarter und empfindsamer gewordene
Seele geht jenen voran,
Die noch
Gröber suchen.

Die Fähigkeit unschuldigen Kindseins wiederzuerlangen
Erfordert höchste Ehrlichkeit.
Noch sind nicht alle reif dazu,
Einander tief ins Herz zu schauen
Verwandlung ist geboten,
Mehr Unschuld.

Zuviel List und Tücke lässt
unsere Gefäße bersten.
Es gibt nichts zu fürchten
nichts zu verbergen,
Wenn sich alle einander
Im ursprünglichen Geist erkennen
Weder Scham, noch Schuld, noch Anmaßung.

Allseits Eintracht,
Einssein,
Was bedeutet das?
Übereinstimmung von Bestimmung und Absicht,
Selbstbescheidung des Verstandes,

Disziplin und Ruhe,
Sich verbindlich die Hand geben
Von Mensch zu Mensch,
Befreiung aus den Fesseln der Zeit.

Du entsprichst mir,
Gleichst mir sehr.
Wir sind jeweils auch der andere,
Zeiträumlich,
Ungebunden,
Frei.

Wenn du also sagst, es sei meine Fähigkeit,
Sage ich, es ist deine,
Meine sei offen
Gestanden
Da.
Es gibt nichts zu verbergen.

Wenn also die Menschen soweit sind,
sich einander geistig zu sehen,
Wenn sie sich lieben, schätzen, helfen,
wird sie kein Schmerz
mehr hindern,
Und niemand vor Hässlichkeit
Die innere Schönheit übersehen.
Jeder wird ein Schatz sein,
Eine wahre Goldmine.
Wie kristallklares Wasser glitzern
im erhabenen
Kräfte-Austausch.

Telepathie,
Du Wiedervereinigung
Im Herzensgrunde,
Von Mensch zu Mensch,
Von Wesen zu Wesen.
Ohne zeitliche Ankettung
und Selbstsucht
Bist du vollendete Harmonie!

Ich habe in den Jahren, seit ich mit den Spezies telepathisch kommuniziere, meinen Berufstitel öfters geändert, um meine Tätigkeit klarer auszudrücken. Ich begann mit der sehr allgemeinen Berufsbezeichnung „Tierberaterin". Die Leute verstanden darunter alles Mögliche, so dass ich meine Fähigkeiten und Dienstleistungen ständig erklären musste. Dazu gehörten Beratungssitzungen, Vorträge und Naturheilverfahren. Es kamen aber immer wieder Leuten zu mir, die dachten ich wäre Dresseurin oder eine Verhaltenspsychologin für Tiere.

Der Titel „Animal Communikator" (Tiersprecherin) ist sehr direkt, erschien mir aber nicht umfassend genug.

Später, als ich nach einem präziseren Titel suchte, träumte ich einmal von einem aufgeschlagenen Buch, dessen Innentitel lautete: „Spezialistin für die Kommunikation mit Tieren". Etwas kleiner stand als Alternative darunter: „Kommunikations-Therapeutin für Tiere". Ich entschied mich für ersteres.

Dann fiel mir noch ein ander Titel ein. Als ich mit den Gedanken an diesen Titel spielte, schien sich das telepathisch zu übertragen. Jedenfalls wurde ich, ohne mein Zutun, in Zeitungen und Zeitschriften, die meine Bücher oder Veranstaltungen ankündigten, als „Tier-Telepathin" bezeichnet. Ich hatte es lange vermieden, Begriffe wie *übersinnlich* oder *telepathisch* in meine Berufsbezeichnung aufzunehmen, denn meist wird darunter, statt dem klaren Sachverhalt, sofort etwas Unheimliches oder Wirres verstanden. Mittlerweile scheint sich daran etwas geändert zu haben, wird das Wort Telepathie nicht gleich als etwas Gefährliches eingestuft.

Unser Bäcker am Ort betitelte mich, kurz nachdem wir nach Point Reyes gezogen waren, einmal besonders witzig. Er hatte erfahren, dass ich den Papagei einer Bekannten behandelt hatte, und meinte eines Tages, als ich in die Bäckerei kam: „Ah, da kommt ja unsere Tier-Psychiaterin." Ich lachte und klärte ihn kurz über meine Arbeit auf.

Einige Monate später, nachdem er mit mehreren Leuten gesprochen hatte, deren Hunde und Pferde ich behandelt hatte, nannte er mich „Tier-Mystikerin", was mich zutiefst anrührte. Es trifft den Kern meiner Arbeit. Ich sehe in unseren Tiergefährten und in allem Leben das Lebensgeheimnis – die wahre Geistnatur. Ich hoffe, dass dieses Buch den „Tiermystiker" beziehungsweise die „Tiermystikerin" in Ihnen geweckt hat.

Anima, anima, anima, anima
Schwestern und Brüder des Lichts.
Anima, anima, anima, anima
Schwestern und Brüder des Lichts.

Ihr teilt mit uns eure unzähligen Gestalten
Die Schönheit des Anblicks, des Klangs und der Seele
Anima, anima, anima, anima
Brüder und Schwestern des Lichts.

Ihr helft uns in unzähligen Gestalten
auf dem Weg zurück zu uns selbst
Fort vom Lärm, fort von der Nacht
Brüder und Schwestern des Lichts.

Anima, anima, anima, anima
Lasst uns ringende Seelen
Den Weg zum glorreichen Tag finden
Schwestern und Brüder des Lichts.

Beehrt uns, segnet uns, führt uns heim
Wir leiden an unserer Ferne zu euch.
Anima, anima, anima, anima
Brüder und Schwestern des Lichts.

Ihr schwimmt im Wasser,
Fliegt durch die Lüfte,
Durchstreift die Wälder,
Grabt in der Erde.

Bitte hört uns, bitte helft uns
Bitte rührt und rettet uns,
Ihr Brüder und Schwestern des Lichts.

Wir kennen euch von ehemals.
Ihr seid uns eine Stütze in unseren stürmischen,
Kalten Tagen, verdüstert von Menschenelend.
Beehrt uns mit Weisheit,
Begleitet uns heim

Zur Wahrheitskraft,
die nie im Stich lässt.
Anima, anima, anima, anima
Ihr Brüder und Schwestern des Lichts.

Die Menschen werden die
Wahrheit erkennen, auf die ihr hinweist,
O Brüder und Schwestern des Lichts.

Die Wale der Meere,
Die Vögel des Himmels,
Helfen uns, eins mit euch zu sein
Geist stirbt nie.

Ihr wartet und schaut,
Ihr horcht und lebt,
Ihr sendet eure Botschaft,
Beschenkt uns still
Auf vielfältige Weise.

Wir müssen einfach wieder
Ebenbürtig zusammentreffen,
Um den Tag herbei zu führen,
An dem ihr wieder unbeschwert
Durch die Wälder zieht,
In sauberen Meeren schwimmt
Hoch über den Wipfeln fliegt,
Ohne von der Technik der Menschen
Gestört zu werden
Und wir einander wieder
Glücklich die Welt teilen.

Anima, anima, anima, anima
Schwestern und Brüder des Lichts.

Lehrt uns verständig dienen,
Länder und Meere rein zu erhalten,
Die Großartigkeit und Schönheit der Erde erkennen
Und ursprüngliche Freundschaft.

Helft und zeigt
Den Nachhauseweg.

Mit vereinten Kräften
Nie mehr allein.

Lasst uns alle Lektionen lernen,
Neu zur Schönheit
Des guten und wahren
Lebens finden.

Wir wissen euch nah,
Hören euer tröstliches
Lied
In schwerer Zeit.
Wir möchten mit euch
Den Großen Welt-Regenbogentag
In vollen Zügen genießen.

Anima, anima, anima, anima
Brüder und Schwestern des Lichts.

Schwestern und Brüder
Brüder und Schwestern
Lasst Heilung sein,
Lasst Rührung sein.
Heilt einander,
Heilt die Erde,
Ergänzt euch.
Anima, anima, anima, anima
Schwestern und Brüder
Brüder und Schwestern
Schwestern und Brüder des Lichts.

ANIMA.

ANHANG

Da zunehmend ehemalige Schüler und Schülerinnen von mir eigene Beratungszentren eröffneten, musste ich leider auch erleben, dass sich einige bei ihren Deutungen der Tierbotschaften vorwiegend von privaten Interessen und emotionalen Schwächen leiten ließen und damit den Ratsuchenden mehr schadeten als nutzten. 1990 war in dieser Hinsicht besonders enttäuschend. Natürlich konnte und wollte ich das Verhalten anderer nicht überwachen oder reglementieren. Trotzdem fand ich es angemessen, wenigstens eine Hilfestellung zu geben, und meditierte und betete in dieser Angele332genheit. So entstand der folgende Ehrenkodex.

Ehrenkodex für die telepathische Kommunikation zwischen den Arten:

Uns leitet Mitgefühl mit allen Lebewesen und der Wunsch, die Verständigung unter den Spezies zu fördern. Vor allem möchten wir die Menschen wieder zu einer freien, unmittelbaren Kommunikation mit anderen Spezies ermutigen.

Wir bleiben bei unserer Hilfe rücksichtsvoll und verurteilen Ratsuchende nicht wegen irgendwelcher Schwächen und Missverständnisse. Vielmehr begrüßen wir ihren Wunsch nach Veränderung und Harmonie.

Um möglichst fehlerlos und harmonisch zu arbeiten, sollten wir ständig um geistige Weiterentwicklung bemüht sein. Wir sind uns darüber im klaren, dass unsere Frustrationen, Vorurteile und mangelnde Selbst- und Nächstenliebe unsere telepathische Kommunikation behindern können. Wir üben uns in Demut, bereit, unsere eigenen Verständnisfehler bei der Kommunikation mit anderen (seien es menschliche oder nichtmenschliche Lebewesen) zu erkennen und zu korrigieren.

Wir wollen effektiver werden und nicht nachlassen, die Dynamik menschlicher und nichtmenschlicher Verhaltensweisen und Beziehungen zu ergründen. Wir wollen bei der Arbeit mitfühlend, respektvoll, heiter und ausgeglichen sein und nehmen dazu jede Belehrung und/oder persönliche Hilfe an, derer wir bedürfen.

Wir streben danach, in jedem Wesen die beste Saite zum Klingen zu bringen und jeweils alle Betroffenen durch Förderung des gegenseitigen Verständnisses an der Problemlösung zu beteiligen. Wir helfen nur dann, wenn wir tatsächlich darum gebeten werden. Denn wir können nur aufgeschlossenen Ratsuchenden wirklich helfen. Wir respektieren die Gefühle und Vorstellungen anderer. Wir setzen uns für das gegenseitige Verständnis der Arten ein, spielen die einen nicht gegen die anderen aus, sondern haben Mitgefühl mit allen. Wir versuchen nichts gewaltsam zu ändern, sondern setzen dort an, wo geholfen werden kann.

Wir respektieren bei unserer Arbeit die Privatsphäre von Menschen und Tiergefährten und werden Beratungen vertraulich behandeln.

Wir helfen soweit wir können den Ratsuchenden im Umgang mit ihren Tiergefährten weiter, suchen ihre Kommunikationsfähigkeiten zu fördern und sie nicht von unseren Fähigkeiten abhängig zu machen. Wir zeigen den Menschen, wie sie sich mit ihren Mitlebewesen verständigen und gemeinsam mit ihnen weiterentwickeln können.

Wir wissen um unsere persönlichen Grenzen und verweisen nötigenfalls auf andere Spezialist/Innen. Es ist nicht unsere Aufgabe, Krankheiten zu benennen und zu behandeln. Die Diagnose physischer Erkrankungen ist Sache der Tierärzte. Falls erwünscht, sollten wir ihnen jedoch mitteilen, welche Gedanken, Gefühle, Schmerzen und Krankheitssymptome die Tiere uns beschrieben beziehungsweise wir einfühlend wahrnahmen. Wir können die Heilung und Genesung auch durch Beratungsgespräche und sanfte Heilmethoden unterstützen. Wir informieren unsere Klienten umfassend und lassen sie über die Behandlung der Beschwerden, Krankheiten oder Verletzungen ihrer Tiergefährten selbst entscheiden.

Alle Beratungsgespräche, Vorträge, Workshops und überhaupt jede Kommunikation unter den Arten soll der Gemeinschaft aller Lebewesen dienen, Verständnis, Ausgeglichenheit und Mitgefühl mehren. Wir lassen unsere Herzen sprechen, indem wir in allen Wesen dieselbe Lebenskraft ehren.

ÜBER DIE AUTORIN

Penelope Smith ist als Pionierin der speziesübergreifenden telepathischen Kommunikation weltbekannt geworden. Ja, man kann sogar sagen, dass sie durch ihre Arbeit einen neuen Berufszweig gegründet hat.

Penelope, die Zeit ihres Lebens mit Tieren telepathisch kommunizierte, entdeckte 1971, dass sich traumatische Erlebnisse und andere Probleme bei Tieren mit denselben Beratungstechniken lösen lassen wie bei Menschen. Zu ihrem Erfolg beigetragen haben ihr Studium der Sozialwissenschaften, die jahrelange Berufserfahrung auf dem Gebiet holistischer Ernährungsberatung und Energiearbeit; ihre Forschungen zum Thema Ernährung, Anatomie, Verhalten und Pflege von Tieren und nicht zuletzt ihre unzähligen Beratungsgespräche mit Tieren. Penelope ist Verfasserin von Büchern und Zeitschriftenartikeln und gibt die Vierteljahresschrift *Species Link* heraus. Von ihrer internationalen Vortrags- und Workshop-Tätigkeit zeugen Kassetten und Videos.

Penelope sieht in der speziesübergreifenden telepathischen Kommunikation eine der menschlichen Integrität wesentliche Geistesgabe. Sie glaubt, dass jeder mit dieser Gabe auf die Welt kommt. Nur hätten die meisten Menschen sie verdrängt und vergessen. Doch sollte sie zum Wohl aller Wesen auf Erden wieder geübt werden. Penelope lebt mit ihrer Tierfamilie am Inverness Ridge, am Rand des Point Reyes National Seashore, im Nordwesten von San Francisco.

Penelope Smith

Tiere erzählen vom Tod

Wie Tiere ihr Sterben erleben und den Weg ins Licht finden. Mit authentischen Geschichten.

200 S. gebunden   € 18,50

ISBN 978-3-926388-76-6

Penelope Smith

Gespräche mit Tieren

Praxisbuch Tierkommunikation

Lernen Sie mit Tieren zu sprechen

200 Seiten, gebunden,   € 18,50

ISBN 978-3-941435-62-9

Penelope Smith

Grundkurs: Tierkommunikation

Mit Tieren sprechen - So geht's!

2 CD's   € 21,90

ISBN 978-3-939152-02-6

Penelope Smith

**Tierkommunikation:
Die Tierseele verstehen**

2 CDs   € 21,90

ISBN 978-3-926388-93-3

	Penelope Smith **Tierkommunikation: Heilung und Therapien** 2 CD´s € 21,90 ISBN 978-3-926388-91-9
	Penelope Smith **Gespräche mit Delfinen** CD € 18,00 ISBN 978-3-9808707-1
	Marta Williams **Ohne Worte** **Mit Tieren und Natur sprechen** Mit authentischen Berichten 195 S. gebunden € 18,50 ISBN 978-3-926388-80-3
	Amelia Kinkade **Tierisch einfach** **Wie und warum Sie Tiere verstehen und mit ihnen sprechen können.** Crash-Kurs in telepathischer Kommunikation 360 S. gebunden € 18,50 ISBN 978-3-926388-81-0